Lehrbuch 1

Dr. Elke-H. Schmidt

Der Wirtschaftsfachwirt

Lehrbuch zur Weiterbildung
Wirtschaftsfachwirtin
Wirtschaftsfachwirt

Lern- und Arbeitsmethodik
Volks- und Betriebswirtschaft
Rechnungswesen

Vierte, überarbeitete Auflage

FELDHAUS

Zur Sparte »Wirtschaftsfachwirt/in« im FELDHAUS VERLAG gehören:

»Der Wirtschaftsfachwirt« **Lehrbuch 1**
»Der Wirtschaftsfachwirt« Lehrbuch 2
»Der Wirtschaftsfachwirt« Lehrbuch 3

ISBN 978-3-88264-601-6

FELDHAUS VERLAG GmbH & Co. KG
Postfach 73 02 40
22122 Hamburg
Telefon +49 40 679430-0
Fax +49 40 67943030
post@feldhaus-verlag.de
www.feldhaus-verlag.de

Satz und Gestaltung: FELDHAUS VERLAG, Hamburg
Umschlaggestaltung: Reinhardt Kommunikation, Hamburg
Druck und Verarbeitung: WERTDRUCK, Hamburg

Bibliografische Information der Deutschen Nationalbibliothek
Die Deutsche Nationalbibliothek verzeichnet diese Publikation in der Deutschen Nationalbibliographie; detaillierte bibliografische Daten sind im Internet über http://dnb.d-nb.de abrufbar.

Vorwort

Im Handel gelernt, aber in der Industrie beschäftigt? In der Industrie gelernt, aber seit Jahren bei einem Dienstleistungsunternehmen in Lohn und Brot? In der Verwaltung ausgebildet, jetzt aber Allroundkraft in einem privaten Betrieb? Oder keinen kaufmännischen Beruf gelernt, aber jahrelang ausgeübt? Für die vielen Menschen mit solchen – heute üblichen – »Patchwork«-Berufsbiografien ist der IHK-Weiterbildungsabschluss »Geprüfter Wirtschaftsfachwirt/Geprüfte Wirtschaftsfachwirtin« wie gemacht; denn die Zulassung setzt zwar eine absolvierte Ausbildung und/oder eine je nach Fallkonstellation ein- oder mehrjährige Berufspraxis voraus, bindet diese aber an keinen bestimmten Wirtschaftszweig oder Tätigkeitsbereich.

Entsprechend breit angelegt sind die Inhalte: Volkswirtschaftslehre, allgemeine und spezielle Betriebswirtschaftslehre (mit material-, produktions- und absatzwirtschaftlichen Inhalten), Unternehmensführung, Organisation, Controlling, externes und internes Rechnungswesen, Wirtschafts- und Steuerrecht, Finanzierung und Investitionsrechnung sowie Personalwirtschaft.

Der so als »Allrounder auf hohem Niveau« weitergebildete Wirtschaftsfachwirt ist qualifiziert, verantwortliche Positionen im mittleren Management auszufüllen, ohne auf eine bestimmte Branche festgelegt zu sein. Das macht diesen Abschluss auch für diejenigen interessant, die von ihrem beruflichen Werdegang her »eigentlich« Industriefachwirte oder Handelsfachwirte werden könnten, sich aber die Option für den Einsatz in anderen Betriebsarten offenhalten wollen: Denn wer weiß heute schon, wohin es ihn beruflich im Laufe seines Arbeitslebens verschlägt?

Auch die vierte Auflage des seit 2009 von Anfang an sehr erfolgreichen Lehrwerks wurde gründlich überarbeitet. Die Bücher entsprechen in Struktur und Inhalt der Weiterbildungsverordnung »Geprüfte Wirtschaftsfachwirte« und dem Rahmenplan mit Lernzielen des DIHK. Eine Vermittlung der Inhalte der Ausbilder-Eignungsverordnung (AEVO) erfolgt hier jedoch nicht. FELDHAUS bietet in der Rubrik »Fachwissen und Praxis des Ausbilders« zahlreiche Einzelwerke dazu an.

Die Überarbeitung des Lehrwerks ist mit größter Sorgfalt durchgeführt worden. Eventuelle Hinweise zu Fehlern oder Anregungen zur Verbesserung unserer Fachbücher sind aber stets willkommen!*

Wir wünschen allen angehenden Wirtschaftsfachwirtinnen und -wirten viel Freude beim Lernen und Erfolg bei der Verwirklichung ihrer beruflichen Ziele!

---

* per E-Mail an: mail@elkeschmidt.de

Inhaltsverzeichnis LEHRBUCH 1

Inhaltsübersicht LEHRBUCH 2

Wirtschaftsbezogene Qualifikationen

Inhaltsübersicht LEHRBUCH 3

Handlungsbezogene Qualifikationen

Lern- und Arbeitsmethodik

Die Bedeutung der Arbeitsmethodik oder »Lernen zu lernen«

Die Lernpsychologie, die »Lehre vom Lernen«, definierte das Lernen lange Zeit als »Aneignung von Kenntnissen« und damit als reine »Kopfarbeit«. Lernen galt als Gedächtnisleistung, und der Lernprozess bestand in der bloßen Übernahme verbal dargebotener Informationen. Aus dieser Anschauung erklärt sich die traditionelle Form des Unterrichts als Vortragsveranstaltung, in der ein »Wissender« den (noch) Unwissenden sein Wissen darbietet mit der Zielsetzung, dass sich dieses in den Köpfen seines Auditoriums dauerhaft festsetzen möge.

Spätestens seit den Versuchen des russischen Physiologen I. P. PAWLOW ist jedoch nachgewiesen, dass Lernen mehr ist als bewusstes und gezieltes Aufnehmen von Informationen. Das berühmte Experiment mit dem Hund, der solange sein Futter unter gleichzeitigem Läuten einer Glocke dargeboten bekam, bis er auf das alleinige Anschlagen der Glocke mit Speichelfluss reagierte, verdeutlicht den Lernprozess vielmehr als eine Verkettung von Reizen (Glockenton) und Reaktionen (Speicheln). Die Lernpsychologie bezeichnet diesen Vorgang der erlernten Verknüpfung von Reizen und Reaktionen als **»Konditionierung«.** In diesem Sinne erzeugt Lernen eine dauerhafte Verhaltensänderung aufgrund von Erfahrungen, die auf vielfältige Art erworben und gefestigt werden können. Lernprozesse vollziehen sich häufig unbewusst und unbeabsichtigt, sehr oft auch gegen den Willen des Lernenden oder des Lehrenden. Sie erstrecken sich sowohl auf motorische Fertigkeiten als auch auf soziale Verhaltensmuster, auf abstrakte, theoretische Informationen ebenso wie auf – gute oder schlechte – Angewohnheiten.

Gegenstand der folgenden Betrachtungen sollen Methoden des gewollten, zielorientierten Lernens sein, das in unserer modernen Gesellschaft, die von Lernpsychologen gern als »learning society« (so MCCLUSKY 1971) bezeichnet wird, für jedes Lebensalter von besonderer Bedeutung ist. Galt früher die Anschauung, dass das Lernen für das Leben im Kindes- und Jugendalter stattfinde und spätere Lebensphasen vom einmal Gelernten profitieren könnten, so hat sich heute die Erkenntnis der Notwendigkeit des **lebenslangen Lernens** durchgesetzt. Ursache hierfür ist der in unserer Industriegesellschaft beschleunigte technische und soziale Fortschritt und die hierdurch notwendige Anpassung an geänderte Lebens- und Arbeitsbedingungen.

Die lange von der Lernpsychologie vertretene These, wonach die Lernfähigkeit eines Menschen allein vom Lebensalter abhänge und mit zunehmendem Alter mehr und mehr abhanden komme, ist inzwischen abgelöst von der Erkenntnis, dass auch soziale Faktoren wie Herkunft, Bildung und Berufsausübung einen erheblichen Einfluss auf den Lernerfolg des erwachsenen Menschen ausüben. Jedoch bestehen den Untersuchungen der Lernforschung zufolge zwischen dem Lernen im Kindesalter und dem Lernen des erwachsenen Menschen erhebliche Unterschiede:

- Mit zunehmendem Lebensalter geht die Fähigkeit, sinnlose Lerninhalte zu behalten, zurück, während die Lernleistungen bei sinnvollem (d. h. durch Einsicht erfassbarem) Material altersunabhängig sind.
- Die Auffassungsgabe ist beim jüngeren Menschen ausgeprägter als bei höherem Lebensalter. Das Tempo der Lernstoff-Darbietung muss daher in der Erwachsenenbildung im Vergleich zur Unterweisung Jugendlicher zurückgenommen werden.
- Ältere Lernende benötigen meist mehr Wiederholungen des Lerninhaltes zu dessen Beherrschung als jüngere Menschen.
- Lerndefizite älterer Menschen erklären sich häufig aus fehlender Lerntechnik (z. B. wird die Verknüpfung von Lerninhalten durch »Eselsbrücken« mit steigendem Alter abgelegt).

Besonders aus dem letztgenannten Aspekt ergibt sich für den erwachsenen Lernenden die Notwendigkeit, sich vor der Hinwendung zum eigentlichen Lernstoff mit der Technik des Lernens auseinanderzusetzen, gewissermaßen also »das Lernen zu lernen«. Hilfen hierzu bieten die von der modernen Lernpsychologie entwickelten und empirisch erforschten Methoden, Informationen zu sammeln, lerngerecht aufzubereiten und zu verarbeiten.

Von diesen Techniken der Arbeitsmethodik, aber auch von denjenigen der Gliederung und schriftlichen **Wiedergabe** eines Sachverhalts sowie von den speziellen Aspekten der **Gruppenarbeit,** soll im Folgenden die Rede sein.

Ein gesonderter Abschnitt ist den Grundlagen der **Sprech- und Redetechnik** gewidmet.

Im Mittelpunkt aller Betrachtungen steht der Mensch in der Lernsituation.

Aufnahme und Verarbeitung von Lerninformationen

Lernen ist, im Nachhinein betrachtet, nur dann geglückt, wenn die aufgenommene Information zu einem späteren Zeitpunkt aus dem Gedächtnis abgerufen und richtig wiedergegeben werden kann. Voraussetzung hierfür ist eine systematische und gründliche Verarbeitung des Lernstoffes. Selbstverständlich ist es äußerst sachdienlich, wenn der Lernende dem Lernstoff Interesse abgewinnen kann; auch ist es erforderlich, dass die aufzunehmende Information nicht nur »eingepaukt«, also auswendig gelernt, sondern vor allem verstanden wird.

Interesse und Begreifen allein genügen jedoch nicht; vielmehr bedarf es der Anwendung verschiedener Techniken bei der richtigen **Verarbeitung** der Lerninhalte.

Im Folgenden einige Vorschläge zum »richtigen« Lernen:

- **Lernzeit planen:** Nahezu jeder kennt aus der Schulzeit das Gefühl der Ohnmacht, das einen Examenskandidaten vor der Prüfung angesichts einer unüberschaubaren Fülle an unbewältigtem Lernstoff befällt. Unbestritten ist ein kontinuierliches Lernen vorteilhafter und stressfreier als jeder Gewaltakt. Hilfreich ist ein Terminkalender (am besten als Wandkalender), in den alle anstehenden Prüfungstermine, aber auch alle diejenigen Termine, an denen ein Lernen wegen anderweitiger Verpflichtungen unmöglich ist, eingetragen werden. Mit seiner Hilfe lassen sich Lernaktivitäten auf längere Zeiträume verteilen und so auf Prüfungs- oder Klausurtermine abstimmen, dass Engpässe und Versäumnisse vermieden werden.

  Auch die einzelnen Lerntage wollen geplant sein: Viele Menschen ermüden, wenn sie sich stundenlang mit der gleichen Thematik beschäftigen. Vor Klausuren wird dies kaum zu vermeiden sein, aber in prüfungsfreien Zeiten empfiehlt es sich, Abwechslung in den Lernalltag zu bringen. Es ist günstig, sich für jeden Lernabschnitt mehrere, möglichst nicht ähnliche Fächer vorzunehmen und sich für jedes Fach ein **Etappenziel** zu setzen. Dieses kann in der Lösung einer bestimmten Aufgabe, dem aufmerksamen Lesen eines Abschnittes oder in der wiederholenden Kontrolle bereits gelernter Inhalte (Vokabeln, Paragraphen) bestehen. Am Anfang sollte ein Fach stehen, das dem Lernenden Spaß bereitet. Zwischendurch sind unbedingt Pausen einzulegen.

- **Vorbereitung des Lernens:** Häufig wird Lernzeit, die gerade dem erwachsenen, in vielerlei Verpflichtungen eingebundenen Lernenden alles andere als unbegrenzt zur Verfügung steht, mit dem Zusammensuchen der notwendigen Arbeits- und Hilfsmittel vertan. Optimal ist ein fester Arbeitsplatz, der nicht ständig geräumt und wieder hergerichtet werden muss und an dem die ständig benötigten Arbeitsmittel – Schreib- und Zeichengeräte, Taschenrechner, Lehrbücher, Gesetzeswerke etc. – griffbereit lagern.

- **Ordnungsmittel nutzen:** Es ist ratsam, für jedes Lernfach einen Aktenordner anzulegen oder, bei Nutzung eines Ordners für verschiedene Themenbereiche, Trennblätter anzulegen und Lernmaterialien nicht chronologisch, sondern nach Fachgebieten getrennt abzulegen. Aufzeichnungen sollten nicht als »Sammlung fliegender Blätter« angelegt werden, sondern von vornherein – etwa beim Mitschreiben von Vorlesungen – in gebundenen Heften oder Ringbüchern erfolgen. Für sogenannte »Faktenfächer«, wie Rechtskunde, Geografie oder Geschichte, empfiehlt sich das Arbeiten mit Karteikarten.
- **Verschiedene Lernwege und unterschiedliche Medien nutzen:** Alle Sinnesorgane sind geeignet, Lerninhalte aufzunehmen. Wenn es auch unbestritten ausgesprochen festgelegte »Lerntypen« gibt, also Menschen, die am besten entweder über das Gehör, das Sehen oder das Nachahmen lernen können, so gilt in der Lerntheorie doch die Regel, dass der Lernstoff umso besser behalten wird, je mehr Lernwege benutzt wurden. Mögliche Lernwege zur Nachbereitung eines Lernstoffes sind z. B. die folgenden:
  - **Das konzentrierte Lesen,** das Sehen und Handeln vereinigt. Aktives Lesen beschränkt sich nicht auf das bloße Durchlesen eines Textes, sondern beinhaltet
    - das Unterstreichen oder Markieren wichtiger Textpassagen;
    - die Formulierung von Fragen zum gelesenen Text, deren Beantwortung ggf. das nochmalige, aufmerksame Lesen erfordert;
    - die Anfertigung von Zusammenfassungen in eigenen Worten (wichtig auch im Hinblick auf künftige Wiederholungen, denn nichts versteht der Lesende besser als die eigenen Formulierungen!);
    - das Herausschreiben von Fakten (Paragraphen, Formeln, Daten etc.), die in eine Kartei aufgenommen werden können.
  - **Die Aufnahme über das Gehör** durch lautes Vorlesen von Texten, wobei der Effekt häufig größer ist, wenn der Lernende selbst laut rezitiert, statt sich den Text vorlesen zu lassen. Viele Schüler schwören auf die Methode, Lerninhalte auf Band zu sprechen und immer wieder abzuhören. Diese Methode führt jedoch häufig zum unfreiwilligen Auswendiglernen und ist immer dann mit Vorsicht zu genießen, wenn der Lernstoff später nicht im Zusammenhang wiedergegeben werden soll, sondern nach Einzelaspekten gefragt wird – in Prüfungssituationen ist meist nicht die Zeit gegeben »Litaneien herunterzubeten«.
  - **Die Aufnahme über das Handeln,** die sich überall anbietet, wo der Lerngegenstand im Wortsinne »begreifbar« ist, also gegenständlichen Charakter aufweist oder der Lerninhalt selbst eine motorische Fähigkeit darstellt. Während das Nachvollziehen von Sachverhalten im technischen und handwerklichen Bereich im Allgemeinen einfach und unerlässlich ist, entzieht sich die abstrakte Theorie des Kaufmanns meist jeder gegenständlichen Darstellung und somit der Möglichkeit, Versuche durchzuführen. Hilfreich ist hier jedoch häufig die Anfertigung von Skizzen und Tabellen. Auch das oben im Abschnitt über konzentriertes Lesen beschriebene schriftliche Zusammenfassen von Texten mit eigenen Worten stellt ein gedächtnisförderndes Handeln dar.
- **Verfügbare Informationsquellen nutzen:** Das Lehrbuch sollte keineswegs einziges Lernmedium sein; vielmehr sollten andere Informationsquellen herangezogen werden. Diese sind nicht nur Sachbücher, sondern auch Artikel aus (Fach-)Zeitschriften, Mitschnitte aus Radio- oder Fernsehsendungen oder Filme, die in öffentlichen Bildstellen (bei der Gemeinde oder dem Landkreis zu erfragen) entliehen werden können. Fachpublikationen weisen häufig über Fußnoten auf sachverwandte Veröffentlichungen hin, aus denen wiederum auf gleichem Wege, gewissermaßen im »Schneeballsystem«, Hinweise auf weitere Quellen entnommen werden können (zum **Internet** siehe »Neue Medien«).
- **Gedächtnisbrücken bauen:** Manche Lerninhalte entziehen sich trotz vorhandenen Grundverständnisses der dauerhaften Speicherung. Hilfreich ist hier häufig die Nutzung sog. Memotechniken, im Volksmund besser als »Eselsbrücken« bekannt.

Wie schon erwähnt, stellen diese Lerntips keine erschöpfende Aufzählung dar, sondern lediglich eine Anregung, die Problematik des Lernens bewusst wahrzunehmen, vielleicht aber auch eine Ermunterung, nach anfänglichen Startschwierigkeiten nicht zu kapitulieren, sondern gezielt veränderte Verhaltensmuster für ein auf die individuellen Bedürfnisse optimal abgestimmtes Lernverhalten zu entwickeln.

Protokoll- und Berichtstechnik

Erfassen des Lernstoffs: Protokolltechnik

Wird ein Lehrstoff in der Form der Vorlesung dargebracht, so ist die Anfertigung einer Niederschrift unerlässlich. Diese wird nur selten in Form eines wörtlichen Protokolls erfolgen, denn dazu wäre die Beherrschung der Stenografie oder eine Tonaufnahme, auf deren Basis transkribiert werden kann, erforderlich; vielmehr wird die Mitschrift ein **Kurzprotokoll** sein, das die wesentlichen Inhalte wiedergibt. Dabei kommt es meist nicht darauf an, das Gesagte chronologisch festzuhalten; vielmehr sollen Sinnzusammenhänge verdeutlicht werden.

Hierfür eignet sich in besonderer Weise die Methode des Mind Mappings:

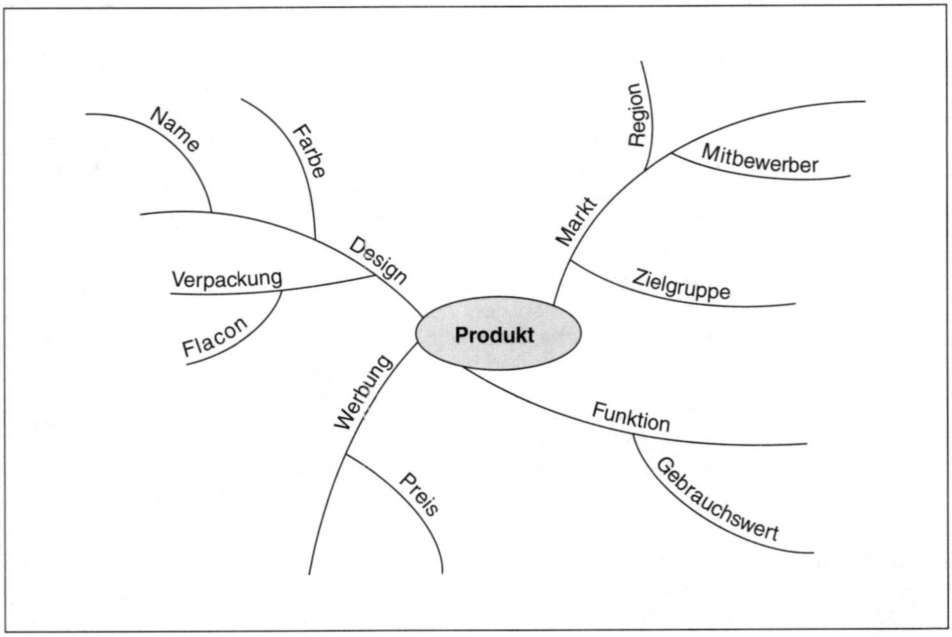

Mind Mapping

Das Beispiel zeigt ein Mind Map, das in einer Vorlesung zum Thema »Produktentwicklung« entstanden sein könnte.

Bericht

Wer eine Ausbildung absolviert hat, wird sich an das »Berichtsheft« erinnern, in dem die Ausbildungsnachweise zusammengefasst wurden. Anders als das Protokoll ist der Bericht keine Mitschrift einer mündlichen »Verhandlung«, sondern die sachliche Schilderung eines Sachverhalts oder einer Handlung. Schilderungen folgen dabei meist einer bestimmten Abfolge, wobei die Orientierung an »**W-Fragen**« (Wer? wo? wann? was? usw.) eine typische Ausprägungsform ist.

Darstellungs- und Gliederungstechniken

Zum Lernen gehört auch die Wiedergabe des Gelernten. Steht am Ende des Lernprozesses eine Prüfung, so wird häufig die schriftliche Abhandlung eines Themas verlangt, deren Abfassung nur in Ausnahmefällen, etwa bei Diplomarbeiten oder Dissertationen, langfristig vorbereitet werden kann. Standardsituation ist vielmehr die Vorgabe eines wenige Stunden umfassenden Zeitraumes, innerhalb dessen zu einem zuvor nicht bekannten Thema ein **Aufsatz** verfasst werden soll.

Die wenigsten Menschen – und dies gilt für Jugendliche ebenso wie für Erwachsene – sind imstande, ohne jede Vorbereitung eine Abhandlung niederzuschreiben, die alle sachwesentlichen Fakten enthält und zugleich eine klare Gliederung (den »roten Faden«) erkennen lässt. Daher sollten der Niederschrift einige Überlegungen und Vorbereitungen vorangehen.

- **Ideen sammeln:** Vor der Niederschrift sollte der Verfasser alle wichtigen Stichworte, die ihm zum Thema einfallen, zunächst ungeordnet aufschreiben. Sind alle für das Thema wichtigen Aspekte aufgedeckt, werden diese Stichworte in eine Ordnung gebracht: Zusammengehörende Begriffe werden einander zugeordnet, die hieraus resultierenden Gruppen werden in eine Reihenfolge gebracht, in der sie auch im Aufsatz abgehandelt werden sollen.
- **Gliederung aufstellen:** Dies fällt leichter, wenn die Ideensammlung vorweg stattgefunden hat. Entlang eines Grobgerüsts »Einleitung – Hauptteil – Schluss« werden Überschriften für einzelne Textabschnitte formuliert. Der Verfasser sollte während des Schreibens immer wieder Text und Gliederung vergleichen. Nur so ist gewährleistet, dass man entlang des roten Fadens arbeitet und das Thema nicht verfehlt.
- **Stil durchhalten:** Der Verfasser sollte sich vor Inangriffnahme der Ausformulierung überlegen, welcher Stil für das gestellte Thema angebracht ist, und sich darauf konzentrieren, den einmal gewählten Stil durchzuhalten. Ein Stilbruch, also etwa ein Wechsel vom lockeren Erzählstil zum trockenen Dozieren, irritiert den Leser und lässt ihn »den Faden verlieren«.

Äußere Form und Gliederung einer schriftlichen Abhandlung hängen vom Zweck, der Situation, dem Adressaten und zahlreichen anderen Faktoren ab, sodass hier keine pauschale und allumfassende Empfehlung abgegeben werden kann. Soweit einem Text eine Gliederung, evtl. in Form eines Inhaltsverzeichnisses, vorangestellt wird, kommen jedoch einige elementare Einordnungsvorschriften zur Anwendung.

Die folgende Übersicht enthält Gliederungsregeln, die für wissenschaftliche Arbeiten maßgeblich sind und sogar deren Beurteilung beeinflussen.

Gute Gliederungen verwenden die **Dezimalklassifikation** oder eines der folgenden **Buchstaben-Ziffern-Systeme.**

	Dezimalsystem	Buchstaben-Ziffern-Systeme			
		I.	**II.**	**III.**	**IV.**
Stufe:					
1	1.	1. Teil	1. Abschnitt	A.	I.
2	1.1	1. Abschnitt	A.	I.	A.
2	1.2	2. Abschnitt	B.	II.	B.
3	1.2.1	A.	I.	1.	1.
4	1.2.1.1	I.	1.	a)	a)
5	1.2.1.1.1	1.	a)	aa)	(1)

Das am einfachsten zu durchschauende und logischste System ist das der Dezimalklassifikation. Wenn es 1. gibt, muss es auch 2. geben; kommt 1.1 vor, so muss zumindest auch 1.2 vorhanden sein. Inhaltsverzeichnisse sind mit der Angabe der Seitenzahlen zu versehen; fehlen diese, so liegt eine Gliederung vor. Materiell gliedern sich alle Ausführungen in eine Einleitung, einen Hauptteil und einen Schluss; Letztere sind jedoch keinesfalls mit den Worten »Hauptteil« und »Schluss« zu überschreiben. Die Einleitung dagegen darf »Einleitung« heißen!

Lernen in der Gruppe

In der Schule wie auch in der Erwachsenenbildung findet der überwiegende Unterricht in der Gruppe statt.

Gruppen zeichnen sich u. a. dadurch aus, dass

- zwischen den ihr angehörenden Individuen Wechselwirkungen auftreten (können),
- ihr Bestand über die Dauer des flüchtigen Augenblicks hinausgeht,
- die Gruppenmitglieder Interessen oder Ziele, aber auch Normvorstellungen teilen,
- den Gruppenmitgliedern soziale Rollen zuwachsen, die sich im Laufe des Gruppenlebens herausbilden,
- ein System organisatorischer Regeln entsteht, nach denen Tätigkeiten ausgeübt und Mittel eingesetzt werden, die der Erreichung des Gruppenziels dienlich sein sollen.

Auf die Wechselwirkungen zwischen Gruppe und Individuum, auf Rollenfunktionen und Kommunikationsregeln in der Gruppe, soll an dieser Stelle nicht eingegangen werden, da diese Aspekte Gegenstand umfangreicher Betrachtungen im arbeitspädagogischen Bereich sind; vielmehr sei hier die Lehrform der Gruppenarbeit insbesondere in der **Erwachsenenbildung** betrachtet.

Die **pädagogischen Ziele** der Gruppenarbeit sind

- Förderung der Selbstständigkeit der Lernenden,
- Steigerung der Lernmotivation,
- Bereicherung der Lerntechnik und -methodik,
- Förderung sozialer Verhaltensweisen (»Schlüsselqualifikationen«), d. h.
- Koordination, Kooperation und Kommunikation auszubilden.

Ihre **Durchführung** erfordert die Beachtung gruppenpsychologischer Effekte, besonders durch den Dozenten:

- In jeder zielorientierten, **formellen** Gruppe bilden sich im Zeitablauf informelle Beziehungen. Bei der Bildung von Arbeitsgruppen innerhalb der Gesamtgruppe können diese Beziehungen beachtet werden, etwa indem formelle und **informelle** Kleingruppen miteinander in Deckung gebracht werden oder genau dieses vermieden wird. Die Frage, ob informelle Beziehungen dem Lernziel förderlich oder abträglich sind, kann kaum pauschal beantwortet werden.
- **Kleingruppen** neigen zur Herausbildung eines Zusammengehörigkeitsbewusstseins (»Wir-Gefühl«), das in der Beziehung zu Mitgliedern anderer Kleingruppen störend wirken kann. Der Dozent hat die Wahl, die Gruppenzusammensetzungen zu variieren oder an der einmal gewählten Zuordnung festzuhalten.
- Gruppen üben **Zwänge** in Form einer »sozialen Kontrolle« auf ihre einzelnen Mitglieder aus. Teilnehmer, die den Erwartungen der Gruppe nicht gerecht werden, drohen, zu Außenseitern zu avancieren und hierdurch hinsichtlich ihrer eigenen Zielerreichung auf der Strecke zu bleiben.

Gruppenarbeit vollzieht sich in drei verschiedenen Phasen.

1. Phase: Themenstellung und Arbeitsanweisung
Vor dem Plenum (der Gesamtgruppe) wird das Problem benannt und die Aufgabe, die in die Kleingruppen delegiert werden soll, in Form einer präzisen Anweisung formuliert. Anschließend erfolgt die Einteilung der Arbeitsgruppen.

2. Phase: Lösungsfindung in Kleingruppen
Die Kleingruppe identifiziert und diskutiert Fakten und Zusammenhänge und formuliert ein vorläufiges Arbeitsergebnis.

3. Phase: Ergebnissicherung
Die Kleingruppen präsentieren ihre Arbeitsergebnisse im Plenum. Sofern alle Gruppen mit der gleichen Aufgabe befasst waren (**konkurrierendes** im Gegensatz zum **arbeitsteiligen** Verfahren), finden Vergleiche und hieraus resultierende Ergänzungen, Korrekturen und kritische Äußerungen statt. Es wird versucht, ein gemeinsames Ergebnis als Problemlösung zu verabschieden.

Dabei ist Gruppenarbeit keineswegs ein »Selbstgänger«; vielmehr erfordert sie eine gründliche Vorbereitung durch den Dozenten hinsichtlich der einzusetzenden Arbeitsmittel und -techniken, aber auch hinsichtlich der Gruppenzusammensetzung, sowie das Gespür, eventuell einzugreifen oder auch die eigene Person in den Hintergrund treten zu lassen.

Methoden der Problemanalyse und Entscheidungsfindung

Auch die Methoden der Problemanalyse und Entscheidungsfindung gehören zu den Techniken der Arbeitsmethodik. Unter den Analysetechniken sind hier insbesondere die **ABC-Analyse** (zur Unterscheidung von Wichtigem und weniger Wichtigem, auch in Form des »Eisenhower-Prinzips«) und die **Stärken-Schwächen-Analyse** (zur Identifizierung des eigenen Lerntyps) hervorzuheben. Zur Vorbereitung von Auswahlentscheidungen kann die **Nutzwertanalyse** gute Dienste leisten. Diese und weitere Methoden sind teils in diesem, teils in den anderen Bänden unserer Lehrwerke für Fach- und Betriebswirte ausführlich beschrieben.

Grundlagen der Sprech- und Redetechnik

Rhetorik

Sobald mindestens zwei Menschen zusammen sind, findet **Kommunikation** statt. Diese besteht nicht zwangsläufig im Austausch von sprachlichen Äußerungen, sondern beinhaltet auch die Körpersprache, also Körperhaltung, Mimik, Gestik, Blickkontakte und weitere »sprachlose« Verhaltensweisen. Das Handwerkszeug der Kommunikation ist die Rhetorik, die als Teilgebiet der Stilistik die Lehre von der guten und wirkungsvollen Rede darstellt.

Rhetorische Fähigkeiten kommen nicht nur dem Lernenden in seiner Rolle als Schüler oder Studenten zugute, sondern sind in nahezu jeder Situation, sowohl im Arbeits- als auch im Privatleben, von Nutzen. Daher soll im Folgenden auf elementare rhetorische Techniken eingegangen werden.

Zweck einer jeden Rede ist es, die Zuhörer zu **überzeugen** und zu **fesseln.** Ob dies gelingt, hängt nicht nur vom Wortlaut des Vortrages ab, sondern in ebenso starkem Maße vom Verhalten des Vortragenden. Für die meisten Menschen ist die Situation des Redners, nämlich im Stehen vor einer Gruppe von Personen zu sprechen, unangenehm. Dies drückt sich vielfach in Nervositätsgesten, leiser oder sich überschlagender Stimme und in einer verkrampften Körperhaltung aus. All diese Erscheinungen sind zwar menschlich verständlich, aber kaum günstig, wenn die Zuhörerschaft durch den Vortrag von einer Sache überzeugt werden soll. Außerdem lenken sie die Aufmerksamkeit der Zuhörer vom Inhalt des Vortrages in unerwünschter Weise auf die Person des Vortragenden. Eine schwer verständliche Artikulation strapaziert zudem die Konzentration der Zuhörer in einem Übermaße – geistiges »Abschalten« ist die Folge.

Ein ungeübter Redner sollte sich durch Atem- und Artikulationsübungen, wie sie in der einschlägigen Literatur beschrieben oder in speziellen Rhetorikkursen zu erlernen sind, auf seinen »Auftritt« vorbereiten. Eine Korrektur der eigenen Stimmführung setzt jedoch voraus, dass sich der Redner seiner stimmlichen Probleme bewusst ist. Dieses Bewusstsein erlangt er am besten mit Hilfe anderer Personen, die ihn auf Mängel im Vortrag hinweisen (z. B. Teilnehmer an einem Rhetorikkurs) oder auch mittels Ton- oder Videoaufnahmen, die sich auch für Fortschrittskontrollen hervorragend eignen. Filmaufnahmen haben darüber hinaus den Vorteil, dem Redner die eigene Körpersprache bewusst und damit korrigierfähig zu machen.

Einige Ratschläge für (angehende) Redner:

- Zu Beginn des Vortrages sollte eine sichere und feste **Redeposition** (beidbeiniger Stand mit leicht gegrätschten Beinen, erhobener Kopf, gerade Haltung) eingenommen werden, da am Anfang die Nervosität des Redners am größten ist. Ist das erste Lampenfieber überwunden, kann die Position gewechselt, z. B. können auch – wenn weder Stehpult noch Mikrophon vorhanden sind – einige Schritte gegangen werden. Die Unsicherheit zu Beginn eines Vortrages kann dadurch gemindert werden, dass sich der Redner vor Beginn den Raum anschaut und die Lichtverhältnisse sowie die Mikrofone überprüft.
- Ein von den Betroffenen gefürchtetes Unsicherheitszeichen ist das **Rotwerden.** Leider gibt es hiergegen kein Patentrezept, aber den Trost, dass es mit wachsender Redepraxis meist verschwindet. Oft ist das subjektive Empfinden, einen unübersehbar roten Kopf zu haben, ohnehin überzogen; die Zuschauer nehmen allenfalls ein leichtes Erröten wahr.
- Die **Sprache** muss hinreichend laut und verständlich artikuliert sein. Echte Stimmprobleme, wie Heiserkeit oder pfeifender Atem, bedürfen der ärztlichen Behandlung. Sprech-Unarten, etwa das Verschlucken von Wortendungen, können dagegen – z. B. durch Training anhand von Tonaufnahmen – abgebaut werden.

- **Gestik,** also »Reden mit den Händen«, kann das gesprochene Wort wirkungsvoll unterstreichen, aber auch das Gegenteil bewirken. Ratschläge, wo der Redende seine Hände während des Vortrages lassen soll, können kaum pauschal erteilt werden. Es empfiehlt sich, die Gestik – wie überhaupt die gesamte Körperhaltung – per Videoaufzeichnung zu kontrollieren, um vor allem unerwünschte Nervositätsgesten wie Hantieren mit dem Kugelschreiber oder dem Ehering zu erkennen und zu vermeiden.
- Die Wirkung des Gesagten ist größer, wenn der Redner **Blickkontakt** zum Auditorium hält. Blickkontakt zum Publikum vermittelt dem Kontaktpartner das Gefühl, persönlich angesprochen und beachtet zu werden. Für den Redner bietet der direkte Blickkontakt die Chance, Reaktionen der Zuhörer wahrzunehmen. Bei Reden vor größerem Publikum bleibt der Blickkontakt zwangsläufig auf die ersten Reihen beschränkt. Dennoch sollte auch den weiter hinten Sitzenden durch Hineinschauen in die Menge das Gefühl gegeben werden, dass sie angesprochen sind. In jedem Falle verliert ein Redner, der bevorzugt nach unten, an die Decke oder aus dem Fenster starrt, auf Dauer mindestens die Aufmerksamkeit, wahrscheinlich aber auch die Sympathie der Zuhörerschaft.

Vorbereitung einer Rede

Welcher Vorbereitung eine Rede bedarf, hängt vom Anlass, vom Thema und von der Zuhörerschaft ab. Wenn im Folgenden von Reden oder Vorträgen die Rede ist, so sind damit **Sachvorträge** gemeint, die die Darstellung eines Themas zum Gegenstand und die Information oder Überzeugung der Zuhörer zum Ziel haben und damit der inhaltlichen Vorbereitung bedürfen. Das hier Dargestellte ist jedoch grundsätzlich auch auf andere Ansprachen (z. B. Jubiläums- und Begrüßungsrede, Geburtstags-Laudatio) anwendbar.

Reden kommen umso besser an, je mehr sie auf das jeweilige Publikum »maßgeschneidert« sind. Der erste Schritt bei der Vorbereitung einer Rede ist daher die **Zielgruppenanalyse,** die z. B. Bildungsstand, gesellschaftliche und berufliche Position sowie Vorkenntnisse der Zuhörer hinterfragt und daraus Interessenlage und Erwartungen abzuleiten versucht. Wer als Referent eingeladen ist, einen Vortrag vor unbekanntem Auditorium zu halten, sollte Informationen über die zu erwartende Zuhörerschaft vom Veranstalter abfordern. Die Festlegung des Vortragsinhalts kann erst erfolgen, wenn die Zielgruppenanalyse abgeschlossen ist.

Am Anfang der inhaltlichen Vorbereitung steht die Frage, warum die Rede überhaupt gehalten, welches **Anliegen** verfolgt werden soll. Dieses Anliegen, knapp formuliert, sollte während der sich anschließenden Stoffsammlung ständig im Blickfeld des sich Vorbereitenden liegen, um nicht in Vergessenheit zu geraten. Anschließend werden alle Gedanken zum Thema – Fakten, Fragen, Probleme, für die spezielle Zuhörerschaft besonders interessante Aspekte, überhaupt alles, was dem zukünftigen Redner zur Sache einfällt – zunächst in willkürlicher Reihenfolge notiert. Diese Notizen lassen sich anschließend am einfachsten ordnen, wenn sie auf einzelnen Zetteln vorgenommen wurden.

Die Ordnung der **Notizen** erfolgt entlang einer Gliederung, die etwa, wenn im Vortrag ein Problem beleuchtet und Lösungen präsentiert werden sollen, wie folgt aussehen kann (angelehnt an FEY):

- Sachverhalts- oder Problemschilderung,
- Analyse des Problems und Zielsetzung der Lösung,
- Vorstellung der Lösungsmöglichkeiten,
- Überprüfung verschiedener Lösungen,
- Vorstellung der Hauptlösung im Detail unter besonderer Herausstellung ihrer Vorteile,
- abschließende Zusammenfassung.

Sind die Stichworte aus der Stoffsammlung in diese Gliederung eingestellt, so kann die Ausformulierung der Rede in Angriff genommen werden. Dies kann schriftlich erfolgen; häufig klingen schriftliche Manuskripte, wenn sie abgelesen werden, jedoch wenig lebendig. Wenn es also nicht unbedingt auf jedes einzelne Wort ankommt, sollte anstelle einer Manuskriptrede eine lediglich durch **Stichwörter** gestützte Rede gehalten werden. Bei längeren Vorträgen und komplexer Themenstellung wird kein Zuhörer ernsthaft einen freien Vortrag erwarten. Deshalb ist es legitim, das Konzept nicht nur in der Hand zu halten oder offen auf dem Rednerpult abzulegen, sondern auch hineinzuschauen. Viele Ratgeber empfehlen, die Stichworte auf mehrfarbigen Kartonkarten zu notieren, damit abgearbeitete Punkte zur Seite gelegt werden können und die Chance kurzfristiger Variationen erhalten bleibt.

Größtes Problem der meisten Redner sind **Einleitung** und **Schluss** der Rede. Gemäß der Volksweisheit, dass der erste Eindruck entscheidend sei und der letzte Eindruck bleibe, kommt diesen beiden Phasen größte Bedeutung zu. Günstig ist ein Redeeinstieg, der die Zuhörerschaft auflockert und günstig einstimmt, etwa ein persönlicher Erlebnisbericht oder eine ins Thema führende Anekdote. Die Aufmerksamkeit der Zuhörer ist ebenfalls gesichert, wenn am Beginn des Vortrages eine provozierende These steht. In jedem Fall soll die Einleitung einen Ausblick auf die im Hauptteil erörterten Aspekte des Themas bieten. Notwendige Vorreden, wie etwa die Begrüßung von Ehrengästen, sollten so kurz wie möglich ausfallen und ohne pathetische Floskeln auskommen.

Der Schluss sollte unbedingt dazu genutzt werden, die Grundgedanken des vorangegangenen Vortrages **zusammenzufassen.** Viele Themenstellungen lassen auch einen Ausblick auf die Zukunft zu. Wann immer es das Thema zulässt, sollte der letzte Satz kurz und plakativ ausfallen und etwa ein Fazit, ein Motto oder eine Aufforderung zum Handeln enthalten. Ungünstig sind Schlusssätze, die den Schluss ankündigen. Auch die Anbringung von Dankesfloskeln ist nicht unumstritten. Wegen seiner besonderen Bedeutung sollte der Schlussteil, ebenso wie die Einleitung, schriftlich ausformuliert werden.

Neue Medien

In den letzten Jahren haben elektronische, **computergestützte** Medien an Bedeutung gewonnen. Der Computer – insbesondere ist hier der PC, der Personal Computer, gemeint – kann zum einen als Hilfsmittel bei der Erstellung von Lernunterlagen dienen; zum anderen hält der Markt eine Fülle von **Lernsoftware** bereit, die zur Aneignung oder Vertiefung von Lerninhalten genutzt werden kann. Vorreiter waren hier die Schulbuchverlage, die Lernprogramme für alle Schüleralters- und Klassenstufen und nahezu alle Unterrichtsfächer in ihr Angebot aufnahmen.

Für den Bereich der Erwachsenenbildung sind vor allem Programme zum Erlernen von Fremdsprachen erhältlich (der Bereich der Wirtschaftslehre ist dagegen, zumindest in Bezug auf Programme für den häuslichen, privaten Gebrauch, noch nicht zufriedenstellend mit Angeboten abgedeckt). Die Auslieferung der Programme erfolgt hauptsächlich auf **CD-ROM/DVD.**

Eine Flut von Informationen ist im **Internet** zu finden. »Suchmaschinen«, mit deren Hilfe das World Wide Web anhand von Stichwörtern nach Informationen »durchforstet« werden kann, ermöglichen eine umfangreiche Informationsbeschaffung.

Die gezielte Suche im Internet erbringt oft hunderte Hinweise. Aber Achtung: Viele Anbieter belassen Seiten mit veralteten Daten im Netz, und man sollte sich immer vergegenwärtigen, dass jedermann – ob seriös und kompetent oder nicht – im Internet publizieren kann und sich entsprechend viel Unsinn im Netz findet.

Einige Weiterbildungseinrichtungen bieten **Web Based Training** (WBT), **E-Learning** oder Mischformen aus Präsenz- und E-Learning **(Blended Learning)** an, und es ist damit zu rechnen, dass diese Angebote in den nächsten Jahren erheblich ausgeweitet werden.

Viele Hochschulen und zunehmend auch Weiterbildungseinrichtungen setzen inzwischen zur Ergänzung der Präsenz-Vorlesungen **E-Learning-Plattforme**n ein, auf denen »virtuelle Lernräume« für Lerngruppen eingerichtet werden. Über diese Plattformen, unter denen die frei verfügbare Software **moodle** derzeit die bekannteste ist, werden Lernmaterialien bereitgestellt und Lernaktivitäten (Aufgaben, an denen Teilnehmende allein oder in Gruppen arbeiten können) angeregt.

Für die Zukunft wird erwartet, dass sich die bisher vorwiegend auf den Hochschulbereich beschränkten **MOOC** (Massive Opten Online Courses) auf andere Lernfelder ausdehnen werden. Hierunter sind meist kostenfrei angebotene, frei zugängliche Onlinekurse zu verstehen, die sich an eine hohe, theoretisch unbegrenzte Zahl von Teilnehmern wenden. Sie können Video-Vorlesungen, online ausführbare Testaufgaben und Prüfungssequenzen, Lesetexte und Aufgaben zum Download, Links auf weiterführende Angebote und weitere Elemente enthalten. Wegen der großen Teilnehmerzahl sind direkte Interaktionen mit den MOOC-»Machern« meist nicht vorgesehen; dagegen können sich Teilnehmende miteinander vernetzen, austauschen und sogar gegenseitig Aufgaben beurteilen.

Bisher ist uns allerdings noch keine Möglichkeit bekannt, einen Lehrgang zur Vorbereitung auf eine Weiterbildungsprüfung vollständig am häuslichen PC zu absolvieren, und es ist auch fraglich, ob ein solches Vorhaben erfolgreich sein kann.

Wirtschaftsbezogene Qualifikationen

1 Volks- und Betriebswirtschaft

Die Begriffe der Volkswirtschaftslehre beherrschen die Nachrichten, z. B. wenn wirtschaftspolitische Maßnahmen mit Erkenntnissen klassischer und moderner Wirtschaftstheoretiker kommentiert, die jüngsten Maßnahmen der Europäischen Zentralbank verkündet oder internationale Handelsabkommen zitiert werden. Die meisten der gemeldeten Fakten haben einen – wenn auch nicht immer direkten – Einfluss auf das Leben und die Zukunft der Bürger und der Betriebe. Nur wer versteht, worum es in diesen Nachrichten geht, kann Schlussfolgerungen ziehen, reagieren, sich anpassen und, wenn nötig, wehren. In diesem und den folgenden Abschnitten soll daher ein Grundverständnis für die wesentlichen Tatbestände des Wirtschaftens vermittelt werden.

Bei vielen Begriffen mag sich der Leser fragen, ob ihre Kenntnis wirklich erforderlich ist. Muss man im Einzelnen wissen, was genau die Leitzinsen sind, von denen so häufig die Rede ist? Wie das Bruttoinlandsprodukt berechnet wird? Was sekundäre Geldschöpfung bedeutet? Wer daran Zweifel hat, wird sich beim Lesen des Wirtschaftsteils der Tageszeitung vielleicht belohnt finden – wenn sich nämlich das bisher Unverständliche plötzlich entwirrt und nachvollziehbar wird.

Wichtig: Wer eine Prüfung in Volkswirtschaftslehre ablegen will, muss rechtzeitig beginnen, die Wirtschaftsnachrichten zu verfolgen, da das aktuelle Geschehen immer auch prüfungsrelevant ist. Ein Lehrbuch allein wie das vorliegende kann diesem Aktualitätsanspruch nicht genügen!

1.1 Volkswirtschaftliche Grundlagen

»Ein jeder Wunsch, wenn er erfüllt, kriegt augenblicklich Junge«.
Wilhelm Busch, »Niemals«

Menschen haben **Bedürfnisse**, deren Zahl grundsätzlich gegen Unendlich strebt. Allerdings hängt die Dringlichkeit eines Bedürfnisses von der individuellen Lebenssituation ab: Wer seine grundlegenden Bedürfnisse nach Wohnung, Kleidung und Nahrung (Existenz- oder Primärbedürfnisse) nicht erfüllt sieht, wird sich nicht mit weiter gehenden Bedürfnissen nach weniger lebenswichtigen Dingen (Sekundärbedürfnisse) befassen. Diesen Zusammenhang zwischen Lebenssituation und Bedürfnissen zeigte Abraham MASLOW in seiner berühmt gewordenen **Bedürfnispyramide**: Diese basiert auf der Beobachtung, dass immer dann, wenn die Bedürfnisse einer Stufe befriedigt sind, eine neue Gruppe von Bedürfnissen auftaucht, bis an der Spitze der Pyramide der Wunsch nach »Selbstverwirklichung« verbleibt. Was als »lebenswichtig« und was als »Luxus« betrachtet wird, hängt offensichtlich davon ab, welche Stufe das Individuum erreicht hat, und ist insoweit eine rein subjektive Einschätzung.

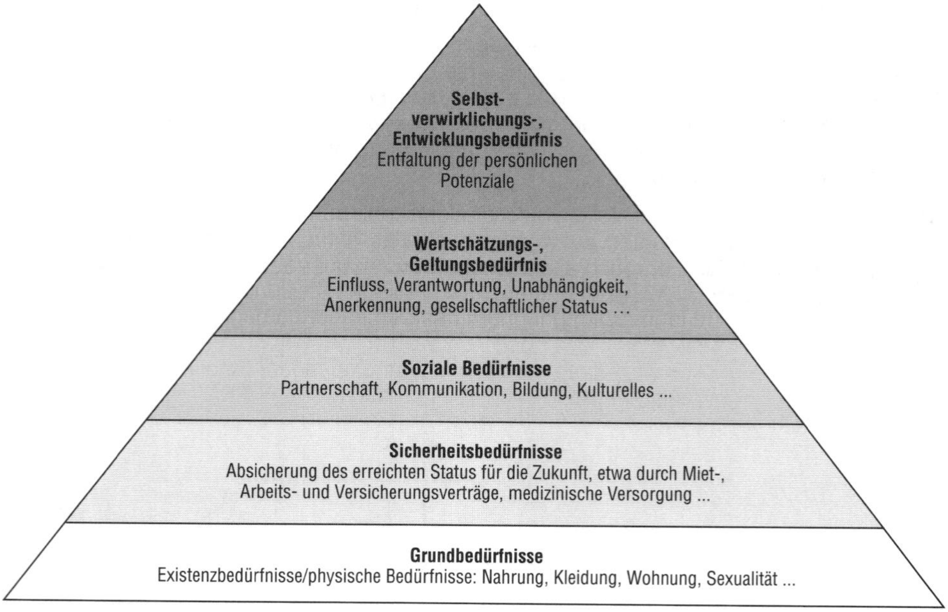

Bedürfnisebenen nach Maslow

Bedürfnisse können sich auf materielle Gegenstände oder auf immaterielle Ziele beziehen; sie können dem Individuum bewusst sein (offene Bedürfnisse) oder unbewusst vorhanden sein (latente Bedürfnisse). Nicht nur einzelne Menschen haben ihre Individualbedürfnisse, sondern auch Gruppen und ganze Gesellschaften haben kollektive Bedürfnisse: Etwa nach Steuergerechtigkeit, nach besseren Bahnverbindungen oder nach weniger Gewalt im Fernsehen. Die Mittel zur Bedürfnisbefriedigung sind allerdings knapp. Daher muss – in Anpassung an die vorhandenen Mittel – aus allen Bedürfnissen eine Auswahl getroffen werden, die tatsächlich in die Tat umgesetzt (»mit Kaufkraft ausgestattet«) wird.

Diese Auswahl wird **Bedarf** genannt. Bedarf wird als Nachfrage an den Markt herangetragen und erstreckt sich auf **knappe** Güter, die – im Gegensatz zu **freien Gütern** wie Atemluft oder Sonnenlicht – nicht in unbegrenzter Menge zur Verfügung stehen und nicht ohne Gegenleistung in Anspruch genommen werden können. Diese als **wirtschaftliche Güter** bezeichneten Realgüter, Dienstleistungen und Rechte werden unter Einsatz von **Produktionsfaktoren** erzeugt und bereitgestellt und sind daher mit Bereitstellungskosten verbunden. Die geforderte Gegenleistung ist ihr Preis.

Gäbe es keine Knappheit, wäre wirtschaftliches Handeln nicht erforderlich. Rational handelnde Wirtschaftssubjekte versuchen dabei,

– entweder mit einem bestimmten Einsatz (»Input«) einen möglichst großen Erfolg (»Output«) zu erzielen (ökonomisches **Maximalprinzip**):

  Frau Meier möchte auf dem Markt 3 € für Weintrauben ausgeben. Sie kauft bei demjenigen Händler, der ihr für diesen eingesetzten Betrag die größte Menge an Weintrauben überlässt. Damit handelt sie nach dem Maximalprinzip;

– oder einen bestimmten angestrebten Erfolg (»Output«) mit dem geringst möglichen Einsatz (»Input«) herbeizuführen (ökonomisches **Minimalprinzip**):

  Frau Müller möchte auf dem Markt ein Kilo Weintrauben kaufen. Sie kauft bei demjenigen Händler, der ihr diese Menge für den geringsten Preis überlässt. Damit handelt sie nach dem Minimalprinzip.

Höchst wahrscheinlich kaufen Frau Meier und Frau Müller bei demselben Händler. Daraus wird deutlich, dass Maximal- und Minimalprinzip letztlich Ausprägungen ein- und desselben Grundsatzes sind, der als **Ökonomisches Prinzip** bezeichnet wird.

Produktionsfaktoren

Was braucht man, um etwas herzustellen? Seit Jahrhunderten lautet die Antwort der Nationalökonomen auf diese Frage »Arbeit, Boden, Kapital«. »Und was ist mit Gebäuden, Maschinen, Werkzeug? Was mit Know-how, Verantwortung, Führung?« Selbstverständlich sind auch diese Faktoren Produktionsfaktoren. Während sie die Volkswirtschaftslehre aber den klassischen Elementarfaktoren zuordnet, kennt die Betriebswirtschaftslehre eine etwas andere Einteilung: Sie unterscheidet »Menschliche Arbeitsleistung, Betriebsmittel, Werkstoffe« und kennt auch den dispositiven Faktor »Führung«.

Produktionsfaktoren sind diejenigen Güter, die im Produktionsprozess eingesetzt werden. Die Volkswirtschaftslehre unterscheidet die **Elementarfaktoren**

Arbeit: menschliche Arbeitsleistung;

Boden: von der Natur bereitgestellte Ressourcen;

Kapital: bei der Erzeugung von Gütern eingesetzte Produktionsmittel, die selbst durch den Einsatz von Arbeit und Boden entstanden sind (»produzierte Produktionsmittel«), weswegen der Produktionsfaktor Kapital auch als abgeleiteter (derivativer) Faktor bezeichnet wird. Zum Faktor Kapital zählen auch Geldmittel, die durch den Verkauf von Produkten zugeflossen sind und für den Betrieb eingesetzt werden können.

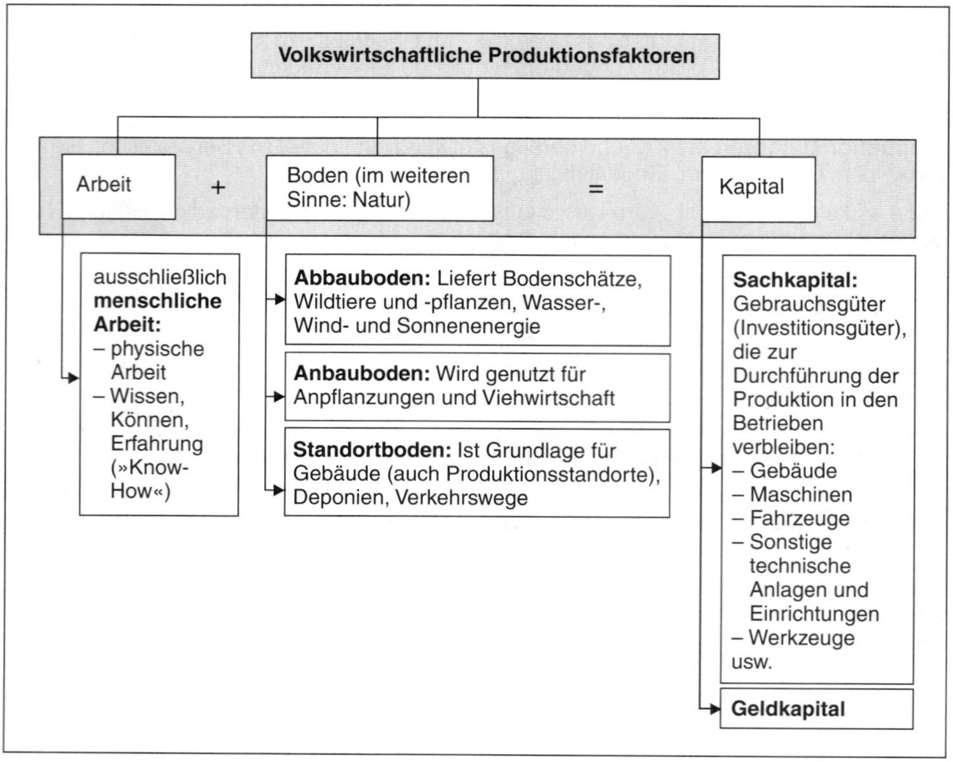

Volkswirtschaftliche Produktionsfaktoren: Arbeit, Boden, Kapital

Die **Betriebswirtschaftslehre** trifft eine ähnliche, jedoch an die Sachverhalte der betrieblichen Produktion angepasste Unterscheidung. Diese **betriebswirtschaftlichen Produktionsfaktoren** werden später erläutert.

1.1.1 Markt, Preis und Wettbewerb

»Der Markt ist der Ort, an dem Angebot und Nachfrage zusammentreffen«. Und wo, bitte, soll das sein? Tatsächlich sind solche Orte überall, sogar »virtuell« im Internet, und was dort geschieht, ist nicht etwa zufällig oder »chaotisch«, sondern folgt Gesetzmäßigkeiten, die zu kennen sich lohnt; denn schließlich ist jeder Mensch oft gleich in mehrfacher Hinsicht Marktteilnehmer: Als Nachfrager an Märkten für bestimmte Konsumgüter, aber in seiner Eigenschaft als Unternehmer oder dessen Erfüllungsgehilfe auch als Anbieter auf anderen Gütermärkten; als Nachfrager nach Darlehen oder Anbieter von Spargeldern auf dem Kapitalmarkt; als Anbieter der eigenen Arbeitskraft auf dem Arbeitsmarkt. Im Folgenden werden die Marktmechanismen dargestellt und transparent gemacht.

Jeder Ort, an dem Nachfrage und Angebot zusammentreffen, ist nach volkswirtschaftlicher Definition ein Markt. Das Wirtschaftssystem einer Volkswirtschaft, die auf Märkten basiert, wird als **Marktwirtschaft** bezeichnet.

Märkte, an denen die volkswirtschaftlichen Produktionsfaktoren gehandelt werden, werden als Faktormärkte bezeichnet. Märkte, an denen sonstige Güter (Konsum- und Investitionsgüter sowie Dienstleistungen) gehandelt werden, heißen Gütermärkte.

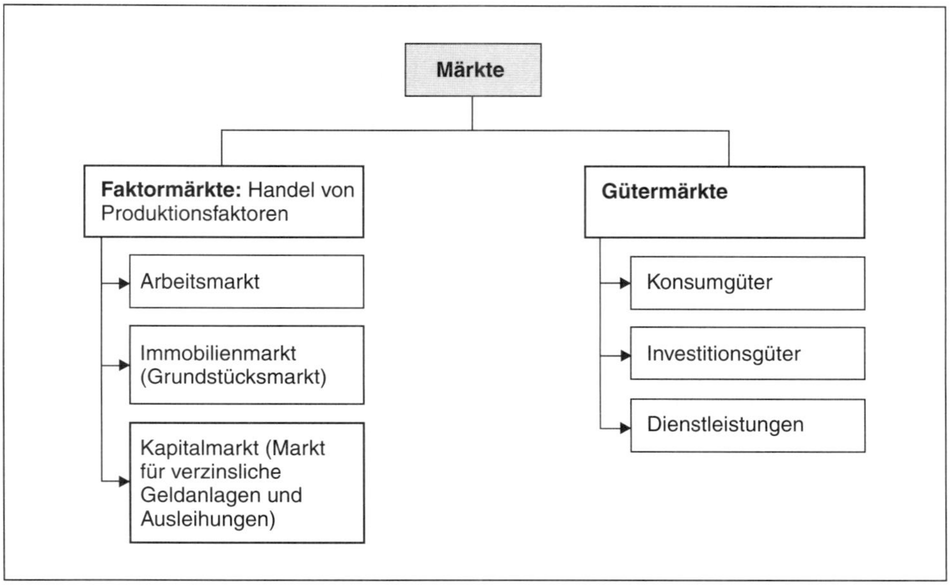

Faktor- und Gütermärkte

Da das Zusammentreffen von Angebot und Nachfrage weder die persönliche Anwesenheit von Anbieter und Nachfrager noch die physische Gegenwart des Handelsgegenstandes zwingend erfordert, ist dieser Markt gewissermaßen »ortlos«. Der Markt hat die Funktion, einen Ausgleich zwischen Angebot und Nachfrage zu schaffen. Am Markt bilden sich Preise heraus.

Märkte können jedem Anbieter und Nachfrager offen stehen oder aber nur eingeschränkten Marktzutritt gewähren. In ersten Fall wird von **offenen Märkten**, sonst von **geschlossenen Märkten** gesprochen.

Märkte können auch nach anderen Kriterien unterschieden werden, z. B.

- nach der Zahl der Marktteilnehmer auf der Angebots- wie auch der Nachfrageseite in **monopolistische**, **oligopolistische** und **polypolistische Märkte**,
- nach dem Ausmaß des staatlichen Einflusses in **freie** und **regulierte Märkte**.

Eine weitere Unterscheidung, nämlich in vollkommene und unvollkommene Märkte, betrifft das Ausmaß, in dem ein Markt bestimmten idealtypischen Bedingungen entspricht.

Wenn sich auf einem Markt entweder die Nachfrager (Käufer) oder die Anbieter (Verkäufer) in einer günstigeren Verhandlungsposition befinden als der Gegenpart, wird von **Käufermarkt** bzw. **Verkäufermarkt** gesprochen.

Abhängigkeiten des Verkäufers vom Käufer bzw. des Käufers vom Verkäufer, Kartelle, Monopole oder Überlegenheiten bei bestimmten, für das Geschäft notwendigen Kenntnissen können ursächlich für das Entstehen von Käufer- bzw. Verkäufermärkten sein.

Marktunterteilung nach Verhandlungspositionen

Käufermarkt	**Verkäufermarkt**
Das Angebot übersteigt die Nachfrage = Käufer werden umworben; »der Kunde ist König«:	Die Nachfrage übersteigt das Angebot oder wenige Anbieter beherrschen den Markt = gute Absatzmöglichkeiten für Verkäufer:
Typisch für Märkte für Lebensmittel und Gegenstände des täglichen Bedarfs	Typisch für Märkte mit wenigen Anbietern und dringend benötigten Gütern

Marktunterteilung nach Verhandlungspositionen

Die Auswirkungen dieser Marktkonstellationen auf die **Preisbildung** werden in den folgenden Absätzen untersucht.

Vollkommene und unvollkommene Märkte

Um die Zusammenhänge von Angebot, Nachfrage und Preis zu erklären, bedient sich die Volkswirtschaftslehre gern einer gedanklichen Konstruktion vom **vollkommenen** Markt, der durch folgende Merkmale gekennzeichnet ist:

- Es gibt viele Anbieter und Nachfrager, sodass weder die Anbieter- noch die Nachfragerseite den Markt dominiert und kein einzelner Anbieter oder Nachfrager über genügend Marktmacht verfügt, um den Preis zu beeinflussen.
- Anbieter und Nachfrager verhalten sich absolut rational (als »**homo oeconomicus**«): Die Anbieter von Gütern und Dienstleistungen streben Gewinnmaximierung, die Nachfrager Nutzenmaximierung an. Beide Gruppen verhalten sich stets entsprechend dem **ökonomischen Prinzip**.
- Kein Marktteilnehmer hegt irgendwelche Präferenzen:
  - Güter, die unter ein- und derselben Bezeichnung gehandelt werden, sind vollständig homogen, sodass sachliche Präferenzen infolge von Qualitätsunterschieden bei Kaufentscheidungen keine Rolle spielen.
  - Kein Anbieter oder Nachfrager wird von einem potenziellen Marktpartner bevorzugt, etwa wegen besonderer Freundlichkeit, oder ausgeschlossen: insoweit fehlen auch persönliche Präferenzen.
  - Wege und Lieferzeiten spielen keine Rolle: Jeder Anbieter kann in derselben Zeit und ohne zusätzliche Kosten liefern; damit fehlen auch zeitliche und räumliche Präferenzen.
- Es besteht vollkommene Markttransparenz: Jeder Anbieter und jeder Nachfrager ist vollständig über das gesamte Angebot und die gesamte Nachfrage sowie aktuelle Preise informiert.
- Unendlich schnelle Anpassung: Reaktionen des Angebots, der Nachfrage und der Preise infolge von Veränderungen am Markt erfolgen im Augenblick der Veränderung.

Vollkommene Märkte mit der in ihnen herrschenden **vollständigen Konkurrenz** sind in der Realität nicht anzutreffen. Am nächsten kommen ihnen Wertpapier- und Warenbörsen. Alle anderen realen Märkte sind **unvollkommene** Märkte.

1.1.1.1 Preisbildung auf unterschiedlichen Märkten

Nach der Anzahl der auf einem Markt anzutreffenden Anbieter und Nachfrager unterscheidet die Volkswirtschaftslehre die im folgenden Schema dargestellten Marktformen:

Anbieter / **Nachfrager**	einer	wenige	viele
einer	bilaterales Monopol	beschränktes Nachfragemonopol**	Nachfragemonopol
wenige	beschränktes Angebotsmonopol*	bilaterales Oligopol	Nachfrageoligopol
viele	Angebotsmonopol	Angebotsoligopol	Polypol

* Angebotsmonopol mit oligopolistischer Nachfrage
** Nachfragemonopol mit oligopolistischem Angebot

Zu diesen Marktformen lassen sich die folgenden allgemeinen Feststellungen treffen:

- **Monopole** (monopolistische Märkte) – Marktsituationen also, in denen es nur einen Anbieter oder nur einen Nachfrager gibt – haben in der volkswirtschaftlichen Realität langfristig nur dort Bestand, wo sie in staatlicher Hand liegen oder staatlicherseits geschützt sind. Nimmt man Leistungen, die nach dem Gesetz nur von bestimmten staatlichen Stellen selbst vorgenommen werden dürfen (z. B. Ausstellung von Ausweispapieren, rechtsgültige Vornahme von Eheschließungen, Erteilung von Visa) aus der Betrachtung, gibt es in der Bundesrepublik Deutschland nach der Öffnung des Post- und Telekommunikationsmarktes nur noch wenige Angebotsmonopole: Beispiele sind das Monopol der Deutschen Bahn beim Schienennetz sowie Verkehrsbetriebe, die von den Kommunen beauftragt sind, den öffentlichen Personennahverkehr durchzuführen, und hierfür Förderungen erhalten.

  Allerdings gibt es auch rein private Wirtschaftsunternehmen mit monopolartiger Marktstellung (Beispiel: Ein Software-Unternehmen im Bereich der PC-Betriebssysteme verfügt annähernd über ein internationales Monopol), die aber, wenn sie diese Position nutzen, um Mitbewerber beim Marktzutritt oder auf deren Märkten zu behindern, wettbewerbsrechtlich belangt werden können.

  Ein Beispiel für ein (allerdings nur nationales) Nachfragemonopol **(Monopson)** ist der Markt für Wehrtechnik (Panzer, Kampfflugzeuge), in dem die Bundeswehr die einzige nationale Nachfragerin ist. Ein **bilaterales (zweiseitiges) Monopol** tut sich auf, wenn z. B. ein Unternehmen eine bestimmte Maschine als einmalige Sonderanfertigung benötigt und es nur ein einziges Unternehmen gibt, das in der Lage ist, diese Maschine zu bauen.

- **Oligopole** (oligopolistische Märkte) sind in der Form des **Angebotsoligopols** häufig anzutreffen: Für viele Konsumgüter gibt es eine nur geringe Zahl von Anbietern, der viele potenzielle Nachfrager gegenüberstehen. Beispiele sind der Markt für Kraftstoffe und der Automobilmarkt. Oligopolist ist aber auch z. B. die einzige Bäckerei innerhalb eines Stadtviertels. **Nachfrageoligopole (Oligopsone)**, bei denen viele Anbieter auf wenige Nachfrager treffen, gibt es vor allem in der Landwirtschaft (viele Anbieter von Milch – wenige aufkaufende Molkereien; viele Anbieter von Äpfeln – wenige aufkaufende Mostereien), aber auch bei Dienst- und künstlerischen Leistungen (viele Anbieter von Buchmanuskripten – wenige Verlage). Ein Beispiel für ein **bilaterales (beidseitiges) Oligopol** ist der Markt für die Ausgabe von Wertpapieren (Effektenemissionen: Wenige Unternehmen wollen neue Wertpapiere herausgeben, um Eigenkapital einzuwerben oder zu erhöhen, und wenige Banken sind bereit oder in der Lage, die Unterbringung der Papiere am Markt vorzunehmen).

– Beim **Polypol** (polypolistischen Märkten), der Situation also, in der eine Vielzahl von Nachfragern einer Vielzahl von Anbietern gegenübersteht, ist der Begriff »Vielzahl« relativ aufzufassen; denn tatsächlich wird auch auf Märkten mit vielen Anbietern die Zahl der Nachfrager immer noch wesentlich höher sein und die Situation bei auf die Region beschränkter Betrachtung immer eher einem Angebotsoligopol entsprechen (wenn es z. B. in einer Stadt mit 10.000 Einwohnern 7 Lebensmittelgeschäfte gibt). Die einzelnen Anbieter und Nachfrager sind dabei keineswegs gleich »mächtig«, aber nur unter Annahme gleich starker Marktteilnehmer kann die oben für den vollkommenen Markt dargestellte **vollständige Konkurrenz** entstehen: Sie ist also letztlich nur ein ideales Modell ohne echte Entsprechung in der Realität. Die Markt- und Konkurrenzstruktur im Polypol wird als »atomistisch« bezeichnet.

Die Marktform entscheidet sehr wesentlich über die Art und Weise, in der sich auf dem betreffenden Markt die Preisbildung vollzieht.

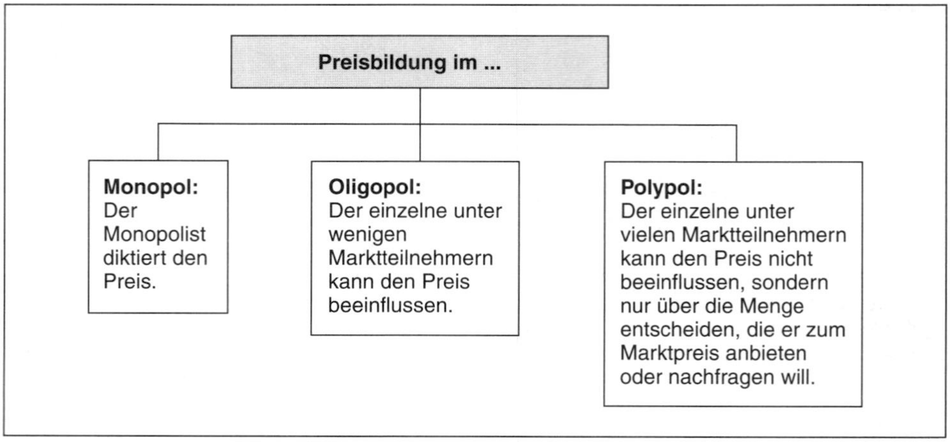

Preisbildung in Abhängigkeit von der Marktform

Der **Preis** dient dazu, die unterschiedlichen Interessen von Anbietern und Nachfragern, genauer: deren Wünsche nach Gewinnmaximierung auf Seiten der Verkäufer und nach Nutzenmaximierung auf Seiten der ihren Bedarf deckenden Käufer, zu einem Ausgleich zu bringen. Unter der Voraussetzung eines funktionierenden Wettbewerbs passt sich der Preis Veränderungen der Anbieter- bzw. Nachfragervorstellungen an. Preisbildung ist also kein einmaliger Vorgang, sondern ein Prozess, der sich immer wieder aufs Neue vollzieht. In gesamtwirtschaftlicher Hinsicht haben **Preise** folgende **Funktionen**:

– **Koordinationsfunktion**: Über den Preis stimmen Unternehmen und Haushalte ihre Pläne (Produktions- und Absatzplanung / Bedarfsplanung) aufeinander ab.

– **Informationsfunktion** (Signalfunktion, Indikatorfunktion): Preise informieren darüber, wie knapp das betreffende Gut ist, wobei gilt: Je höher der Preis, desto knapper ist das angebotene Gut. Man spricht auch von Preisen als »Knappheitsindikatoren«.

– **Lenkungsfunktion** (Allokationsfunktion): Über die erzielbaren Preise werden die Produktionsfaktoren denjenigen Produkten und Orten zugeleitet, die die größte Nachfrage und den größtmöglichen Ertrag versprechen. Damit erfolgt ihr Einsatz immer genau dort, wo gerade Knappheit herrscht, und trägt dazu bei, die Knappheit zu vermindern. Zugleich wird die Verschwendung von Ressourcen vermieden; jedoch ist damit nicht gesagt, dass z. B. knappe Rohstoffe immer den (ökologisch oder sozial gesehen) »vernünftigsten« Zwecken zugeführt werden.

– **Zuteilungsfunktion** (Auslesefunktion, Selektionsfunktion): Zum Zuge kommen am Markt diejenigen Anbieter und Nachfrager, die den sich herausbildenden Preis zu akzeptieren bereit sind. Insoweit findet über den Preis eine Auslese statt.

- **Einkommensverteilungsfunktion**: Letztlich entscheiden die Preise auch über die Verteilung des Einkommens. Sie bestimmen die Einkommen der einzelnen Anbieter ebenso wie die Verteilung des Einkommens auf die volkswirtschaftlichen Produktionsfaktoren Arbeit, Boden und Kapital.

1.1.1.1.1 Preisbildung bei vollständiger Konkurrenz

Eine Situation, in der die gehandelten Güter homogen sind und jeder einzelne Anbieter oder Nachfrager keinen oder nur einen sehr kleinen (ihm selbst unbekannten) Einfluss auf den Preis nehmen kann, wird als **vollständige Konkurrenz** bezeichnet. In dieser Situation, die es so nur im **vollkommenen Markt** geben kann, agieren Anbieter und Nachfrager lediglich als **Mengenanpasser**.

Im vollkommenen Markt gilt:

- Für ein- und dasselbe Gut kann es nur einen einzigen Preis geben. Dieser ist der **Marktpreis**.
- Alle Anbieter, die zum Marktpreis zu verkaufen bereit sind, und alle Nachfrager, die zu diesem Preis zu kaufen bereit sind, kommen zum Zuge: »**Der Preis räumt den Markt**«.

Zur Untersuchung der Preisfunktionen muss zunächst die Abhängigkeit der Nachfrage und die des Angebots vom Preis untersucht werden. Dies soll hier anhand einfacher grafischer Darstellungen geschehen.

Nachfragefunktion

Für die gesamte Nachfrage nach einem Gut kann angenommen werden, dass diese sinkt, wenn der Preis steigt. Unter der Annahme, dass dieses Absinken vollständig linear (gleichmäßig ohne Sprünge, Plateaus und sonstige Unregelmäßigkeiten) erfolgt, ergibt sich die folgende Gerade als Sonderfall der Nachfragekurve:

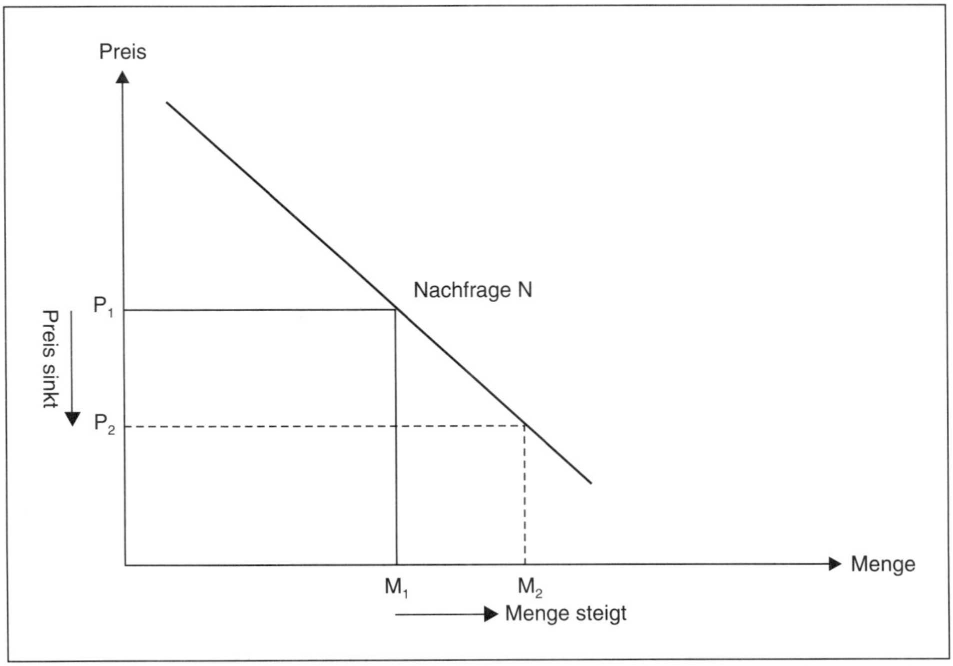

Nachfragekurve mit Krümmung 0

Die nachgefragte Menge M steigt mit sinkendem Preis und sinkt mit steigendem Preis, wobei bei bekannter Nachfragefunktion für jeden Preis die entsprechende Nachfrage (und umgekehrt) ermittelt werden kann. In der vorstehend dargestellten Situation finden Nachfrageverschiebungen auf einer **in ihrer Lage stabilen** Nachfragekurve statt. Bei einem bestimmten Preis P_B wird immer eine ganz bestimmte Menge M_B nachgefragt.

Das Nachfrageverhalten kann sich im Zeitverlauf jedoch in der Weise verändern, dass zum Preis P_B eine höhere oder geringere Menge als bisher nachgefragt wird. Ursachen können steigende oder sinkende Einkommen, eine zahlenmäßige Zu- oder Abnahme der Nachfragenden, Modewechsel oder das Auftreten neuer Güter auf dem Markt sein. Eine derartige Veränderung des Nachfrageverhaltens bewirkt eine **Lageveränderung** der Nachfragekurve nach links (bei sinkender Nachfrage) oder rechts (bei steigender Nachfrage):

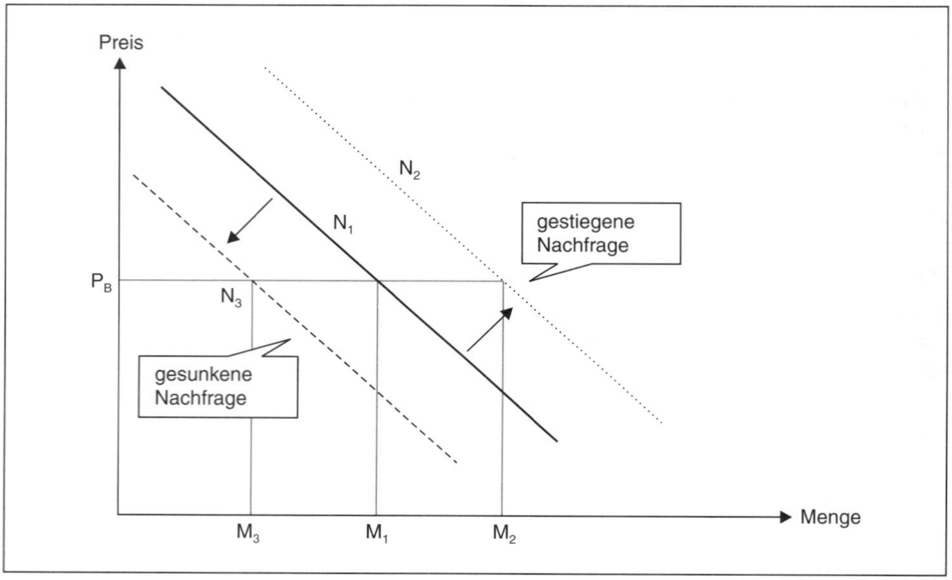

Verschiebung der Nachfragekurve bei geändertem Nachfrageverhalten

Die Abbildung verdeutlicht, dass bei gesunkenem Nachfrageinteresse zu einem Preis P_B anstelle der ursprünglichen Nachfragemenge M_1 nun nur noch die Menge M_3 abgesetzt werden kann. Gestiegenes Nachfrageinteresse führt dagegen dazu, dass für den gleichen Preis P nun die höhere Menge M_2 abgesetzt wird.

Angebotsfunktion

Die Angebotskurve verläuft entgegengesetzt zur Nachfragekurve. Auch hier wird der Einfachheit halber der Sonderfall einer vollständig linear verlaufenden Kurve angenommen:

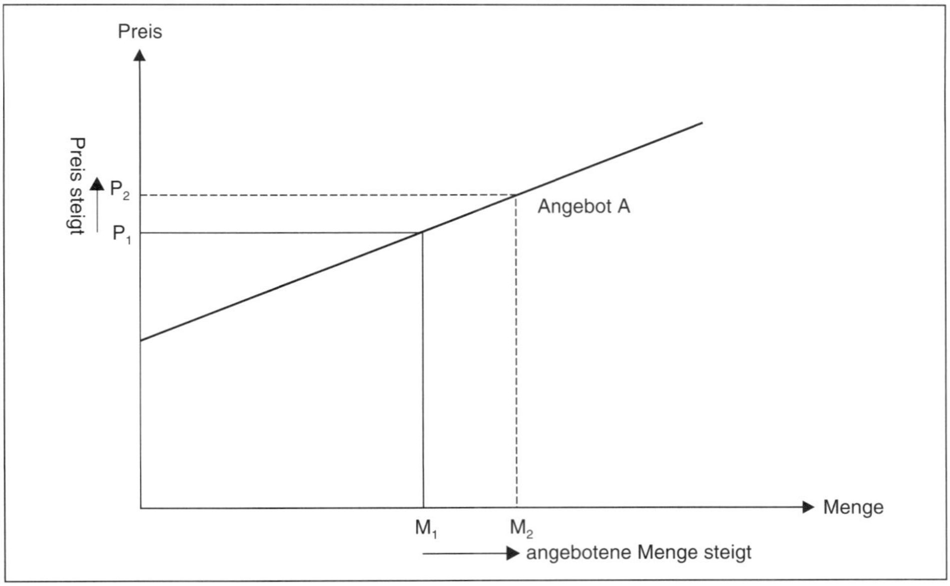

Angebotskurve mit Krümmung 0

Naturgemäß werden die Anbieter umso größere Mengen absetzen wollen, je höher der erzielbare Stückpreis ist. Während für die Nachfrager gilt »Preis steigt, Menge sinkt«, so gilt für die Anbieter »Preis steigt, Menge steigt«. So lange einem bestimmten Preis P_B eine ganz bestimmte Menge M_B zugeordnet werden kann, ist die Angebotskurve lagestabil.

Auch hier führen grundsätzliche Veränderungen im Angebotsverhalten, die zur Folge haben, dass die zum Preis P_B angebotene Menge höher oder geringer ist als zuvor, zu einer Verschiebung der Kurve nach rechts unten (bei steigendem Angebot) bzw. nach links oben (bei sinkendem Angebot):

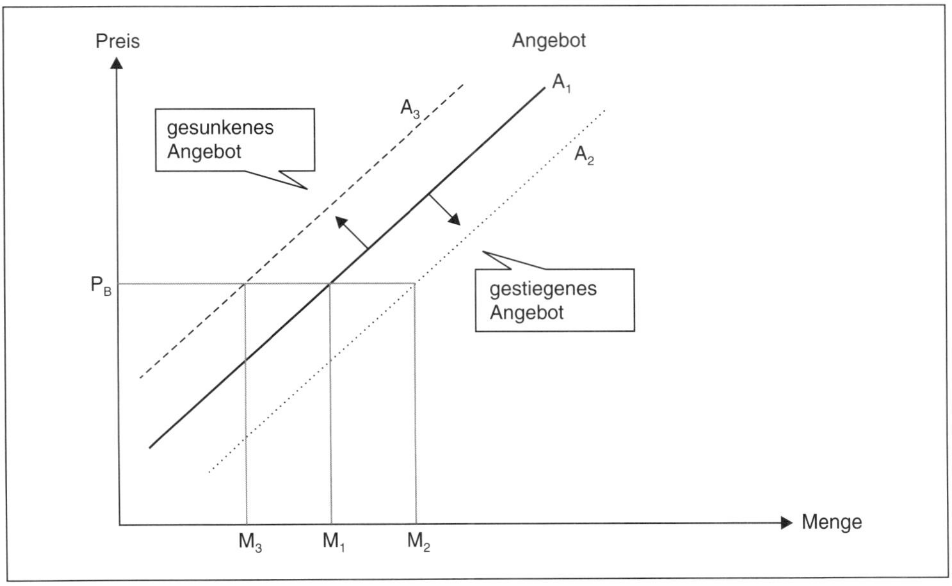

Angebotskurve mit Verschiebungen bei geändertem Angebotsverhalten

Offensichtlich besteht ein Zusammenhang zwischen der nachgefragten bzw. angebotenen Menge eines Gutes und seinem Preis am Markt. Die Abhängigkeit der Nachfrage bzw. des Angebotes vom Preis ist allerdings für unterschiedliche Güter unterschiedlich stark ausgeprägt, oder, anders ausgedrückt: Bei jedem Gut reagiert die Nachfrage bzw. das Angebot individuell **elastisch** auf Preisänderungen.

Preiselastizität der Nachfrage

Es ist nicht gesagt, dass Preis und Nachfrage vollständig korrelieren (ein Preisrückgang um x % also immer eine Nachfragesteigerung um denselben Prozentsatz bewirkt), vielmehr kann es über- oder unterproportionale Reaktionen der Nachfrage auf Preisveränderungen geben.

Das Maß für die Reaktion der Nachfrage nach einem Gut auf Änderungen des Preises eben dieses Gutes ist die **direkte Preiselastizität** (auch: **Eigenpreiselastizität**). Sie gibt an, um wie viel Prozent die Nachfrage anzieht oder sinkt, wenn der Preis des untersuchten Gutes um ein Prozent erhöht oder gesenkt wird.

Man unterscheidet

- **proportional elastische** Nachfrage (E = –1): Die Nachfrage verändert sich proportional zur Preisveränderung; steigt der Preis um 1 %, sinkt die nachgefragte Menge um 1 %;
- **relativ elastische** Nachfrage (E < –1): Die Nachfragemenge sinkt bzw. steigt um mehr als 1 %, wenn der Preis um 1 % gesenkt bzw. erhöht wird;
- **relativ unelastische** Nachfrage (E > –1): Die Nachfragemenge sinkt bzw. steigt um weniger als 1 %, wenn der Preis um 1 % gesenkt bzw. erhöht wird.

Anmerkung: In Teilen der Literatur wird bei Berechnung der Elastizität auf das negative Vorzeichen bei der Mengenänderung verzichtet. In diesem Falle gilt für relativ unelastische Nachfrage E < 1 und für relativ elastische Nachfrage E > 1.

Grafisch stellen sich diese Situationen wie folgt dar:

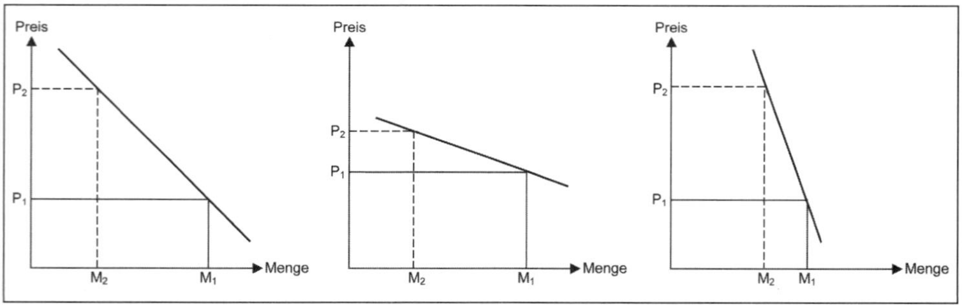

Elastizität der Nachfrage: a) proportional, b) relativ elastisch, c) relativ unelastisch

Die Elastizität **E** errechnet sich nach folgender Formel:

$$E = \frac{\text{Prozentuale Mengenänderung}}{\text{Prozentuale Preisänderung}} = \frac{\dfrac{\text{Mengenänderung}}{\text{Ursprungsmenge}}}{\dfrac{\text{Preisänderung}}{\text{Ursprungspreis}}}$$

Beispiel:

In Zusammenhang mit der Steuererhöhung für Tabakwaren stieg der Preis für eine Schachtel Zigaretten einer bestimmten Marke um 0,40 € von 3,60 € auf 4,00 €. Ein Tabakwarenhändler beobachtet daraufhin in einer seiner Filialen einen Rückgang des Absatzes für diese Zigarettensorte von 400 auf 265 Päckchen pro Tag. Die Elastizität der Nachfrage errechnet sich hieraus wie folgt:

$$E = \frac{\frac{-135}{400}}{\frac{0{,}40}{3{,}60}} = \frac{-0{,}3375}{0{,}1111} = -3{,}038$$

Die Nachfrage reagiert also relativ elastisch (denn – 3,038 < –1!): Die Preiserhöhung von gut 11 % hatte einen Absatzrückgang um gut 33 % zur Folge. Anders ausgedrückt: Die Nachfrage sinkt um gut 3 %, wenn der Preis um 1 % steigt.

Die errechnete Elastizität sagt allerdings nur etwas über die Preisempfindlichkeit der Nachfrage für genau den betrachteten Punkt der Nachfragekurve aus und kann nicht verallgemeinert werden: Die hier errechnete Preiselastizität ist daher eine Punktelastizität!

Eine relativ unelastische Nachfragereaktion ist bei solchen Gütern zu erwarten, die kaum verzichtbar und kaum substituierbar sind. Im Falle leicht substituierbarer Güter, von denen der Nachfrager nicht abhängig ist, reagiert die Nachfrage dagegen relativ elastisch.

In Fortführung des Beispiels: Der Nachfragerückgang erstaunt; denn es kann wohl davon ausgegangen werden, dass auf Seiten vieler Nachfrager eine Abhängigkeit besteht. Gab es also eine Möglichkeit der Substitution?

Tatsächlich registrierte derselbe Tabakwarenhändler zeitgleich zum Rückgang des Zigarettenabsatzes einen Anstieg des Absatzes von Feinschnitttabak, deren Preis unverändert geblieben war, von bisher 120 auf 150 Päckchen pro Tag.

Für die Reaktion der Nachfrage nach einem Gut auf eine Änderung des Preises für ein Substitutionsgut gibt es ebenfalls eine Kennzahl, nämlich die **Kreuzpreiselastizität** (auch als Triffin-Koeffizient bekannt):

$$E_{x1,p2} = \frac{\text{Prozentuale Mengenänderung Gut 1}}{\text{Prozentuale Preisänderung Gut 2}} = \frac{\frac{\text{Mengenänderung Gut 1}}{\text{Ursprungsmenge Gut 1}}}{\frac{\text{Preisänderung Gut 2}}{\text{Ursprungspreis Gut 2}}}$$

Für komplementäre (sich ergänzende) Güter ist eine Kreuzpreiselastizität < 0 zu erwarten, die ausdrückt, dass der Preisanstieg bei dem einen Gut einen Mengenrückgang nicht nur bei ebendiesem, sondern auch bei dem komplementären Gut auslöst. Für Substitutionsgüter, also in dem Falle, dass das mengenmäßig betrachtete Gut das preisveränderte Gut ersetzen kann, gilt dagegen eine gegenläufige Entwicklung und damit ein zu erwartender Wert > 0. Ist der Wert gleich 0, kann keine Beziehung zwischen den beiden Gütern hergeleitet werden.

In Fortführung des Beispiels soll die Beziehung zwischen den Zigaretten und dem Feinschnitttabak untersucht werden:

$$E_{x1,p2} = \frac{\frac{30}{120}}{\frac{0{,}40}{3{,}60}} = \frac{0{,}25}{0{,}1111} = 2{,}25$$

Offensichtlich handelt es sich um Substitutionsgüter: Eine Preiserhöhung bei den Zigaretten um gut 11 % ging mit einer Absatzerhöhung um 25 % beim Tabak einher, oder anders ausgedrückt: Je 1 % Preiserhöhung bei den Zigaretten bewirkte einen Mehrabsatz beim Tabak in Höhe von ca. 2,25 %.

Die Nachfrage nach einem Gut ist nicht nur von seinem Preis bzw. korrespondierenden Preisen anderer Güter abhängig, sondern ebenso vom Einkommen der Nachfragenden. Dieser Zusammenhang kann durch die **Einkommenselastizität der Nachfrage** gemessen werden. Es gibt Güter, die bei steigendem Einkommen stärker nachgefragt werden (so genannte superiore Güter) oder schwächer (inferiore Güter).

Preiselastizität des Angebots

Ebenso wie die Elastizität der Nachfrage kann die **Elastizität des Angebots** auf sich ändernde Marktpreise errechnet werden: Sinkende Marktpreise erlauben bei nicht-verderblichen Gütern eine Einlagerung, bis die Marktsituation günstiger geworden ist, während bei verderblichen Gütern ein unelastisches Angebot erwartet werden kann.

Auf Beispiele soll hier jedoch verzichtet werden, weil die Wirkungen denen der ausführlich dargestellten Nachfrageelastizität entsprechen.

Marktgleichgewicht

Bei linearen Kurvenverläufen der (dann als Geraden abzubildenden) Nachfrage- und der Angebotskurve gibt es genau einen Punkt, in dem sich beide Geraden schneiden. Dieser Schnittpunkt kennzeichnet eine Situation, in der bei einem ganz bestimmten Preis die nachgefragte und die angebotene Menge genau übereinstimmen. In diesem Punkt herrscht ein Marktgleichgewicht. Der dazugehörige Preis wird **Gleichgewichtspreis**, die dazugehörige Menge **Gleichgewichtsmenge** genannt.

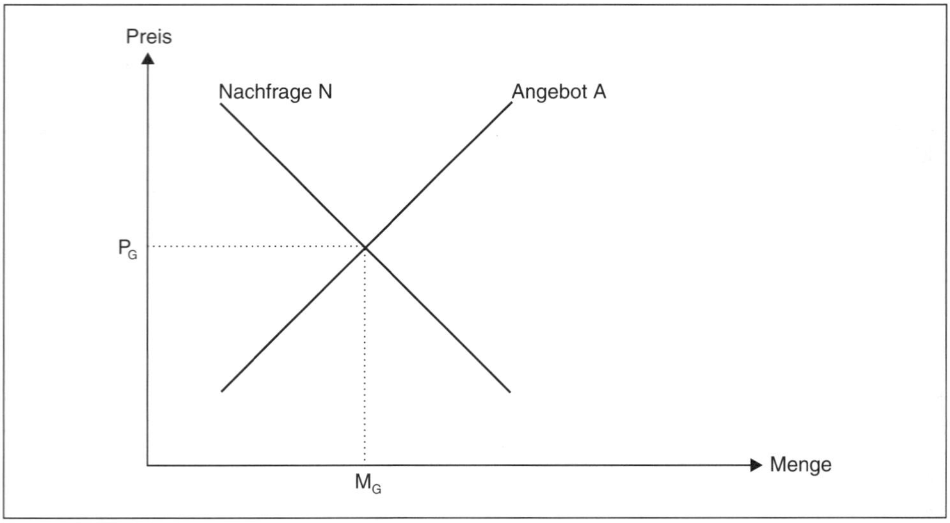

Marktgleichgewicht

Unter den Bedingungen eines vollkommenen Marktes wird sich dieses Gleichgewicht stets einstellen. Dies lässt sich am Beispiel des Börsenhandels gut nachvollziehen. Der Aktienmarkt ist als nahezu vollkommener Markt durch eine Transparenz gekennzeichnet, die den meisten Märkten fehlt. Wie sich die Preisbildung auf unvollkommenen Märkten vollzieht, bleibt daher oft wenig nachvollziehbar und ist, da von den Aktionen realer Menschen geprägt, häufig wesentlich weniger »rational«.

Die Preisbildung wird von einer Reihe von Faktoren beeinflusst, nämlich von

- der Zahl der Mitbewerber und der Nachfrager, ausgedrückt durch die Marktform;
- der Markttransparenz, d. h. inwieweit es den Nachfragern möglich ist, Alternativangebote einzuholen;
- der Elastizität der Nachfrage, d. h. der Reaktion der Nachfrager auf Preisveränderungen, und
- den Kosten, die in aller Regel nur kurzfristig unterschritten werden dürfen.

1.1.1.1.2 Preisbildung bei unvollständiger Konkurrenz

Oben wurde behauptet, dass sich unter den Bedingungen eines vollkommenen Marktes stets ein Marktgleichgewicht einstellt. Wieso ist das so? Dies zu verstehen ist Voraussetzung für die Erfassung des Unterschieds zwischen vollständiger und unvollständiger Konkurrenz.

Man stelle sich vor, der Marktpreis liege über dem Gleichgewichtspreis: In dieser Situation wäre die angebotene Menge größer als die nachgefragte Menge, und deswegen würden einige abgabewillige Anbieter nicht »zum Zuge kommen«. Diese Anbieter werden darauf mit Preissenkungen reagieren und den Preis damit in Richtung Gleichgewichtspreis drücken. Dadurch werden neue Nachfrager angelockt. Zugleich werden Anbieter, die zu diesem niedrigeren Preis nicht mehr abgabewillig sind, »aus dem Markt gehen«.

Im umgekehrten Fall, nämlich wenn der Marktpreis unter dem Gleichgewichtspreis liegt, übersteigt die Nachfrage das Angebot. Dieser Nachfrageüberhang wird die Anbieter veranlassen, den Preis in Richtung Gleichgewichtspreis zu erhöhen, woraufhin ein Teil der bisherigen Nachfrager »aus dem Markt geht«, dafür aber zusätzliche Anbieter auftreten.

In einem von äußeren Einflüssen (z. B. staatlichen Interventionen in die Preisfestsetzung) freien und für alle Marktteilnehmer transparenten Markt entwickelt sich also aus beiden Ungleichgewichtssituationen die Tendenz zur Herstellung des Marktgleichgewichts. Reale, durch unvollständige Konkurrenz gekennzeichnete Märkte sind aber nicht transparent: Ihren Teilnehmern fehlt die Kenntnis über die Zahl der (Mit-)Anbieter und -Nachfrager und die von ihnen angebotenen bzw. nachgefragten Mengen; außerdem kann kaum zuverlässig abgeschätzt werden, wie die Marktteilnehmer auf Preisveränderungen reagieren werden. Anpassungsreaktionen können nur mit Verzögerungen und unvollständig erfolgen, und damit kommt es zu Situationen von Markt**un**gleichgewicht:

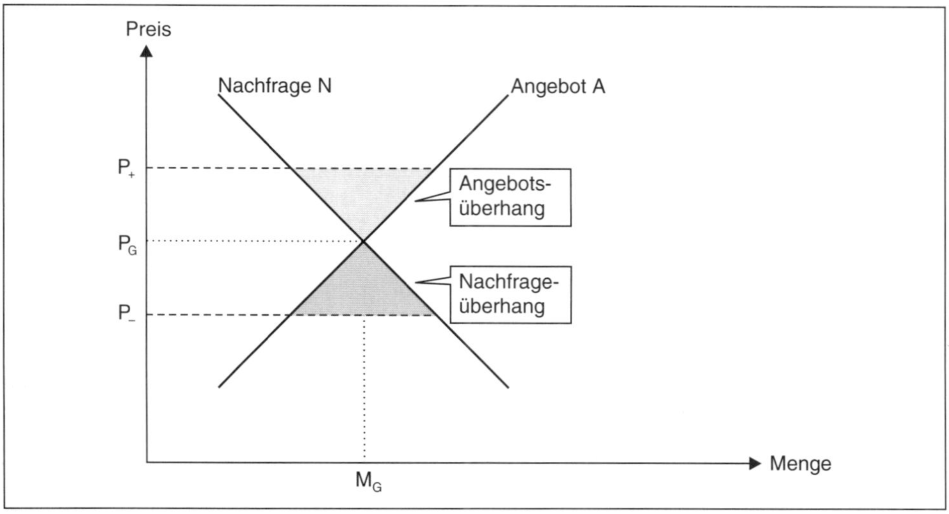

Situationen von Marktungleichgewicht

Konsumentenrente und Produzentenrente

Auf realen – unvollkommenen – Märkten können sich also Preise über oder unter dem Gleichgewichtspreis ergeben, was einen Angebots- oder einen Nachfrageüberhang zur Folge hat.

In jeder Marktkonstellation wird es Nachfrager geben, die für ein Gut mehr auszugeben bereit wären, als sie tatsächlich bezahlen müssen. Die Differenz zwischen dem Marktpreis und dem so genannten Reservationspreis (= Preis, den die Konsumenten maximal zu zahlen bereit wären) wird als **Konsumentenrente** bezeichnet. Die Anbieterseite wird bemüht sein, diese Konsumentenrente weitgehend abzuschöpfen. In der Praxis geschieht dies häufig durch Preisdifferenzierungen, wobei zahlungskräftigeren Konsumentengruppen ein höherer Preis abverlangt wird als Gruppen, die weniger zu zahlen imstande oder bereit sind.

Beispiel:

Der Eintritt im öffentlichen Schwimmbad beträgt 6 € für Erwachsene ohne Sonderstatus, 4 € für Schüler, Studenten und Arbeitsuchende und 2 € für noch nicht schulpflichtige Kinder.

Ebenso wird es Anbieter geben, die ihr Gut zu einem geringeren als dem Marktpreis abzugeben bereit wären. Dieser minimale Preis, den ein Anbieter gerade noch akzeptieren würde, wird ebenfalls als Reservationspreis bezeichnet. Die Differenz zwischen dem Markt- und dem Reservationspreis wird als **Produzentenrente** bezeichnet. Nachfrager werden versuchen, diese Produzentenrente abzuschöpfen, indem sie Preisnachlässe nachfragen.

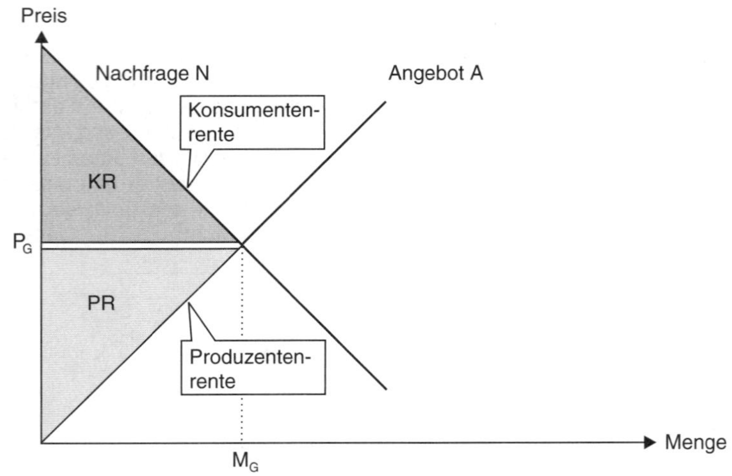

Konsumentenrente und Produzentenrente

Betrachten wir noch den Fall eines geänderten Nachfrage- oder Angebotsverhaltens. Wie schon erwähnt, können Einkommensveränderungen, Modetrends usw. das Nachfrageverhalten verändern. Ebenso kann sich das Anbieterverhalten – z. B. durch sinkende oder steigende Rohstoffpreise, durch Technologiewechsel usw. – ändern. In solchen Fällen verändern die Nachfrage- bzw. Angebotskurve ihre Lage, und am Markt stellt sich ein neuer Gleichgewichtspreis ein:

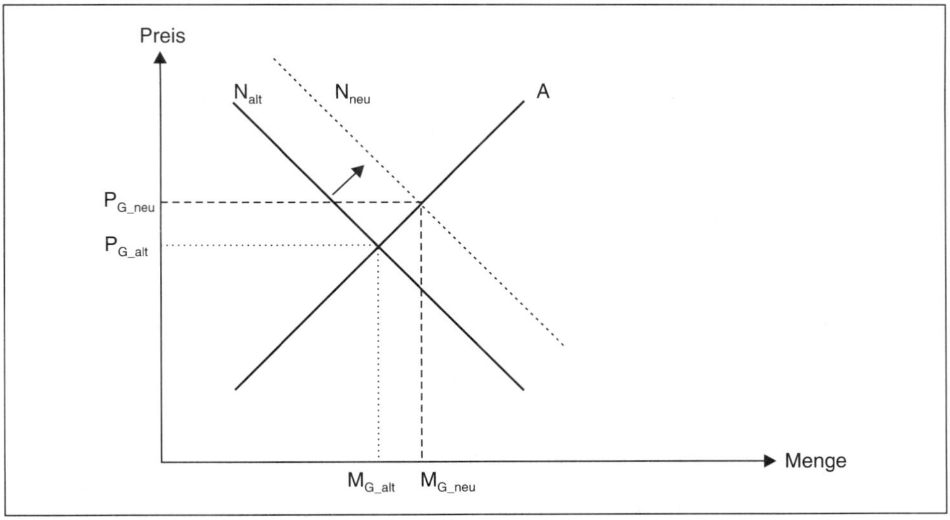

Preis- und Mengenanpassung bei Nachfrageerhöhung

Wie die obige Abbildung verdeutlicht, folgen aus einem Anstieg der gesamtgesellschaftlichen Nachfrage nach einem Gut sowohl eine Mengenausweitung als auch ein steigender Preis.

Derselbe Preisanstieg, jedoch in Verbindung mit einer rückläufigen Menge, kann sich ergeben, wenn das Angebot zurückgenommen wird (zum Beispiel infolge einer Rohstoffknappheit):

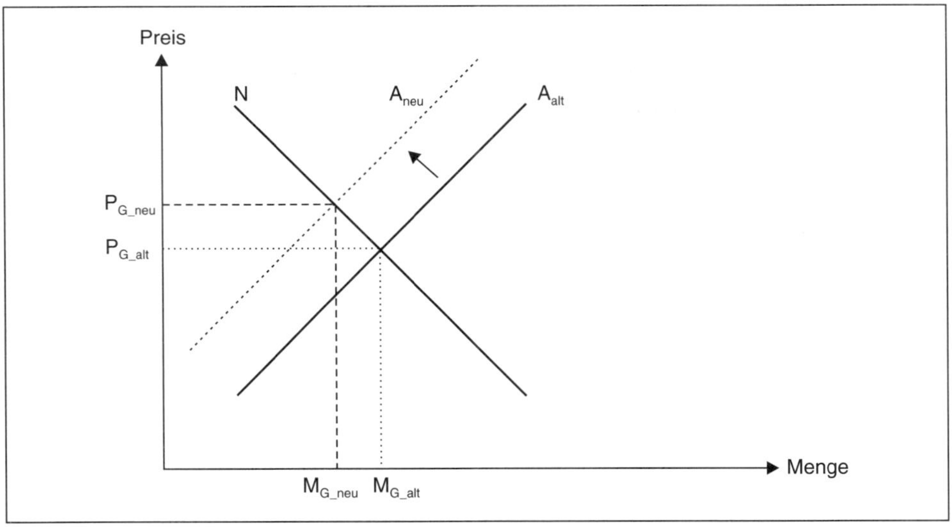

Preis- und Mengenanpassung bei Angebotsrücknahme

In beiden Fällen hat sich ein neues Gleichgewicht zu einem höheren Preis eingestellt; die dazugehörigen Mengen unterscheiden sich jedoch.

Wie wirkt sich nun die Anzahl der Marktteilnehmer auf die Preisbildung aus? Ausgehend vom obigen Marktformenschema soll dieser Frage zunächst etwas ausführlicher für das Angebotsmonopol und anschließend für oligopolistische und polypolistische Märkte nachgegangen werden.

Preisbildung im Monopol

Im Angebotsmonopol gibt es für das betrachtete Produkt nur einen Anbieter. Der französische Sozialwissenschaftler Augustin Antoine COURNOT entwickelte für diese Situation das bereits im Jahre 1838 veröffentlichte und seither nach ihm benannte Modell zur Preisbildung im Monopol. Die Vorgehensweise des Monopolisten bei der Preisfestsetzung erklärt er am Beispiel einer Mineralquelle, das hier wegen seiner Anschaulichkeit im wörtlichen Zitat[1] wiedergegeben werden soll:

»Setzen wir, der einfachen Darstellung halber, voraus, dass ein Mensch im Besitz einer Mineralquelle sei, der man Heilwirkungen zuschreibt, welche keine andere bietet. Er könnte zweifellos den Literpreis dieses Wassers auf 100 Franken festsetzen, aber er würde sehr bald an der geringen Nachfrage merken, dass das nicht der richtige Weg sei, aus seinem Besitz viel herauszuholen. Er wird also den Literpreis nach und nach ermäßigen bis zu dem Betrag, der ihm den größtmöglichen Gewinn bringt. Das heißt, wenn F(p) das Gesetz der Nachfrage darstellt, so wird er nach verschiedenen Versuchen mit dem Preis p endigen, der das Produkt p · F(p) zum Maximum macht.«

Der Absatz des Produktes hängt also, wie obiges Modell zeigt, vom jeweils geforderten Preis ab, ist also umso größer, je geringer der Preis ist. Dabei versteht sich jedoch von selbst, dass das Ziel des Anbieters nicht in der Erreichung der maximalen Absatzmenge besteht: Denn diese könnte dadurch erzeugt werden, dass das Gut kostenlos abgegeben würde, woraus aber kein materieller Ertrag gezogen werden könnte. Vielmehr wird der Anbieter nach dem maximalen Umsatz streben, der in diesem – ohne Kosten auskommenden – Modell dem maximalen Gewinn entspricht. Wie findet er diesen Punkt nun heraus?

Die nachfolgende Abbildung zeigt den Zusammenhang zwischen Preis und Menge. Die Menge X_S kennzeichnet dabei die größtmögliche Absatzmenge, die dadurch erzeugt wird, dass das Produkt verschenkt wird. Diese – nicht unendlich große – Menge wird als **Sättigungsmenge** bezeichnet. Der Preis P_p ist derjenige Preis, zu dem kein Absatz mehr stattfindet. Er wird als **Prohibitivpreis** bezeichnet. Zwischen diesen beiden Punkten sei der Einfachheit halber ein gleichförmiger (linearer) Verlauf der so genannten **Preis-Absatz-Funktion** angenommen: Im selben Maß, wie der Preis steigt, sinkt die absetzbare Menge.

In der grafischen Darstellung stellt sich diese Preis-Absatz-Funktion wie folgt dar:

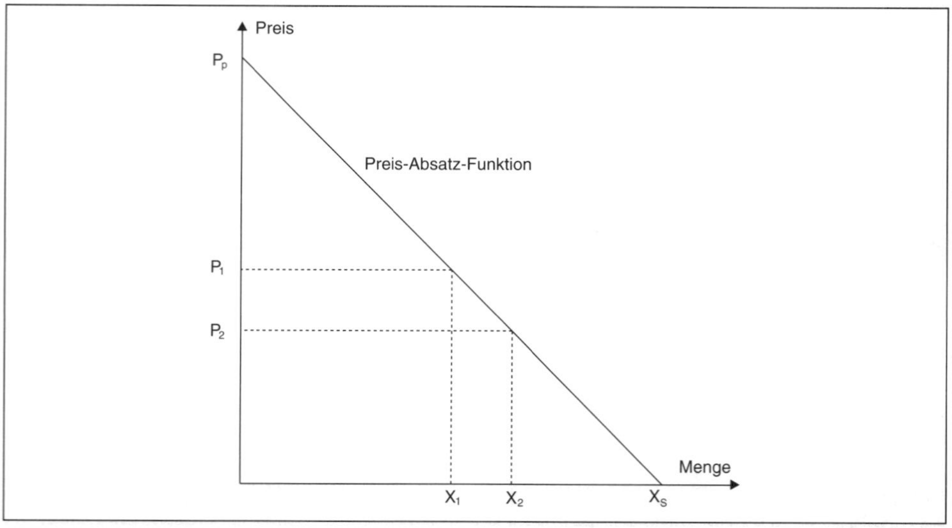

Lineare Preis-Absatz-Funktion

[1] A. Cournot: Recherches sur les principes mathematiques de la theorie des richesses, Paris 1838, in der Übersetzung von W.G. Waffenschmidt erschienen als: Untersuchungen über die mathematischen Grundlagen der Theorie des Reichtums, in: Sammlung sozialwissenschaftlicher Meister, Bd. 24, Jena 1924.

Für jeden Punkt auf der Preis-Absatz-Funktion kann ein Wertepaar, bestehend aus einem Preis und der hierfür absetzbaren Menge, abgelesen werden.

Beispiel:

Ein Quellenbesitzer nach Cournot'schem Vorbild hat durch Ausprobieren herausgefunden, dass, wenn er Menschen erlaubt, in mitgebrachten Eimern und Flaschen kostenlos Wasser aus seiner Quelle zu zapfen, täglich 600 Liter abgeholt werden. Indem er eine Woche später begonnen hat, ein Entgelt zu erheben, und dieses Woche für Woche erhöht hat, konnte er die folgenden Preis-Mengen-Verhältnisse beobachten:

Preis je l in €	Absatz in l
0,00	600
0,50	500
1,00	400
1,50	300
2,00	200
2,50	100
3,00	0

Durch die grafische Darstellung des Sachverhalts in einem Preis-Mengen-Diagramm erhält der Quellenbesitzer eine Abbildung, die der oben gezeigten Funktion entspricht. Er vermutet, dass die Funktion auch für alle Zwischenwerte linear verläuft. Unter dieser Annahme kann er aus der Grafik, wenn er sie nur hinreichend groß und genau erstellt, jedes beliebige Preis-Mengen-Paar ablesen.

Der Absatz hängt in einer nicht-zufälligen Weise vom Preis ab, man sagt auch »die Menge x ist eine Funktion des Preises p«. Die gefundene grafische Lösung stößt allerdings dort an Grenzen, wo beliebige Zwischenwerte aus ihr abgelesen werden sollen. Hierfür wird eine Rechenvorschrift benötigt. Die Vorschrift, aus der sich die zu einem Preis p gehörende Menge x(p) errechnen lässt, lautet für eine lineare Funktion, wie sie hier angenommen wird

$$x(p) = a - bp$$

mit a als Sättigungsmenge und b als so genannter »**Preisreagibilität** der Monopolnachfrage«, die angibt, um wie viel die Absatzmenge sinkt, wenn der Preis um eine Einheit erhöht wird.

Die Fortführung des Beispiels verdeutlicht die Berechnung. Im gegebenen Fall gilt:

- *Die Konstante a ergibt sich aus der Sättigungsmenge (hier: 600).*
- *Bei jeder Erhöhung des Preises um den Wert 1,0 werden 200 Stück weniger abgesetzt. b muss also den Wert 200 haben. Alternativ könnte man auch berechnen, welchen Wert b annimmt, wenn die abgesetzte Menge x genau den Wert 0 annimmt: Dies ist der Fall, wenn ein Preis von 3 € je Liter verlangt wird. Wird für p der Wert 3 eingesetzt, nimmt x genau dann den Wert 0 an, wenn p mit 200 multipliziert wird. b muss also 200 sein.*

  Die Rechenvorschrift lautet somit:

  $x(p) = 600 - 200p$ u.d.N. $x \geq 0$ *(u.d.N. = unter der Nebenbedingung)*

  Mit ihrer Hilfe kann für jeden Preis die absetzbare Menge errechnet werden; diese würde etwa bei einem Literpreis von 2,98 € folglich 600 – 596 = 4 (Liter) betragen.

  Natürlich kann die Formel auch so umgestellt werden, dass der zu einer bestimmten Menge gehörende Preis errechnet werden kann:

$p(x) = \frac{-x + a}{b}$ *hier also* $p(x) = \frac{-x + 600}{200}$

Will man z. B. eine Menge von 50 l absetzen, muss der Preis 2,75 € betragen.

Wenn der Zusammenhang von Preis und Absatz bekannt ist, kann der Umsatz errechnet werden. Der Umsatz U errechnet sich aus der Multiplikation des Preises p mit der dazugehörigen Menge x(p) zur **Umsatzfunktion**

$$U(p) = p \cdot x(p)$$

bzw., wenn statt x(p) nun (immer noch eine lineare Preis-Absatz-Funktion vorausgesetzt) a – bp eingesetzt wird:

$$U(p) = p \cdot (a - bp)$$

Der Anbieter möchte den Umsatz maximieren und formuliert:

$$U(p) = p \cdot (a - bp) \rightarrow \max!$$

Diese Umsatzfunktion nimmt die nachfolgend abgebildete Gestalt an:

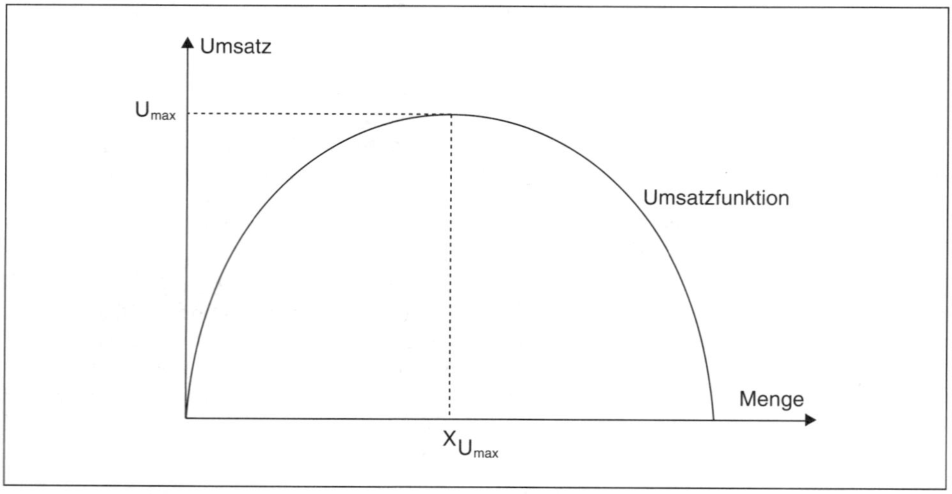

Umsatzfunktion

Fortsetzung des Beispiels:

Für die gefundenen Preis-Absatz-Kombinationen errechnen sich folgende Umsätze:

Preis je l in €	Absatz in l	Umsatz in €
0,00	600	0
0,50	500	250
1,00	400	400
1,50	300	450
2,00	200	400
2,50	100	250
3,00	0	0

Rechnerisch kann er für alle Zwischenwerte wie folgt ermittelt werden:

$$
\begin{aligned}
U(p) &= p \cdot x \\
&= p \cdot (a - bp) \\
&= p \cdot (600 - 200p) \\
&= 600p - 200p^2
\end{aligned}
$$

Für einen Preis von 2,98 € ergibt sich also ein Umsatz von

$$
\begin{aligned}
U &= 600 \cdot 2{,}98 - 200 \cdot 2{,}98^2 \\
&= 1788 - 1776{,}08 \\
&= 11{,}92\ (€)
\end{aligned}
$$

Das Umsatzmaximum liegt auf dem Scheitelpunkt der Umsatzfunktion. Den Zusammenhang zwischen dem optimalen Preis und der optimalen Menge bzw. zwischen der Preis-Absatz-Funktion und der Umsatzfunktion zeigt die folgende Abbildung:

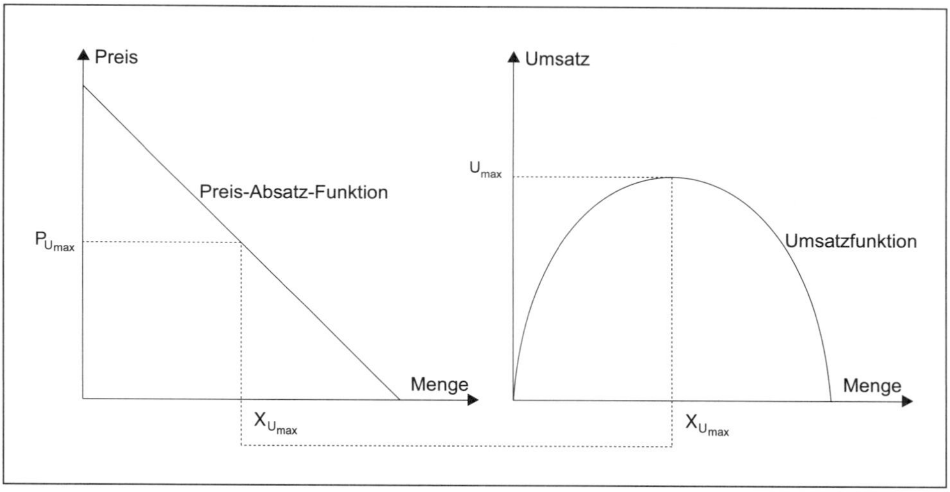

Bestimmung der umsatzmaximalen Menge und des umsatzmaximalen Preises

Fortführung des Beispiels:

Es ergibt sich (wie die Wertetabelle bereits vermuten ließ) ein Umsatzmaximum beim Preis von 1,50 € je Liter, zu dem eine Menge von 300 l abgesetzt werden und ein Umsatz von 450 € erzielt werden kann.

Der umsatzmaximale Preis kann mit Hilfe des Instrumentariums der Differenzialrechnung auch rechnerisch bestimmt werden, nämlich indem die erste Ableitung der Umsatzfunktion U(p), also U'(p), nullgesetzt wird:

$$
\begin{aligned}
U(p) &= 600p - 200p^2 \rightarrow max\ ! \\
U'(p) &= 600 - 400p = 0 \\
p_{U_{max}} &= \frac{600}{400} = 1{,}50
\end{aligned}
$$

Das Mineralquellenbeispiel von COURNOT wie auch das oben dargestellte Beispiel vernachlässigen bis hierhin aber völlig die Tatsache, dass der zu fordernde Preis in aller Regel nicht allein durch die Nachfrage, sondern auch durch die Kosten der Produktion bestimmt wird.

COURNOT selbst hat daher eine Erweiterung seines Beispiels geliefert, die abermals wörtlich wiedergegeben werden soll (Literaturquelle wie vor):

»Gehen wir zum Beispiel eines Menschen über, der das Geheimnis besäße, ein künstliches Mineralwasser auf pharmazeutischem Wege herzustellen, wofür Rohstoffe und Arbeitsaufwand bezahlt werden müssen. Hier wird der Hersteller nicht mehr die Funktion p · F(p) oder den jährlichen Bruttoertrag, sondern den Nettoertrag oder die Funktion p · F(p) – K(x) zum Maximum bringen, wobei K(x) die Kosten bezeichnet, welche die Herstellung einer Anzahl von x Litern verursacht.«

Das Interesse des Anbieters richtet sich in dieser Situation nicht in erster Linie auf die Maximierung des Umsatzes, sondern auf die Erzielung des größtmöglichen Gewinns.

Grundsätzlich gilt

$$G = U - K \rightarrow \text{max!}$$

mit G = Gewinn bzw. Nettoertrag
U = Umsatz
K = Kosten

Die Gesamtkosten K für die Herstellung einer bestimmten Menge x setzen sich häufig aus Fixkosten und variablen Kosten zusammen. Fixkosten oder feste Kosten hängen nicht von der erbrachten Leistung oder erzeugten Menge ab, sondern fallen auch an, wenn der Betrieb stillsteht. Beispiele sind Mitarbeiterlöhne, Mieten für Gebäude, Zinsen und Tilgungen für Darlehen. Variable Kosten fallen dagegen erst mit der Leistungserbringung an, z. B. für eingesetzte Materialien. Unter der Annahme, dass die je Stück x anfallenden variablen Kosten k_v immer gleich hoch sind, gilt

$$K(x) = K_f + k_v \cdot x$$

mit $K(x)$ = Gesamtkosten für Menge x
K_f = gesamte Fixkosten je Tag
k_v = variable Stückkosten
K_v = gesamte variable Kosten
x = Tagesmenge

Unter der oben getroffenen Annahme gleichbleibender variabler Stückkosten können die **Kostenfunktionen** in Abhängigkeit von der Menge wie folgt grafisch dargestellt werden:

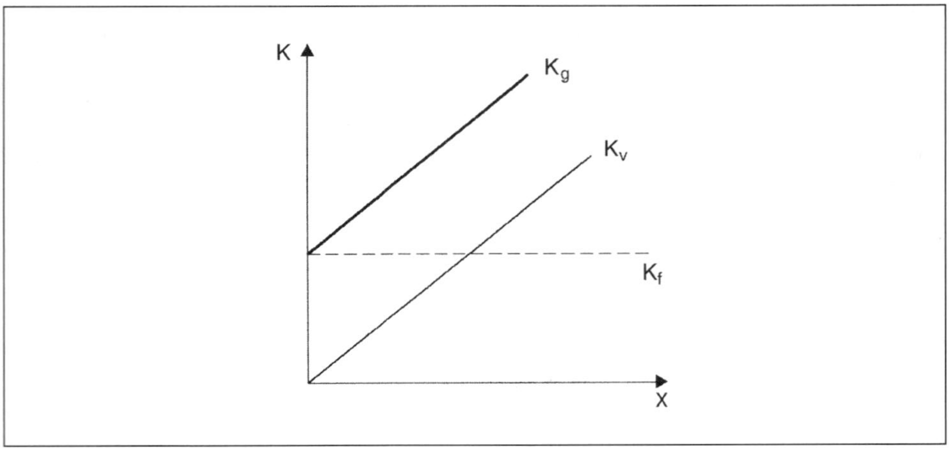

Fixkosten, variable Kosten und Gesamtkosten

Wird die **Gewinnfunktion** grafisch dargestellt, so zeigt ihr Vergleich mit der Umsatzfunktion, dass das Gewinnmaximum links vom Umsatzmaximum liegt; die gewinnmaximale Menge ist also geringer als die umsatzmaximale Menge:

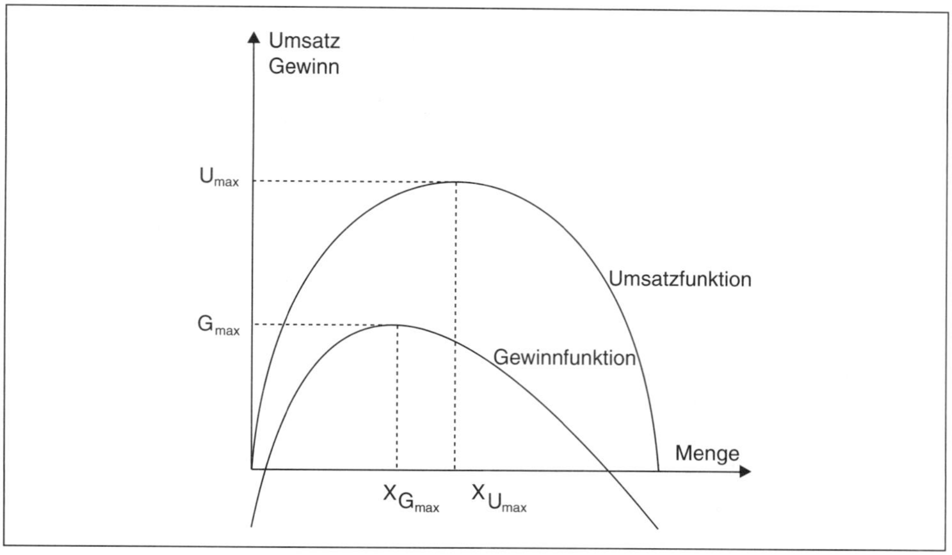

Gewinnfunktion; zum Vergleich: Umsatzfunktion

Der der gewinnmaximalen Menge zugehörige gewinnmaximale Preis kann mit Hilfe der **Preis-Absatz-Funktion** ermittelt werden:

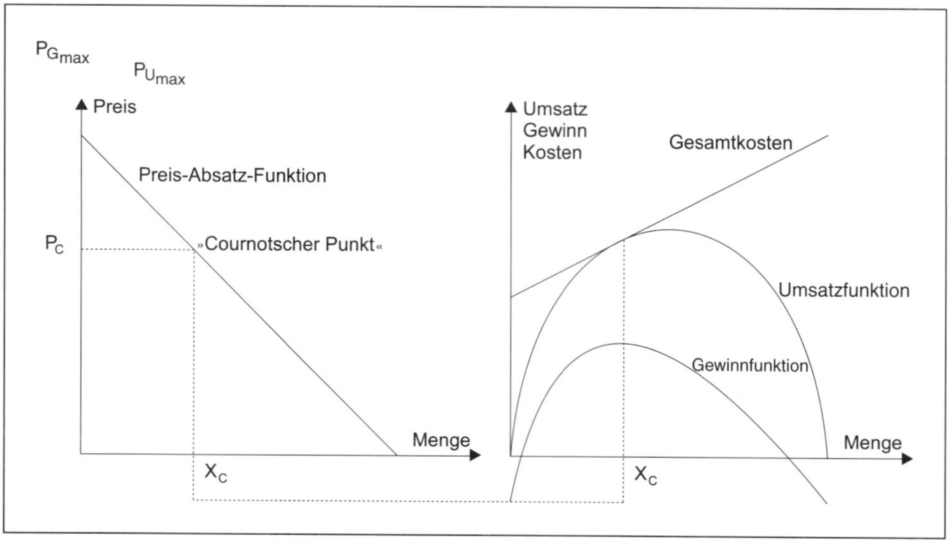

Gewinnmaximale Menge und gewinnmaximaler Preis

Erkenntnis: **Der gewinnmaximale Preis ist höher als der umsatzmaximale Preis!**

In Würdigung des Entdeckers dieses Zusammenhanges wird der gewinnmaximale Preis häufig als »Cournotscher Preis«, die gewinnmaximale Menge als »Cournotsche Menge« bezeichnet. Der diese Werte bestimmende Punkt auf der Preis-Absatz-Funktion heißt dementsprechend »Cournotscher Punkt«.

Fortführung des Beispiels:

Der Quellenbesitzer geht von 20 Verkaufs- und Arbeitstagen monatlich aus. Der Arbeitnehmer, den er für das Anmischen und das Abfüllen des Mineralwassers einstellen muss, kostet alles in allem 2.500 € brutto im Monat, also 125 € je Arbeitstag. Je Literflasche fallen 0,06 € für Mineralienzusätze und 0,09 € für die Einwegflasche an. Das Mitarbeitergehalt stellt Fixkosten dar, während die mengenbezogenen Kosten variable Kosten sind. Der Quellenbesitzer möchte nun wissen, zu welchem Preis er sein Mineralwasser anbieten soll, um seinen Gewinn zu maximieren, und welche Mengen er damit absetzen wird.

Zunächst sind die Gesamtkosten zu errechnen. Sie ergeben sich für eine Menge x aus

$K(x) = 125 + 0,15x$

bzw. in Abhängigkeit von einem Preis p durch Einsetzen der oben gefundenen Beziehung

$x(p) = 600 - 200p$ *für x aus*

$$K(p) = 125 + 0,15\,(600 - 200p) = 215 - 30p$$

Der Gewinn $G(p) = U(p) - K(p)$ ergibt sich unter Verwendung der gleichfalls schon oben gefundenen Umsatzfunktion $U(p) = 600p - 200p^2$ aus

$$G = 600p - 200p^2 - (215 - 30p) = 630p - 200p^2 - 215$$ *(Vorzeichenwechsel beachten!)*

Der Maximalgewinn kann aus der folgenden, auf einen Monat bezogen und um Monatsabsätze, Monatsumsätze, Kosten und Gewinn erweiterten Wertetabelle nicht eindeutig abgelesen werden:

Preis €	tägl. Absatz in l	tägl. Umsatz €	Monatsabsatz l (Tagesabsatz x 20 Tage)	Monatsumsatz U in € (Tagesumsatz x 20 Tage)	Fixe Kosten K_f	variable Kosten K_v (Monatsabsatz x 0,15 €)	Gesamtkosten $K = K_f + K_v$	Gewinn $G = U - K$
0,00	600	0	12000	0	2500	1800	4300	-4300
0,50	500	250	10000	5000	2500	1500	4000	1000
1,00	400	400	8000	8000	2500	1200	3700	4300
1,50	300	450	6000	9000	2500	900	3400	5600
2,00	200	400	4000	8000	2500	600	3100	4900
2,50	100	250	2000	5000	2500	300	2800	2200
3,00	0	0	0	0	2500	0	2500	-2500

Eingedenk der vorher gewonnenen Erkenntnis, dass der gewinnmaximale Preis etwas über dem umsatzmaximalen Preis liegt (bzw. die gewinnmaximale Menge etwas geringer ist als die umsatzmaximale Menge), werden in der folgenden Tabelle die Werte um p = 1,50 herum eingehender untersucht:

Preis €	tägl. Absatz in l	tägl. Umsatz €	Monatsabsatz l (Tagesabsatz x 20 Tage)	Monatsumsatz U in € (Tagesumsatz x 20 Tage)	Fixe Kosten K_f	variable Kosten K_v (Monatsabsatz x 0,15 €)	Gesamtkosten $K = K_f + K_v$	Gewinn $G = U - K$
1,50	300	450	6000	9000	2500	900	3400	5600
1,53	294	449,82	5880	8996,4	2500	882	3382	5614,4
1,55	290	449,5	5800	8990	2500	870	3370	5620
1,57	286	449,02	5720	8980,4	2500	858	3358	5622,4
1,58	284	448,72	5680	8974,4	2500	852	3352	5622,4
1,60	280	448	5600	8960	2500	840	3340	5620

Der höchstmögliche Gewinn liegt offensichtlich bei einem Preis zwischen 1,57 € und 1,58 € und dem entsprechenden Absatz von 286 bzw. 285 Stück pro Tag.

Der gewinnmaximale Preis kann auch rechnerisch bestimmt werden, nämlich durch die Nullsetzung der 1. Ableitung der Gewinnfunktion:

$$G(p) = 630p - 200p^2 - 215 \rightarrow max\,!$$
$$G'(p) = 630 - 400p = 0$$

$$p_{G_{max}} = \frac{630}{400} = 1{,}575$$

Der gewinnmaximale Preis ist also 1,575 €. Ihm entspricht eine Stückzahl von

$$x_{G_{max}} = 600 - 200 \cdot 1{,}575 = 285$$

Preisbildung auf oligopolistischen Märkten

Im **Angebotsoligopol** (wenige Anbieter, viele Nachfrager) existieren nur wenige Anbieter, von denen jeder über einen so großen Marktanteil verfügt, dass seine Aktionen am Markt für alle Mitanbieter spürbar werden. In einer solchen Situation sind folgende Preisstrategien möglich:

- **Verdrängungsstrategie:** Ein Anbieter bietet seine Leistung zu einem geringeren Preis als dem Marktpreis an in der Hoffnung, den Mitbewerbern Kunden abnehmen oder Mitbewerber sogar dauerhaft aus dem Markt drängen zu können. In einer Situation etwa gleich starker Konkurrenten kann hierdurch jedoch eine Spirale von gegenseitigen Preisunterbietungen in Gang gesetzt werden. Ein solcher »ruinöser Preiskampf« wäre allerdings für alle Beteiligten gleichermaßen bedrohlich.
- **Verhandlungsstrategie:** Wenn alle Anbieter auf Preiskämpfe verzichten, eröffnet dies die Chance, hohe Preise durchzusetzen und Konsumentenrenten abzuschöpfen. Allerdings muss man sich einig sein und zusammenarbeiten – deswegen wird dieser Marktform oft die Neigung zu (verbotenen) Preisabsprachen unterstellt. Tatsächlich sind diese aber häufig gar nicht erforderlich; vielmehr kann sich auf oligopolistischen Märkten eine stillschweigende
- **Preisführerschaft** herausbilden. Der Preisführer, der oft auch der Anbieter mit dem größten Marktanteil (Marktführer) ist, nimmt eine Preisveränderung vor, auf die die anderen Anbieter in mehr oder weniger gleicher Weise reagieren, um ihre Position im Markt zu behaupten. Diese Strategie der Anlehnung an den Preisführer ist im Oligopol weit verbreitet.

Beispiel:

An einer Ausfallstraße befinden sich vier konkurrierende Tankstellen. Eine von ihnen senkt den Preis um 0,05 € je Liter Superbenzin. Wenn die anderen Tankstellen nicht folgen, wird ein guter Teil ihrer potenziellen Kunden zum billigeren Anbieter fahren. Dieser »verschenkt« zwar Gewinnanteile durch die Preissenkung, macht diesen Verlust aber durch den höheren Umsatz mehr als wett. Um keine Kunden – womöglich dauerhaft – an den Mitbewerber zu verlieren, ziehen die anderen Tankstellen nach und senken ihren Preis ebenfalls um 0,05 €.

Dieselbe Situation, aber eine der Tankstellen erhöht ihren Preis um 0,05 €: Wenn die anderen Tankstellen nicht nachziehen, wird diese Tankstelle das Nachsehen haben. Für die anderen drei Tankstellen ist es aber lukrativer, die Preiserhöhung mitzugehen, als die abtrünnige Kundschaft des Preisausreißers unter sich aufzuteilen. Sie werden also relativ zügig gleichfalls den Preis erhöhen.

In Oligopolen ist meist eine Neigung zur **Preisstarrheit** zu beobachten: Die Preise bleiben über lange Zeiträume mehr oder weniger stabil.

Preisbildung auf polypolistischen Märkten

Aufgrund seiner geringen Marktmacht kann ein einzelner Anbieter im **Angebotspolypol** nur wenig Einfluss auf den Marktpreis nehmen: Preisveränderungen, die er selbst vornimmt, werden den Marktpreis nicht verändern, und die Konsequenzen seiner Preisvariation treffen allein ihn.

Betrachten wir einmal den städtischen Wochenmarkt: Charakteristisch ist, dass viele Marktstände dieselben – oft saisonabhängigen – Waren feilbieten, über deren Beschaffenheit und Preise sich die vorbeiflanierenden Kaufinteressenten rasch einen Überblick verschaffen können. Wer Zeit hat, dies zu tun, und keine persönlichen Vorlieben für einen bestimmten Händler hegt, wird die gewünschte Ware in der gewünschten Qualität bei dem Händler kaufen, der den niedrigsten Preis verlangt. Wollen auch andere Händler zum Zuge kommen, müssen sie entweder warten, bis der billiger anbietende Mitbewerber ausverkauft ist, oder ihre Preise anpassen.

Allerdings: In dieser Situation wird sich jeder Händler überlegen, ob er die anderen Mitbewerber tatsächlich preislich unterbieten soll, denn – was hat er davon? Wenn er nicht genug Ware anbieten kann, um die gesamte Nachfrage am Markt zu bedienen, werden, sobald er ausverkauft ist, die anderen, teureren Anbieter zum Zuge kommen und ihren höheren Preis realisieren – für ihn selbst ist die Spanne zwischen seinem Preis und dem Preis der übrigen Anbieter verloren. Und falls die anderen Anbieter ihren Preis ebenfalls senken, riskiert er zusätzlich, einen Teil seiner Ware nicht abzusetzen, weil sich die Nachfrage dann von der Markteröffnung an auf alle Anbieter verteilt – sein eigener Ertrag ist dann noch niedriger als im ersten Falle. Anders herum macht es aber auch wenig Sinn, wenn ein einzelner Händler für gleiche Qualität einen höheren Preis verlangt; denn damit würde er riskieren, dass die anderen Anbieter die – letztlich im Vorwege nicht exakt bestimmbare – Nachfrage vollständig befriedigten und er gar nicht zum Zuge käme.

Sehr wahrscheinlich ist also, dass sich stillschweigend ein einheitlicher Preis für gleiche Qualität herausbildet. Der einzelne Händler entscheidet dann nicht mehr über die Höhe des Preises, den er verlangt, sondern nur über die Menge, die er zu diesem Preis anbieten will.

Die wenigsten Angebotspolypole sind so transparent und so dicht am vollkommenen Markt wie der Wochenmarkt im obigen Beispiel. Einzelhandelsgeschäfte sind oft nicht benachbart, sondern über die ganze Stadt verteilt; Kunden haben bestimmte Vorlieben und Gewohnheiten entwickelt, sind bequem und verfügen nicht über alle den Markt betreffenden Informationen. Sie reagieren deshalb nicht sofort, wenn »ihr« Anbieter seinen Preis moderat erhöht, und registrieren Preissenkungen anderer Anbieter nur mit Verzögerung, wenn überhaupt. Insofern haben Polypolisten innerhalb einer bestimmten Bandbreite ihrer Preis-Absatz-Funktion durchaus die Möglichkeit zur Preisvariation. Die Unvollkommenheit des Marktes, auf dem sie sich bewegen, bewirkt eine Art **monopolistische Konkurrenz**, in der jeder Anbieter über einen gewissermaßen »**monopolistischen Handlungsspielraum**« verfügt. Dieser lässt sich grafisch wie folgt darstellen:

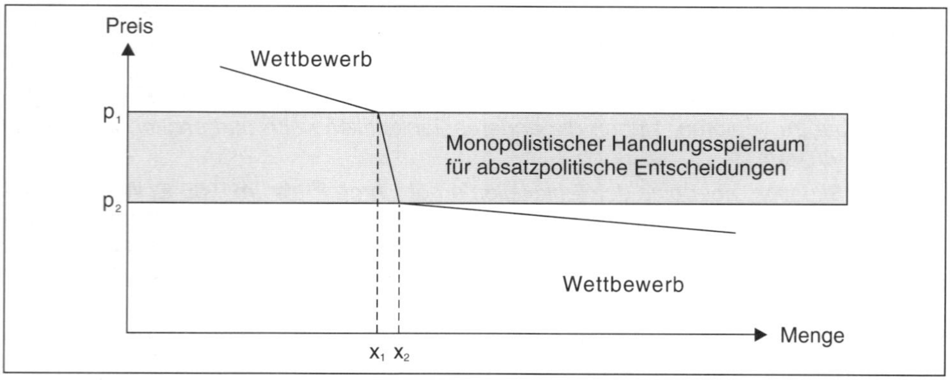

Monopolistischer Handlungsspielraum des Polypolisten

Die Abbildung zeigt die Preis-Absatz-Funktion eines von vielen Anbietern im unvollkommenen Markt. Innerhalb des als monopolistischer Handlungsspielraum gekennzeichneten Bereichs ruft eine Preisvariation eine **unterproportionale** Reaktion der Nachfrage hervor. Erhöht er den Preis über seine Spielraumgrenze hinaus, verliert er überproportional viele – und letztlich alle – Kunden an die Mitbewerber.

Allgemein gilt aber im Angebotspolypol der Satz: »**Im Polypol ist der Anbieter Mengenanpasser**«. Damit wird ausgedrückt, dass der Anbieter im Polypol den Marktpreis als gegeben nimmt und seine Angebotsmenge an diesen Marktpreis anpasst.

1.1.1.2 Wettbewerbspolitik

Wettbewerb ist ein Kennzeichen marktwirtschaftlich orientierter Volkswirtschaften. Im Gegensatz zu einer zentralen Verwaltungswirtschaft, in der staatliche Stellen das Eigentum an Produktionsmitteln innehaben, die Produktion durch Pläne dirigieren und Preise festsetzen, findet die Koordination der individuellen Pläne in Marktwirtschaften dezentral statt. Individuen bringen ihre Angebote (an Produkten, Leistungen, Geld, Arbeitsplätzen und Arbeitskraft) und ihre entsprechenden Nachfragen an **Märkten** vor, handeln sie dort miteinander aus und bringen sie letztlich in Abstimmung.

Marktwirtschaftliche Systeme werden mit Blick auf den »Güteraustausch durch Verkehr am Markt« auch **Verkehrswirtschaften** genannt. Grundtyp ist die freie Marktwirtschaft, die aber in reiner Form nirgends existiert; vielmehr haben sich etliche Ausprägungen herausgebildet, die als Realtypen bezeichnet werden. Ein solcher Realtyp ist die **Soziale Marktwirtschaft**, wie sie in der Wirtschaftsordnung der Bundesrepublik Deutschland verwirklicht ist.

Marktwirtschaften sind generell durch die folgenden Merkmale gekennzeichnet.

- **Produktionsmittel im Privateigentum:** Unternehmen und alle in ihnen enthaltenen Betriebsmittel und Werkstoffe sind privates Eigentum; die mit ihnen erwirtschafteten Gewinne stehen grundsätzlich den Eigentümern zu. Investitionsentscheidungen werden im Unternehmen getroffen.
- **Freiheitsrechte:** Der Einzelne hat die Freiheit der Gewerbe-, Berufs-, Arbeitsplatz-, Vertrags- und Konsumwahl.
- **Wettbewerb und dezentrale Koordination:** Die individuellen Pläne werden über die Märkte abgeglichen. Jedes Unternehmen ist frei in der Entscheidung, was es produzieren will, ebenso wie jeder Verbraucher frei entscheiden kann, was er nachfragen möchte. Welche Mengen letztlich von welchem Gut hergestellt werden und welche Preise verlangt und gezahlt werden, ergibt sich im Zusammenspiel von Angebot und Nachfrage.
- **Streben nach Rentabilität** (Gewinnerzielung) als Triebfeder des Handelns von Unternehmen; **Streben nach höchstmöglichem Nutzen** der eingesetzten Mittel (Arbeitskraft, Einkommen, Vermögen) durch die Haushalte.

Diese Merkmale treffen auch auf den **Kapitalismus** zu, bei dem das Vorhandensein von Arbeitsverhältnissen zwischen Arbeitgebern und Arbeitnehmern hinzukommt. Da der Kapitalismusbegriff heute aber ideologisch »besetzt« und in der politischen Argumentation mit Vorstellungen von Unterdrückung und Ausbeutung verbunden ist, wird er heute nicht mehr als Bezeichnung für marktwirtschaftlich orientierte Wirtschaften verwendet.

In einer idealtypischen freien Marktwirtschaft hätte der Staat nur die Aufgabe, die ungehinderte Ausübung der Freiheitsrechte und damit den freien Wettbewerb zu gewährleisten, und sich ansonsten nicht in das wirtschaftliche Geschehen einzumischen. Der im **Liberalismus** des 19. Jahrhunderts gelebte Grundsatz des **»Laissez faire«** (»Lasst sie gewähren!«), der dem Staat jeden Eingriff in die Wirtschaft untersagte und eine Rolle als »Nachtwächterstaat« zuwies, erwies sich jedoch als gesellschaftlich zersetzend, indem er starken, leistungsfähigen, aber auch rücksichtslosen Individuen zu wirtschaftlichen Vorteilen und Wohlstand verhalf, während weniger Starke in wirtschaftliche Not gerieten.

Die Möglichkeit des Individuums, nach freiem Willen handeln zu können **(Individualprinzip)**, wird daher in realen Marktwirtschaften durch gesetzlich abgesteckte Rahmenbedingungen mehr oder weniger stark in gesellschaftlich erwünschte Bahnen gelenkt.

Soziale Marktwirtschaft

Unter dem Eindruck der Weltwirtschaftskrise Ende der 1920er Jahre, die, ausgehend von den Vereinigten Staaten von Amerika, alle kapitalistischen Volkswirtschaften erfasste und den weitgehenden Zusammenbruch des Welthandels mit der Folge von Deflation und Massenarbeitslosigkeit bedingte, entwickelten sich in den betroffenen Ländern Überlegungen, dem Staat stärkere Möglichkeiten des Einwirkens auf das Wirtschaftsgeschehen als bisher einzuräumen und insoweit einen »Wohlfahrtsstaat« zu schaffen.

In Deutschland setzte sich nach 1948 unter dem Wirtschaftminister Ludwig ERHARD eine Wirtschaftsform durch, die nach einem Vorschlag des Wirtschaftsprofessors und späteren Staatssekretärs Alfred MÜLLER-ARMACK (1901–1978) als »Soziale Marktwirtschaft« bezeichnet wird und – in dessen Worten – »das Prinzip der Freiheit auf dem Markte mit dem des sozialen Ausgleichs zu verbinden« versucht. »Wohlstand für alle« war das erklärte Ziel; das »Wirtschaftswunder« der 1950er und 60er Jahre die glänzende Bestätigung seiner Erreichbarkeit. Inzwischen ist der Glanz einer nüchternen Betrachtung gewichen, in der sich die Frage stellt, wie viel »Wohlfahrt« die Volkswirtschaft verkraften kann, ohne ihre internationale Wettbewerbsfähigkeit einzubüßen.

Die Kernziele der sozialen Marktwirtschaft sind

- **Wettbewerbssicherung und -stärkung**, um so die Versorgung der Bevölkerung und zugleich Innovation und Weiterentwicklung sicherzustellen;
- **soziale Absicherung** derjenigen, die nicht, noch nicht oder nicht mehr zur Erzielung von Erwerbseinkommen befähigt sind: z. B. Kinder, Alte, Kranke, Behinderte, Arbeitslose. Erreicht wird dies durch umfangreiche Transferleistungen wie Renten, Arbeitslosengeld, Kindergeld usw.;
- **Umverteilung von Ertragsanteilen und Vermögen** zugunsten der Arbeitnehmer: Mittel zur Erreichung dieses Ziels sind z. B. die Steuerprogression sowie die staatliche Förderung der Vermögensbildung durch Prämien und Steuerbegünstigung.

Die wirtschaftspolitischen Ziele der Sozialen Marktwirtschaft sind seit 1967 im »Gesetz zur Förderung der Stabilität und des Wachstums der Wirtschaft«, kurz als **»Stabilitätsgesetz«** bezeichnet, verankert. Sie lauten (§ 1 StabG):

- hoher Beschäftigungsgrad,
- stetiges, angemessenes Wirtschaftswachstum,
- Stabilität des Geldwertes und
- außenwirtschaftliches Gleichgewicht.

Ergänzt werden diese das **»magische Viereck«** bildenden Ziele häufig durch die Forderungen nach

- Erhaltung der Umwelt und
- gerechter Einkommens- und Vermögensverteilung.

Die soziale Marktwirtschaft weist folgende Merkmale auf:

- Das **private Eigentum** einschließlich des Eigentumsübergangs durch Vererbung ist gewährleistet und geschützt, allerdings auch mit Verpflichtungen versehen (Grundgesetzartikel 14: »Sein Gebrauch soll zugleich dem Wohle der Allgemeinheit dienen«).
- **Freiheitsrechte** finden Einschränkungen dort, wo das Gemeinwohl oder das Wohl schutzwürdiger Gruppen beeinträchtigt wird, z. B. durch das Verbot bestimmter Geschäfte generell oder in Bezug auf z. B. nicht geschäftsfähige Personen.

- Der **Wettbewerb** ist durch **marktordnende Regelungen** gesichert.
- Der Staat mischt sich in das Wirtschaftgeschehen ein und betreibt aktiv eine **stabilitäts- und wachstumsorientierte Wirtschaftspolitik** (in Deutschland in Form einer **Globalsteuerung**, bei der Bund, Länder und Kommunen eine gleichgerichtete Finanzpolitik verfolgen; vgl. Stabilitätsgesetz).
- Ein **unabhängiges Geldwesen** soll die Stabilität des Geldwertes sichern. In Europa wird diese Aufgabe durch das Europäische System der Zentralbanken (ESZB) wahrgenommen.
- Der Staat sorgt für eine gesellschaftsförderliche **Infrastruktur**, vor allem soweit deren Einrichtung nicht von privater Seite zu erwarten (weil nicht rentabel) oder erwünscht (weil dann nicht allgemein zugänglich, zu teuer oder staatlicherseits nicht hinreichend beeinflussbar) ist.
- Der Staat sorgt für **soziale Sicherheit** und sozialen Fortschritt (in Deutschland z. B. durch das Sozialversicherungssystem, die Regelungen des Arbeits- und Sozialrechts usw.).
- Die aus dem Wirtschaftsgeschehen resultierende **Einkommensverteilung**, die naturgemäß die wirtschaftlich stärkeren Beteiligten begünstigt, wird durch Maßnahmen der Einkommensumverteilung (Redistribution) korrigiert, wo es im Sinne der **sozialen Gerechtigkeit** geboten erscheint (z. B. durch progressive Steuertarife, Subventionen, Sozial- und sonstige Transferleistungen).

Diese und weitere Aufgaben des Staates schlagen sich in verschiedenen Einzel»politiken« (Ordnungspolitik, Strukturpolitik, Prozesspolitik, Sozialpolitik) im Rahmen der **Wirtschaftspolitik** nieder.

1.1.1.2.1 Funktionen des Wettbewerbs

In Abschnitt 1.1.1.1 wurden die Funktionen des Preises auf von Wettbewerb gekennzeichneten Märkten dargestellt. Insofern sind alle diese Funktionen auch Funktionen des Wettbewerbs. Im Allgemeinen werden dem Wettbewerb die folgenden Funktionen zugeschrieben (für einige davon sind mehrere Bezeichnungen verbreitet):

- **Steuerungsfunktion:** Der Wettbewerb sorgt dafür, dass bedarfsgerechte (d. h. an den Präferenzen und an der Zahlungsbereitschaft der Nachfrager orientierte) Angebote in der benötigten Art, Qualität und Menge dort bereitgestellt werden, wo sie benötigt werden.
- **Freiheitsfunktion:** Ein funktionierender Wettbewerb bietet Wahl- und Handlungsfreiheit – Nachfrager können frei zwischen mehreren oder vielen Anbietern wählen; Anbieter können entscheiden, wie ihr Angebot beschaffen und an wen es sich wenden soll.
- **Allokationsfunktion** (vgl. Lenkungsfunktion).
- **Verteilungsfunktion:** Der Wettbewerb bewirkt eine primäre Einkommensverteilung, d. h. die Verteilung der am Markt erzielbaren Einkommen, nach dem Prinzip der Leistungsgerechtigkeit – das Einkommen eines Marktteilnehmers entspricht danach der Leistung, die er am Markt für andere Marktteilnehmer erbracht hat.
- **Anpassungsfunktion (Koordinationsfunktion):** Weil es Wettbewerb gibt, sind die Marktteilnehmer gezwungen, sich an geänderte Situationen anzupassen und zügig zu reagieren, etwa mit Preissteigerungen auf Übernachfrage und mit neuen Produkten auf neue Bedürfnisse.
- **Auslesefunktion (Selektionsfunktion):** Nur leistungs- und anpassungsfähige und -willige Anbieter und Nachfrager können sich dauerhaft am Markt behaupten. Insofern geht vom Wettbewerb auch eine **Anreizfunktion** aus, die sich unter anderem darstellt als

- **Innovationsfunktion:** Der Wettbewerb regt die Suche nach neuen Ideen und Verfahren an und treibt damit den technischen Fortschritt voran.
- **Kontrollfunktion:** In einem funktionierenden, lebhaften Wettbewerb kontrollieren sich die Marktteilnehmer ständig gegenseitig; ggf. greifen auch staatliche Wettbewerbsvorgaben. Diese Kontrolle ist insbesondere geeignet, der Herausbildung marktbeherrschender Strukturen vorzubeugen.

Wo ein funktionierender Wettbewerb nicht existiert, drohen unzureichende Versorgung, hohe Preise, schwache Qualitäten und technologischer Stillstand.

Wettbewerbsfähigkeit ist für Volkswirtschaften und die in ihnen agierenden Unternehmen eine Existenzbedingung. Mit unterschiedlichen Wettbewerbsstrategien zur Erlangung von Wettbewerbsvorteilen befasst sich die Betriebswirtschaftslehre vornehmlich im Bereich des **Marketing**.

1.1.1.2.2 Ziele und Instrumente der Wettbewerbspolitik

Oberziel einer an den Grundsätzen der Sozialen Marktwirtschaft orientierten Wirtschaftsordnung ist es, die die Wohlfahrt der Gesellschaft zu befördern und zu erhalten. Unter Wohlfahrt wird dabei die Deckung der Grundbedürfnisse und die Erreichung eines gewissen Mindest-Lebensstandards verstanden. Wo ein freier, fairer und funktionsfähiger Wettbewerb eingeschränkt und behindert ist, wird die Wohlfahrt der Gesellschaft als bedroht angesehen. Daher betrachtet es der Staat als seine Aufgabe, den freien und fairen Wettbewerb zu schützen, dem Aufbau marktbeherrschender Strukturen vorzubeugen und entsprechende marktordnende Regelungen zu erlassen. Diese zielen zum einen auf den Erhalt des Wettbewerbs ab und zum anderen darauf, dass der Wettbewerb mit lauteren (d. h. fairen, ehrlichen) Mitteln geführt wird.

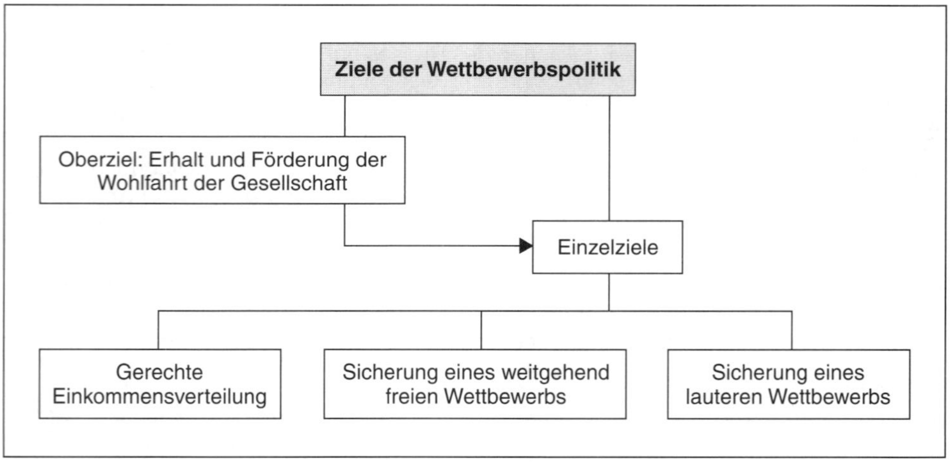

Ziele der Wettbewerbspolitik

Instrumente der Wettbewerbspolitik sind im deutschen Recht vor allem verankert im

- **Gesetz gegen Wettbewerbsbeschränkungen (GWB)**, das als Kartellrecht die Freiheit und Funktionsfähigkeit des Wettbewerbs gegen Behinderungen und Beschränkungen schützt;
- **Gesetz gegen den unlauteren Wettbewerb (UWG)** zur Sicherung eines lauteren, unverfälschten, von Irreführungen und unsachlichen Beeinflussungen des Verbrauchers freien Wettbewerbs.

Die Kernpunkte dieser Gesetze werden ebenso wie das diesbezügliche Recht der Europäischen Union jeweils an späterer Stelle ausführlicher behandelt. Die wichtigsten der in diesen Gesetzen verankerten Instrumente der Wettbewerbspolitik zeigt die folgende Grafik.

Instrumente der Wettbewerbspolitik	
»Drei Säulen des Kartellrechts«	**Wettbewerbsrecht**
Kartellverbot (mit gesetzlich geregelten Ausnahmen)	**Verbot unlauterer Wettbewerbshandlungen** wie z. B. – unsachliche Beeinflussung – Ausnutzung von geschäftlicher Unerfahrenheit und Zwangslagen – Irreführung – Angstwerbung – Schleichwerbung – Konkurrentenherabsetzung
Zusammenschluss(Fusions)kontrolle zur Verhinderung der Entstehung marktbeherrschender Unternehmen	
Missbrauchsaufsicht zur Bekämpfung missbräuchlichen Verhaltens bereits marktbeherrschender Unternehmen	

Instrumente der Wettbewerbspolitik

Auch durch staatliche Aktivitäten kann der Wettbewerb beeinflusst und beeinträchtigt werden, etwa wenn einzelne Unternehmen oder Regionen durch Subventionen, Maßnahmen der Wirtschaftsförderung oder Auftragserteilungen begünstigt (und andere Unternehmen, die nicht in diesen Genuss kommen, dementsprechend benachteiligt) werden. Insbesondere durch das europäische Wettbewerbsrecht sind solcher Beeinflussung enge Grenzen gesetzt.

1.1.1.3 Eingriffe des Staates in die Preisbildung

1.1.1.3.1 Freie und regulierte Märkte

Auf **freien Märkten** findet keine staatliche Beeinflussung der Marktfunktionalität statt: Der Marktzutritt und die Kontrahierungsfreiheit (= das Recht, Verträge abzuschließen oder abzulehnen) sind staatlicherseits nicht beschränkt; die Produktpalette ist nicht vorgeschrieben oder eingeschränkt; Mengen und Preise können sich im freien Spiel von Angebot und Nachfrage ergeben.

Staatliche Regulierungen können in Preis- oder Preisgrenzenfestschreibungen bestehen, die zum Schutz von Verbrauchern (Festlegung von **Höchstpreisen**) oder Anbietern **(Mindestpreise)** erfolgen, oder in **Mengenbegrenzungen** (Beispiel: Begrenzung der Milchproduktion in der EU durch die »Milchquote«, um Preisstabilität zu erhalten).

In so genannten **monopolgeneigten Märkten** werden häufig **Regulierungsbehörden** eingesetzt, um den Marktzugang zu regeln bzw. durch Deregulierungen zu ermöglichen. In der Bundesrepublik Deutschland ist die Bundesnetzagentur für Elektrizität, Gas, Telekommunikation, Post und Eisenbahnen als Anstalt des öffentlichen Rechts für die Aufrechterhaltung und Förderung des Wettbewerbs auf den Netzmärkten zuständig.

Den Begriff des regulierten Marktes gibt es auch an deutschen Börsen: Dort steht er für das Marktsegment, das in 2007 aus der Fusion der bis dahin unterschiedenen Segmente »geregelter Markt« und »amtlicher Markt« entstanden ist und in dem die Voraussetzungen zur Zulassung, anders als im von den Börsen selbst regulierten Freiverkehr, gesetzlich geregelt sind.

1.1.1.3.2 Staatliche Preisbeeinflussung

Der Wunsch, Produzenten oder Verbraucher vor nachteiligen Folgen des Wettbewerbs am Markt zu schützen, könnte den Staat veranlassen, durch die Vorgabe von Preisen in das freie Spiel von Angebot und Nachfrage einzugreifen. Eine solche Preisbeeinflussung kann direkt erfolgen, indem Festpreise, Preisober- oder Preisuntergrenzen festgeschrieben werden, oder indirekt durch Auflagen, deren Erfüllung die Preise nach oben treibt, bzw. durch Subventionen, die sich preissenkend auswirken können.

Direkte Preisbeeinflussung durch den Staat

Direkte Preisbeeinflussung liegt vor, wenn staatlicherseits ein bestimmter Preis bzw. ein Höchst- oder Mindestpreis vorgeschrieben wird. Da durch diese Maßnahme die Preisbildungsfunktion außer Kraft gesetzt wird, handelt es sich bei der Festlegung von Festpreisen, Preisober- oder -untergrenzen um schwerwiegende Eingriffe in den Markt.

Mit der Festlegung von **Mindestpreisen** sollen Anbieter, deren Leistung staatlicherseits für erhaltenswert erachtet wird, vor dem Ruin geschützt werden, der sie ereilen würde, wenn der Preis am Markt gebildet würde: Ein garantierter Mindestpreis wird also in aller Regel über dem natürlichen Gleichgewichtspreis liegen und damit einen Produktionsanreiz ausüben, der einen ständigen Angebotsüberhang zur Folge hat. Dieser muss durch den Aufkauf der Überproduktion durch den Staat ausgeglichen werden, weil sich ansonsten ein »grauer Markt« jenseits des staatlich kontrollierten Marktes herausbilden kann, auf dem eine billigere Abgabe von Überhangmengen erfolgt.

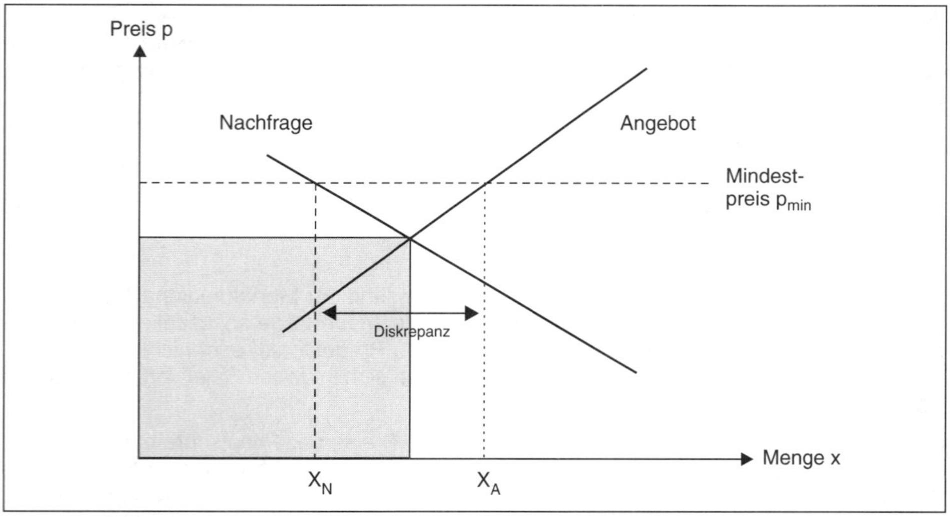

Auswirkung einer staatlichen Mindestpreisfestsetzung

Die EU-Subventionspolitik im Agrarbereich brachte seit Ende der 1970er Jahre gewaltige Überschüsse an landwirtschaftlichen Produkten – vor allem Butter, Milch, Fleisch und bestimmte Obst-, Gemüse- und Getreidesorten – hervor, die teilweise teuer eingelagert, teilweise sogar vernichtet werden mussten: Eine Abgabe der Überschussproduktion an Entwicklungsländer, wie sie zeitweilig erfolgte, hätte langfristig die Existenz der dort einheimischen Produzenten bedroht. Durch Höchstmengenfestlegungen (»Milchquote«) und Prämien für Flächenstilllegungen oder Nutzungsumwandlungen wurde versucht, die Überproduktion zu drosseln. Allerdings konnten die berüchtigten »Butterberge« und »Milchseen« erst in neuester Zeit (seit 2007 als Folge erhöhter Nachfrage, die auch Preiserhöhungen zur Folge hatte) abgebaut werden.

Die Abbildung verdeutlicht, dass bei Festsetzung eines Mindestpreises p_{min} die nachgefragte Menge x_N deutlich hinter der angebotenen Menge x_A zurückbleibt; der Doppelpfeil zeigt die Diskrepanz. Innerhalb des grau schraffierten Bereichs, der durch den Gleichgewichtspreis markiert ist, der sich ohne staatliche Eingriffe ergeben würde, ist die Herausbildung eines »grauen Marktes« zu erwarten.

Staatlich festgesetzte **Höchstpreise** unterhalb des natürlichen Gleichgewichtspreises dienen dem Schutz von Verbrauchern. Ihre Festlegung erfolgt häufig in Krisensituationen, wenn etwa infolge von Kriegen oder Katastrophen insbesondere Güter des täglichen, lebensnotwendigen Bedarfs ansonsten unerschwinglich würden. Da der festgesetzte Preis für die Anbieter allerdings nicht sonderlich attraktiv ist, werden diese nicht von selbst so viele Güter bereitstellen, wie nötig sind, um die Nachfrage zu befriedigen. Um die Anbieter zur Erhöhung des Angebots zu bewegen, müssen Subventionen geleistet werden. Denkbar sind zwei Szenarien:

- Die Anbieter stellen einen Teil ihrer Güter zum staatlich verordneten Höchstpreis zur Verfügung. Andere Teile ihrer Produktion werden auf einem Schwarzmarkt gehandelt, auf dem sich ein Marktpreis herausbildet, der über dem staatlichen Höchstpreis liegt. Finanzschwache Nachfrager kommen nicht oder kaum zum Zuge.
- Der Staat verteilt personenbezogene Bezugsscheine (wie etwa die nach dem Zweiten Weltkrieg ausgegebenen »Marken«), um eine Minimalversorgung der gesamten Bevölkerung sicherzustellen. Dies geschieht typischerweise in Situationen, in denen die offizielle Währung ihren Wert und das Vertrauen der Marktteilnehmer verloren hat. Auf den sich auch in dieser Situation bildenden illegalen Schwarzmärkten werden die begehrten Güter oft im Tausch mit anderen Gütern gehandelt, die als Ersatzwährungen fungieren (»Zigarettenwährung«).

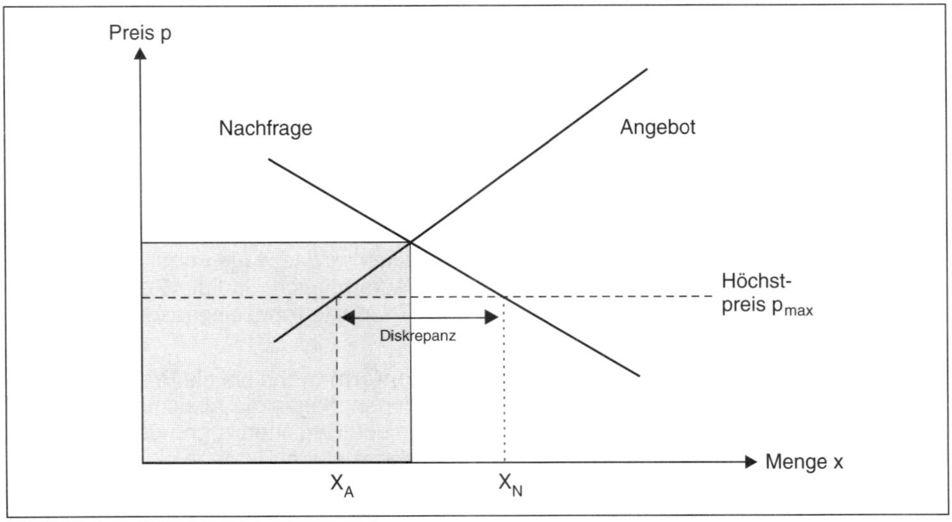

Auswirkung einer staatlichen Höchstpreisfestsetzung

Bei Festsetzung eines Höchstpreises würden die Nachfrager gern die höhere Menge x_N abnehmen, während die Anbieter nur zur Hergabe von x_A bereit sind. Wiederum reicht der Bereich des illegalen Handels bis zum Marktgleichgewicht, das sich ohne staatlichen Eingriff herausbilden würde.

In Deutschland gibt es **staatliche Preisfestsetzungen** beispielsweise

- bei der **Grundvergütung für alternative Energien** nach dem Erneuerbare-Energien-Gesetz (EEG). Mit der Festschreibung garantierter Preise über lange (teils Jahrzehnte umfassende) Zeiträume sollen Anreize für (meist langfristige) Investitionen in diese Energieformen gegeben werden.
- bei der Festlegung von **Tarifen für die Personenbeförderung** im öffentlichen Nahverkehr oder in Taxis durch die Kommunen, die zum Schutze sowohl der Fahrgäste vor überhöhten Forderungen als auch der Anbieter vor einem ruinösen Preiskampf getroffen werden.
- in Form gesetzlich geregelter **Gebührensätze für bestimmte Leistungen**, etwa diejenigen der Rechtsanwälte (geregelt im Rechtsanwaltsvergütungsgesetz – RVG), der Notare (geregelt im Gesetz über die Kosten in Angelegenheiten der freiwilligen Gerichtsbarkeit – KostO), der Ärzte, soweit sie außerhalb der gesetzlichen Krankenversicherung erbracht werden (geregelt in der Gebührenordnung für Ärzte – GOÄ) und der Architekten und Ingenieure (geregelt in der Honorarordnung für Architekten und Ingenieure – HOAI).
- in Form von **Allgemeinverbindlichkeitserklärungen**, durch die bestimmte **Lohntarifverträge**, die im Rahmen der den Tarifparteien (Arbeitgebern und Arbeitnehmern bzw. deren Vertreter) grundgesetzlich zugesicherten Tarifautonomie ausgehandelt wurden, für allgemeingültig in der betreffenden Branche erklärt werden und damit auch für solche Arbeitgeber und Arbeitnehmer gelten, die nicht tarifvertraglich gebunden sind. In Deutschland gibt es derartige »Mindestlöhne« bislang nur teilweise, etwa im Rahmen des Arbeitnehmerentsendegesetzes oder bestimmter regionaler Entgelttarifverträge. Die Einführung eines allgemeinverbindlichen Mindestlohns wird jedoch seit einiger Zeit diskutiert.

Eine staatliche Einflussnahme auf die **Preisbildung am Markt** stellt auch die Preisbindung für Bücher dar (Buchpreisbindungsgesetz – BuchPrG).

Indirekte Preisbeeinflussung durch den Staat

Eine indirekte Preisbeeinflussung liegt vor, wenn Anbietern oder Nachfragern in Zusammenhang mit der Erzeugung bzw. dem Erwerb eines Gutes besondere Vergünstigungen zugestanden oder besondere Lasten auferlegt werden.

Beispiele für Vergünstigungen, die Anreize auf Anbieter bzw. Nachfrager ausüben, sind die Zahlung von **Subventionen** (als Zuschüsse, Kredite oder Bürgschaften), wenn die Erzeugung bestimmter Produkte forciert oder unterlassen wird (etwa in Form von Schlachtprämien oder Prämien für Flächenstilllegungen im Agrarbereich) und die Gewährung von **Steuererleichterungen** für die Käufer bestimmter Produkte (etwa abgasarmer Kraftfahrzeuge).

Derartige Maßnahmen gelten nur dann als **marktkonform**, wenn sie die Preisbildung beeinflussen, ohne direkt in sie einzugreifen. Subventionen, denen die Absicht zur Stärkung bedrohter Betriebe und strukturschwacher Branchen und Regionen zugrunde liegt, wirken dagegen wettbewerbsverzerrend, weil sie nicht-lebensfähige Betriebe und Geschäftszweige »künstlich« erhalten und Regionen von notwendigen Strukturreformen abhalten.

Eine indirekte Preisbeeinflussung liegt auch dann vor, wenn der Staat selbst als Nachfrager auftritt.

1.1.2 Volkswirtschaftliche Gesamtrechnung

Wie viel Geld ist in unserer Volkswirtschaft eigentlich unterwegs? Wer bekommt welches, wer gibt welches aus, und wofür? Die wirtschaftlichen Verflechtungen zwischen den Akteuren sind derart komplex, dass es auf eine solche Frage eigentlich keine Antwort geben kann – oder doch?

Zumindest wäre es gut, möglichst viel über die Geldströme zu wissen; denn dann wüsste man auch Antworten auf weiterführende wichtige Fragen: Etwa, zu welchen Anteilen Arbeitnehmer und Unternehmer am Einkommen beteiligt sind, Geld für Konsum ausgegeben oder gespart wird, der Staat am Geldeinnehmen und -ausgeben beteiligt ist, Mittel aus dem Ausland oder ins Ausland fließen... und damit könnte man wirtschaftliche Entwicklungen erklären und voraussagen – und hätte gute Grundlagen für wirtschaftliche Entscheidungen.

Klar: »Ganz genau« kann das alles nicht erfasst werden, und das will auch niemand, aber »im Großen und Ganzen« weiß das Statistische Bundesamt schon Bescheid. Nur: Wie geht das?

Um das Wesen der Volkswirtschaftlichen Gesamtrechnung und seiner wesentlichen Kenngrößen zu verstehen, muss man sich zunächst klarmachen, welche Geldströme in unserer Volkswirtschaft überhaupt fließen, wie diese mit der Entstehung, Weitergabe und Nutzung von Gütern zusammenhängen und welche Rollen dabei dem Staat, den Kreditinstituten und dem Ausland zukommen. Daher erfolgt hier zunächst eine Darstellung zu den **Modellen des Wirtschaftskreislaufs.**

Zwischen den Wirtschaftssubjekten und – in deren Zusammenfassung – Wirtschaftssektoren vollzieht sich Wirtschaften als Kreislauf von **Güterströmen** und – seit Aufgabe der reinen Tauschwirtschaft zugunsten der Geldwirtschaft – **Geldströmen,** die in einem Austausch von Leistung und Gegenleistung hin- und herfließen.

Wegen der hohen Komplexität der Wirtschaftsrealität, in der zahllose Wirtschaftssubjekte in komplizierten Beziehungen zueinander stehen, werden in der Volkswirtschaftslehre vereinfachte Modelle gebildet, an denen die Zusammenhänge zwischen den Arten von Wirtschaftssubjekten dargestellt und erklärt werden.

Einfacher Wirtschaftskreislauf

Das einfachste dieser Modelle ist der einfache Wirtschaftskreislauf. Er stellt lediglich die Beziehungen zwischen den privaten Haushalten (Konsumenten) und den Unternehmen (Produzenten) dar.

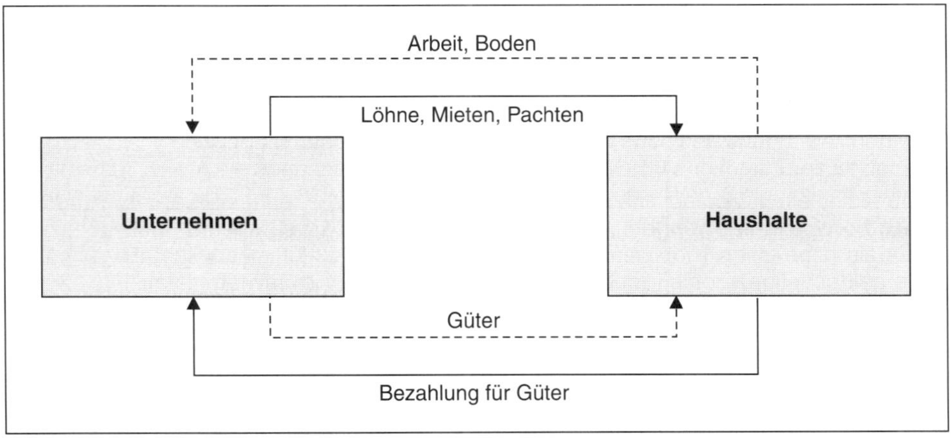

Einfacher Wirtschaftskreislauf in einer geschlossenen Volkswirtschaft

In diesem einfachen Modell werden alle Produktionsfaktoren von den privaten Haushalten zur Verfügung gestellt. Diese erhalten im Gegenzug die so genannten Faktoreinkommen: Arbeitseinsatz wird mit Löhnen (einschließlich Gehältern, Honoraren, sonstigen Vergütungen) und die Überlassung von Grund und Boden mit Mieten und Pachten vergütet. Die empfangenen Geldmittel werden von den Haushalten dazu eingesetzt, die in den Unternehmen produzierten Konsumgüter zu erwerben. Auf diese Weise entsteht ein geschlossenes (von äußeren Einflüssen freies) System mit jeweils einem Geld- und einem Güterkreislauf. Das beständige gegnseitige »Geben und Nehmen« hält sowohl die Haushalte als auch die Unternehmen am Leben.

Erweiterter Wirtschaftskreislauf

Im einfachen Wirtschaftskreislauf wird unterstellt, dass die Haushalte alles Geld, das sie als Faktoreinkommen für die Zurverfügungstellung von Arbeit und Boden erhalten, restlos für den Konsum verwenden. Ebenso wird unterstellt, dass die Unternehmen alles aus dem Güterverkauf eingenommene Geld als Faktoreinkommen wieder auszahlen. Tatsächlich aber werden die Haushalte einen Teil ihrer Geldeinnahmen zurücklegen wollen, um zu späteren Zeitpunkten größere Anschaffungen tätigen zu können, und die Unternehmen, die Güter nicht nur an die privaten Haushalte verkaufen, sondern auch untereinander vertreiben, wollen Rücklagen für spätere Investitionen bilden. Im einfachen Wirtschaftskreislauf kann dieses Geld nur »im Sparstrumpf« aufbewahrt werden. Diese Form der Geldzurückhaltung wird als **Horten** bezeichnet. Sie ist deswegen nicht wünschenswert, weil dem Wirtschaftskreislauf dadurch Geldmittel entzogen werden.

Das Modell des erweiterten Wirtschaftskreislaufs sieht nun vor, dass es Kapitalsammelstellen gibt, die die nicht für den Konsum verwendeten Mittel sammeln, verzinsen und denjenigen Haushalten und Unternehmen gegen Zinsen zur Verfügung stellen, die damit größere Anschaffungen bzw. Investitionen realisieren wollen. In der realen Welt sprechen wir nicht von Kapitalsammelstellen, sondern von Banken und Sparkassen oder – allgemeiner – von **Kreditinstituten.**

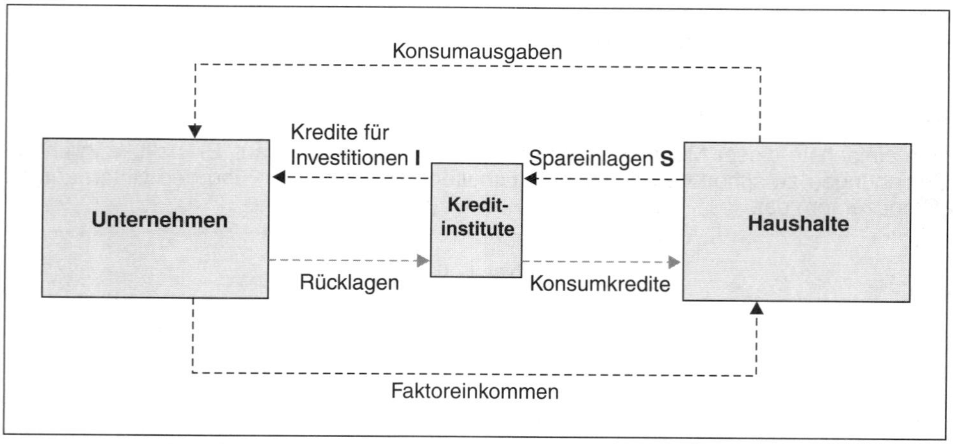

Erweiterter Wirtschaftskreislauf (nur Geldstrom) in einer geschlossenen Volkswirtschaft

Wird die Kapitalsammelstelle nur in Richtung von den Privathaushalten zu den Unternehmen genutzt, so muss im geschlossenen Kreislauf, in dem keine Gelder gehortet werden, die Höhe der Spareinlagen der Höhe der für Investitionen genutzten Gelder entsprechen:

$$I = S$$

Diese Übereinstimmung lässt sich auch durch Folgendes belegen: Der Wert aller geschaffenen Güter (C = Konsumgüter, I = Investitionsgüter), der in Form von Faktoreinkommen an die Haushalte ausgezahlt wird, sei Y (hergeleitet aus dem altenglischen Yield = Einkommen). Dann gilt aus Sicht der Unternehmen

$$Y = C + I$$

und aus Sicht der Haushalte, die ihr Einkommen teilweise zum Erwerb von Konsumgütern einsetzen und teilweise sparen:

$$Y = C + S$$

Durch Gleichsetzung ergibt sich

$$C + I = C + S$$

und nach Elimination von C verbleibt

$$I = S$$

Vollständiger geschlossener Wirtschaftskreislauf

Das Modell des vollständigen Wirtschaftskreislaufs bezieht die Rolle des Staates als Umverteilungsstation mit ein: Er empfängt Steuern von Haushalten und Unternehmen und leistet Zahlungen an diese, die teilweise Löhne für empfangene Arbeit bzw. Bezahlung für empfangene Güter und Dienstleistungen darstellen und teilweise als Transfereinkommen ohne direkte Gegenleistungen (z. B. Subventionen an Unternehmen, Sozialleistungen an Privatpersonen) ausgezahlt werden. Auch die Kapitalsammelstellen werden vom Staat in Anspruch genommen, der sie je nach finanzieller Situation und politischer Absicht als Sparkasse oder als Kreditgeber nutzt. Es handelt sich dabei immer noch um einen geschlossenen Kreislauf, weil es keine anderen Volkswirtschaften gibt, aus denen Geld und Güter zufließen bzw. in die Geld und Güter abfließen könnten.

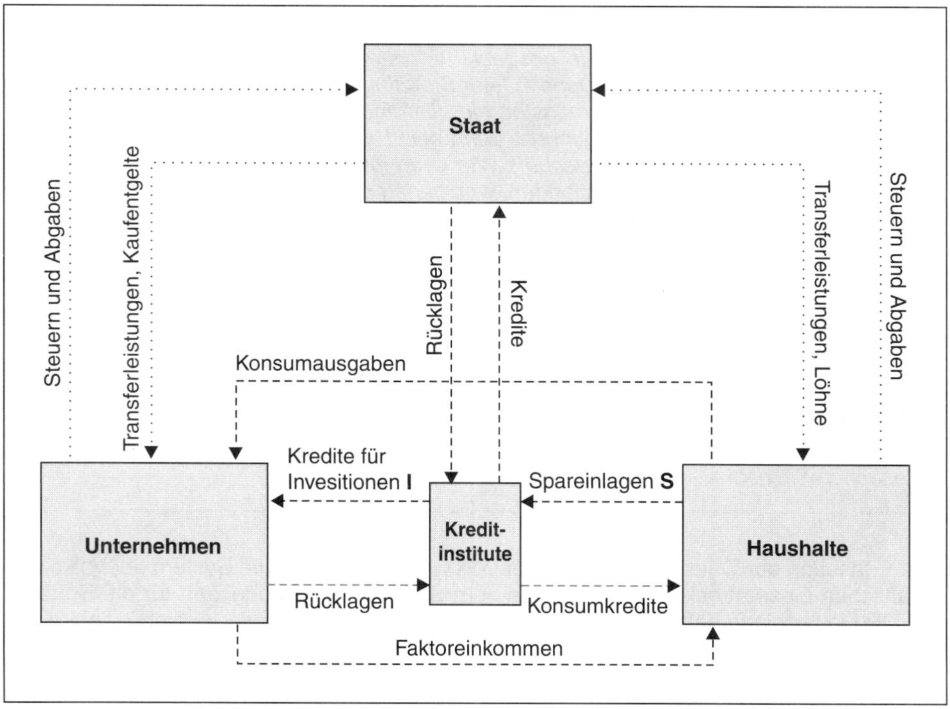

Vollständiger Wirtschaftskreislauf (nur Geldstrom) in einer geschlossenen Volkswirtschaft

Wirtschaftskreislauf der offenen Volkswirtschaft

Eine offene Volkswirtschaft unterhält Beziehungen zu mindestens einer anderen Volkswirtschaft. Diese Beziehungen können vielerlei Gestalt sein:

- Inländische Unternehmen beliefern Unternehmen im Ausland und/oder nehmen deren Leistungen in Anspruch;
- Arbeitnehmerleistungen werden grenzüberschreitend erbracht und vergolten;
- Investoren und Geldanleger transferieren Geldmittel in die jeweils andere Volkswirtschaft;
- Es findet ein Austausch von Transferleistungen (Leistungen ohne direkte Gegenleistung, z. B. EU-Beiträge, Entwicklungshilfe) statt.

Während in einem geschlossenen Kreislauf die Summe der Werte aller einem Sektor zufließenden Ströme zwangsläufig der Summe der Werte aller von ihm abfließenden Ströme entspricht, gilt dies für den offenen Kreislauf nicht!

Expandierender und kontrahierender Wirtschaftskreislauf

Die in einem Wirtschaftskreislauf umlaufenden Werte bleiben, ebenso wie die Umlaufgeschwindigkeit, nicht konstant, sondern schwanken – teilweise erheblich – im Zeitverlauf. Diese expansiv (ausweitend) oder kontraktiv (verringernd) wirkenden Schwankungen werden in den Abschnitten über die **Konjunktur** ausführlich behandelt.

1.1.2.1 Bruttoinlandsprodukt und Bruttonationaleinkommen

»Jetzt wird wieder in die Hände gespuckt: Wir steigern das Bruttosozialprodukt!« 1983 war diese Textzeile der Gruppe »Geier Sturzflug« nach volkswirtschaftlicher Terminologie völlig korrekt. Heute müssten sie allerdings statt vom Bruttosozialprodukt vom Bruttonationaleinkommen singen, denn seit 1999 ist das die offizielle Bezeichnung dieser Kenngröße der Wirtschaft. Wie auch immer: Viele haben mitgesungen, aber längst nicht alle haben verstanden, was genau damit gemeint war. Die Volkswirtschaftliche Gesamtrechnung, der diese Kennzahl entstammt, ist in der Tat eine hoch komplexe Angelegenheit – aber ohne sie könnten wir unser Wirtschaftswachstum nicht beziffern. Ja, wir könnten nicht einmal stichhaltig beweisen, dass wir eines haben, geschweige denn etwas über die Ursachen sagen. Wir brauchen sie also, die VGR – und zum Glück gibt es eine Institution, die sie für uns aufstellt: Das Statistische Bundesamt!

***Tipp:** Für alle, die sich mit Volkswirtschaftslehre befassen, ist das Statistische Bundesamt eine ergiebige Informationsquelle. Insbesondere vor Prüfungen sollten Sie die wesentlichen Fakten und Kennzahlen der VGW parat haben.*

Besuchen Sie daher – gern immer wieder – www.destatis.de!

Eine Erfassung der Geldströme in unserer Volkswirtschaft erfolgt im System der Volkswirtschaftlichen Gesamtrechnung (VGR), die vom Statistischen Bundesamt für die Bundesrepublik Deutschland betrieben wird. Das Statistische Bundesamt wertet hierfür zahlreiche Informationen aus, die es aus unterschiedlichen Quellen zusammenträgt.

Dabei werden

> »*...alle geeigneten laufenden wirtschaftsstatistischen Erhebungen verwendet, die zum jeweiligen Veröffentlichungs- bzw. Revisionszeitpunkt vorliegen. Zusätzlich werden weitere Datenquellen wie administrative Daten (zum Beispiel Finanz- und Steuerstatistik, Bundesagentur für Arbeit), Geschäftsstatistiken und Jahresabschlüsse großer Unternehmen (zum Beispiel Lufthansa, Telekom, Kreditinstitute), Haushaltsbefragungen (Einkommens- und Verbrauchsstichprobe (EVS), Mikrozensus) sowie Informationen von Verbänden ausgewertet...*«[2)]

Alle Wertbewegungen werden in einem Kontensystem erfasst, das dem der doppelten Buchführung im betrieblichen Rechnungswesen ähnelt.

Vor dem 1.4.1999 wurde in der Bundesrepublik Deutschland ein unabhängiges nationales System der VGR praktiziert. In Anpassung an internationale Regelungen und insbesondere um eine Vergleichbarkeit mit den anderen Mitgliedstaaten der Europäischen Union zu erlangen, wurde danach auf das »Europäische System Volkswirtschaftlicher Gesamtrechnungen **(ESVG-95)**« umgestellt.

Wesentliche Nutzer der ermittelten Daten sind auf nationaler Ebene die Bundesregierung, der von ihr zur Politikberatung eingesetzte Sachverständigenrat zur Begutachtung der gesamtwirtschaftlichen Entwicklung (»Die fünf Weisen«), die Deutsche Bundesbank, Wirtschaftsforschungsinstitute, Hochschulen, Medien und Verlage. Auf europäischer und internationaler Ebene werden die vom Statistischen Amt der Europäischen Gemeinschaften (Eurostat) zusammengefassten Daten vor allem von den Gremien der Europäischen Union sowie der Europäischen Zentralbank, der Organisation für wirtschaftliche Zusammenarbeit und Entwicklung (OECD) und dem Internationalen Währungsfonds (IWF) benötigt.

Einige wesentliche Kennzahlen, die durch die VGR ermittelt werden, sind das Inlandsprodukt und das Nationaleinkommen. Bei ihrer Ermittlung werden drei unterschiedliche Sichtweisen bezogen:

- Die Perspektive der **Einkommensentstehung** folgt dem Produktionsansatz. Hier wird danach gefragt, welche Werte im betrachteten Zeitraum geschaffen wurden.
- Aus der Perspektive der **Einkommensverwendung** ergeben sich das Inlandsprodukt und Nationaleinkommen als Summe aller Konsum- und Investitionsausgaben unter Herausrechnung der Effekte aus Im- und Exporten.
- Aus der Perspektive der **Einkommensverteilung** wird danach gefragt, auf welche Arten von Einkünften das Gesamteinkommen des betrachteten Zeitraums entfallen sind. Diese Berechnung kann, wie unten noch erklärt werden wird, vom Statistischen Bundesamt derzeit nicht durchgeführt werden.

Diese drei Ermittlungsverfahren sollen nachfolgend in ihren Grundzügen vorgestellt werden.

1.1.2.1.1 Entstehung des Inlandsprodukts (Einkommensentstehungsrechnung)

Das **Inlandsprodukt** ist ein anerkannter Maßstab für die wirtschaftliche Leistung, die von einer Volkswirtschaft in einem bestimmten Zeitraum erbracht wurde. Es beziffert die um Gütersteuern und -subventionen bereinigte Höhe der Wertschöpfung in der betreffenden Periode, also den Wert, der sich ergibt, wenn die für die Herstellung aller Güter oder Dienstleistungen eingesetzten Vorleistungen vom Wert der Güter und Dienstleistungen abgezogen werden:

[2)] Statistisches Bundesamt: Volkswirtschaftliche Gesamtrechnungen. Wichtige Zusammenhänge im Überblick. Stand: Mai 2011, S. 4

Produktionswert
– Wert der Vorleistungen
= **Bruttowertschöpfung**
+ Gütersteuern
– Gütersubventionen
= **Bruttoinlandsprodukt**

Die vom Statistischen Bundesamt veröffentlichten Zahlen werden regelmäßig überarbeitet. Endgültige Ergebnisse können erst nach ca. 4 Jahren veröffentlicht werden und weichen von den erstveröffentlichten Werten meist um etwa ± 0,5 % ab. Die in den nachfolgenden Tabellen enthaltenen Werte wurden im Mai 2016 abgerufen.

Diese Berechnung der Bruttowertschöpfung wird getrennt nach **verschiedenen Wirtschaftsbereichen** vorgenommen, die grob wie folgt eingeteilt werden (hier für die Bundesrepublik Deutschland in jeweiligen Preisen von 2014 und 2015; Quelle: destatis, aufgerufen 16.5.2016, enthält Rundungsdifferenzen und eigene Ergänzungen).

	Bruttowertschöpfung	**2014** (Mrd. €)	**2015** (Mrd. €)
	Land- und Forstwirtschaft; Fischerei	17,903	15,028
+	Produzierendes Gewerbe ohne Baugewerbe	674,793	701,177
+	Baugewerbe	120,738	128,089
+	Handel, Verkehr, Gastgewerbe	407,163	421,622
+	Information und Kommunikation	127,478	133,401
+	Finanzierung und Versicherungsdienstleister	107,605	106,599
+	Grundstücks- und Wohnungswesen	291,822	303,976
+	Unternehmensdienstleister	290,201	305,038
+	Öffentliche Dienstleister, Erziehung, Gesundheit	478,391	496,998
+	Sonstige Dienstleister	106,996	110,729
=	**Bruttowertschöpfung** zu Herstellungspreisen	**2.623,090**	**2.722,657**
+	Gütersteuern (+), -subventionen (-)	292,560	303,243
=	**Bruttoinlandsprodukt** zu Marktpreisen	**2.915,650**	**3.025,900**

Meist wird das Inlandsprodukt einschließlich der Abschreibungen angegeben und dann als **Bruttoinlandsprodukt (BIP)** bezeichnet. Die Angabe erfolgt entweder **nominal (zu Marktpreisen)** oder **real (preisbereinigt**, bedeutet: Die auf Inflation zurückzuführenden Effekte wurden herausgerechnet).

Das Bruttoinlandsprodukt wird nach dem **Inlandskonzept** errechnet und beinhaltet nur solche Leistungen, die im Inland erbracht wurden, unabhängig davon, ob dies durch Inländer oder Ausländer erfolgt.

1.1.2.1.2 Verwendung des Inlandsprodukts

In der **Einkommensverwendungsrechnung**, die vom Statistischen Bundesamt durchgeführt wird, wird untersucht, für welche Zwecke das BIP verwendet wurde. Verwendungszwecke sind

- private Konsumausgaben (CP) als Konsum der privaten Haushalte und der privaten Organisationen ohne Erwerbszweck,
- der Staatskonsum (CS) als Geldwert aller Ausgaben, die der Staat tätigt, um seine Leistungen (für die Schaffung von Infrastruktur, die Bereitstellung von Polizei, Streitkräften, Gerichtswesen, Sozialleistungen usw.) erbringen zu können,
- die Bruttoinvestitionen (I), die sich aus Ersatzinvestitionen für abgenutzte Investitionsgüter und aus den Neuinvestitionen der Periode zusammensetzen,
- der Außenbeitrag (EX – IM) als Differenz zwischen den Werten der exportierten und importierten Güter und Dienstleistungen.

Die Gleichung für die Einkommensverwendung lautet also

$$BIP = CP + CS + I + (EX - IM)$$

Hierzu liefert das Statistische Bundesamt die folgenden Zahlen:

Einkommensverwendungsrechnung	**2014** (Mrd. €)	**2015** (Mrd. €)
Private Konsumausgaben	1.592,164	1.633,388
Konsumausgaben des Staates	564,046	586,690
Bruttoanlageinvestitionen	585,089	606,174
Vorratsveränderungen und Nettozugang an Wertsachen	-22,030	-36,450
± Außenbeitrag (Exporte minus Importe)	196,381	236,098
Bruttoinlandsprodukt	**2.915,650**	**3.025,900**

1.1.2.1.3 Verteilung des Inlandsprodukts

In der Verteilungsrechnung spielen verschiedene Einkommensbegriffe einer Rolle (vgl. Abschn. 1.1.2.2). Der wichtigste ist der des **Bruttonationaleinkommens (BNE)**. Diese Größe, die das bis 1999 ermittelte Bruttosozialprodukt abgelöst hat, wird nach dem **Inländerkonzept** errechnet: Anders als das BIP, das die Inlandsproduktion erfasst, berücksichtigt das BNE den Geldwert aller in einer Periode von Inländern hergestellten Produkte und Dienstleistungen. Es kann aus dem BIP abgeleitet werden, indem diesem die Faktoreinkommen (Löhne, Gehälter, Gewinne, Zinsen), die Inländern aus dem Ausland zufließen, hinzugerechnet werden; analog sind abfließende Faktoreinkommen, die an Ausländer gezahlt werden, abzuziehen:

  Bruttoinlandsprodukt (BIP)
\+ Faktoreinkommen aus dem Ausland
– Faktoreinkommen an das Ausland

= **Bruttonationaleinkommen (BNE)**

Die Einkommensverteilungsrechnung

Die produzierte Gesamtleistung bzw. ihr Gegenwert wird auf die verschiedenen Wirtschaftssubjekte verteilt. Neben den Arbeitnehmerentgelten L (= Löhne und Gehälter) und den Unternehmer- und Investoreneinkommen G (= Gewinne und Zinsen), auf die unten noch näher eingegangen werden wird, sind folgende Umstände zu berücksichtigen:

- Der Wertverzehr, den Maschinen und Anlagen durch Nutzung erleiden, wird in Form von Abschreibungen (gekennzeichnet durch D, vom englischen Wort für Abschreibung »depreciation«) berücksichtigt.
- Es fallen verschiedene Produktions- und Importabgaben einschließlich kostenwirksamer Steuern an; zugleich werden Subventionen gezahlt. Der Saldo dieser Umverteilungen wird als Nettoproduktionsabgabe bezeichnet und in der Größe T_{ind} (nach dem früher an dieser Stelle verwendeten Begriff »indirekte Steuern«, wobei T aus dem englischen Wort für Steuern »taxes« hergeleitet ist) ausgedrückt. Zur Begründung: Auch der Staat ist Einkommensbezieher: Er erhält direkte Steuern (d. h. die Leistungsfähigkeit der Zahler direkt an der Quelle der Einkommensentstehung belastende Steuern, etwa die Einkommensteuer) und indirekte Steuern (Umsatzsteuer, Mineralölsteuer ...). Die direkten Steuern sind in den Größen L (Löhne und Gehälter) und G (Gewinne und Zinsen) bereits enthalten; die indirekten müssen, da noch nicht erfasst, separat angerechnet werden.

Aus Sicht der Einkommensverteilung setzt sich das BNE wie folgt zusammen:

$$BNE = L + G + D + T_{ind}$$

Andersherum können, wenn das BNE bekannt ist, hieraus weitere Größen errechnet werden:

- Wird vom BNE der Wert der Abschreibungen (D) abgezogen, erhält man das **Nettonationaleinkommen zu Marktpreisen NNEM**:

$$NNEM = BNE - D$$

- Wird zusätzlich die Nettoproduktionsabgabe (T_{ind}) abgezogen, ergibt sich hieraus das so genannte **Volkseinkommen Y** aus Löhnen und Gehältern, Gewinnen und Zinsen:

$$Y = BNE - D - T_{ind} = L + G$$

Wegen fehlender Basisdaten über die Unternehmens- und Vermögenseinkommen – insbesondere sind keine Angaben über die Gewinne der Einzelunternehmungen verfügbar – kann seitens des Statistischen Bundesamtes keine Verteilungsrechnung vorgenommen werden, die die selbstständige Berechnung von BIP und BNE ermöglichen würde. Es werden lediglich die Aggregate der Verteilungsrechnung ermittelt. Damit werden die aus der Perspektive der Einkommensentstehung und -verwendung vorgenommenen Berechnungen gestützt und ergänzt.

1.1.2.2 Primär- und Sekundärverteilung des Volkseinkommens

1.1.2.2.1 Einkommensarten, Volkseinkommen, Lohn- und Gewinnquote

Einkommen wird für die Zurverfügungstellung von Produktionsfaktoren gezahlt:

- Arbeitnehmer empfangen als Einkommen aus nichtselbstständiger Tätigkeit Löhne und Gehälter, die in der Verteilungsrechnung zum **Arbeitnehmerentgelt L** zusammengefasst werden.
- Das Einkommen der Unternehmer besteht im Überschuss ihrer Einnahmen über die Ausgaben, Investoren von Geldkapital erhalten Zinsen als Einkommen. Gewinne und Zinsen werden mit Miet- und Pachterträgen zum **Unternehmens- und Vermögenseinkommen G** (Investoreneinkommen) zusammengefasst.

Diese Einkommensarten zusammengenommen werden, wie oben bereits dargestellt wurde, als **Volkseinkommen (Y)** bezeichnet. In diesem Zusammenhang interessiert besonders der Anteil der Arbeitnehmerentgelte am Volkseinkommen (= Lohnquote; im Umkehrschluss ergibt sich die Gewinnquote als Anteil der Unternehmens- und Vermögenseinkommen).

Das Statistische Bundesamt veröffentlichte die folgenden **Werte:**

	2014 (Mrd. €)	**2015** (Mrd. €)
Volkseinkommen	**2.176,19**	**2.260,65**
davon Arbeitnehmerentgelt	1.485,29	1.543,11
davon Unternehmens- und Vermögenseinkommen	690,90	717,54

Aus diesen Werten können folgende **Quoten** errechnet werden:

	2014	**2015**
Lohnquote	68,25 %	68,26 %
Gewinnquote	31,75 %	31,74 %

Grundsätzlich wird von einem Trend zu einer fallenden Lohn- und steigenden Gewinnquote ausgegangen. Seit der Wirtschaftskrise von 2008/9 ist allerdings eine überwiegend gegenläufige Entwicklung zu beobachten. Seit einigen Jahren bewegt sich die Lohnquote in Deutschland um 68 %. Im Jahr 2000 betrug die Lohnquote noch um 72 %, die Gewinnquote dementsprechend nur ca. 28 %. Bei der Interpretation muss allerdings berücksichtigt werden, dass auch abhängig beschäftigte Lohnempfänger Kapitaleinkünfte erzielen.

Funktionale und personale Einkommensverteilung

Die Aufteilung des Gesamteinkommens auf die verschiedenen Einkommensarten wird als **funktionale Einkommensverteilung** (gelegentlich auch: funktionelle Einkommensverteilung) bezeichnet. Sie gibt an, wie die Zurverfügungstellung einzelner Produktionsfaktoren entlohnt wird. Betrachtet man die Verteilung des Einkommens dagegen in Hinblick darauf, auf welche Personen bzw. Personengruppen (Haushalte) das Einkommen verteilt wird, spricht man von **personaler Einkommensverteilung** (auch: personelle Einkommensverteilung). Diese Betrachtung muss berücksichtigen, dass einzelnen Personen und Haushalten durchaus Einkommen aus verschiedenen Einkunftsarten zufließen kann: So kann ein Arbeitnehmer neben Lohneinkünften auch Zinseinkünfte haben; ein Unternehmerhaushalt kann neben Gewinnen auch eine Rente beziehen, usw. Ferner muss danach gefragt werden, ob das Einkommen vor oder nach der sekundären Einkommensverteilung betrachtet wird.

Primäre und sekundäre Einkommensverteilung

Das gesamte Volkseinkommen wird in der personalen Einkommensverteilung auf einzelne Personen oder Haushalte verteilt. Wer wie viel erhält, hängt zunächst davon ab, welche Produktionsfaktoren von der betreffenden Person oder Personengruppe bereitgestellt wurden und welches Entgelt hierfür anfällt. Diese Verteilung, die der Markt vornimmt, wird als **Primärverteilung** bezeichnet. Das so verteilte Einkommen wird jedoch verschiedenen Umverteilungsmaßnahmen unterzogen:

- Direkte Steuern (hier ist vor allem die Einkommensteuer zu nennen) und Sozialbeiträge (etwa Kranken-, Rentenversicherungsbeiträge) werden abgezogen und abgeführt,
- einzelnen Personen bzw. Haushalten fließen Transferleistungen (Kindergeld, Arbeitslosengeld, Grundsicherung, Krankengeld usw.) zu.

Diese **Sekundärverteilung** verändert die Beträge, die der Person oder dem Haushalt letztlich tatsächlich zur Verfügung stehen, teilweise beträchtlich: Gutverdiener geben Teile ihres Einkommens ab, und diejenigen, die bei der Primärverteilung durch den Markt leer ausgegangen sind, werden mit einem Einkommen ausgestattet, das ihnen einen menschenwürdiges Leben und gesellschaftliche Teilhabe ermöglicht.

1.1.2.2.2 Verfügbares Einkommen, Spar- und Konsumquote

Aus den Bruttoeinkünften müssen die Empfänger direkte Steuern (vor allem Lohn- und Einkommensteuer) und Sozialabgaben an den Staat abführen, der im Gegenzug an Berechtigte verschiedene Transferleistungen (z. B. Kindergeld, Wohngeld, Arbeitslosengeld) abgibt. Als Saldo aus abgeführten und empfangenen Beträgen und weiteren Verrechnungen ergibt sich das **verfügbare Einkommen**. In der Volkswirtschaftlichen Gesamtrechnung steht der Begriff des verfügbaren Einkommens für den Teil des Einkommens, der nach Abzug von Steuern und Sozialversicherungsbeträgen sowie nach Erhalt staatlicher Transferleistungen tatsächlich für Konsumzwecke zur Verfügung steht, wobei sich die Umverteilungen in der Gesamtbetrachtung teilweise aufheben.

Für 2014 und 2015 veröffentlichte das Statistische Bundesamt die folgenden Zahlen:

Nationaleinkommen, verfügbares Einkommen, Finanzierungssaldo (Stand: 6.4.2016)

		2014 (Mrd. €)	**2015** (Mrd. €)
	Bruttolöhne und -gehälter	1.211,030	1.259,759
+	Arbeitgeberbeiträge	271,767	280,515
=	Arbeitnehmerentgelt	1.482,797	1.540,274
+	Betriebsüberschuss / Selbstständigeneinkommen	627,455	654,037
+	Nettoproduktionsabgaben	287,647	300,434
=	Nettoinlandsprodukt	2.397,899	2.494,745
+	Saldo der Primäreinkommen mit der übrigen Welt	66,794	65,600
=	Primäreinkommen (Nettonationaleinkommen)	2.464,693	2.560,345
+	Laufende Transfers aus der übrigen Welt	60,047	63,497
–	Laufende Transfers an die übrige Welt	97,008	100,036
=	Verfügbares Einkommen	2.427,732	2.523,806
–	Konsum	2.156,210	2.220,078
=	Sparen	271,522	303,728
+	Vermögenstransfers aus der übrigen Welt	16,690	22,031
–	Vermögenstransfers an die übrige Welt	15,127	24,182
–	Bruttoinvestitionen	563,059	569,724
+	Abschreibungen	517,751	531,155
=	**Finanzierungssaldo**	**227,777**	**263,008**
	nachrichtlich:		
	Verfügbares Einkommen der privaten Haushalte	1.710,094	1.757,675
	Sparen der privaten Haushalte	167,575	174,814

© Statistisches Bundesamt, Wiesbaden 2016

Aus den Zahlen der letzten beiden Zeilen lässt sich eine **Sparquote** (= Anteil der Sparbeiträge am verfügbaren Einkommen) der privaten Haushalte von 9,78 % (2014) bzw. 9,95 % (2015) errechnen. Hieraus wiederum kann eine **Konsumquote** (= 100 % minus Sparquote) von 90,22 % (2014) und 90,05 % (2015) abgeleitet werden. Diese Entwicklung dürfte hauptsächlich auf das sehr niedrige Zinsniveau zurückzuführen sein.

Im Europäischen System Volkswirtschaftlicher Gesamtrechnungen werden dem verfügbaren Einkommen auch **»soziale Sachtransfers«** zugerechnet, soweit diese individualisierbar sind. Hierunter werden unentgeltlich vom Staat bereitgestellte Güter (z. B. schulische Lernmittel) und Dienstleistungen (z. B. medizinische Leistungen) verstanden. Sie sind Teil der Sekundärverteilung.

1.1.2.2.3 Einkommensumverteilung durch staatliche Eingriffe

Je nach dem Umfang der staatlichen Eingriffe zur sekundären Einkommensverteilung sind die Einkommen mehr oder weniger ungleichmäßig auf die Haushalte verteilt. Zur Darstellung der personalen Einkommensverteilung wird meist die Form der **Lorenzkurve** gewählt, die von dem US-amerikanischen Mathematiker Max Otto LORENZ (1876 – 1959) entwickelt wurde.

Die Kurven im nachfolgenden Darstellungsbeispiel besagen Folgendes:

Die Lorenzkurve ohne Umverteilung weist aus, dass 25 % aller Einkommen auf eine Hälfte der (ärmeren) Haushalte entfallen, während die andere Hälfte 75 % der Einkommen für sich beansprucht. Durch staatliche Umverteilungsmaßnahmen (Lorenzkurve nach Umverteilung) wird dieses Verhältnis leicht zugunsten der ärmeren Haushalte verändert. Bei Gleichverteilung müssten gleiche Prozentwerte auf Haushalte und Einkommensanteile entfallen. Um diesen Zustand zu erreichen, müssten wirkungsvollere Umverteilungsmaßnahmen getroffen werden. Inwieweit dies geschieht, hängt vom politischen Willen ab.

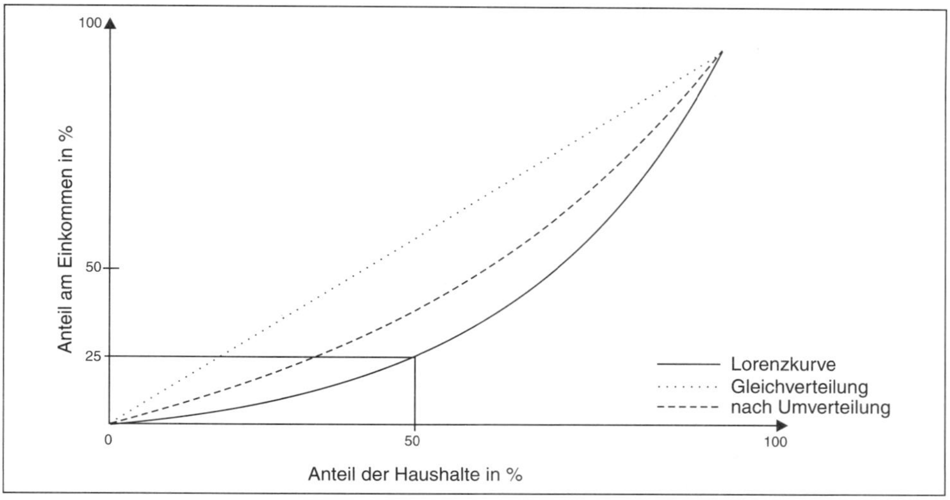

Beispiel einer Lorenzkurve zur Verdeutlichung der Einkommensverteilung in einer Volkswirtschaft

Eine Kennzahl, die die Ungleichverteilung der Einkommen auf Basis von Lorenzkurven ausdrückt, ist der **Gini-Koeffizient**, so benannt nach dem italienischen Statistiker Corrado GINI (1884 – 1965). Er kann Werte zwischen 0 und 1 annehmen, wobei die Ungleichverteilung bei Annäherung an den Wert 1 immer größer wird. Die Bundesrepublik Deutschland gehört (mit einem Wert von 0,283 für 2012), ebenso wie die skandinavischen und diverse südosteuropäische Länder, Belgien und Japan zu den Ländern mit relativer Gleichverteilung der Einkommen. Eine besonders krasse Ungleichverteilung wird für zahlreiche Länder Südamerikas und auf dem afrikanischen Kontinent verzeichnet.

1.1.2.2.4 Das Inlandsprodukt – ein Wertmaßstab für Wohlstand?

BIP und BNE werden gern zu Zeit- und Ländervergleichen herangezogen. Dabei werden sie oft fälschlich als Indikatoren für Wohlstand und Wohlstandsentwicklung interpretiert. Dagegen sprechen folgende Argumente:

- Trotz eines absolut hohen BIP/BNE kann in der Bevölkerung des betrachteten Landes ein erhebliches Wohlstandsgefälle herrschen; tatsächlich kann Armut weit verbreitet sein. Ein verlässlicherer Indikator für die Gleich- bzw. Ungleichverteilung von Einkommen ist der beschriebene Gini-Koeffizient.
- BIP/BNE erfassen nur monetäre Größen und vernachlässigen sonstige Aspekte, die die Lebensqualität der Bevölkerung ausmachen. Eine Kennzahl, die die Lebensqualität in verschiedenen Ländern vergleichbar macht, ist der **Human Development Index (HDI),** der neben dem BIP (pro Kopf und umgerechnet in Kaufpreisparität, ausgedrückt in US-$) die Lebenserwartung und den Bildungsgrad der Bevölkerung (ausgedrückt durch die Alphabetisierungs- und die Einschulungsrate) einbezieht.
- BIP/BNE erfassen entgeltliche Leistungen und vernachlässigen ehrenamtliche Arbeit, selbst verrichtete Hausarbeit und Kindererziehung sowie sonstige unentgeltliche Tätigkeiten, die den Wohlstand gleichwohl mehren. Der häufig erhobene Vorwurf, dass die so genannte »Schattenwirtschaft« – also Schwarzmärkte (z. B. der illegale Handel mit Waffen und Drogen), Schwarzarbeit, Steuerhinterziehung, Hehlerei und im weiteren Sinne auch Nachbarschaftshilfe und Eigenleistungen beim Hausbau – nicht berücksichtigt würde, trifft dagegen nicht voll zu; denn diese Aktivitäten werden im ESVG-1995 durch Zuschläge und Sonderrechnungen einbezogen. Allerdings kann der tatsächliche Wert der »Schattenwirtschaft« nur grob beziffert und berücksichtigt werden.

– Externe Effekte wie Umweltschäden und Naturkatastrophen, die den Wohlstand und die Lebensqualität beeinträchtigen, werden gleichwohl nicht wohlstandsmindernd berücksichtigt. Die Leistungen, die entgeltlich erbracht werden müssen, um Schäden zu beseitigen, steigern dagegen das BIP/BNE, aber sicherlich nicht den Wohlstand.

Die Eignung des Inlandsprodukts bzw. des Nationaleinkommens zum Wohlstandsindikator kann aus diesen Gründen stark in Zweifel gezogen werden.

1.1.3 Konjunktur und Wirtschaftswachstum

Die wirtschaftliche Entwicklung verläuft nicht immer gleichförmig: Ihre Geschwindigkeit variiert, und auch ihre Richtung kann sich verändern. Seit Längerem – erste systematische Beobachtungen stammen aus dem 19. Jahrhundert – beobachten Ökonomen ein mehr oder weniger regelmäßiges »Auf und Ab« der Wirtschaft. Die wirtschaftliche Situation wird auch als Konjunktur, ihre zyklische Veränderung als Konjunkturverlauf bezeichnet. Dabei werden mehrere Zyklen unterschieden, die einander überlagern.

Strukturelle Schwankungen

Diese nach dem russischen Wissenschaftler Nikolai KONDRATIEFF, der sie 1926 als erster beschrieb, benannten **»Kondratieff-Wellen«** (auch in der Schreibweise Kondratjew-Wellen oder -Zyklen verbreitet) sind mit einer Dauer von 45–60 Jahren die längsten wirtschaftlichen Schwankungen. Ihre Ursache sind tiefgreifende strukturelle Veränderungen, meist verursacht durch technologische Innovationen, deren Entdeckung oder Erfindung häufig schon länger zurücklag, die aber erst in den zugewiesenen Zeiträumen zu umfassender wirtschaftlicher Bedeutung gelangten.

Allgemein werden die folgenden vergangenen Zyklen (mit in der Literatur teils abweichenden Zeiträumen) unterschieden:

Phase	Zeitraum ca. **Höhepunkt ca.**	**Anlass**
»1. Kondratieff«	1780 – 1840 **1825**	Mechanisierung, Textilindustrie Symbol: Dampfmaschine
»2. Kondratieff«	1840 – 1890 **1875**	Stahl, Dampfloks, -schiffe, Transport Symbol: Eisenbahn
»3. Kondratieff«	1890 – 1940 **1915**	Elektro-, Maschinen-, Chemietechnik Symbol: Elektrizität, Verbrennungsmotor
»4. Kondratieff«	1940 – 1980 **1965**	Automatisierung, Mobilisierung, Petrochemie Symbole: Auto, Atomenergie, Computer
»5. Kondratieff«	seit 1980 **??**	Information und Kommunikation Symbol: Internet

Über Zeitraum und Kerninhalte des »6. Kondratieff« kann gegenwärtig nur spekuliert werden. Meist genannt wird in Wissenschaftskreisen das Themenfeld »Life Sciences« mit den Bereichen Bio-/Gentechnologie, Gesundheit/Wellness und Ökologie.

Oft wird davon ausgegangen, dass sich die Zyklen infolge der Dynamik der technologischen Entwicklung verkürzen werden. Es gibt allerdings auch Ökonomen, die das Vorhandensein dieser Wellen bezweifeln oder rundweg abstreiten.

Konjunkturelle Schwankungen

Die eigentlichen konjunkturellen Schwankungen vollziehen sich in einem Auf und Ab, in dem ein voller Zyklus je nach Untersuchung zwischen zwei und elf Jahren dauert.

Die bisweilen in der Literatur gezogene Parallele zu den biblischen »sieben fetten und sieben mageren Jahren« hinkt allerdings, weil die Aufschwungphase meist mehrere Jahre umfasst, während der Abschwung oft steil und in vergleichsweise kurzer Zeit von ein bis zwei Jahren vonstatten geht.

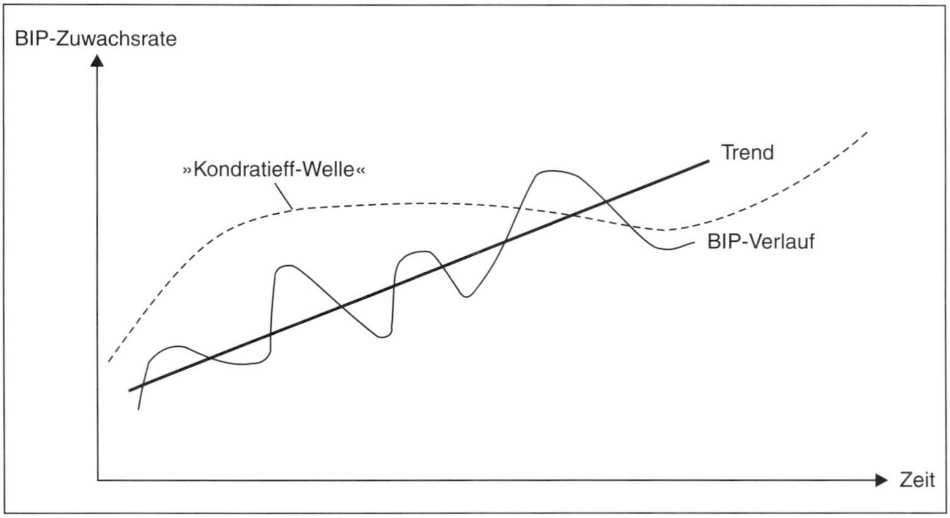

Konjunkturelle Schwankungen und ihre »Glättung«

Konjunkturzyklus

Vier Phasen des Konjunkturzyklus werden unterschieden:

I. Aufschwung **(Expansion)**

II. Hochkonjunktur **(Boom)**

III. Abschwung (**Rezession**, wobei dieser Begriff von Teilen der Literatur nur verwendet wird, wenn tatsächlich negatives Wachstum stattfindet, während bei Rückgängen des BIP-Zuwachses nur von Abschwung gesprochen wird)

IV. Tiefstand (bei sehr dramatischen Tiefständen, in denen das BIP tatsächlich schrumpft, also negatives Wachstum stattfindet, wird von **Depression** gesprochen)

Die folgende Abbildung stellt eine Situation dar, in der auf dem tiefsten Stand immer noch ein gewisses Wirtschaftswachstum stattfindet:

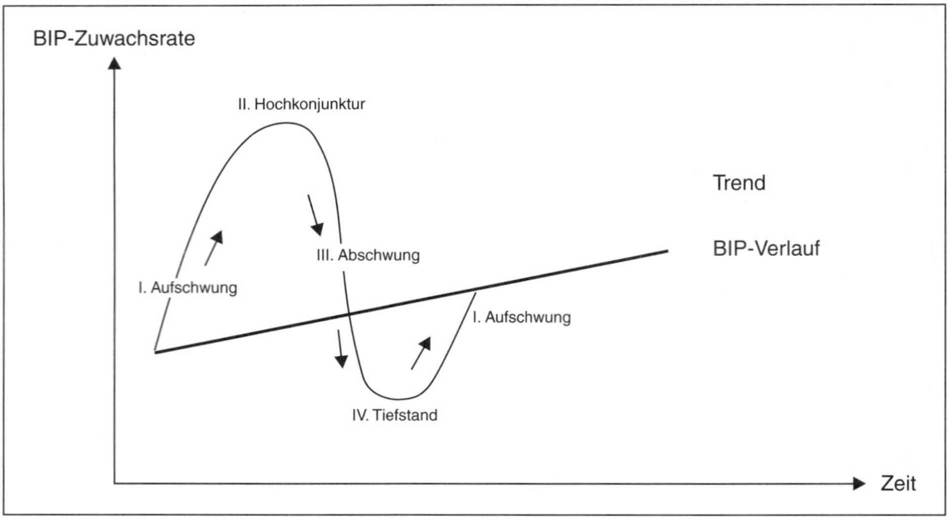

Der Konjunkturzyklus

Konjunkturindikatoren

Konjunkturindikatoren sind veränderliche Merkmale der Wirtschaft, die Rückschlüsse auf die aktuelle Konjunkturlage und auf sich anbahnende Veränderungen zulassen.

Unterschieden werden (allerdings unscharf; die Zuordnungen einzelner Indikatoren zu diesen Gruppen werden je nach Quelle auch anders getroffen):

- **Frühindikatoren**, die Veränderungen früher als andere anzeigen. Beispiele sind die regelmäßig von Wirtschaftsforschungsinstituten erhobenen Indizes über die Erwartungen und die Stimmung von Teilen der Wirtschaft (z. B. ifo-Geschäftsklimaindex, Index für Konjunkturerwartungen des ZEW – Zentrum für Europäische Wirtschaftsforschung –, Consumer Confidence), die Entwicklung der Auftragseingänge und die Investitionsneigung.
- **Präsenzindikatoren**, die eine Diagnose der augenblicklichen Wirtschaftslage ermöglichen. Hierzu zählen Arbeitsmarktdaten, Zinsniveau, Reallohnniveau und Konsumverhalten. Typisch für die verschiedenen Konjunkturphasen sind die folgenden Kennzeichen, mit ↗ = steigend, ↑ = hoch, ↘ = sinkend, ↓ = niedrig:

	Aufschwung	Boom	Abschwung	Tiefstand
Zinsniveau	↗	↑	↘	↓
Preissteigerung	↗	↑	↘	↓
Reallohnzuwachs	↗	↑	↘	↓
Beschäftigung	↗	↑	↘	↓
Investitionsneigung	↑	→	↘	↓
Produktion	↑	↑	↘	↓
Konsum	↗	↑	↘	↓

Nicht immer stellt sich das typische Erscheinungsbild ein, etwa wenn die Zinsen trotz Rezession auf hohem Niveau verharren. Aktienkurse sind als Indikatoren weniger geeignet: Der früher hergestellte Zusammenhang von hohen Zinsen und sinkenden Kursen (weil bei hohem Zinsniveau die sichere Anlage in Zinspapieren lohnender erscheint als das risikobehaftete Aktienengagement) kann heute nicht mehr beobachtet werden.

- **Spätindikatoren**, die die Diagnose im nachhinein bestätigen. Hierzu gehören die Entwicklung des Preisniveaus sowie die Ergebnisse der Volkswirtschaftlichen Gesamtrechnung (BIP, BNE) und der Zahlungsbilanz (Leistungsbilanzsaldo, Außenbeitrag).

Inflation

Aus dem Vergleich des aktuellen Verbraucherpreisindex mit dem einer vorangegangenen Bezugsperiode (hier: des gleichen Monats im Vorjahr) kann die Preissteigerung errechnet werden. Die Preissteigerungsrate wird auch als Inflationsrate bezeichnet:

$$\textbf{Inflationsrate} = \frac{\text{VPI aktuell} - \text{VPI Vorjahresmonat}}{\text{VPI Vorjahresmonat}} \cdot 100$$

Von Inflation wird ab einer Steigerungsrate von 2 % gesprochen.

Inflation kann verschiedene Gründe haben. Die Wirtschaftslehre unterscheidet folgende Formen:

- **Nachfragesoginflation:** Ausgangspunkt ist eine gestiegene Nachfrage, die nicht sofort durch eine Erhöhung des Güterangebots ausgeglichen werden kann. In dieser Situation werden die Anbieter die Preise erhöhen und gleichzeitig Arbeitskräfte nachfragen, um die Produktion entsprechend der gestiegenen Nachfrage erhöhen zu können. Die Nachfrage der Produzenten am Arbeitsmarkt löst Lohnforderungen aus, die, wenn sie zu Lohnerhöhungen führen, nochmals erhöhend auf die Preise wirken. Zugleich steigt durch die ausgeweitete Beschäftigung und die gestiegenen Löhne die Nachfrage weiter... Die folgende »Lohn-Preis-Spirale« oder, je nach Sichtweise, »Preis-Lohn-Spirale« bewirkt kontinuierliche Preissteigerungen.
- **Kostendruckinflation:** Durch gestiegene Produktionskosten sehen sich einige Anbieter veranlasst, den Markt zu verlassen. Das Angebot auf dem Markt geht insgesamt zurück, während die Nachfrage bestehen bleibt. Der Nachfrageüberhang bewirkt steigende Preise. Die sich anschließenden Lohnforderungen erhöhen die Produktionskosten und drängen mehr Anbieter aus dem Markt, usw. ... Ebenso wie bei der Nachfragesoginflation ist die Situation »Nachfrage > Angebot« ausschlaggebend für die preistreibende Entwicklung, aber während bei der Nachfragesoginflation die Nachfrage beständig steigt, geht bei der Kostendruckinflation das Angebot zurück.
- **Importierte Inflation:** Preissteigerungen im Ausland können über den Import verteuerter Güter auf das eigene Land ausgeweitet werden.

Der gegenteilige Fall, nämlich die **Deflation,** die sich im Sinken des Preisniveaus ausdrückt, kann durch extreme Kaufzurückhaltung (»Konsumstreik«) entstehen. Ursächlich hierfür kann eine pessimistische Erwartungshaltung der Verbraucher in Hinblick auf ihre künftige Einkommenssituation oder die Erwartung weiter sinkender Preise sein. Allerdings ist eine dauerhafte Deflation wie diejenige in der Wirtschaftskrise der 1930er Jahre nach Meinung von Wirtschaftsfachleuten heute auszuschließen.

1.1.3.1 Ziele der Stabilitätspolitik

Zuvor wurden bereits die wirtschaftspolitischen Ziele der Sozialen Marktwirtschaft, nämlich

- Stabilität des Geldwertes (gleichbedeutend mit: Preisniveaustabilität),
- hoher Beschäftigungsgrad (herkömmlicher Begriff: Vollbeschäftigung),

- außenwirtschaftliches Gleichgewicht und
- stetiges, angemessenes Wirtschaftswachstum

erwähnt.

Diese Zielsetzungen sind seit 1967 im »Gesetz zur Förderung der Stabilität und des Wachstums der Wirtschaft«, kurz als »Stabilitätsgesetz« (StWG), verankert und werden häufig durch die nicht im Gesetz festgeschriebenen Forderungen nach Erhaltung der Umwelt und gerechter Einkommensverteilung ergänzt.

1.1.3.1.1 Zielgrößen und ihre Messbarkeit

Nachfolgend werden die im Gesetz genannten Ziele hinsichtlich ihrer Bedeutung für das wirtschaftliche Geschehen beschrieben. Besonderes Augenmerk liegt auf der Messbarkeit der Zielerreichung bzw. -verfehlung und auf der Frage, wer mit welchen Mitteln die Zielerreichung beeinflussen kann.

Ziel	Messgröße	Zielwert
Preisniveaustabilität	Verbraucherpreisindex (VPI); Inflationsrate	Inflationsrate < 2 %
Vollbeschäftigung	Arbeitslosenquote auch: Ifo-Geschäftsklimaindex*)	Sockelarbeitslosigkeit 3–5% Stabil oder steigend
Außenwirtschaftliches Gleichgewicht	Leistungsbilanzsaldo auch: Außenbeitrag (= Differenz zwischen Im- und Exportwerten)	Ausgeglichen max. 2,5 % des BIP
Stetiges, angemessenes Wirtschaftswachstum	BIP relativ zu Referenzzeiträumen	2,5 % – 4 % Wachstum gegenüber dem Vorjahreswert

*) Frühindikator für konjunkturelle Trendwenden

Stabilität des Preisniveaus

Stabile Preise bedeuten, dass das Geld als Tauschobjekt am Markt seinen Wert behält. Ständig steigende Preise (Inflation) wären gleichbedeutend mit einem laufenden Geldwertverfall und würden wirtschaftswesentliche Verhaltensweisen und Transaktionen behindern oder vereiteln. In Zeiten raschen Geldwertverlusts lohnt es nicht, zu sparen oder Kredite zu vergeben (aufzunehmen dagegen schon, wenn die Zinsen nicht auch »davonlaufen«). Inflation ist sozial ungerecht, denn Besitzer von Sachmitteln (Immobilien, Edelmetalle usw.) sind bevorteilt, weil ihr Vermögen seinen Wert behält, während die Besitzer von Geldvermögen sowie Arbeiter und Rentner, die auf laufende Zahlungen angewiesen sind, benachteiligt werden. Instabile Preise können nicht als Vergleichs- und Entscheidungsgrundlage bei Konsum- und Investitionskäufen dienen. Unsicherheit und Vertrauensverlust behindern die Entwicklung der Wirtschaft und fördern im Extremfall die Herausbildung illegaler Nebenmärkte mit eigenen Warenwährungen, wie nach dem Zweiten Weltkrieg in Deutschland mit der »Zigarettenwährung« geschehen.

Nicht zuletzt ist Preisstabilität eine wesentliche Voraussetzung für ein außenwirtschaftliches Gleichgewicht. Die Wahrung der Preisstabilität ist vorrangige Aufgabe des Europäischen Systems der Zentralbanken (ESZB), das ihr unter Einsatz ihres auf die Menge des umlaufenden Geldes einwirkenden Instrumentariums nachkommt.

Die Europäische Zentralbank (EZB) sieht das Ziel als erfüllt an, wenn das Preisniveau binnen eines Jahres um weniger als 2 % steigt. Darüber wird von Inflation gesprochen.

Vollbeschäftigung

Der Begriff der Vollbeschäftigung wird meist allein auf den Faktor Arbeit bezogen, ist aber auch darin unklar definiert: Er könnte dafür stehen, dass »jeder, der kann (und/oder will), eine Arbeit hat«, könnte aber auch an der offiziell erhobenen Arbeitslosenquote festgemacht werden. Wie auch immer: Statt von Vollbeschäftigung wird heute ohnehin von einem »hohen Beschäftigungsstand« gesprochen – eine hundertprozentige Beschäftigung kann auch unter idealen Bedingungen wegen der stets vorhandenen friktionellen und strukturellen Arbeitslosigkeit nicht erreicht werden.

Ein hoher Beschäftigungsstand als Ziel steht dafür, dass für möglichst viele erwerbsfähige Personen die Möglichkeit bestehen sollte, ihren Unterhalt durch eigene Arbeit zu verdienen, und damit der Kreis derjenigen Personen, die trotz Arbeitsfähigkeit staatliche Sozialleistungen beziehen, möglichst gering sein sollte. Eine Verfehlung dieses Ziels belastet den Staat mit Sozialleistungen und gefährdet den sozialen Frieden.

Messgröße für den Beschäftigungsstand ist die **Arbeitslosenquote** als Verhältnis der bei der Bundesagentur für Arbeit (BA), den Arbeitsgemeinschaften (ARGE) oder Optionskommunen registrierten Arbeitslosen zur Gesamtzahl der erwerbsfähigen Personen:

$$\text{Arbeitslosenquote} = \frac{\text{Zahl der registrierten Arbeitslosen}}{\text{Zahl der erwerbsfähigen Personen insgesamt}}$$

Letztere schließt alle Erwerbstätigen sowie die Arbeitslosen selbst ein. Arbeitsunfähig erkrankte Personen, Teilnehmende an Maßnahmen der BA sowie Menschen, die zwar eine Arbeit annehmen würden, aber nicht offiziell arbeitsuchend gemeldet sind, werden dabei nicht erfasst. Darüber, bis zu welcher Höhe der Arbeitslosenquote Vollbeschäftigung anzunehmen ist, gibt es unterschiedliche Auffassungen. Der noch in den 1950er Jahren angenommene Wert von 2 % gilt heute als nicht mehr erreichbar. 2004 bezifferte der damalige Wirtschaftsminister Wolfgang Clement die bei Vollbeschäftigung erwartbare Sockelarbeitslosigkeit auf 3 bis 5 %. Voraussetzung für eine gute Beschäftigungslage ist eine durch Wirtschaftswachstum gekennzeichnete positive Konjunktur, wobei die Nachfrage nach Arbeitskräften, ebenso wie die Investitionsneigung, sehr wesentlich von der Auftragslage und -erwartung der Unternehmen abhängt.

Ein wichtiger Indikator hierfür ist der vom ifo Institut für Wirtschaftsforschung regelmäßig erstellte und veröffentlichte **ifo-Geschäftsklimaindex**, in dem die Einschätzungen zahlreicher Unternehmen zur aktuellen Geschäftslage, zu Geschäftserwartungen, zur Nachfragesituation und zum Arbeitsangebot erfasst werden. Der monatlich veröffentlichte Index mit dem Referenzwert 100 (Stand 1.1.2000) wies im Februar 2011 mit 115,0 Punkten (Index R1, Geschäftsklima gewerbliche Wirtschaft; Quelle: CES ifo Group) seinen absoluten Höchstwert auf (zum Vergleich März 2016: 106,6 Punkte). Wesentlicher als der absolute Wert sind aber Richtungsänderungen: Drei aufeinanderfolgende Ausschläge in dieselbe Richtung werden als Hinweis auf eine konjunkturelle Trendwende interpretiert.

Außenwirtschaftliches Gleichgewicht

Offene Volkswirtschaften wie die der Bundesrepublik Deutschland treiben einen regen Wirtschaftsaustausch mit dem Ausland. Als förderlich für einen stabilen Außenhandel wird ein außenwirtschaftliches Gleichgewicht angesehen. Anhand der Zahlungsbilanz wird ein außenwirtschaftliches Gleichgewicht angenommen, wenn

- die Leistungsbilanz ausgeglichen ist oder
- der Außenbeitrag nicht mehr als 2,5 % des Bruttoinlandsprodukts ausmacht oder
- der Außenbeitrag den Saldo der Bilanz der laufenden Übertragungen deckt.

Außenwirtschaftliches Gleichgewicht drückt sich darin aus, dass keines der in einer Außenhandelsbeziehung beteiligten Länder wirtschaftliche Probleme (Inflation, Arbeitslosigkeit, Rezession) in das andere beteiligte Land exportiert noch aus diesem importiert.

Wirtschaftswachstum

Das Wirtschaftswachstum wird in der (preisbereinigten) Veränderung des Bruttoinlandsprodukts gegenüber dem Vergleichszeitraum der Vorperiode ausgedrückt. Wirtschaftswachstum wurde lange Zeit als unverzichtbar für einen anhaltenden und wachsenden Wohlstand der Bevölkerung angesehen. Heute herrscht eine differenziertere Betrachtung vor, die die Wirkungen des Wachstums auf die Ökologie und die Wohlstandsverteilung – auch in globaler Hinsicht – mitberücksichtigt. Nicht das höchst mögliche Wachstum wird angestrebt, sondern ein angemessenes und dabei stetiges Wachstum (bei gleichzeitigem Schutz der Umwelt und gerechter Einkommensverteilung). Als angemessen sehen unterschiedliche Quellen einen gleichmäßigen BIP-Zuwachs von jeweils 2 % bis 4 % gegenüber dem Vorjahreswert an.

Weitere Ziele

Die Erweiterung des nachfolgend beschriebenen magischen Vierecks auf ein Sechseck sieht als zusätzliche Ziele

- eine gerechte Einkommensverteilung und
- den Schutz der Umwelt

vor. Damit wird das Wachstumsziel gewissermaßen mit einem **Qualitätsanspruch** verbunden: Nicht »Wachstum um jeden Preis«, sondern Wachstum im Einklang mit Gerechtigkeit und Nachhaltigkeit soll angestrebt werden.

1.1.3.1.2 Zielkonflikte und Zielharmonien

Die vorstehend genannten und in § 1 StabG aufgeführten Ziele, nämlich

- Preisniveaustabilität,
- hoher Beschäftigungsstand,
- außenwirtschaftliches Gleichgewicht und
- stetiges, angemessenes Wirtschaftswachstum

bilden das »**Magische Viereck**« der Wirtschaftspolitik.

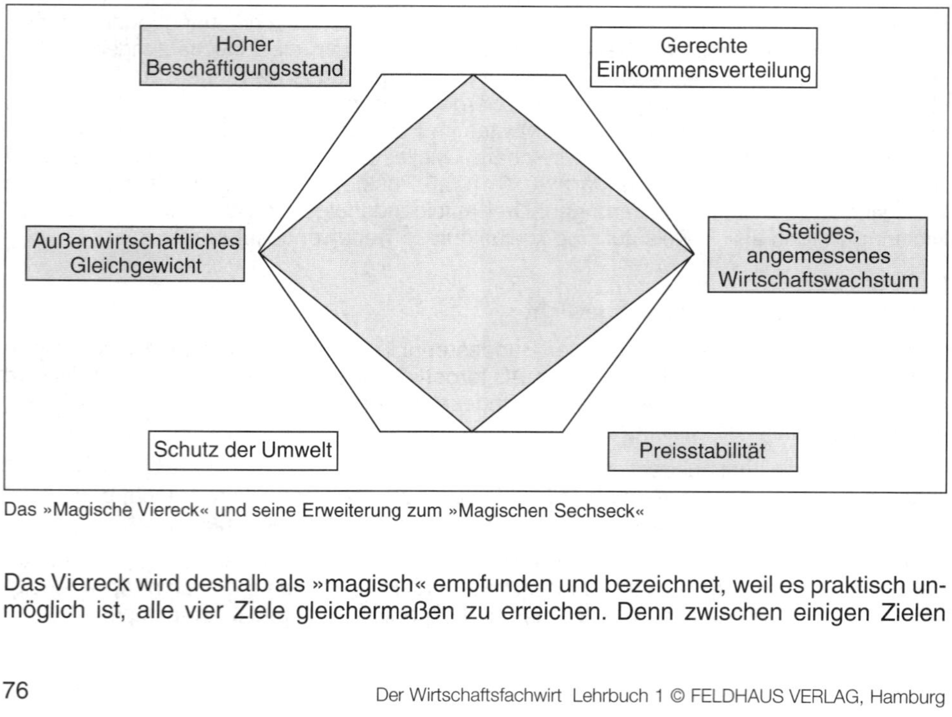

Das »Magische Viereck« und seine Erweiterung zum »Magischen Sechseck«

Das Viereck wird deshalb als »magisch« empfunden und bezeichnet, weil es praktisch unmöglich ist, alle vier Ziele gleichermaßen zu erreichen. Denn zwischen einigen Zielen können Zielkonflikte auftreten: Wird ein Ziel, das sich zu einem anderen Ziel konfliktär verhält, vollständig verwirklicht, hat dies notgedrungen die Verschlechterung des Zielerreichungsgrades bei dem konfliktären Ziel zur Folge. Gleiches gilt bei Erweiterung auf ein »Magisches Sechseck« unter Einbeziehung der Ziele gerechte Einkommensverteilung und Schutz der Umwelt.

Beispiel:

Nehmen wir an, es herrsche »Vollbeschäftigung« in dem Sinne, dass nahezu jeder Erwerbsfähige auch beschäftigt ist und aus Sicht der Unternehmen eine Knappheit an Arbeitskräften besteht: In dieser Situation könnte ein Unternehmen, das zusätzliche Arbeitskräfte benötigt, weil es ein weiteres Wachsen der Nachfrage erwartet, versuchen, diese durch das Angebot höherer Löhne und Gehälter abzuwerben und für sich zu gewinnen, und ein Unternehmen, das Abwanderung verhindern will, müsste auf höhere Lohnforderungen eingehen. Das Lohnniveau würde zwangsläufig steigen. Die Mehrkosten würden die Unternehmen auf die Preise aufschlagen: Damit wäre die Preisniveaustabilität nicht (mehr) gegeben. Höhere Preise wiederum würden in einer exportorientierten Volkswirtschaft einen Rückgang der Auslandsnachfrage bewirken. Ein Nachfragerückgang bliebe aber mittelfristig nicht ohne Folgen auf das Wirtschaftswachstum und die Beschäftigung in den Betrieben:

So kann das Erreichen der Vollbeschäftigung letztlich zu Entlassungen führen!

Das Beispiel verdeutlicht die – in ihrer Intensität und Wirkung von der jeweiligen Situation abhängigen – **Konflikte** zwischen den Viereck-Zielen

- »Hoher Beschäftigungsstand« und »Preisniveaustabilität«,
- »Wirtschaftswachstum« und »Preisniveaustabilität«.

Werden die Ziele des magischen Sechsecks mitbetrachtet, treten mögliche Konflikte zwischen den Zielen

- Wirtschaftswachstum und Umweltschutz,
- Wirtschaftswachstum und gerechte Einkommens- und Vermögensverteilung

hinzu.

Am Beispiel des Zielpaares »Wirtschaftswachstum« und »Umweltschutz« kann aber gezeigt werden, dass ein solcher Zielkonflikt in eine **komplementäre**, d. h. sich ergänzende, Zielbeziehung umschlagen kann: Nämlich dann, wenn in einer fortschrittlichen Volkswirtschaft vornehmlich umweltverträgliche Energien genutzt und umweltunschädliche Produktionsverfahren eingesetzt werden, um umweltverträgliche Produkte zu erzeugen. Hieran wird deutlich, dass die Einschätzung der Zielbeziehungen stark von der betrachteten konkreten Situation abhängt.

Gleichgerichtete Ziele reagieren auf bestimmte wirtschaftspolitische Maßnahmen gemeinsam in der gewünschten Weise. Eine solche **Zielharmonie** besteht zwischen den Zielen

- »Wirtschaftswachstum« und »Hoher Beschäftigungsstand« sowie
- »Außenwirtschaftliches Gleichgewicht« und »Preisniveaustabilität«.

Wenn Ziele nicht direkt aufeinander wirken, wird dies als **Zielneutralität** (Zielindifferenz) bezeichnet. Bezogen auf das Magische Viereck besteht Zielneutralität am ehesten zwischen den Zielen »Außenwirtschaftliches Gleichgewicht« und »Wirtschaftswachstum«.

Wenn die Wirtschaftspolitik in einer bestimmten wirtschaftlichen Situation einem besonders gefährdeten Ziel den Vorrang einräumt, wird von **Zielkompromiss** gesprochen.

1.1.3.2 Wirtschaftspolitische Maßnahmen und Konzeptionen

Wirtschaftspolitik – ist das nicht die Disziplin innerhalb der Politik, von der Spötter behaupten, sie sei zwecklos? »Wirtschaft wird in der Wirtschaft gemacht« – wer hätte das nicht schon gehört oder angesichts der Diskussionen über Globalisierung, Arbeitsplatzverlagerung und nomadisierenden »Heuschreckenkapitalismus« nicht auch schon selbst vermutet? Tatsächlich hat eine Wirtschaftspolitik, die in der sozialen Marktwirtschaft nur dort regelnd eingreift, wo das soziale Element ansonsten ungeschützt erscheint, und auch dabei bemüht ist, wettbewerbskonform zu agieren, nur einen beschränkten Einfluss auf das wirtschaftliche Geschehen. Macht- und wirkungslos ist sie dennoch nicht – schauen wir uns ihre Ziele und Instrumente also genauer an! Zuvor allerdings wird ein Überblick über die Bereiche der Wirtschaftspolitik und die sie tragenden Institutionen gegeben.

Träger der Wirtschaftspolitik

Als Träger der Wirtschaftspolitik, die mit den ihnen zur Verfügung stehenden Mitteln versuchen, wirtschaftliche Gegebenheiten und Abläufe zu beeinflussen, fungieren staatliche, überstaatliche und teils weisungsgebundene, teils weisungsungebundene, teils mit öffentlich-rechtlichen Befugnissen ausgestattete Institutionen.

Träger der **staatlichen Wirtschaftspolitik** sind

- der Bundestag, die Landtage und die kommunalen Entscheidungsgremien (Gemeinderäte) als Legislative,
- die Bundes- und Landesregierungen und die Kommunalverwaltungen als Exekutive und
- das Bundesverfassungsgericht sowie die Arbeits-, Verwaltungs- und Sozialgerichte als Judikative.

Institutionen mit **öffentlich-rechtlichen Entscheidungsbefugnissen** sind z. B.

- die Bundesagentur für Arbeit, das Umweltbundesamt, das Bundeskartellamt,
- die Kammern (Industrie- und Handelskammern, Handwerkskammern),
- die Deutsche Rentenversicherung.

Die Funktion, Träger der staatlichen Wirtschaftspolitik zu **beraten** und zu **informieren**, haben z. B.

- die Bundesbank als Teil des Europäischen Systems der Zentralbanken (ESZB),
- das Statistische Bundesamt,
- der Sachverständigenrat zur Begutachtung der gesamtwirtschaftlichen Entwicklung.

Erheblichen Einfluss auf die Wirtschaftspolitik haben die privatrechtlichen **Unternehmensverbände** und **Gewerkschaften**.

Überstaatlich (supranational) wirken z. B.

- die Europäische Union,
- die Vereinten Nationen,
- der Internationale Währungsfonds (IFW) und
- die Welthandelsorganisation (WTO)

auf die nationale Wirtschaftspolitik ein.

Bereiche und Maßnahmen der Wirtschaftspolitik

In der Sozialen Marktwirtschaft hält sich der Staat nicht aus der Wirtschaft heraus; vielmehr übernimmt er eine Reihe von wirtschaftspolitischen Aufgaben, die sich in den folgenden »Politiken« niederschlagen:

<table>
<tr><td>Ordnungspolitik</td><td rowspan="3">Sozialpolitik</td></tr>
<tr><td>Prozesspolitik</td></tr>
<tr><td>Strukturpolitik</td></tr>
</table>

Die Sozialpolitik gehört nicht direkt zu den wirtschaftlichen Aufgaben. Gleichwohl gehen von ihr bedeutende wirtschaftliche Einflüsse aus, die auf alle drei genannten Bereiche einwirken, weswegen sie meist als Querschnittsbereich aufgefasst wird. Gelegentlich wird sie als Teilbereich der Ordnungspolitik dargestellt.

Ordnungspolitik

Ziel der staatlichen Ordnungspolitik ist die Herstellung und Aufrechterhaltung eines **Rahmens**, innerhalb dessen sich das Wirtschaftsgeschehen vollziehen kann. Hierzu gehören

- der Erlass, die ständige Anpassung und die Durchsetzung von Gesetzen, Richtlinien und Verordnungen, z. B. Handelsgesetzbuch, Gewerbeordnung, Steuergesetzgebung, Umweltrecht, Gesetz gegen Wettbewerbsbeschränkungen. Im Zentrum steht dabei das Ziel, den Wettbewerb vor schädlichen Handlungen, wie Absprachen unter Anbietern, oder der Entstehung und/oder Ausnutzung von marktbeherrschenden Stellungen zu schützen.
- die staatliche Einrichtung und Legitimation von Institutionen mit wirtschaftsrelevanten Befugnissen, etwa des Europäischen Systems der Zentralbanken (ESZB) oder von Ämtern mit Aufsichtsbefugnissen über bestimmte Geschäftstätigkeiten (z. B. Bundesanstalt für Finanzdienstleistungsaufsicht BAFin; Kartellbehörden).
- die Mitgliedschaft bzw. Beteiligung in überstaatlichen Zusammenschlüssen (z. B. die Europäische Union), Organisationen (z. B. WTO) und Übereinkommen (z. B. das Kyoto-Protokoll).

Stets gilt, dass Eingriffe und Maßnahmen des Staates marktkonform zu sein haben, also das Zusammenspiel von Angebot und Nachfrage nicht stören dürfen. Während z. B. Regelungen zur Verhinderung von Preisabsprachen in diesem Sinne marktkonform sind, wäre die Festlegung von Festpreisen für bestimmte Güter eine nicht-marktkonforme Maßnahme.

Strukturpolitik

Die Strukturpolitik will auf die Wirtschaftsstruktur der Volkswirtschaft einwirken. Dabei zielt sie als regionale Strukturpolitik auf bestimmte geografische Regionen, als sektorale Strukturpolitik auf einzelne Industrien oder Branchen ab. Vorrangige Ziele sind

- die Beseitigung von Benachteiligungen etwa »strukturschwacher« Regionen,
- Hilfestellungen zur Anpassung nicht mehr wettbewerbsfähiger Industrien an die Anforderungen der globalisierten Wirtschaft,
- die kontinuierliche Verbesserung der Infrastruktur, worunter neben der technischen Infrastruktur (z. B. Verkehr, Kommunikation, Energieversorgung) auch die rechtliche (Verwaltung), kulturelle (Bibliotheken, Theater, Museen usw.) und soziale Infrastruktur (Krankenhäuser, Schulen usw.) zu verstehen sind.

Die wesentlichen Instrumente der Strukturpolitik sind Rechtsvorschriften, Steuererleichterungen, Subventionen und sonstige finanzielle Förderungen, wobei der Grundsatz gilt, dass Subventionen für Betriebe oder Wirtschaftsbereiche nur als vorübergehende Hilfe, nicht aber als Dauergabe an sonst nicht am Markt überlebensfähige Strukturen gewährt werden sollen.

Prozesspolitik

Die Prozesspolitik unterscheidet sich von der Ordnungspolitik zunächst dadurch, dass sie sich nicht auf bloße Regelung durch Gesetze, Verordnungen und sonstige Rechtsvorschriften beschränkt, sondern aktiv in das Wirtschaftsgeschehen eingreift, um »quantitative Marktergebnisse« wie etwa das Wirtschaftswachstum oder die Beschäftigtenzahlen zu beeinflussen, wenn diese nicht den politischen Wünschen und Zielen entsprechen. Ihre Tätigkeitsfelder sind die **Geldpolitik** und die **Finanzpolitik**, mit denen die Prozesspolitik auf die **Konjunktur** einwirkt.

Nachfolgend werden ausgewählte Politikfelder näher beleuchtet.

1.1.3.2.1 Geldpolitik

Geldpolitik zielt darauf ab, den Geldwert und damit die Preise stabil zu halten. In Europa liegt die Geldpolitik nicht in Händen der Regierungen, sondern ist dem regierungsunabhängigen (gleichwohl zur Unterstützung der wirtschaftspolitischen Ziele verpflichteten) **Europäischen System der Zentralbanken (ESZB)** mit der **Europäischen Zentralbank (EZB)** als gemeinsamer Währungsbehörde der 19 Mitgliedstaaten der Europäischen Währungsunion übertragen. Diese Entkoppelung der Geldpolitik von der Regierungszuständigkeit findet sich auch in anderen Marktwirtschaften, wobei aber z. B. in den USA die Ziele des Federal Reserve Systems weitreichender definiert sind und ausdrücklich auch Wachstums- und Beschäftigungsziele einschließen.

Hauptaufgabe des ESZB und der EZB ist die Sicherung der Preisniveaustabilität in der Eurozone. Dieses Ziel gilt als erreicht, wenn der **harmonisierte Verbraucherpreisindex** (vereinfacht gesagt: die Wertveränderung im »Warenkorb«) in der Eurozone binnen eines Jahres um weniger als 2 % ansteigt. Ferner soll die Wirtschaftspolitik in der Europäischen Union, die vornehmlich auf ein hohes Beschäftigungsniveau und ein beständiges Wachstum abzielt, unterstützt werden, soweit dies mit dem vorrangigen Ziel der Preisstabilität vereinbar ist.

Zur Erreichung ihres Hauptziels, nämlich der Wahrung der Preisniveaustabilität, stehen der EZB einige Instrumente zur Verfügung, die sie unabhängig von eventuellen Anweisungen nationaler Regierungen einsetzen kann. Mit dem Einsatz dieser Instrumente soll sichergestellt werden, dass das auf primäre und sekundäre Geldschöpfung zurückzuführende Wachstum der Geldmenge dem Wachstum der Wirtschaftskraft angepasst wird. Zur Erläuterung: **Primäre Geldschöpfung** ist die direkte Ausgabe von Geld durch die EZB im Zuge von Offenmarktgeschäften und Fazilitäten. **Sekundäre Geldschöpfung** erfolgt, indem Geschäftsbanken die von Kunden empfangenen Einlagen an andere Kunden als Kredite vergeben.

Grundsätzlich sind drei Gruppen von Instrumenten zu unterscheiden:

- **Offenmarktgeschäfte:** Wertpapiergeschäfte mit Geschäftsbanken,
- **Ständige Fazilitäten:** Geldbeschaffungs- und Geldanlageangebote für Geschäftsbanken,
- **Mindestreservesätze:** Variation der Höhe der Pflichteinlagen, die Geschäftsbanken bei den nationalen Zentralbanken unterhalten müssen.

Offenmarktgeschäfte

Offenmarktgeschäfte stellen das wichtigste Instrument zur Geldmengensteuerung dar. Dabei tritt die EZB als Geschäftspartnerin der Geschäftsbanken auf, indem sie

- Wertpapiere an Geschäftsbanken verkauft, wodurch sie dem Markt Geld entzieht, das damit nicht mehr für Kreditvergaben zur Verfügung steht, oder
- Wertpapiere von Geschäftsbanken kauft, wodurch sie diesen Geld für Kreditvergaben zur Verfügung stellt.

Diese Operationen können endgültig (als so genannter definitiver Kauf bzw. definitiver Verkauf) oder als befristete Transaktionen mit Rückkaufvereinbarung **(Wertpapierpensionsgeschäfte)** bzw. gegen Verpfändung von Sicherheiten durchgeführt werden.

Neben direkten Transaktionen am Markt bietet die EZB den Geschäftsbanken eine Reihe von Refinanzierungsgeschäften an, die über ein standardisiertes Ausschreibungs- und Zuteilungsverfahren, das so genannte **Tenderverfahren**, abgewickelt werden. Dieses Verfahren wird via Internet über das OffenMarkt Tender Operations-System OMTOS durchgeführt, an dem jedes in Deutschland ansässige oder niedergelassene Kreditinstitut, das zur Unterhaltung von Mindestreserven verpflichtet ist, teilnehmen kann. Im Bietungsverfahren wird entweder ein Zinssatz von der Zentralbank vorgegeben, und die Geschäftsbanken bieten auf Zuteilung der von ihnen gewünschten Geldmengen **(Mengentender-Verfahren)**, oder aber die Zentralbank bietet eine bestimmte Geldmenge an, für die die Geschäftsbanken Zinsangebote angeben **(Zinstender-Verfahren)**. Vor der Finanzkrise von 2008 verfuhr die EZB nach dem Zinstender-Verfahren, und zwar nach dem **»amerikanischen Verfahren«**, bei dem der einzelne Bieter mit dem von ihm angebotenen Zins bedient wird und deshalb zunächst die Bieter mit dem höchsten Zinsgebot voll zum Zuge kommen, während ggf. im Bereich der niedrigsten, gerade eben noch zu berücksichtigenden Gebote nur Teilzuteilungen nach einem Quotenverfahren (Repartierung) erfolgen. Seit der Finanzkrise wird jedoch das Mengentender-Verfahren praktiziert.

Die Offenmarktgeschäfte im Einzelnen sind:

- **Hauptrefinanzierungsgeschäfte (Haupttender):** Diese stellen das wichtigste geldpolitische Instrument zur Steuerung der Zinssätze und der Geldmenge dar. Dabei wird den Geschäftsbanken regelmäßig wöchentlich im Rahmen von Standardtendern Gelegenheit zur kürzerfristigen Beschaffung liquider Mittel mit sieben Tagen Laufzeit angeboten.
- **Längerfristige Refinanzierungsgeschäfte (Basistender):** Damit werden den Geschäftsbanken regelmäßig monatlich im Rahmen von Standardtendern Mittel mit einer Laufzeit von drei Monaten, teilweise auch mit längeren Laufzeiten bis zu einem Jahr, angeboten. Während die Hauptrefinanzierungsgeschäfte der kurzfristigen Geldversorgung dienen, wird mit den längerfristigen Refinanzierungsgeschäften die Grundversorgung des Bankensystems mit Zentralbankgeld sichergestellt.

Hinsichtlich der Fristen, innerhalb derer die Geschäfte angeboten, abgeschlossen und abgewickelt werden, wird unterschieden in

- **Feinsteuerungsgeschäfte (Fine-tuning Operations, Schnelltender):** Diese dienen dem Ausgleich kurzfristiger Liquiditätsschwankungen am Geldmarkt und werden unregelmäßig – nur bei Bedarf – angeboten. Dabei wird meist die Form der befristeten Transaktion gewählt. Alternativ kommen Devisenswapgeschäfte (Kassakauf oder -verkauf von Devisen bei gleichzeitigem Termingegengeschäft; Kassa = »sofort«) oder Outright-Geschäfte (definitiver Kauf oder Verkauf refinanzierungsfähiger Aktiva für eigene Rechnung der Zentralbank am offenen Markt) in Betracht. Zur Anlage von Überliquiditäten können den Geschäftsbanken verzinsliche Termineinlagen angeboten werden. Die Durchführung der Feinsteuerungsgeschäfte kann über den so genannten **Schnelltender** erfolgen, ein Ausschreibungsverfahren mit sehr kurzer Bietungsfrist und Geldzuteilung (binnen ein bis zwei Stunden), das teilweise nur mit einer beschränkten Anzahl von Kreditinstituten durchgeführt wird.
- **Strukturelle Operationen (Standardtender):** Das Standardtender-Verfahren wird binnen 24 Stunden – und damit deutlich langsamer als das Schnelltender-Verfahren – durchgeführt. Hintergrund ist, dass die EZB Geld nicht nur anbietet, um kurzfristige Liquiditätsbedarfe der Geschäftsbanken zu befriedigen, sondern vor allem das Ziel verfolgt, die Liquiditätslage der Geschäftsbanken langfristig zu beeinflussen und sicherzustellen, dass die Geschäftsbanken auf Zentralbankgeld angewiesen bleiben – anderenfalls würde das EZB-Instrumentarium ja »ins Leere laufen«. Allerdings steht zu diesem Zweck mit der Mindestreservepolitik ein weiteres Instrument zur Verfügung.

Ständige Fazilitäten

Über die Ständigen Fazilitäten, die dauerhafte Kreditlinien und Anlagemöglichkeiten darstellen, können sich Geschäftsbanken auf eigene Initiative kurzfristig »über Nacht« zu vorab festgelegten Zinsen Zentralbankgeld beschaffen oder kurzfristig überschüssiges Geld bei der Zentralbank anlegen. Da die Zinssätze der Fazilitäten meist deutlich über den Marktzinsen für kurzfristige Ausleihungen bzw. unter den Marktzinsen für Einlagen liegen, greifen die Kreditinstitute nur dann auf sie zurück, wenn sich am Markt keine Alternative bietet. Die Instrumente:

- die **Einlagefazilität** zur Geldanlage bis zum nächsten Geschäftstag zu einem Zinssatz, der die untere Grenze des Tagesgeldsatzes im Euroraum darstellt;
- die **Spitzenrefinanzierungsfazilität** als Über-Nacht-Kredit zu einem Zinssatz, der die obere Grenze des Tagesgeldsatzes im Euroraum darstellt.

Der Tagesgeldzinssatz EONIA (Euro Overnight Index Average) wird von der EZB als gewogener Durchschnitt der von einer Gruppe größerer Kreditinstitute im Euroraum erhobenen Übernachtzinsen für unbesicherte Geschäfte errechnet.

Mindestreservepolitik

Die Kreditinstitute sind verpflichtet, einen bestimmten Anteil ihrer Kundeneinlagen auf Girokonten der nationalen Zentralbanken als Pflichteinlage zu unterhalten. Dabei wird für jedes Institut eine Reservebasis errechnet, die mit dem Mindestreservesatz (derzeit – Stand 2016 – 1 %) multipliziert und um einen Freibetrag von 100.000 € vermindert wird. Innerhalb einer Mindestreserve-Erfüllungsperiode von einem Monat muss der sich daraus ergebende Betrag durchschnittlich als Guthaben auf dem Zentralbankkonto unterhalten worden sein. Die Mindestreserven werden mit dem Durchschnittszinssatz der während der Anlageperiode abgeschlossenen Hauptrefinanzierungsgeschäfte verzinst; bei Unterschreitung wird ein Strafzins fällig.

Die Pflicht zur Mindestreserve erzeugt eine Nachfrage nach Zentralbankgeld und schafft damit einen Markt für die Offenmarktgeschäfte. Der Mindestreservesatz wirkt auf die **sekundäre Geldschöpfung** ein: Wenn die Geschäftsbanken einen Teil der erhaltenen Einlagen als Mindestreserven bei der Zentralbank hinterlegen müssen, wird die Kreditvergabe eingeschränkt.

1.1.3.2.2 Finanzpolitik

Finanzpolitik ist die Politik der Einnahmen und Ausgaben der öffentlichen Hand. Sie umfasst die Festlegung von Steuern und ihrer Verwendung, die Entscheidung über die Aufnahme von Schulden und die Verabschiedung von Haushalten in Bund, Ländern und Kommunen **(Haushaltspolitik)**. Sie zielt darauf ab, dem Staat zu Einnahmen zu verhelfen, diese den notwendigen bzw. gewünschten Zwecken zuzuführen und dabei die bereits erörterte sozial begründete Umverteilung vorzunehmen. Sie dient aber auch der Steuerung des wirtschaftlichen Geschehens. Wenn finanzpolitische Maßnahmen ergriffen werden, um gezielt die **Konjunktur** und das Wirtschaftswachstum zu beeinflussen, wird hierfür der Begriff der **Fiskalpolitik** verwendet. Ihre Maßnahmen können – je nachdem, welche Ursache für eine konjunkturelle »Schieflage« angenommen wird – eher der **angebotsorientierten** oder eher der **nachfrageorientierten Wirtschaftspolitik** zugeordnet werden.

1.1.3.2.3 Wachstumspolitik

Wirtschaftswachstum, das sich idealerweise in einem angemessenen, stetigen Zuwachs des Bruttoinlandsprodukts (BIP) ausdrückt, ist eines der maßgeblichen Ziele der Wirtschaftspolitik und als solches im Stabilitäts- und Wachstumsgesetz (StWG) von 1967 verankert. Zwar wird heute die Sinnhaftigkeit einer Ausrichtung an einem rein **quantitativen Wirtschaftswachstum**, das sein Augenmerk allein auf die Höhe bzw. den Zuwachs des BIP richtet, zunehmend in Zweifel gezogen (vgl. hierzu die zuvor formulierte Kritik am Bruttoinlandsprodukt als Wohlstandsindikator) und eine Hinwendung zu einem **qualitativen Wachstumsbegriff** gefordert; dabei darf jedoch nicht übersehen werden, dass in einer kapitalistischen Wirtschaft, in der Kapitalgeber Zinsen und Zinseszinsen für ihr eingesetztes Kapital erwarten, ein Wachstumsverzicht schwerwiegende und für große Bevölkerungsteile nachteilige Folgen hätte.

Voraussetzungen für eine expandierende Wirtschaft sind zunächst ein florierender, unbehinderter Handel, ferner eine Geldpolitik, die geeignet ist, Vertrauen in die dauerhafte Stabilität der Währung bzw. des Geldwertes und ein stabiles Preisniveau zu erzeugen, sowie eine solide staatliche Finanzpolitik. Die Expansion drückt sich aus in

- einem hohen Beschäftigungsstand bis hin zur Vollbeschäftigung,
- einer angeregten Investitionstätigkeit,
- hoher Nachfrage nach Konsum- und Investitionsgütern.

Wirtschaftspolitische Maßnahmen, die geeignet sind, das Wachstum des Bruttoinlandsprodukts zu fördern, finden sich in allen zuvor genannten Feldern der Wirtschaftspolitik. Beispiele dafür, wie Wachstum angeregt werden kann, enthalten die folgenden Abschnitte.

1.1.3.2.4 Tarifpolitik

Gegenstand der Tarif- oder **Lohnpolitik** sind die Inhalte von Tarifverträgen, in denen die Rahmenbedingungen für unselbstständige Beschäftigungsverhältnisse geregelt werden. Das Grundgesetz der Bundesrepublik Deutschland sichert den Tarifparteien das Recht zu, Koalitionen zu bilden, die ohne staatlichen Einfluss Vereinbarungen über die Arbeits- und Wirtschaftsbedingungen treffen können **(Tarifautonomie)**. Deswegen ist die Lohnpolitik (ebenso wie die Geldpolitik) nicht Aufgabe von Regierung und Parlament. Tarifverträge werden von Gewerkschaften und Arbeitgeberverbänden (den so genannten **Sozialpartnern**) verhandelt und abgeschlossen. Unter die grundgesetzlich geschützten Rechte fallen auch Arbeitskampfmaßnahmen in Zusammenhang mit Tarifverhandlungen.

Grundsätzlich werden Tarifverträge unterschieden in

- häufig unbefristete **Manteltarifverträge** zur Regelung grundsätzlicher Fragen (z. B. Arbeitszeit, Urlaub, Kündigungsfristen), arbeitsrechtlicher Nebenpflichten (z. B. Krankmeldung durch den Arbeitnehmer, Verteilung der Arbeitszeit durch den Arbeitgeber) und
- **Vergütungstarifverträge** (auch: **Lohn- und Gehaltstarifverträge**, Entgelttarifverträge), die die Höhe der Vergütung für Arbeitsleistungen und ggf. der Sonderzahlungen (Weihnachts-, Urlaubsgeld usw.) regeln. In manchen Branchen sind ergänzende **Lohn- und Gehaltsrahmentarifverträge** (kurz: Rahmentarifverträge) gebräuchlich, die das grundsätzliche Entgeltschema (Tarifgruppen; Zuordnung bestimmter Tätigkeiten und Aufgaben zu Tarifgruppen), Vorgaben zur Gestaltung der leistungsbezogenen Entlohnung sowie Grundsätze der Arbeitsbewertung enthalten.

Tarifverträge können regional begrenzt gültig sein **(Flächentarifverträge)** oder nur für ein bestimmtes Unternehmen gelten **(Haustarifverträge)**. Daneben sind **Sozialtarifverträge** und besondere **Ergänzungstarifverträge** möglich, die Regelungen für firmenbezogene Einzelfälle (etwa Sozialpläne bei Betriebsänderungen oder besondere Arbeitszeit- und -entgeltverzichtsregelungen in Sanierungsfällen) enthalten.

Die Lohnpolitik der Tarifparteien ist natürlicherweise durch gegensätzliche Ziele gekennzeichnet.

Lohntheoretische Konzepte wie

- das Konzept, die Nominallohnentwicklung an die Entwicklung der Produktivität zu koppeln, um die Preisniveaustabilität nicht zu gefährden **(produktivitätsorientierte Lohnpolitik)**, oder
- das vom Sachverständigenrat zur Begutachtung der gesamtwirtschaftlichen Entwicklung (SVR; die »fünf Weisen«) vorgeschlagene, gleichfalls auf Preisniveaustabilität abzielende Konzept, bei der Lohnfindung nicht allein auf die Produktivität abzustellen, sondern zusätzlich die Entwicklung der sonstigen Kosten der Produktion zu berücksichtigen **(kostenniveauneutrale Lohnpolitik)**

können daher nur Empfehlungen darstellen. Gewerkschaftlichen Vorstellungen einer auf Umverteilung abzielenden **expansiven Lohnpolitik** mit Nominallohnerhöhungen, die den Produktivitätszuwachs überschreiten, steht die auf Kosteneindämmung abzielende **restriktive Lohnpolitik** der Unternehmen gegenüber.

Auf die Lohnpolitik nehmen staatliche Stellen insofern Einfluss, als sie selbst als Arbeitgeber fungieren.

1.1.3.2.5 Arbeitsmarktpolitik

Die 1948 durch die Vollversammlung der Vereinten Nationen verabschiedete Allgemeine Erklärung der Menschenrechte besagt in Artikel 23:

1. *Jeder hat das Recht auf Arbeit, auf freie Berufswahl, auf gerechte und befriedigende Arbeitsbedingungen sowie auf Schutz vor Arbeitslosigkeit.*
2. *Jeder, ohne Unterschied, hat das Recht auf gleichen Lohn für gleiche Arbeit.*
3. *Jeder, der arbeitet, hat das Recht auf gerechte und befriedigende Entlohnung, die ihm und seiner Familie eine der menschlichen Würde entsprechende Existenz sichert, gegebenenfalls ergänzt durch andere soziale Schutzmaßnahmen.*
4. *Jeder hat das Recht, zum Schutz seiner Interessen Gewerkschaften zu bilden und solchen beizutreten.*

Das Grundgesetz der Bundesrepublik Deutschland beinhaltet zwar die freie Berufswahl als Grundrecht, nicht aber ein Recht auf Arbeit. Faktisch ist es aber – vor dem Hintergrund unserer sozialen Marktwirtschaft – Ziel der Arbeitsmarktpolitik, allen arbeitsfähigen Menschen eine dauerhafte, ihren individuellen Eignungen und Neigungen entsprechende Beteiligung am Erwerbsleben zu ermöglichen.

Rechtliche Grundlage der Arbeitsmarktpolitik in Deutschland ist vornehmlich das **Dritte Buch Sozialgesetzbuch (SGB III)**, das alle Leistungen und Maßnahmen der Arbeitsförderung umfasst.

Maßnahmen der **aktiven Arbeitsförderung** sind

- Arbeitsvermittlung sowie
- Förderung von Weiterbildungs-, Trainings- und Arbeitsbeschaffungsmaßnahmen.

Die **passive Arbeitsförderung** umfasst

- die Zahlung von **Lohnersatzleistungen** bei
  - kürzerer Arbeitslosigkeit (Arbeitslosengeld),
  - Insolvenz des Arbeitgebers (Insolvenzgeld),
  - vorübergehend reduzierter Arbeitszeit infolge begründeter Anordnung des Arbeitsgebers (Kurzarbeitergeld),
- die Leistung von **Hilfe zum Lebensunterhalt** nach Auslaufen des Arbeitslosengeldes oder fehlendem Arbeitslosengeldanspruch (Arbeitslosengeld II, »Hartz IV«),
- und die Zahlung von **Altersruhegeld** für Personen, die wegen mangelnden Bedarfs am Arbeitsmarkt in den Vorruhestand getreten sind.

Die Durchführung der Maßnahmen obliegt in Deutschland der **Bundesagentur für Arbeit (BA)** mit Hauptsitz in Nürnberg, zehn Regionaldirektionen und **über 150 Agenturen für Arbeit** mit über 600 Geschäftsstellen im Bundesgebiet. Zu ihren Aufgaben gehören unter anderem auch die Berufsberatung, die Berufsinformation in Berufsinformationszentren (BiZ), die Unterstützung von Existenzgründungen, die Vermittlung von Arbeitsstellen im Ausland, die Beschaffung und Aufbereitung von Informationen zum Arbeitsmarkt.

Unterbeschäftigung und Arbeitslosigkeit

In der Betriebswirtschaft wird von Unterbeschäftigung gesprochen, wenn vorhandene Produktionskapazitäten nicht vollständig ausgeschöpft werden. Ursächlich für diese Situation ist meist eine zu schwache Nachfrage; mögliche Reaktionen sind Kurzarbeit und, wenn die Situation länger anhält, Entlassungen.

Unterbeschäftigung im **volkswirtschaftlichen** Sinne liegt vor, wenn weniger als 100 % der beschäftigungswilligen und -fähigen Personen tatsächlich beschäftigt sind und die Zahl der offenen Stellen nicht ausreicht, um alle aktuell nicht beschäftigten Personen mit einer Stelle zu versehen. In dieser Situation werden die Produktionsmöglichkeiten der Volkswirtschaft nur teilweise ausgeschöpft. Tatsächlich aber wird bei einer als unvermeidbar angesehenen **Sockelarbeitslosigkeit** von 3 – 5 % bereits von Vollbeschäftigung gesprochen.

Die Volkswirtschaftslehre unterscheidet die folgenden Arten von Arbeitslosigkeit:

- **Sucharbeitslosigkeit (friktionelle Arbeitslosigkeit)** ist die individuell unterschiedlich lange Zeitspanne zwischen Aufgabe eines Arbeitsplatzes und der Aufnahme einer anderen Tätigkeit: Auch bei geplantem Wechsel gelingt der Übergang zwischen zwei Stellen nicht immer nahtlos. Diese Form der Arbeitslosigkeit ist auch in Zeiten relativer Vollbeschäftigung anzutreffen.
- **Saisonal bedingte Arbeitslosigkeit** betrifft Arbeitnehmer in Wirtschaftsbereichen, die naturgemäß saisonabhängig produzieren (Landwirtschaft, Bau) bzw. ihre Leistungen saisonabhängig erbringen (Tourismus).
- **Konjunkturelle Arbeitslosigkeit** betrifft viele Menschen gleichzeitig durch den Abbau von Arbeitsplätzen im wirtschaftlichen Abschwung (Rezession).
- **Strukturelle Arbeitslosigkeit** liegt vor, wenn in einer Region oder einem bestimmten Wirtschaftszweig weniger Arbeitskräfte mit einer bestimmten Qualifikation benötigt werden, als vorhanden sind. Sie ist meist auf Veränderungen in der Produktionsstruktur eines Wirtschaftszweigs oder einer Region zurückzuführen, die wiederum auf geänderten Markterfordernissen oder technologischen Weiterentwicklungen beruhen. In der

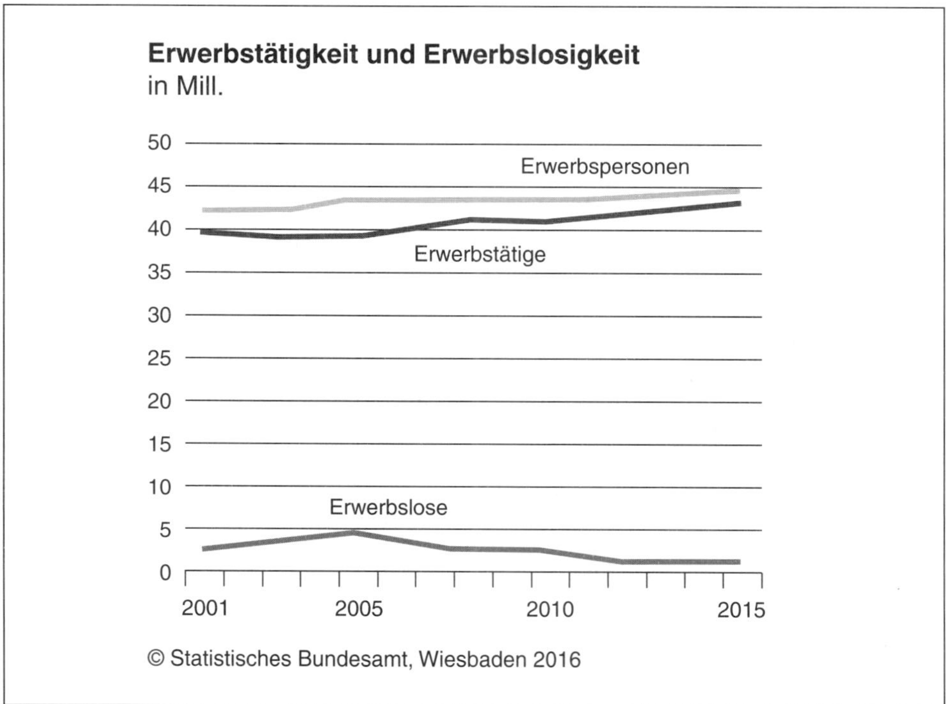

Erwerbstätigkeit und Erwerbslosigkeit © Statistisches Bundesamt Wiesbaden 2016

Bundesrepublik Deutschland waren in den letzten Jahren und Jahrzehnten der Bergbau und die Stahlindustrie (und damit vor allem das Ruhrgebiet) sowie die produktionstechnisch veralteten Industrien der neuen Bundesländer betroffen. Weil es meist nur langfristig gelingt, die Region bzw. den Wirtschaftszweig auf einträgliche Geschäftsfelder umzustellen und die Qualifikation der Arbeitsuchenden entsprechend anzupassen, ist strukturelle Arbeitslosigkeit meist langfristiger Natur.

1.1.3.2.6 Umweltpolitik

Umweltpolitik ist ausgerichtet auf Schutz und Erhaltung der natürlichen Lebensgrundlagen aller Lebewesen und so auch im **Grundgesetz** verankert:

Artikel 20 a [Umweltschutz]

Der Staat schützt auch in Verantwortung für die künftigen Generationen die natürlichen Lebensgrundlagen und die Tiere im Rahmen der verfassungsmäßigen Ordnung durch die Gesetzgebung und nach Maßgabe von Gesetz und Recht durch die vollziehende Gewalt und die Rechtsprechung.

Umweltpolitik bedeutet, den Umweltschutz mit politischen Maßnahmen zu gestalten, durchzusetzen und langfristig zu sichern. Diese Maßnahmen zielen darauf ab,

- eingetretene Schäden nach Möglichkeit zu beseitigen,
- Umweltbelastungen zu verringern und möglichst zu vermeiden,
- Investitionen in den Umweltschutz zu fördern, um den Umweltschutz auch für die Zukunft abzusichern.

Wesentlich ist dabei die Forderung nach **Nachhaltigkeit**, d. h. nach Erhaltung von Natur und Umwelt für nachfolgende Generationen. **Umweltgefährdungen**, die es vor diesem Hintergrund zu vermeiden, mindestens zu vermindern gilt, sind insbesondere

- die Verschmutzung von Luft, Boden und Gewässern;
- die Klimaveränderung durch den Ausstoß von Treibhausgasen mit der Folge einer globalen Erwärmung, die wiederum weitreichende Folgen haben kann;
- Verstrahlungen durch den Umgang mit radioaktiven Stoffen;
- die fortschreitende Zerstörung der Ozonschicht der Stratosphäre, die für den Schutz vor ultravioletter Strahlung unverzichtbar ist;
- die Zerstörung von Landschaft durch ungezügelte Besiedelung, Versiegelung und Nutzung;
- der Abbau der Artenvielfalt.

Wesentliche Umweltschutzbemühungen konzentrieren sich auf die Vermeidung und umweltschonende Entsorgung von Abfällen, wobei nach dem **Kreislaufwirtschaftsgesetz** (KrWG) Abfallvermeidung der umweltgerechten Abfallverwertung vorgeht und nur dann, wenn diese nicht möglich ist, eine umweltgerechte Abfallbeseitigung zu erfolgen hat. Dabei bedeutet

- **Verwertung:** Stoffliche Verwertung durch Rohstoffrückgewinnung (Recycling) oder Nutzung von Eigenschaften des Abfalls für einen anderen als den ursprünglichen Zweck. Zur Verwertung zählt auch die energetische Verwendung, d. h. Verbrennung zum Zweck der Energiegewinnung (nicht aber zum alleinigen Zweck der Abfallbeseitigung).
- **Beseitigung:** Abgabe des Abfalls an die Umwelt, etwa durch Verbrennen oder Verdünnen) wobei Grenzwerte einzuhalten sind; wenn dies nicht möglich ist: Abgesicherte Endlagerung.

Kernprinzipien des in Deutschland zahlreiche Einzelgesetze umfassenden **Umweltrechts** sind

- das **Vorsorgeprinzip**: Umweltschäden sind nach Möglichkeit von vornherein zu verhindern.
- das **Verursacherprinzip**: Der Verursacher haftet für entstandene Schäden; er muss die Folgen beseitigen und die Kosten tragen.
- das **Gemeinlastprinzip**: Wenn das Gemeinwohl eine Umweltmaßnahme erfordert oder im Schadensfalle ein Verursacher nicht ermittelbar ist, trägt die Allgemeinheit die Kosten der Schadensabwehr und -beseitigung.
- das **Kooperationsprinzip**: Betreiber umweltgefährdender oder -belastender Anlagen sollen – ggf. auch grenzüberschreitend – mit allen zuständigen Behörden und Institutionen zusammenarbeiten.

Wesentliche staatliche Instrumente und Maßnahmen der **Umweltpolitik** sind

- der Beitritt zu internationalen Verträgen und Abkommen, etwa dem Kyoto-Protokoll, das Zielwerte für den Klimaschutz festschreibt;
- der Erlass von Gesetzen und Verordnungen, mit denen Umweltschutzauflagen durchgesetzt werden;
- die Ausgabe von handelbaren Emissionszertifikaten;
- Abgaben und Steuern auf nicht umweltgerechte Güter und Verfahren;
- Subventionen für Investitionen in umweltfreundliche Technologien, auch in Form fortlaufender Förderungen, etwa Einspeisevergütungen für mit bestimmten Anlagen produziertem Strom nach dem Gesetz für den Vorrang Erneuerbarer Energien (EEG);
- die Förderung von Forschung und Entwicklung im Bereich Umweltschutz.

Ökologisches Handeln und Ökonomie müssen kein Widerspruch sein: Umweltverträgliche Produktionsverfahren und Produkte, insbesondere auch im Bereich der Investitionsgüter, bieten gute Vermarktungschancen auch auf internationalen Märkten, wie etwa das Beispiel der hohen Exportraten deutscher **Windkraftanlagen** (2012 um 67 %) belegt, und schaffen zunehmend Arbeitsplätze: so wird die Zahl der Arbeitsplätze in der deutschen Windkraftindustrie für 2012 mit 138.000 angegeben (Quelle: Bundesverband Windenergie).

1.1.3.2.7 Unterscheidung von nachfrage- und angebotsorientierter Wirtschaftspolitik

Ist es zur Erreichung der wirtschaftspolitischen Ziele vorteilhafter, die Angebotsseite oder aber die Nachfrage zu stützen? Für beide Sichtweisen finden sich erbitterte Verfechter und Gegner. Ein »Richtig« oder »Falsch« kann es hier nicht geben, und auch hier soll keine Wertung versucht werden. Wer sich allerdings besonders für diese Thematik interessiert, sollte sich mit den Wirtschaftstheorien befassen. Deren wichtigste sind die klassische und neoklassische Theorie, der Marxismus, der Keynesianismus, der Neoliberalismus und der Monetarismus, auf die an dieser Stelle allerdings nicht näher eingegangen werden soll.

Angebotsorientierte Wirtschaftspolitik

Die auf das Konzept des Neoliberalismus zurückgehende angebotsorientierte Wirtschaftspolitik setzt im Kern auf staatliche Zurückhaltung: Wenn sich – so die Theorie – der Staat auf die Sicherung des Wettbewerbs beschränkt, bürokratische Hemmnisse abbaut, dabei Forschung und Entwicklung sowie Investitionen fördert und sich mit der Besteuerung der

Unternehmen und der Verordnung von durch die Arbeitgeber zu erbringenden Sozialleistungen zurückhält, werde sich die Wirtschaft durch die auf ein Gleichgewicht hinwirkenden Kräfte des Marktes von selbst regulieren. Angebotsorientierte wirtschaftspolitische Maßnahmen zielen dementsprechend auf die **Entlastung der Unternehmen** ab. Dahinter steht folgende Vorstellung:

- Gesunkene Kosten (etwa Unternehmenssteuern, Lohnnebenkosten) signalisieren möglichen Kapitalgebern die Aussicht auf gestiegene Renditen.
- Mit dem zugeführten Kapital werden Investitionen getätigt – auch in Forschung und neue Technologien – und neue Arbeitskräfte eingestellt.
- Mit neuen Anlagen und mehr Arbeitskräften wird mehr produziert als zuvor.
- Infolge der Mehrproduktion übersteigt das Angebot die bisherige Nachfrage.
- Die Preise geraten unter Druck, sodass Güter schließlich zu Preisen angeboten werden, die die – nunmehr in Beschäftigung stehenden und über Kaufkraft verfügenden – Nachfrager zum Kauf anregen.

Die Verfechter einer angebotsorientierten Wirtschaftspolitik verweisen darauf, dass das so angestoßene Wirtschaftswachstum mit steigender Beschäftigung korreliert, ohne dass hieraus – im Idealfalle – eine Inflation erwachsen muss. Kritiker wenden ein, dass eine neoliberalistisch orientierte Wirtschaftspolitik zwangsläufig mit Sozialabbau und Lohnsenkungen einhergehe und sich damit letztlich selbst die Nachfrage abschneide.

Insbesondere konservative Regierungen neigten in den letzten Jahrzehnten (in den 1980er Jahren Ronald Reagan in den USA und Margaret Thatcher in Großbritannien; Helmut Kohl in den 1980er und 1990er Jahren in Deutschland) einer neoliberalistisch geprägten Wirtschaftspolitik zu. Diese konnte Rezessionen und Arbeitslosigkeit aber nicht verhindern, weswegen letztlich doch immer wieder teils gravierende staatliche, insbesondere fiskalpolitische Eingriffe erfolgten. Dennoch prägt sie bis heute die wirtschaftspolitischen Vorstellungen vieler Wirtschaftswissenschaftler und -politiker.

Nachfrageorientierte Wirtschaftspolitik

Die vor allem auf die Theorien des Briten John Maynard KEYNES (1883 – 1946) zurückgehende nachfrageorientierte Wirtschaftspolitik bestreitet die Fähigkeit der Märkte, sich selbst zuverlässig auf eine der Wirtschaft zuträgliche Situation einzuregeln: Vielmehr könne die Selbstregulierung auch in eine Situation führen, die durch geringes Angebot und geringe Nachfrage, Unterbeschäftigung und Schrumpfung gekennzeichnet sei. Daher sei eine staatliche Nachfragepolitik unverzichtbar.

In konjunkturschwachen Zeiten kommen im Bereich der Fiskalpolitik gezielte Steuersenkungen und verstärkte Finanztransfers zu den Haushalten in Betracht, um das verfügbare Einkommen der Konsumenten und damit die **private Nachfrage** zu stärken. Als geldpolitische Maßnahme bieten sich Zinssenkungen an. Damit soll der folgende Mechanismus in Gang gesetzt werden:

- Von der gestiegenen privaten Nachfrage geht ein Sog auf das Angebot aus: Die Unternehmen, die Konsumgüter herstellen, investieren und stellen Arbeitskräfte ein, um die Nachfrage nach Konsumgütern abschöpfen zu können.
- Durch die Nachfrage der Konsumgüterproduzenten nach Investitionsgütern und Rohstoffen wird auch deren Absatz angekurbelt; auch hier steigt die Beschäftigungsneigung.
- Durch die verbesserte Beschäftigungslage steigt die Nachfrage weiter; sie beflügelt wiederum das Angebot.

In den 1970er Jahren setzte insbesondere Helmut SCHMIDT auf eine nachfrageorientierte Wirtschaftspolitik. Kritik an diesem Vorgehen bezieht sich vornehmlich auf die verstärkte Inflationsgefahr, die vor allem auf die (unten näher beschriebenen) kreditfinanzierte staatliche Nachfrage und den daraus resultierenden Zinsanstieg zurückzuführen sei.

Der Staat als Nachfrager

Als geeignete Strategie einer nachfrageorientierten **Prozesspolitik** zur Konjunkturbeeinflussung wird allgemein ein antizyklisches Verhalten angesehen: Die öffentliche Hand selbst soll sich mit ihrer eigenen Nachfrage am Markt zurückhalten, wenn sich die Wirtschaft in einer Phase der Hochkonjunktur befindet, und mit verstärkter eigener Nachfrage – etwa nach Infrastruktur wie Straßen und Schulen – die Konjunktur beleben, wenn diese in eine Rezession gerät.

Im Rahmen einer solchen Politik ließe sich eine Konjunkturausgleichsrücklage verwenden, wie sie **§ 5 Stabilitätsgesetz** (StabG) unter Bezugnahme auf die in § 1 genannten Ziele (vgl. Abschn. 1.1.1.2) ermöglicht:

> ***§ 5 [Bemessung der Ausgaben – Konjunkturausgleichsrücklage]***
>
> *(1) Im Bundeshaushaltsplan sind Umfang und Zusammensetzung der Ausgaben und der Ermächtigungen zum Eingehen von Verpflichtungen zu Lasten künftiger Rechnungsjahre so zu bemessen, wie es zur Erreichung der Ziele des § 1 erforderlich ist.*
>
> *(2) Bei einer die volkswirtschaftliche Leistungsfähigkeit übersteigenden Nachfrageausweitung sollen Mittel zur zusätzlichen Tilgung von Schulden bei der Deutschen Bundesbank oder zur Zuführung an eine Konjunkturausgleichsrücklage veranschlagt werden.*
>
> *(3) Bei einer die Ziele des § 1 gefährdenden Abschwächung der allgemeinen Wirtschaftstätigkeit sollen zusätzlich erforderliche Deckungsmittel zunächst der Konjunkturausgleichsrücklage entnommen werden.*

Die Konjunkturausgleichsrücklage wäre demnach in Jahren der Hochkonjunktur, die durch hohe Steuereinnahmen einerseits und – aufgrund der oben beschriebenen antizyklischen Nachfragepolitik des Bundes – demgegenüber geringere staatliche Ausgaben andererseits gekennzeichnet sind, aufzufüllen und in Zeiten der Rezession aufzulösen, also im Rahmen staatlicher Aufträge auszugeben, wodurch der Wirtschaft zusätzliche Mittel zugeführt würden. Aus dem Gesetz ergibt sich allerdings **keine Verpflichtung** zur Bildung einer solchen Rücklage, die im Haushalt des Bundes derzeit auch nicht vorhanden ist.

Die gleiche Wirkung wie die Auflösung der Konjunkturausgleichsrücklage hat eine Verschuldung des Bundes mit dem Zweck, die aufgenommenen Mittel konjunkturfördernd auszugeben.

Die Politik der (nach § 6 StabG nur vorübergehenden!) Verschuldung zum Zwecke der Konjunkturbelebung wird auch als »**Deficit Spending**« bezeichnet. Ein dabei möglicher, hinsichtlich seiner tatsächlichen Bedeutung aber nicht unumstrittener Effekt, auf den bereits KEYNES hinwies, ist der »**Crowding-Out-Effect**«: Durch die erhöhte Kreditnachfrage des Staates am Kapitalmarkt steigen die Zinsen. Infolgedessen verzichten Unternehmen und sonstige private Investoren auf die Verwirklichung ihrer Investitionsvorhaben; die kreditfinanzierte staatliche Nachfrage drängt die private Investitionsnachfrage zurück.

1.1.4 Außenwirtschaft

Viele der vorangegangenen Ausführungen zur Volkswirtschaftslehre bezogen sich auf die Darstellungen von Modellen und idealtypischen Systemen, d. h. sie betrachteten geschlossene Volkswirtschaften, wie sie im Allgemeinen innerhalb der Grenzen eines Rechtsraums (eines Nationalstaates) anzutreffen sind. Der Handel, der zwischen den Wirtschaftssubjekten ein- und desselben Nationalstaates stattfindet, wird als **Binnenhandel** bezeichnet. Im Gegensatz dazu stellt der grenzüberschreitende Handel **Außenhandel** dar.

Aus bundesrepublikanischer Sicht sind die Mitgliedstaaten der Europäischen Union die wichtigsten Außenhandelspartner (im Steuerrecht werden allerdings die Begriffe »innergemeinschaftliche Lieferung« und »innergemeinschaftlicher Erwerb« verwendet). Etwa 58 % des deutschen Außenhandels wurden 2015 mit den Mitgliedstaaten der Europäischen Union realisiert. In der Einzelbetrachtung der Handelsbeziehungen nach Ländern waren die Vereinigten Staaten mit 114 Mrd. € wichtigster weltweiter Handelspartner im Export, gefolgt von Frankreich (103 Mrd. €), Großbritannien (89 Mrd. €), den Niederlanden, China und Österreich. Wichtigste deutsche Export-Handelswaren waren Kraftfahrzeuge und Fahrzeugteile (226 Mrd. €), Maschinen (170 Mrd. €) und chemische Erzeugnisse (108 Mrd. €).

Die wichtigsten Einfuhrländer waren 2015 China mit 92 Mrd. €, danach die Niederlande mit 88 Mrd. €, Frankreich (67 Mrd. €), die USA, Italien und Polen.

Mit einem Gesamtexportaufkommen von 1.196 Mrd. € (Importvolumen: 948 Mrd. €) im Jahr 2015 übertraf die deutsche Wirtschaft die bisherigen Höchstwerte von 2014 um 6,4 % (Import: 4,2 %) und erzielte mit 247,8 Mrd. € den bisher absolut höchsten Außenhandelsbilanzüberschuss. Die Bundesrepublik Deutschland ist seit jeher stark exportorientiert, hat aber den Titel »Exportweltmeister« schon 2009 an China abgegeben und wurde inzwischen auch von den USA überholt. Deutsche Unternehmen realisieren rund ein Drittel ihres Umsatzes im Export von Waren und Dienstleistungen. Schätzungsweise beinahe jeder vierte Arbeitsplatz hängt vom Außenhandel ab.

Andererseits ist Deutschland aber auch der größte Nahrungsmittelimporteur der EU. Diese Daten machen deutlich, dass der Außenhandel zur Wahrung unserer Einkünfte und unseres Lebensstandards, unseres Wohlstands, unverzichtbar ist.

Außenwirtschaftspolitik

Die Außenwirtschaftspolitik ist als wesentlicher Bestandteil der Wirtschaftspolitik eine der wichtigsten politischen Aufgaben, die vor allem aus Sicht der stark in die Weltwirtschaft eingebundenen deutschen Unternehmen herausragenden Stellenwert besitzt. Sie hat eine **ordnungspolitische** und eine **prozesspolitische** Komponente:

Zum einen gestaltet sie die ordnungspolitischen Rahmenbedingungen internationaler Wirtschaftsbeziehungen. Zum anderen setzt sie bestimmte Instrumente ein, um Einfluss auf internationale Transaktionen zu nehmen. Entsprechend dem durch die soziale Marktwirtschaft vorgegebenen ordnungspolitischen Rahmen steht dabei die Eigeninitiative der Unternehmen, die sich wirtschaftlich im Ausland engagieren, im Mittelpunkt.

Das Bundesministerium für Wirtschaft und Technologie (BMWi) nennt in seinen Publikationen folgende **Aufgaben seiner Außenwirtschaftspolitik**:

- **Ungehinderte Entfaltung von Wettbewerb und Handel:** Aufgabe der Außenwirtschaftspolitik ist es dafür zu sorgen, dass sich Wettbewerb und Handel möglichst ungehindert entfalten können. In bilateralen Verhandlungen und in internationalen Organisationen (UN, WTO, OECD) ist es das Ziel, Regeln für den Handel festzulegen, die Auslandsmärkte transparenter zu machen und Handelshemmnisse abzubauen.
- **Außenwirtschaftsförderung:** Aufgabe der Außenwirtschaftspolitik ist es weiterhin, die deutschen Unternehmen im Wettbewerb auf den Weltmärkten zu stärken; insbesondere gilt das für kleine und mittlere Unternehmen, deren personelle und finanzielle Ressourcen begrenzt sind. Ziel ist es, die Basis zu verbreitern, auf der Unternehmen Entscheidungen für Auslandsinvestitionen, internationale Kooperationen oder auch grenzüberschreitende Fusionen fällen.
- **Werbung für den Wirtschaftsstandort Deutschland:** Schließlich liegt auch die Werbung für den Wirtschaftsstandort Deutschland zur Gewinnung ausländischer Investoren – als wichtiger Teil der Außenwirtschaftspolitik mit vielfältigen Berührungen zu anderen Politikfeldern – in der Federführung des BMWi.

Als zentrale Ziele betrachtet das BMWi

- den **Abbau von Handelshemmnissen** und die Öffnung von Märkten durch internationale Vereinbarungen,
- die **Stärkung der Wettbewerbssituation** insbesondere kleinerer und mittlerer deutscher Unternehmen auf den Weltmärkten und
- die **Verbesserung der Funktionsfähigkeit** des europäischen Binnenmarktes.

Die Außenwirtschaftspolitik steht in enger Beziehung zur allgemeinen Außenpolitik; denn aus dem Handel und den vielfältigen wirtschaftliche Verflechtungen erwachsen gegenseitiges Vertrauen und stabile internationale Beziehungen.

1.1.4.1 Protektionismus und Freihandel

In der realen Welt sind vielerlei – faktische, oft auch in Bündnissen und bi- oder multilateralen Verträgen festgeschriebene – Verflechtungen anzutreffen, die die Volkswirtschaften verschiedener Länder mehr oder weniger eng miteinander verbinden. Wesentliche Bündnisformen mit häufig regionalem – oft kontinentalem – Bezug sind **Binnenmärkte** oder Zollunionen, »gemeinsame Märkte« und Freihandelszonen. Bei der Betrachtung der außenwirtschaftlichen Beziehung eines Landes ist folglich zwischen den internen Beziehungen innerhalb dieser Bündnisse und denen zu »Drittländern« zu unterscheiden.

Um die Gründe für das Entstehen regionaler Wirtschaftskooperationen zu verstehen, muss man zunächst das Gegenteil, nämlich die Gründe für das »Abschotten« der nationalstaatlichen Wirtschaft, untersuchen.

Protektionismus

Konfrontiert mit ausländischer Konkurrenz, haben viele Nationalstaaten zunächst den durchaus begreiflichen Wunsch, die eigene Wirtschaft zu schützen. Klassisches Schutzinstrument ist der **Einfuhrzoll**, der beim Import ausländischer Güter an den Staat zu zahlen ist, die Ware somit verteuert und folglich die ungeliebte ausländische Konkurrenz beim Marktzutritt behindert. Zölle, die eine Form von Steuern darstellen, haben neben dieser Hinderungsfunktion aber auch eine wichtige Ertragsfunktion: In Nationalstaaten mit hohem Einfuhraufkommen können sie eine bedeutende Einnahmequelle darstellen. Neben den Zöllen gibt es eine Reihe weiterer, staatlich verordneter **»nicht tarifärer Handelshemmnisse«** wie Mengenbeschränkungen für Importe, nationale Normen und Standards, besondere Verwaltungsanforderungen usw. Heute spielen derartige Handelshemmnisse eine wesentlich größere Rolle im Außenhandel als Zölle. Eine Politik, die die Einfuhr ausländischer Güter erschwert und zugleich der heimischen Wirtschaft durch die gleichzeitige Subventionierung von Ausfuhren ins Ausland Vorteile verschafft, wird als **Merkantilismus** bezeichnet; für Schutzmaßnahmen zugunsten der eigenen Wirtschaft wird auch der Begriff des Protektionismus verwendet. Bis ins 19. Jahrhundert war der Merkantilismus die vorherrschende nationalökonomische Strategie.

Liberalismus

Nun gibt es aber diverse gute Gründe, die für den Handel mit ausländischen Volkswirtschaften sprechen. Der naheliegendste Grund ist die **unterschiedliche Verfügbarkeit von Gütern**: Eine Volkswirtschaft verfügt über Güter, die die andere nicht oder nicht in ausreichendem Maße besitzt bzw. herstellen kann. Ein anderer Grund ergibt sich aus der Arbeitsteilung, die auch in internationalen Dimensionen einen Wohlstandszuwachs (idealerweise, aber nicht zwangsläufig) für alle Beteiligten dadurch bewirkt, dass sich jede Volkswirtschaft auf die Produktion derjenigen Güter konzentrieren (spezialisieren) kann, zu der sie – etwa wegen der guten Verfügbarkeit der Rohstoffe oder aufgrund traditionell überlieferten Know-hows – am besten imstande ist. Protektionismus bringt die einzelnen Volkswirtschaften hier nicht weiter; denn wer eigene Güter im Ausland verkaufen möchte, muss seinerseits ausländische Güter auf den eigenen Märkten zulassen, und wer Güter, die im eigenen Lande fehlen, aus dem Ausland beziehen möchte, muss seinerseits bereit sein, den Mangel in anderen Ländern mit eigenen Überschüssen auszugleichen.

Das Gegenteil des Protektionismus im Handel, der Liberalismus im Sinne eines freien, unregulierten Welthandels also, ist andererseits auch nachteilbehaftet: Zum einen können Märkte, die im Welthandel aufgrund fehlender Bodenschätze oder einer gering entwickelten Produktion vergleichsweise wenig zu bieten haben, regelrecht »überrannt« werden, wenn sie auf protektionistische Maßnahmen verzichten; durch die Zerstörung der Binnenmärkte entsteht eine absolute Versorgungsabhängigkeit vom Ausland, deren Folgen nicht auf die Ökonomie beschränkt bleiben werden. Zum anderen muss man heute – anders als in den Anfängen des arbeitsteiligen Wirtschaftens, als die großen Wirtschaftstheorien entstanden – von einer starken Mobilität und Mobilitätsbereitschaft der Produktionsfaktoren Kapital und Arbeitskraft ausgehen: Das Kapital, mit dem Betriebsstätten geschaffen werden, geht dahin, wo die günstigsten Produktionsbedingungen (hohe Produktivität, aber auch: niedriges Lohnniveau, geringe Umwelt- und sonstige Auflagen, usw.) herrschen, und die Arbeitskräfte, allen voran die gebildeten und qualifizierten Fachkräfte, ziehen – nicht immer freiwillig – hinterher. Die heute oft gehörten Schlagwörter »Kapitalflucht« und »Arbeitskräfteabwanderung« stehen für die Gefahr der Austrocknung von Volkswirtschaften durch das Abwandern der wichtigsten Ressourcen.

Der »goldene Mittelweg« wird also häufig in **Handelsabkommen** gesehen, die ein »Leben und Leben-lassen« ermöglichen (wobei nicht verkannt werden soll, dass es im internationalen Handel durchaus Gewinner und Verlierer gibt). In einem Handelsabkommen regeln zwei oder mehr Staaten den Handel untereinander. Die Regelungen können etwa die wirtschaftliche Zusammenarbeit, den wechselseitigen Im- und Export von Gütern, Schutzregelungen für Unternehmensniederlassungen oder Rohstoff-Lieferverträge betreffen. Als »Mutter aller Abkommen« gilt das 1947 abgeschlossene Allgemeine Zoll- und Handelsabkommen GATT (General Agreements on Tariffs and Trade; Dachorganisaton: WTO – World Trade Organization), dem Deutschland 1951 beigetreten ist. Für die 168 Mitglieder gilt die **Meistbegünstigungsklausel**, nach der Handelsvorteile, die einem Handelspartner zugestanden werden, auch allen anderen Vertragspartnern zu gewähren sind. Für Handelsvorteile, die innerhalb regionaler Abkommen bestehen, gilt diese Klausel jedoch nicht: Daher müssen z. B. die Vorteile, die innerhalb des Europäischen Binnenmarktes gelten, nicht auch Handelspartnern aus Drittländern eingeräumt werden. Grundsätzlich sind jedoch Inländer und Ausländer gleich zu behandeln **(Prinzip der Inländerbehandlung)**, und Mengenbeschränkungen für Im- und Exporte in bestimmte Länder sind grundsätzlich nicht erlaubt **(Kontingentverbot)**.

Eine häufige Erscheinungsform sind Freihandelsabkommen über den Abbau von Einfuhrzöllen. Weltweit sind über 400 regionale Handelsabkommen in Kraft; etwa 200 weitere werden aktuell verhandelt, darunter das Transatlantische Freihandelsabkommen **TTIP** (Transatlantic Trade and Investment Partnership) zwischen EU und USA. Insbesondere wegen der strikten Geheimhaltung der Verhandlungsinhalte und der vorgesehenen Investor-Staat-Streitbeilegung (Investor-State Dispute Settlement ISDS) durch außerstaatliche Schiedsgerichte ist dieses Abkommen höchst umstritten. Wesentliche Kritik richtet sich gegen Investitionsschutzklauseln, die international agierenden Unternehmen Schadenersatz zubilligen, wenn der Wert ihrer Investitionen – hierunter sollen auch Gewinnerwartungen fallen – durch nationale (vornehmlich gesetzgeberische) Maßnahmen gemindert wird. Derartige Investorenschutzabkommen sind jedoch nicht unüblich: Allein die Bundesrepublik Deutschland hat bereits mehr als 130 solcher Abkommen bilateral abgeschlossen. Als Testfall für TTIP gilt das zwischen der EU und Kanada verhandelte Abkommen **CETA,** dessen Inkrafttreten für 2017 erwartet wird.

Aus Freihandelsabkommen können sich echte Freihandelszonen und weitergehende Verflechtungen ergeben. Die idealtypische Entwicklung vollzieht sich wie folgt:

1. Wenn zwei oder mehr Nationalstaaten untereinander ihre Zölle vollständig abgebaut haben, jedoch unterschiedliche Außenzölle bei der Einfuhr aus Drittländern erheben, entsteht eine Freihandelszone. Beispiele für solche **Freihandelszonen**, von denen es weltweit mehr als 200 gibt, sind die Zentraleuropäische Freihandelszone **CEFTA** zwischen aktuell 9 ost- und südosteuropäischen Staaten, die Europäische Freihandelsassoziation **EFTA,** die von ursprünglich 10 Mitgliedern inzwischen durch EU-Beitritte auf 4 Mitglieder (Island, Liechtenstein, Norwegen und Schweiz) zusammengeschmolzen ist, und die ASEAN-Freihandelszone **AFTA** aus 10 asiatischen Staaten, die mit über 600 Mio. Einwohnern bevölkerungsmäßig größer ist als die EU und durch das 2010 abgeschlossene **ASEAN-China-Freihandelsabkommen** auf über 1,8 Mrd. Einwohner erweitert wurde.
2. Mit der Angleichung des Außenzolltarifs entsteht ein **Binnenmarkt**. Innerhalb des Binnenmarktes dürfen Güter, Dienstleistungen, Kapital und Personen die Staatsgrenzen uneingeschränkt überschreiten; nach außen besteht eine gemeinsame Außenhandelsgrenze. Ein solcher Binnenmarkt verlangt sowohl hinsichtlich der rechtlichen Rahmenbedingungen des Wirtschaftens als auch hinsichtlich der Anwendung von Steuerungsinstrumenten nach Angleichungen (Harmonisierungen) in anderen Bereichen, etwa in der Wirtschafts- und Wettbewerbs-, Finanz-, Fiskal- und Sozialpolitik der Mitgliedstaaten. Durch diese Harmonisierungen entsteht ein gemeinsamer Markt.
3. Nächster konsequenter Schritt ist die Bildung einer **Währungsunion**, zunächst in Form einer Vereinbarung über bestimmte – fixe oder innerhalb festgelegter Bandbreiten floatende – Wechselkursverhältnisse, in letzter Konsequenz in Form einer gemeinsamen Währung.
4. Die in Bezug auf Wirtschaft und Währung vollzogene Union wird dann letztlich auch politisch durch die Schaffung gemeinsamer politischer Institutionen und Gremien, deren Entschließungen eine gemeinsame einheitliche Außenwirkung entfalten, nachvollzogen.

Außenhandelspolitische Instrumente

Die außenhandelspolitischen Instrumente, die einem Staat oder einem Wirtschaftsbündnis zur Verfügung stehen, können grob eingeteilt werden in

- **Schutzinstrumente:** In den vorangegangenen Abschnitten wurden mit dem Einfuhrzoll und den sonstigen, nicht tarifären Handelshemmnissen bereits die wichtigsten außenhandelspolitischen Schutzinstrumente vorgestellt.
- **Instrumente zur Außenwirtschaftsförderung:** Hierunter sind Maßnahmen zu verstehen, die der Unterstützung außenwirtschaftlicher Projekte dienen. In Deutschland wird vor allem mit Ausfuhrgewährleistungen und Investitionsabkommen operiert. Dabei ist es das besondere Anliegen der Außenwirtschaftspolitik, die Beteiligung kleiner und mittlerer Unternehmen in die internationale Arbeitsteilung zu unterstützen.
- Ein wichtiges und bekanntes Instrument sind die **Exportkreditgarantien** (»Ausfuhrgewährleistung«, »Hermesdeckungen«). Diese bieten deutschen Unternehmen die Möglichkeit, ihre Exporte in Nicht-OECD-Mitgliedstaaten (oft Entwicklungs- und Schwellenländer), für deren Absicherung keine privatwirtschaftlichen Angebote bestehen, gegen wirtschaftliche und politische Risiken abzusichern. Damit werden viele Exporte der deutschen Wirtschaft erst möglich, zumal Kreditgeber, die solche Geschäfte finanzieren sollen, entsprechende Sicherheiten verlangen. Ohne die Hermes-Gewährleistungen wären deutsche Unternehmen im internationalen Wettbewerb benachteiligt, da entsprechende Instrumente in allen Industrieländern bestehen.

Neben dem Bund engagieren sich auch die Länder in der Außenwirtschaftsförderung, wobei der Schwerpunkt auf der Förderung der kleinen und mittleren Unternehmen und der Zusammenarbeit in- und ausländischer Regionen liegt.

1.1.4.2 Besonderheiten der EU

Die Europäische Union, heute ein Verbund von 27 Staaten, die gemeinsam den Europäischen Binnenmarkt bilden, blickt auf eine inzwischen mehr als fünfzig Jahre währende Geschichte zurück, die nachfolgend kurz nachgezeichnet werden soll. Anschließend sollen die Grundfunktionen, Aufgaben und Ziele der EU von heute beschrieben werden. Ergänzend zur vorangegangenen Darstellungen in Zusammenhang mit der Geldpolitik wird besonders auf die Europäische Währungsunion eingegangen.

1.1.4.2.1 Abriss über die Geschichte der Entstehung der Europäischen Union

Nach dem Zweiten Weltkrieg war Europa durch den »Eisernen Vorhang« geteilt. Die Volkswirtschaften in Ost und West entwickelten sich unterschiedlich: In den Ostblockstaaten wurden sie nationalen Zentralverwaltungen unterstellt, während sich in Westdeutschland, wie im übrigen westlichen Europa, marktwirtschaftliche Ordnungen entwickelten. Zwischen den Staaten Westeuropas bestand der Wunsch nach einer übernationalen Integration, der sich nicht nur auf eine wirtschaftliche Zusammenarbeit erstreckte, sondern vor allem vom Gedanken gemeinsam verfolgter rechtsstaatlicher, demokratischer Grundsätze getragen war.

Erster Schritt zu einer derartigen Integration war die Gründung des **Europarats** (nicht zu verwechseln mit der Europäischen Gemeinschaft oder dessen Gremien, dem Europäischen Rat und dem Rat der Europäischen Union!) 1949 in London, der sich als Forum für allgemeine europäische Fragen, insbesondere die Menschenrechte, den sozialen und wirtschaftlichen Fortschritt, Rechtsstaatlichkeit und Demokratie versteht. Dem von der EU unabhängigen Europarat, dem der Europäische Gerichtshof für Menschenrechte angegliedert ist, gehören heute 47 Staaten an.

Eine erste wirtschaftliche Vereinigung stellte die 1951 gegründete Europäische Gemeinschaft für Kohle und Stahl (EGKS; **»Montanunion«**) dar, die die Schaffung eines gemeinsamen europäischen Marktes für Kohle, Stahl, Eisenerz und Schrott zum Ziel hatte, und vor allem den unkontrollierten Aufbau einer (zur Waffenproduktion fähigen) Schwerindustrie in Deutschland verhindern sollte.

Die Gründungsländer waren dieselben, die 1957 die **Europäische Wirtschaftsgemeinschaft (EWG)** gründeten: Frankreich, Italien, Deutschland und die »Benelux«-Staaten Belgien, die Niederlande und Luxemburg. Ziele waren eine gemeinsame Agrar- und Strukturpolitik sowie langfristig die Gründung einer Zollunion und eines gemeinsamen Binnenmarktes. Zugleich wurde von derselben Staatengruppe die Europäische Atomgemeinschaft (EAG; »Euratom«) zur Förderung der friedlichen Nutzung der Kernenergie gegründet. 1967 wurden EWG, EGKS und Euratom zur Europäischen Gemeinschaft (EG) fusioniert.

Gründungsmitglieder

Belgien, Bundesrepublik Deutschland, Frankreich, Italien, Luxemburg, die Niederlande

Beitritte

1973: Dänemark, Großbritannien, Irland

1981: Griechenland

1986: Portugal, Spanien

1995: Finnland, Österreich, Schweden

2004: »Osterweiterung«: Estland, Lettland, Litauen, Malta, Polen, Slowakische Republik, Slowenien, Tschechien, Ungarn, Zypern

2007: Bulgarien, Rumänien

2013: Kroatien

Damit umfasst die EU heute 28 Mitgliedsstaaten. Im Sommer 2016 sollen die Bürger Großbritanniens in einem Referendum über den Verbleib bzw. Austritt (»Brexit«) ihres Landes abstimmen. Das Ergebnis des Volksentscheids ist für die britische Regierung allerdings nicht bindend.

Meilensteine

01.01.1958 Inkrafttreten der Gründungsverträge **(»Römische Verträge«)**

1959 Beginn des Zollabbaus

1967 Zusammenführung von EGKS, Euratom und EWG zur Europäischen Gemeinschaft (EG) durch Fusionsvertrag

Einsetzung der EG-Organe

- Rat der Europäischen Gemeinschaften; heute: Rat der Europäischen Union (= **Ministerrat**, oft nur Rat genannt) als Legislative
- Kommission der Europäischen Gemeinschaften, heute: **Europäische Kommission** als Exekutive
- **Europäisches Parlament** mit Mitwirkungsrechten bei Gesetzgebung, Budgetverwendung und Kontrolle

1979 Erste Direktwahl des Europäischen Parlaments

1986 Erste Revision der Römischen Verträge durch die Einheitliche Europäische Akte (EEA), in der die Europäische Politische Zusammenarbeit (EPZ) und das Ziel der Schaffung des Europäischen Binnenmarktes bis 1993 festgelegt werden

1987 Institutionalisierung der bisherigen Gipfeltreffen der europäischen Staats- und Regierungschefs als Europäischer Rat

01.01.1993 Inkrafttreten des gemeinsamen Binnenmarktes mit den **Vier Grundfreiheiten**:

- Freier Warenverkehr
- Freizügigkeit der Arbeitnehmer
- Freier Dienstleistungsverkehr
- Freier Kapital- und Zahlungsverkehr

01.11.1993 Inkrafttreten des **Vertrags von Maastricht** über die Schaffung einer wirtschaftlichen und politischen Europäischen Union (EU). »Säulen« der EU sind die EG, die Gemeinsame Außen- und Sicherheitspolitik (GASP) und die polizeiliche und juristische Zusammenarbeit. Mit dem Maastricht-Vertrag werden die Kriterien (»Konvergenzkriterien«) für den Beitritt zur dritten Stufe der Europäischen Währungsunion festgelegt

01.01.1994 Bildung der Vertragsgemeinschaft Europäischer Wirtschaftsraum (EWR) zwischen den EG-Staaten und den Staaten der Europäischen Freihandelszone (EFTA), wodurch – mit Ausnahme des EFTA-Agrarmarktes – ein größerer gemeinsamer Binnenmarkt entsteht

01.01.1995	Zweite Revision der Römischen Verträge durch den Vertrag über die Europäische Union (EUV) mit der vertraglichen Vereinbarung der »drei Säulen« der EU-Politik: – Vollendung der Währungs- und Wirtschaftsunion bis 1999 – Vereinbarung einer Gemeinsamen Sicherheits- und Außenpolitik (GASP) – Vereinbarung über die Zusammenarbeit bei der Inneren Sicherheit und Rechtspolitik
26.03.1995	Inkrafttreten des **Schengener Abkommens** über den schrittweisen Abbau der Kontrollen an den Binnengrenzen
01.01.1999	Beginn der **Euro**-Einführung (zunächst als Buchgeld), vgl. Abschnitt 1.1.4.2.3
01.05.1999	Inkrafttreten des Vertrags von Amsterdam, der die Rolle des Europäischen Parlaments stärkt
01.02.2003	Inkrafttreten des Vertrags von Nizza, mit dem die bestehenden EU-Verträge reformiert werden. Der Vertrag wird als Vorläufer einer EU-Verfassung eingesetzt, die aber bis heute wegen der Ablehnung durch mehrere EU-Staaten nicht in Kraft getreten ist
13.12.2007	Einigung auf einen Vertragstext **(Vertrag von Lissabon)**, der wesentliche Inhalte des abgelehnten Verfassungsvertrags enthält, aber keine Verfassung darstellt, sondern die bestehenden Verträge lediglich abändert
01.01.2009	Inkrafttreten des Vertrags von Lissabon
10.12.2012	Die Europäische Union erhält den Friedensnobelpreis als Würdigung ihres Beitrags zur Vörderung von Frieden, Versöhnung, Demokratie und der Menschenrechte

1.1.4.2.2 Der Europäische Binnenmarkt

Kennzeichnend für den Europäischen **Binnenmarkt** sind die bereits erwähnten vier Grundfreiheiten, die hier näher beschrieben werden sollen.

Freier Warenverkehr

Freier Warenverkehr bedeutet, dass die Mitgliedstaaten der EU untereinander freien und unbeschränkten Güterhandel treiben können. In Hinblick auf Zölle ist das Ziel, Handelsbeschränkungen zwischen den Mitgliedsländer der EU aufzuheben, vollständig erreicht; denn diese erheben untereinander keine Ein- und Ausfuhrzölle, während gegenüber Drittländern ein einheitlicher Außenzoll gilt. Auch mengenmäßige Beschränkungen der Einfuhr bzw. Ausfuhr zwischen den Mitgliedstaaten und Einfuhrbeschränkungen aufgrund nationaler Zulassungsvoraussetzungen (etwa Einfuhr von Bier nach Deutschland nur dann, wenn es dem deutschen Reinheitsgebot entspricht) sind untersagt – Beschränkungen dürfen nur aus Gründen der öffentlichen Sicherheit oder des Gesundheitsschutzes verhängt werden. Weitere Ziele, nämlich die Angleichung der Mehrwertsteuer- und der Verbrauchsteuersätze (etwa Mineralöl-, Tabak-, Branntweinsteuer) und die Harmonisierung von technischen Normen und Vorschriften, sind dagegen noch nicht vollständig erreicht.

Freizügigkeit

Freizügigkeit bedeutet freie Einreise, freie Wahl des Aufenthalts-, Arbeits- und Wohnortes und Niederlassungsfreiheit für Unternehmen. Mit dem »Schengener Abkommen«, das aber noch nicht an allen Binnengrenzen umgesetzt ist, sind Personenkontrollen beim Grenzübertritt entfallen. Zugleich wurden Normen und Verfahren für die von den Mitgliedstaaten an ihren Außengrenzen durchzuführenden Kontrollen festgelegt. Wegen des massenhaften und teils unkontrollierten Zustroms von Flüchtlingen und Migranten nach und durch Europa führten mehrere europäische Länder in 2015/16 Grenzkontrollen an einzelnen Binnengrenzen befristet wieder ein, so etwa Deutschland an der österreichisch-deutschen Grenze, Schweden an der Grenze zu Dänemark und Dänemark als Stichprobenkontrollen an der dänisch-deutschen Grenze. Der Schutz der EU-Außengrenzen wurde teils drastisch verschärft. Praktisch bedeutet die Freizügigkeit im Europäischen Binnenmarkt, dass Personen (auch Drittstaatsangehörige), die aus einem Mitgliedsland in ein anderes übertreten, dort ein weitgehendes Aufenthaltsrecht besitzen. EU-Bürger eines Mitgliedstaates dürfen einen Arbeitsplatz in jedem anderen EU-Staat suchen und annehmen. Allerdings stehen die unterschiedlichen Berufsausbildungen und -bezeichnungen und fehlende Anerkennungen von Berufsabschlüssen einer wirklich freien Arbeitsplatzwahl oft noch im Wege.

Freier Dienstleistungsverkehr

Freier Dienstleistungsverkehr bedeutet, dass jeder, der seine Dienste in einem EU-Staat anbietet, diese auch in einem anderen EU-Staat anbieten darf. Dies betrifft alle bezahlten Tätigkeiten, die keinen Waren-, Personen- oder Kapitalverkehr darstellen. Damit fallen bis zu 70 % aller wirtschaftlichen Aktivitäten in der EU (z. B. Leistungen des Gesundheitswesens, der Medien, der Telekommunikationsanbieter, der Finanzdienstleistungen und der Versicherungen) formell unter die Dienstleistungsfreiheit. Bürokratische Hemmnisse und unterschiedliche Rechts- und Verwaltungsvorschriften stehen der tatsächlichen Ausübung aber häufig praktisch im Wege, sodass von einer vollständigen Verwirklichung noch keine Rede sein kann.

Freier Kapitalverkehr

Geldanlagen, Beteiligungen, Kontoeinrichtung und Geldtransfer sind jedem EU-Bürger und jedem in der EU ansässigen Unternehmen innerhalb der EU und in Beziehung zu Drittstaaten unbeschränkt möglich. Grundstücks- und Immobiliengeschäfte sind ebenfalls – mit befristeten Einschränkungen bei bestimmten Fällen, die neu beigetretene Länder betreffen – unbeschränkt erlaubt. Allerdings sind steuer-, sicherheits- und finanzaufsichtsrechtliche Vorschriften (z. B. die Verhinderung von Geldwäsche betreffend) zu beachten. Seit 2012 wird der einheitliche Euro-Zahlungsverkehrsraum **SEPA** (Single Euro Payments Area) schrittweise verwirklicht.

Befugnisse der EU – Subsidiaritätsprinzip

Mit ihrer Mitgliedschaft in der Europäischen Gemeinschaft haben die Nationalstaaten einen Teil ihrer Souveränität (= unabhängige Entscheidungs- und Herrschaftsgewalt) aufgegeben. Es gilt das Subsidiaritätsprinzip. Grundsätzlich bedeutet dies, dass eine staatliche Aufgabe jeweils von der unterst möglichen Ebene übernommen werden soll und die obere Ebene nur eingreift, wenn die untere Ebene das Problem allein nicht bewältigen kann. Für die Beziehung zu den Mitgliedsstaaten bedeutet dies, dass die Gemeinschaft nur diejenigen Aufgaben übernimmt, die von den Mitgliedsstaaten auf ihren verschiedenen Entscheidungsebenen allein nicht zufriedenstellend wahrgenommen werden können. In den Bereichen, die nicht in die ausschließliche Zuständigkeit der Gemeinschaft fallen, darf diese nur tätig werden, wenn dies zur Erreichung des angestrebten Ziels erforderlich erscheint und die Mitgliedsstaaten die Gemeinschaft entsprechend ermächtigt haben.

EG-Richtlinien (wie sie korrekt heißen; die umgangssprachliche Bezeichnung als EU-Richtlinie ist falsch, denn die EG, nicht die EU erlässt Richtlinien!) müssen innerhalb jeweils festgelegter Fristen in nationales Recht umgewandelt werden. Geschieht dies nicht fristgerecht, kann ein dadurch benachteiligter Bürger den Staat unter Umständen in Staatshaftung nehmen und Schadensersatz verlangen.

Verordnungen der Europäischen Gemeinschaft besitzen dagegen Durchgriffswirkung, d. h. sie gelten unmittelbar.

1.1.4.2.3 Die Europäische Währungsunion

Der **Euro** ist seit 1999 die Währung von 17 Ländern innerhalb der Europäischen Union, die die so genannte **Eurozone** bilden. Die anderen EU-Länder, die den Euro teils einzuführen beabsichtigen, sind aber insofern an der Europäischen Wirtschafts- und Währungsunion (EWWU) beteiligt, als sie bestimmte, gemeinsam vereinbarte Regeln befolgen, Aspekte ihrer Währungs- und Wirtschaftspolitik innerhalb der Union abstimmen und die Unabhängigkeit ihrer Nationalbanken von Regierungseinflüssen gewährleisten. Die Verwirklichung der Europäischen Währungsunion vollzog sich **in drei Stufen:**

- **Stufe: 1:** Freier Kapitalverkehr zwischen den Mitgliedsländern. Dieser wurde im Rahmen der vier Grundfreiheiten geschaffen.
- **Stufe 2:** Gründung des Europäischen Währungsinstituts (EWI), das ab 1994 die Anbahnung der Euro-Einführung und die Überführung der nationalen Geldpolitiken auf eine europäische Zentralbank betrieb. Das EWI war Vorläuferin des Europäischen Systems der Zentralbanken (ESZB).
- **Stufe 3:** Einführung des Euro als gesetzliches Zahlungsmittel (1999, jedoch noch nicht als Bargeld), Festlegung der Wechselkurse der an der 3. Stufe teilnehmenden Mitgliedstaaten in Bezug auf den Euro und Übergang der Geldpolitik an das ESZB.

Bereits 1979 wurde mit dem **ECU** (European Currency Unit, ausgesprochen e'ky) eine Europäische Währungseinheit geschaffen, die aber nur als buchmäßiger Verrechnungsmaßstab diente und deren Wert sich auf Basis eines Währungskorbs aus allen Nationalwährungen der EU-Mitgliedstaaten errechnete. Für diese Nationalwährungen wurden Tauschverhältnisse (Paritäten) gegenüber dem ECU festgesetzt, auf deren Basis wiederum Paritäten zwischen den verschiedenen Währungen errechnet werden konnten. Diese durften nur innerhalb bestimmter Bandbreiten schwanken; bei Abweichungen waren die Nationalbanken zu Stützungsgeschäften (Devisenkäufen bzw. -verkäufen) verpflichtet. Gelang es nicht, die betroffene Währung in ihren Zielkorridor zurückzuführen, wurde ihre Teilnahme am EWS befristet ausgesetzt (so zwischenzeitlich mit dem britischen Pfund und der italienischen Lira geschehen). Durch das EWS wurde das europäische Währungsgefüge so weit stabilisiert, dass eine gemeinsame Währung überhaupt erst möglich wurde.

Für den Beitritt zur Dritten Stufe der EWWU wurden Teilnahmekriterien festgelegt, die von den Mitgliedsstaaten, die den Euro 1999 einführen wollten, im Referenzjahr 1997 zu erfüllen waren. Diese so genannten **Konvergenzkriterien** waren (bzw. sind für später beitretende Staaten):

- **Preisstabilität:** Die Preissteigerungsrate im betreffenden Land durfte den Durchschnitt der Preissteigerung in den drei preisstabilsten Mitgliedsstaaten um nicht mehr als 1,5 % überschreiten.
- **Zinsniveau:** Die Zinssätze für langfristige Staatspapiere des betreffenden Landes durften ein Jahr lang die Zinssätze der drei preisstabilsten Länder um nicht mehr als 2 % übersteigen.
- **Wechselkursstabilität:** Die Währung des betreffenden Landes musste sich mindestens zwei Jahre lang innerhalb der festgelegten normalen Bandbreite des EWS bewegt haben.
- **Haushaltsdisziplin:** Die Neuverschuldung der öffentlichen Haushalte durfte 3 % des Bruttoinlandsprodukts (BIP) und die öffentlichen Schulden durften insgesamt 60 % des BIP nicht übersteigen.

1998 wurde für elf Mitgliedsstaaten (Belgien, Deutschland, Finnland, Frankreich, Irland, Italien, Luxemburg, die Niederlande, Österreich, Portugal und Spanien) die Erfüllung der Konvergenzkriterien im Referenzjahr festgestellt. Kurzfristig (allerdings, wie sich später herausstellte, zu Unrecht, da die Zahlen manipuliert waren) kam auch Griechenland hinzu. Allerdings hatten einige Mitgliedsländer drastische wirtschaftspolitische Maßnahmen ergriffen, um dies zu erreichen, und auch in Deutschland wurde der Vorwurf erhoben, dass die allzu rigide Ausgabenzurückhaltung der öffentlichen Haushalte ursächlich für die damalige hartnäckige Rezession und die auf Rekordniveau verharrenden Arbeitslosenzahlen gewesen sei.

1999 wurde der ECU durch den Euro abgelöst, und zugleich wurden die Wechselkurse für die beteiligten Währungen unwiderruflich festgelegt. Dies geschah jeweils in Bezug auf den Euro: Für die Deutsche Mark wurde ein Wechselkurs von 1,95583 DM für 1 € festgeschrieben. Von 1999 bis 2002 war der Euro lediglich Buchgeld. 2002 wurde er in den beteiligten Ländern auch als Bargeld eingeführt. Zugleich wurde die jeweilige nationale Währung durch den Euro abgelöst. Der Euro wurde auch in einigen Gebieten in Übersee eingeführt, die enge Beziehungen zu EWU-Teilnehmerländern unterhalten, etwa in Guadeloupe, Martinique, Reunion, Französisch-Guyana, Mayotte und Saint-Pierre et Miquelon. Einige Staaten, in denen europäische Zahlungsmittel als quasi-gesetzliche Zahlungsmittel fungierten, nahmen inoffiziell eine Umstellung auf den Euro vor, so etwa Montenegro und Kosovo, wo bis zur Währungsumstellung die Deutsche Mark als offizielles Zahlungsmittel in Gebrauch war. 2006 trat Slowenien, 2007 traten Zypern und Malta, 2009 die Slowakische Republik, 2011 Estland, 2014 Lettland und 2015 Litauen der Eurozone bei.

Auch nach Einführung des Euro sind die Mitgliedsländer zur Wahrung der Stabilität verpflichtet. Daher wurde 1996 in Dublin ein **Stabilitäts- und Wachstumspakt** geschlossen, der die Haushaltsdefizitgrenze »3 % des BIP und 60 % Gesamtschuldenstand in Bezug auf das BIP« festschreibt und den Mitgliedsländern eine Berichtspflicht gegenüber der Kommission auferlegt. Die Kommission kann bei Verstößen, die nicht auf außergewöhnliche Ereignisse oder einen schwerwiegenden Wirtschaftsabschwung zurückzuführen sind, ein Defizitverfahren einleiten und empfindliche Geldstrafen verhängen. Obwohl Deutschland zu den eifrigsten Verfechtern des Stabilitätspakts gehörte, wurde 2003 gegen Deutschland wegen wiederholten Überschreitens der Haushaltsdefizitgrenze ein Defizitverfahren eröffnet, das aber 2007 eingestellt wurde. Ein weiteres, in 2009 eröffnetes Verfahren, mit dem Deutschland der Nachweis der Einhaltung der Defizitgrenzen im Jahr 2013 auferlegt wurde, konnte schon 2012 eingestellt werden, nachdem die Einhaltung schon für 2011 nachgewiesen werden konnte. Infolge der 2009 in Deutschland beschlossenen verfassungsrechtlichen Regelung einer **Schuldenbremse,** aus der seit 2011 verbindliche Vorgaben zur Defizitreduzierung resultieren, ist für die Zukunft mit keiner erneuten Überschreitung zu rechnen. Gleichwohl ist eine solche Überschreitung nicht ungewöhnlich: 2011 waren 23, im Mai 2015 noch 9 Defizitverfahren gegen Mitgliedstaaten anhängig.

Der Euro erleichtert den Zahlungsverkehr: Seit 2012 wird der einheitliche Euro-Zahlungsverkehrsraum **SEPA (Single Euro Payments Area)** schrittweise verwirklicht, in dem die Zahlungsverfahren vereinheitlicht sind und alle Zahlungen wie inländische Zahlungen behandelt werden. Der European Payments Council (EPC) hat Regeln für SEPA-Überweisungen, -Lastschriften und -Kartenzahlungen entwickelt, die gegenwärtig teils bereits möglich sind und parallel zu den bestehenden nationalen Zahlungsverkehrsverfahren angeboten werden. Nach diesen Regeln können Verbraucher und Unternehmen unter Verwendung von **IBAN** (International Bank Account Number) und **BIC** (Bank Identifier Code) alle in- und ausländischen Euro-Zahlungen über ihr Konto bei einer beliebigen Bank oder Sparkasse abwickeln und dabei Überweisungen und Lastschriften nutzen. Überweisungslaufzeiten verkürzen sich dabei auf eine maximale Abwicklungszeit von einem Bankgeschäftstag. SEPA-Karten werden außer für Bargeldabhebungen an Geldautomaten auch für unmittelbare bargeldlose Zahlungen in Geschäften usw. einsetzbar. Am SEPA-System beteiligen sich 34 Staaten (alle 28 EU-Staaten, die 3 Länder des übrigen Europäischen Wirtschaftsraums, also Island, Liechtenstein und Norwegen sowie Monaco, San Marino und die Schweiz; Stand: Mai 2016).

1.2 Betriebliche Funktionen und deren Zusammenwirken

In jedem Betrieb – ob er nun Rohstoffe zu gegenständlichen Produkten verarbeitet oder menschliches Know-how nutzt, um Dienste anzubieten – findet eine Transformation statt: Ein Input (Rohstoffe, Know-how) wird durch Bearbeitung (industrielle Fertigungsverfahren, Dienstleistung) in einen Output (Fertigprodukt, Ergebnis) verwandelt. Damit dies gelingt, müssen die verschiedenen und tatsächlich verschiedenartigen betrieblichen Funktionsbereiche Hand in Hand arbeiten: So muss z. B. im Industriebetrieb die Materialwirtschaft genau die Rohstoffe und Vorprodukte beschaffen und im richtigen Augenblick in der benötigten Anzahl bereithalten, die vom Produktionsbereich nach bestimmten Verfahren in Erzeugnisse verwandelt werden, um sie dem Absatzbereich dann zur Verfügung stellen zu können, wenn dieser sie für die Abgabe an die Kunden benötigt. Verwaltende Bereiche – die Personalabteilung, die Buchhaltung usw. – tragen mit ihren Leistungen zum Gelingen bei. Und damit all dies funktioniert, müssen bestimmte Rahmenbedingungen vorliegen. Auch um diese geht es in diesem Abschnitt. Die betrieblichen Funktionsbereiche, die nachfolgend jeweils angerissen sind, werden im Einzelnen an späterer Stelle noch ausführlich behandelt werden.

1.2.1 »Betrieb«, »Unternehmen«, »Firma«

Die Begriffe »Betrieb« und »Unternehmen« werden häufig als Synonyme verwendet, also so, als hätten sie die gleiche Bedeutung. Andererseits formuliert Erich GUTENBERG (1897–1984), Verfasser des Standardwerks »Grundlagen der BWL«, der als Begründer der modernen Betriebswirtschaftslehre in Deutschland gilt: »Jede Unternehmung ist ein Betrieb, aber nicht jeder Betrieb eine Unternehmung«. Diese Unterscheidung folgt der Auffassung von **Unternehmen** als wirtschaftlicher Einheit und **Betrieb** als technischer und organisatorischer Untereinheit (im Sinne von »Betriebsstätte«). Das Unternehmen repräsentiert also das Ganze und steht für dessen juristische, finanzielle und wirtschaftliche Seite und kann dabei durchaus mehrere Betriebe (Betriebsstätten, Produktionsstätten) an verschiedenen Standorten aufweisen.

In der Fachsprache hat sich leider keine einheitliche Begriffsverwendung durchgesetzt. Ob der Begriff »Betrieb« im obigen Sinne eingeschränkt oder als Bezeichnung für das Unternehmen aufgefasst werden soll, ergibt sich daher beim Studium der Fachliteratur (und auch dieses Lehrwerks, das sich in den verschiedenen Abschnitten der jeweiligen Fachausdrücke bedient) nur aus dem Sinnzusammenhang.

Der Begriff der **Firma** steht eindeutig für einen ganz bestimmten Sachverhalt, nämlich den Namen, unter dem ein Kaufmann seine Geschäfte betreibt, Unterschriften leistet und klagen bzw. verklagt werden kann.

Unterscheidung der Betriebe

Betriebe können in vielerlei Hinsicht voneinander unterschieden werden, z. B. nach

- Branchen (Wirtschaftszweigen),
- Größenordnung, gemessen am Gewinn, Umsatz, an der Zahl der Mitarbeiter usw.,
- Zielsetzung,
- Rechtsform.

Nachfolgend wird auf diese Unterschiede jeweils kurz eingegangen mit Ausnahme der Rechtsform, die in Abschnitt 1.3 ausführlich behandelt wird.

Einteilung der Betriebe nach Branchen

Die Begriffe Branche (französisch für »Ast, Zweig«; englisch: branch) oder **Wirtschaftszweig** werden für Unterscheidungen nach verschiedenen Sachverhalten verwendet:

- Unterscheidung nach **verarbeiteten Stoffen**: Unternehmen, die denselben (Grund-) Stoff als Ausgangspunkt für ihre eigene Produktion nehmen, werden häufig deswegen zusammengefasst. Beispiele sind die mineralölverarbeitende, die metallverarbeitende Industrie und die holzverarbeitenden Betriebe.
- Unterscheidung nach **Art der Leistungserbringung**: Unternehmen werden zusammengefasst, weil sie ihre Leistung in gleicher oder ähnlicher Art und Weise erbringen. Beispiele sind das Baugewerbe (das mit Hochbau und Tiefbau, durchaus unterschiedliche Bauen hervorbringt), das Handwerk, der Einzelhandel, die Industrie.
- Unterscheidung nach **Produkten und Dienstleistungen**: Dabei werden Erzeuger, Händler und Dienstleister, deren Dienste in Zusammenhang mit dem betreffenden Produkt stehen, meist zusammengefasst. Beispiele sind die IT-Branche, die alle möglichen mit Informationstechnologie in Zusammenhang stehenden Aktivitäten von der Chipherstellung über die Softwareprogrammierung bis zur Netzwerkadministration umfasst, die Lebensmittelbranche, die erzeugende, verarbeitende und Handelsbetriebe zusammenfasst, und die Touristikbranche, der so unterschiedliche Betriebe wie Fluggesellschaften, Gastronomiebetriebe, Reiseveranstalter, regionale Tourismusagenturen und -manager usw. zugerechnet werden.

Das **Statistische Bundesamt** erfasst die wirtschaftlichen Tätigkeiten von Unternehmen innerhalb des Klassifikationssystems WZ 2008 auf Basis der in EG-Verordnungen geregelten »Statistischen Systematik der Wirtschaftszweige in der Europäischen Gemeinschaft« (Nomenclature générale des activités économiques dans les Communautés Européennes **NACE** Rev. 2), die die Wirtschaftszweige in 21 Abschnitte einteilt, die teils nach verarbeiteten Stoffen und teils nach Produkten und Dienstleistungen gebildet (z. B. Land- und Forstwirtschaft, Fischerei; Verarbeitendes Gewerbe; Gastgewerbe; Erziehung und Unterricht) und weiter nach Abteilungen, Gruppen, Klassen und Unterklassen unterteilt werden (z. B. Abschnitt F – Baugewerbe; 41 – Hochbau; 41.2 – Bau von Gebäuden; 41.20.2 – Errichtung von Fertigteilbauten).

Einteilung der Betriebe nach Größenordnung

Zur Größenunterscheidung von Betrieben werden häufig die Begriffe »Großbetrieb«, »Kleinunternehmen« oder die Zusammenfassung »KMU« für »Kleine und Mittlere Betriebe« verwendet. Eine quantitativ orientierte Abgrenzung dieser Begriffe, die an der Anzahl der Mitarbeiter und am Umsatz bzw. der Bilanzsumme festmacht, findet sich in der (für die Berechtigung zum Empfang bestimmter Förderungen maßgeblichen) KMU-Definition der Europäischen Kommission (Empfehlung der Kommission 2003/361/EG):

	Mitarbeiterzahl und	Umsatz oder	Bilanzsumme
KMU insgesamt	< 250	max. 50 Mio. €	max. 43 Mio. €
Kleinunternehmen	< 50	max. 10 Mio. €	max. 10 Mio. €
Kleinstunternehmen	< 10	max. 2 Mio. €	max. 2 Mio. €

Für die Einordnung in eine dieser Kategorien müssen die Kriterien »Mitarbeiterzahl kleiner als...« und entweder »Umsatz höchstens...« oder »Bilanzsumme höchstens...« erfüllt sein. Achtung: Im Handelsgesetzbuch (§ 267 HGB) findet sich eine andere Größenklasseneinteilung (vgl. auch Abschn. 2.2.2.1). Sie ist maßgeblich für den geforderten Umfang der Bilanz.

Einteilung der Betriebe nach ihrer Zielsetzung

Die verschiedenen Zielsetzungen, die für das Handeln von Wirtschaftssubjekten maßgeblich sein können, wurden vorangehend bereits dargestellt. Nach den dort genannten Prinzipien können private, erwerbswirtschaftlich orientierte Betriebe, genossenschaftliche Betriebe und gemeinwirtschaftliche Betriebe (öffentliche Versorgungsbetriebe) unterschieden werden. Sie unterscheiden sich vor allem hinsichtlich der Triebfedern **(Motive)** ihres Handels.

Allerdings darf nicht übersehen werden, dass auch privatwirtschaftliche, gewinnorientierte Betriebe ethische und soziale Ziele verfolgen können, ebenso wie öffentliche Betriebe durchaus in einzelnen Tätigkeitsfeldern eine Kostenüberdeckung anstreben können.

Betriebswirtschaftliche Produktionsfaktoren

Zuvor wurden bereits die volkswirtschaftlichen Produktionsfaktoren Arbeit, Boden und – als abgeleiteter (derivativer) Faktor – Kapital unterschieden. Die Betriebswirtschaftslehre trifft – in Anlehnung an GUTENBERG – eine ähnliche Unterscheidung in

- **Menschliche Arbeitsleistung** im Sinne von ausführender Arbeit;
- **Betriebsmittel:** Maschinen und maschinelle Anlagen, Transportmittel, Werkzeuge usw.;
- **Werkstoffe:** Produktionsmaterial, Energie, Hilfsstoffe der Erzeugung.

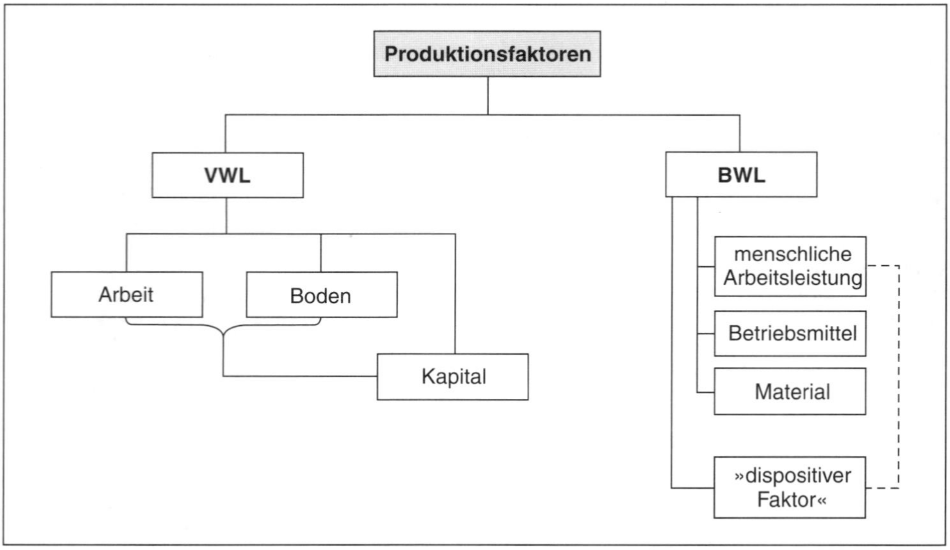

Produktionsfaktoren in der Volks- und Betriebswirtschaftslehre

Die moderne BWL erweitert diese Auflistung um den Aspekt

- **Führung:** Die Betriebsführung nimmt eine Sonderstellung ein, weil sie denjenigen Faktor darstellt, der über den Einsatz der anderen Faktoren bestimmt. Deswegen werden Leitungsfunktionen auch als **»dispositiver Faktor«** bezeichnet. Häufig wird in diesem Zusammenhang die **Information** als weiterer Faktor genannt.

Wirtschaftliche und rechtliche Rahmenbedingungen der Betriebe

Alle Betriebe arbeiten eingebettet in einen wirtschaftlichen, politischen und rechtlichen Rahmen, der ihre Handlungsmöglichkeiten bestimmt und begrenzt. Einige davon sind langfristig wirksam, wie etwa die Wirtschaftsordnung; andere unterliegen ständigen Veränderungen, wie z. B. das **Zinsniveau**, und während manche Gegebenheiten durch die

Unternehmen bestimmt werden können – etwa die Produktpalette und die Produktionsverfahren –, sind andere, wie das Klima am Unternehmensstandort, nicht beeinflussbar.

Zu den eher **globalen wirtschaftlichen Rahmenbedingungen** der Betriebe, auf die das einzelne Untenehmen in der Regel keinen Einfluss nehmen kann, zählen

- die **staatliche Grundordnung** und Wirtschaftsordnung, die darüber bestimmt, inwieweit das Unternehmen selbstbestimmt agieren kann;
- die **politische Situation**, aus der ein bestimmtes – mehr oder weniger unternehmensfreundliches – Klima und das Vertrauen in die Stabilität der aktuellen Bedingungen resultiert;
- die **wirtschaftlichen Eckdaten** wie Zins- und Preisniveau(stabilität), Lohnniveau, Steuersätze usw.;
- die **gesamtwirtschaftliche Entwicklung** (Konjunktur);
- die **demografische Entwicklung**, die in Bezug auf den Arbeitsmarkt und die Nachfrage von Bedeutung ist.

Eher **individuelle wirtschaftliche Rahmenbedingungen** sind

- die **Entwicklung der Region**, in denen das Unternehmen ansässig ist. Erweiterungen, aber auch Schließungen einzelner größerer Betriebe zeigen in der Region durchaus Wirkung.
- die **Branchenentwicklung**.
- wirtschaftlich relevante **Rahmendaten des Standorts**, etwa Bevölkerungsentwicklung und -zusammensetzung hinsichtlich Alter, Einkommens- und Vermögenssituation und Konsumneigung, und **Rahmendaten des Arbeitsmarktes** – Verfügbarkeit von Arbeitskräften mit dem geforderten Bildungsstand und der erforderlichen beruflichen Qualifikation; Bodenbeschaffenheit und Bodenschätze, Klima, Zugang zu Transportwegen und Energielieferanten usw. Diese Faktoren sind durch eigene Anstrengungen des Unternehmens kaum beeinflussbar mit Ausnahme der Verfügbarkeit geeigneter Arbeitskräfte, die durch eigene Ausbildungs- und Qualifizierungstätigkeit mittel- bis langfristig verbessert werden kann. Deswegen müssen sie bei Neuniederlassungen sehr sorgfältig bei der Standortwahl erwogen werden.
- die **geografische Lage** des Unternehmens in Bezug auf Zulieferer, Abnehmer und Mitbewerber. Wie wichtig die Nähe zu diesen korrespondierenden Marktteilnehmern ist, hängt stark vom Betätigungsfeld des Unternehmens am Markt ab: Während für Unternehmen des Einzelhandels die Nähe zu den Abnehmern überlebenswichtig ist, wird sie für viele Produzenten von Investitionsgütern vernachlässigbar sein, wenn hinreichende Transportmöglichkeiten bestehen. **Mitbewerbernähe** ist nicht immer schädlich, wie der Blick in viele Vorstädte zeigt, wo sich Supermärkte, Fachmärkte und Discounter häufig in unmittelbarer Nachbarschaft zueinander niederlassen **(Agglomeration)**.
- die **Kapitalausstattung** des Unternehmens und die Möglichkeiten zur Kapitalbeschaffung. Hiervon hängen die Expansions- und Innovationsfähigkeit sowie die Fähigkeit, »Durststrecken« zu überbrücken, entscheidend ab. Ein anderer, vom Geschäftszweig des Unternehmens abhängender Faktor ist in diesem Zusammenhang die **Kapitalbindung** in Anlagevermögen, da von ihr die Flexibilität und Reaktionsmöglichkeit des Unternehmens abhängen. Industriebetriebe weisen in der Regel eine deutlich höhere Kapitalbindung auf als Dienstleistungsbetriebe.
- **unternehmensinterne Faktoren** wie Unternehmens- und Führungsphilosophie, Mitarbeiterstruktur hinsichtlich Alterszusammensetzung, Potenzial und Qualifikation, Fluktuation (Zu- und Abgänge an Arbeitnehmern), Arbeitnehmer-Gewinnbeteiligung usw. Auch diese Faktoren wirken entscheidend auf die Handlungsmöglichkeiten und -notwendigkeiten des Unternehmens ein.

Diese Aufzählung wirtschaftlicher Rahmenbedingungen ist nicht abschließend.

Rechtliche Rahmenbedingungen

Die rechtlichen Rahmenbedingungen für die Betriebe werden durch die Rechtsordnung bestimmt, in die sie eingebettet sind. Die sie prägenden Rechtsnormen, die Rechte und Pflichten der in ihrem Rahmen agierenden Wirtschaftssubjekte und -objekte und deren Rechtsgeschäfte sind Gegenstand der ausführlichen Darstellungen in Kapitel 3. Hier soll keine Vorwegnahme erfolgen; deswegen werden nur die wichtigsten rechtlichen Grundbedingungen aufgeführt. Diese sind

- die **Gewerbefreiheit** (§1 GewO), wobei aber aus einem Schutzinteresse der Allgemeinheit heraus die Ausübung bestimmter Gewerbe (z. B. Bank, Beförderungsunternehmen, Gaststätte, Lebensmittelgeschäft) genehmigungspflichtig oder an bestimmte Voraussetzungen gebunden ist (Meisterzwang in vielen Handwerksberufen);
- die **Freiheit der Berufswahl** (Art. 12 Abs. 1 GG), wobei aber bei bestimmten Gründungen (z. B. Apotheken) und freien Berufen, die kein Gewerbe darstellen (z. B. Arzt, Rechtsanwalt, Steuerberater) ein Sachkunde- und Befähigungsnachweis verlangt wird;
- die **Vertragsfreiheit** (Art. 2 Abs. 1 GG, § 145 BGB) beinhaltet die Abschluss-, Inhalts-, Form- und Aufhebungsfreiheit und erlaubt jedermann, Verträge frei zu schließen, sofern diese nicht gegen geltendes Recht oder die guten Sitten verstoßen. Die Vertragsfreiheit ist in Deutschland durch etliche Ausnahmen eingeschränkt (z. B. Ladenschlussgesetz, Arbeitsrecht, Embargovorschriften im Außenhandel).

Für den Geschäftsverkehr maßgebliche **Rechtsgrundlagen** sind

- im Handelsrecht: BGB, HGB, AktG, GmbHG, GenG,
- im Steuerrecht: AO, EStG bzw. KStG, GewStG, UStG...

1.2.2 Ziele und Aufgaben der betrieblichen Funktionen

Innerhalb eines Unternehmens sind zahlreiche unterschiedliche Funktionen wahrzunehmen. Je nach Gegenstand der betrieblichen Tätigkeit und Größe des Unternehmens unterscheiden sich die betrieblichen Funktionsbereiche, und dementsprechend gibt es in der Betriebswirtschaftslehre auch zahlreiche Möglichkeiten, die betrieblichen Funktionsbereiche zu gliedern.

Das folgende Schaubild bezieht sich auf ein sachgüterproduzierendes Unternehmen, wobei die Reihenfolge der Darstellung hier ohne Bedeutung ist, da die verschiedenen Funktionen in einer Weise miteinander verflochten sind, dass es weder möglich ist, eine Gliederung nach »Wichtigkeit« noch eine Gliederung nach »Reihenfolge« des Funktionsabrufs vorzunehmen: Wie Organe in einem Organismus sind alle Funktionen ständig im Einsatz, um zum Gelingen der Gesamtaufgabe beizutragen.

Diese Gesamtaufgabe festzulegen, die betrieblichen Funktionsbereiche dementsprechend einzurichten und auszugestalten und ihren Einsatz so zu koordinieren, dass die bestmögliche Aufgabenerfüllung gelingt, ist Aufgabe der Unternehmensführung, die eine übergeordnete Sonderstellung einnimmt und auch als »dispositiver Faktor« bezeichnet wird.

Einen Überblick zu den betrieblichen Funktionsbereichen bietet die Abbildung:

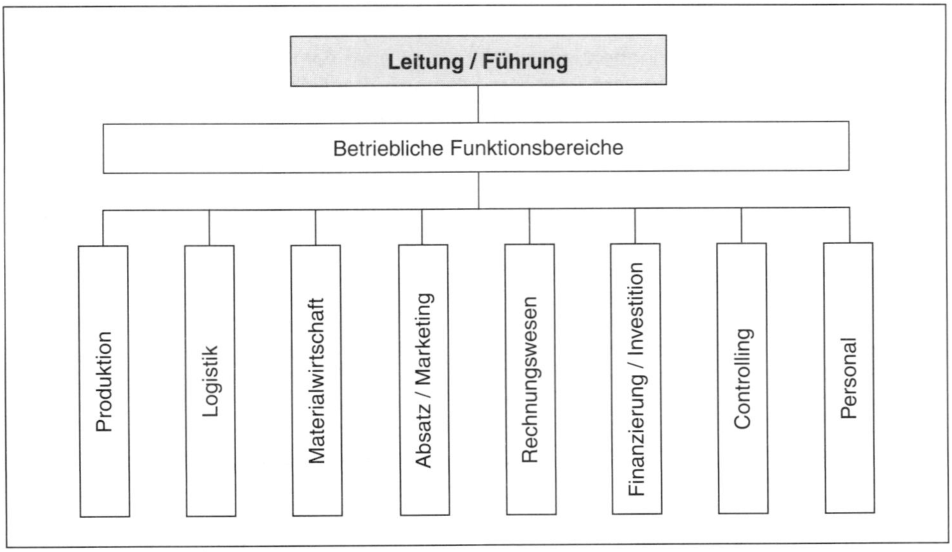

Betriebliche Funktionsbereiche

1.2.2.1 Produktion

Die betriebliche Produktion unterscheidet als **elementare Produktionsfaktoren** die **menschliche Arbeitsleistung**, die **Betriebsmittel** in Gestalt materieller und immaterieller Anlagegüter wie Grundstücke, Gebäude, Maschinen, Patente usw., und die unmittelbar für die Produktion benötigten **Werkstoffe**. Die vorrangig mit dem Begriff der Produktion verbundene betriebliche Leistungserstellung ist ein **Transformationsprozess**, der den »**Input**« des Beschaffungsmarktes, also menschliche und maschinelle Arbeitskraft sowie Roh-, Hilfs- und Betriebsstoffe, in den für den Absatzmarkt bestimmten »**Output**«, die Erzeugnisse des Betriebes, umformt. Wenn von Produktion oder aber von Fertigung die Rede ist, ist oft dasselbe gemeint; aber in der Fachsprache werden diese Begriffe meist gegeneinander abgegrenzt, indem

- der Begriff der **Produktion** als der übergeordnete, allgemeinere Begriff im Zusammenhang mit grundlegenden Festlegungen – etwa bezüglich der Produktionsverfahren und der Planung der Betriebsmittel einschließlich ihrer Zuordnung zueinander – und langfristig ausgerichteten Aktivitäten – z. B. der langfristigen Produktionsprogrammplanung – verwendet wird, wobei jede Art von Leistungserstellung gemeint sein kann, also auch Dienstleistungen.
- der Begriff der **Fertigung** auf konkrete Prozesse und detaillierte Arbeitsschritte und auf die mittel- bis kurzfristigen Entscheidungen über den Material-, Arbeits- und Betriebsmitteleinsatz bezogen wird und dabei ausschließlich industrielle Prozesse meint.

Im Zuge der Beschäftigung mit der Realisierung der Produktion befasst sich die Produktionswirtschaft intensiv mit der Gestaltung von Arbeit, insbesondere menschlicher Arbeit. Dies schließt Fragen nach der Arbeitsplatzeinrichtung, der menschengerechten Gestaltung von Arbeitsgängen und dem Grad der Rationalisierung und Automatisierung ein.

Dabei ergeben sich zahlreiche Berührpunkte zu den **betrieblichen Querschnittsaufgaben** der **Arbeitssicherheit,** des **Umwelt-** und des **Qualitätsmanagements.** Auch die Ausgestaltung leistungsgerechter **Entlohnungssysteme** ist hier anzusiedeln.

1.2.2.2 Logistik

Für die Ingenieurswissenschaften ist Logistik »die Lehre vom Transport«, die sich mit inner- und außerbetrieblichen, am internen oder am öffentlichen Verkehr teilnehmenden Transporteinrichtungen und ihrer Vernetzung beschäftigt. Die Betriebswirtschaft, die Logistik lange Zeit als Teil der Materialwirtschaft betrachtete, fasst den Begriff der Logistik jedoch wesentlich weiter und versteht darunter die **Organisation und Steuerung des betrieblichen Wertschöpfungsprozesses** und der durch ihn bedingten Güter-, Leistungs-, Geld-, Personal- und Informationsströme im Rahmen eines **logistischen Konzepts** »von der Quelle« – sprich: der Beschaffung und dem Einsatz von Material – »bis zur Senke«, also dem Absatz des produzierten Ergebnisses. Dabei werden vorgelagerte Prozesse der Planung und Entwicklung ebenso mit einbezogen wie nachgelagerte Prozesse der Abfallwirtschaft und flankierende Aktivitäten des Controllings. Nach dieser Lesart ist Logistik eine **Querschnittsfunktion**, die als ein – wenn nicht als *der* – Kernprozess den gesamten Betrieb durchzieht. Heute ist sie sogar weit mehr als das: Als betriebs-, branchen- und länderübergreifende Querschnittsfunktion verbindet sie die weltweiten Wirtschaftsströme. Deswegen wird häufig begrifflich zwischen **Mikrologistik** als innerbetrieblicher und **Makrologistik** als überbetrieblicher, die Gesamtwirtschaft betreffender Funktion unterschieden.

In seiner **»Seven-Rights-Definition«** erklärt der Wirtschaftswissenschaftler E.G. PLOWMAN: »Logistik heißt, die Verfügbarkeit des richtigen Gutes, in der richtigen Menge, im richtigen Zustand, am richtigen Ort, zur richtigen Zeit, für den richtigen Kunden, zu den richtigen Kosten zu sichern.« In unserer modernen Wirtschaft bedeutet dies, dass die Güter-, Leistungs-, Geld- und Informationsströme, die zwischen den verschiedenen Unternehmen fließen, zu optimal durchlässigen **logistischen Ketten (»Supply Chains«)** und Netzwerken verknüpft werden.

Inzwischen wird die – früher in den Vordergrund gestellte – **Materialwirtschaft** häufig als Teilbereich der Logistik betrachtet. Ihre Kernfunktionen sind die Vorbereitung und Gestaltung des Beschaffungsprozesses einschließlich des Lieferantenmanagements, der Disposition und der Einkaufsabwicklung sowie das Handling des eingekauften Materials einschließlich seiner Lagerung, Kommissionierung und Abgabe.

Die BVL unterscheidet in die Logistikbereiche Beschaffung-, Produktions-, Distributions-, Entsorgungs- und Verkehrslogistik. In der einschlägigen Literatur finden sich weitere Bereiche, etwa die Lager-, Transport-, Ersatzteil-, Instandhaltungs-, Marketing- und Informationslogistik, und teilweise auch abweichende Bezeichnungen. Dieser Bereich (und weitere) werden in Lehrbuch 3 im Rahmen der umfangreichen Darstellungen zur Logistik ausführlich behandelt.

Die moderne Wirtschaft hat eine Fülle von Dienstleistungsunternehmen hervorgebracht, die als Teile der »Logistikbranche« angesehen werden. Zu diesen gehören Speditionen ebenso wie Schifffahrtsgesellschaften, Beratungsunternehmen ebenso wie Häfen.

Externe **Logistikdienstleister** übernehmen immer häufiger all diejenigen Funktionen, die nicht zum »Kerngeschäft« des Auftraggebers gehören, wie etwa

- Beratung einschließlich der Analyse und Planung betrieblicher Prozesse sowie deren Organisation,
- Auswahl, Bereitstellung und Einsatz von Transportmitteln und -wegen,
- die Erledigung aller mit Transporten/Frachten zusammenhängenden Formalitäten,
- die Disposition von Aufträgen (z. B. Zeit-, Reihenfolge-, Tourenplanung, Flottensteuerung),
- Warenlagerung, -verpackung und -umschlag,
- Transportversicherung,
- informationstechnische Verknüpfung.

1.2.2.3 Absatz / Marketing

Der **Absatz** – hier nicht im Sinne von »abgesetzter Menge«, sondern im Sinne von Absatzwirtschaft zu verstehen – ist klassisch definiert als Übertragung der in der Unternehmung erstellten oder von Dritten bezogenen Wirtschaftsgüter (Sachgüter oder Dienstleistungen) auf Empfänger außerhalb der Unternehmung gegen Entgelt. Die Annahme, dass sich die unternehmerischen Aktivitäten auf die rein technische Aufgabe der Übertragung (Verkaufsaktion, Übergabe, Lieferung...) beschränken könnten, ist jedoch angesichts der heute käuferdominierten Märkte längst nicht mehr haltbar und heute weitgehend abgelöst durch den aus den USA übernommenen Begriff des **»Marketing«** und die damit ausgedrückte Philosophie, nach der sich modernes Marketing als **unternehmerische Konzeption** versteht, **die alle Unternehmungsaktivitäten vollständig am Markt und damit an den Bedürfnissen der Abnehmer orientiert** und dabei neben der Befriedigung vorhandenen Bedarfs auch die Weckung neuer Bedürfnisse anstrebt.

Das von Wirtschaftsprofessor Michael E. PORTER entwickelte Modell zur Analyse der Marktstrukturen (Branchenstrukturanalyse) des von einem Unternehmen bearbeiteten oder ins Auge gefassten Marktes wird auch als **Fünf-Kräfte-Modell** bezeichnet, weil es die Ausprägungen der folgenden fünf Wettbewerbseinflüsse untersucht:

- Die Intensität der Rivalität im brancheninternen Wettbewerb,
- die Wirksamkeit von Marktschranken oder, andersherum ausgedrückt: das Ausmaß der Bedrohung durch neue Marktteilnehmer,
- die Stärke der Verhandlungsposition der Lieferanten,
- die Stärke der Verhandlungsposition der Kunden,
- das Ausmaß der Bedrohung durch Substitutionsgüter.

Je intensiver die Wirkung dieser fünf Kräfte ist, desto weniger attraktiv ist der betrachtete Markt bzw. die betrachtete Branche, weil es umso schwieriger ist, eigene Wettbewerbsvorteile zu erlangen, diese nachhaltig zu verteidigen und damit eine auf Dauer befriedigende Marktposition einzunehmen.

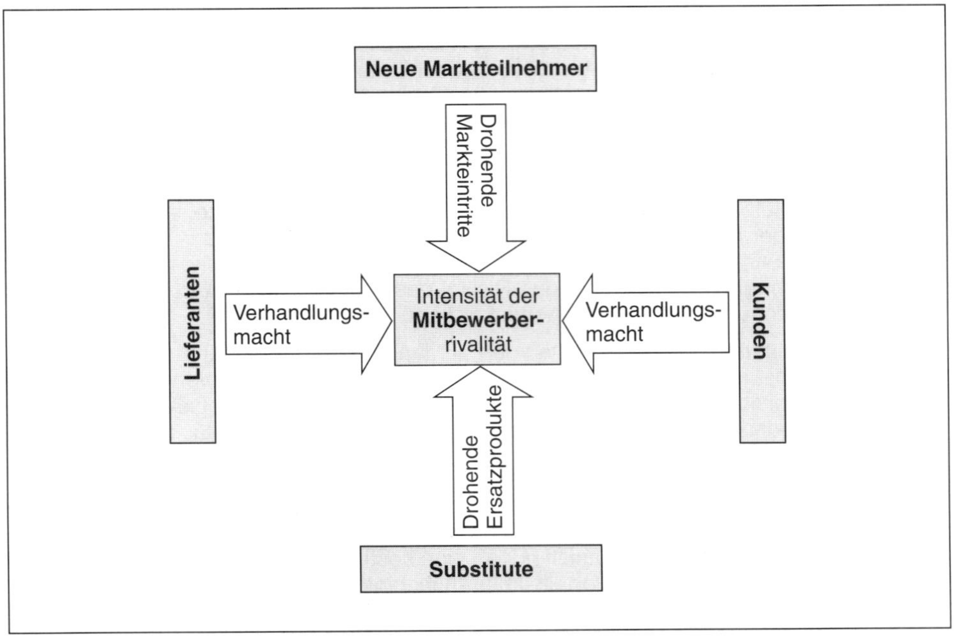

Das Fünf-Kräfte-Modell der Branchenstrukturanalyse (nach M.E. PORTER)

In einer in Zusammenhang mit der Branchenstrukturanalyse entwickelten **Wettbewerbsmatrix** unterscheidet PORTER drei Strategie-Grundtypen, die auch als Normstrategien oder generische Strategien bezeichnet werden:

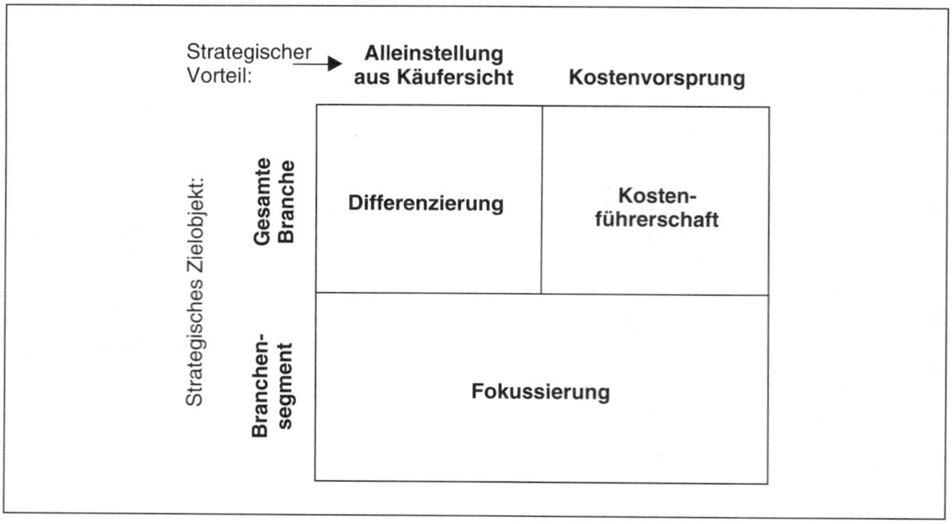

Strategische Hauptrichtungen des Wettbewerbs (nach: Michael E. PORTER)

Zur weiteren Erläuterung:

- **Kostenführerschaft (Preis-Mengen-Strategie):** Der Wettbewerbsvorteil resultiert aus vergleichsweise geringeren Kosten (Anbietervorteile Kostenvorteile). Kostenführerschaft zieht nicht automatisch günstigere Abgabepreise nach sich, ist aber Voraussetzung für diese und wird häufig auch deswegen verfolgt, um Preisvorteile aus Nachfragersicht zu ermöglichen. Eine strikte Orientierung an den Kosten birgt verschiedene Risiken: Unabwendbare Teuerungen, etwa bei Rohstoffen oder Arbeitskosten, machen die Strategie rasch zunichte; und wenn Investitionen in die Weiterentwicklung der Produkte und in neue Technologien vernachlässigt werden, können neu in den Markt eintretende Mitbewerber zur existenziellen Bedrohung werden.
- **Differenzierungsstrategie:** Der Wettbewerbsvorteil resultiert daraus, dass sich das Unternehmen aus Verbrauchersicht von den Mitbewerbern positiv abhebt, indem es dem Käufer Nutzenvorteile bietet. Höhere Qualität, besserer Service, ein hochwertigeres Design oder ein »exklusives« Image stehen allerdings häufig der Erringung eines hohen Marktanteils entgegen, weil Exklusivität und weite Verbreitung kaum vereinbar sind. Zudem birgt diese Strategie das Risiko, dass die Kosten vernachlässigt werden; auch die Bedrohung durch Imitationen ist nicht zu vernachlässigen.

Nach PORTER muss sich ein Unternehmen auf lange Sicht für die eine oder die andere Strategie entscheiden: Der Versuch, beide Strategien gleichzeitig zu verwirklichen (hohe Leistung bei zugleich geringen Kosten und Preisen, »Outpacing-Strategie«), ist auf Dauer wenig profitabel und lässt das Unternehmen im Mittelmaß verharren (»stuck in the middle«).

Vereinbar mit jeder dieser Strategien ist aber die

- **Fokussierung (Nischenstrategie):** Das Unternehmen konzentriert sich auf bestimmte Schwerpunkte, z. B. indem es nur ein bestimmtes Produkt anbietet, nur in einer bestimmten Region tätig wird oder sich nur ab eine bestimmte Kundengruppe wendet, und versucht sich auf diese Weise Vorteile im brancheninternen Wettbewerb zu verschaffen. Es verfolgt dabei entweder eine den gesamten Wettbewerbsbereich abdeckende Strategie der Kostenführerschaft oder der Qualitätsführerschaft oder aber eine Differenzierungsstrategie der selektiven Qualitäts- bzw. Kostenführerschaft:

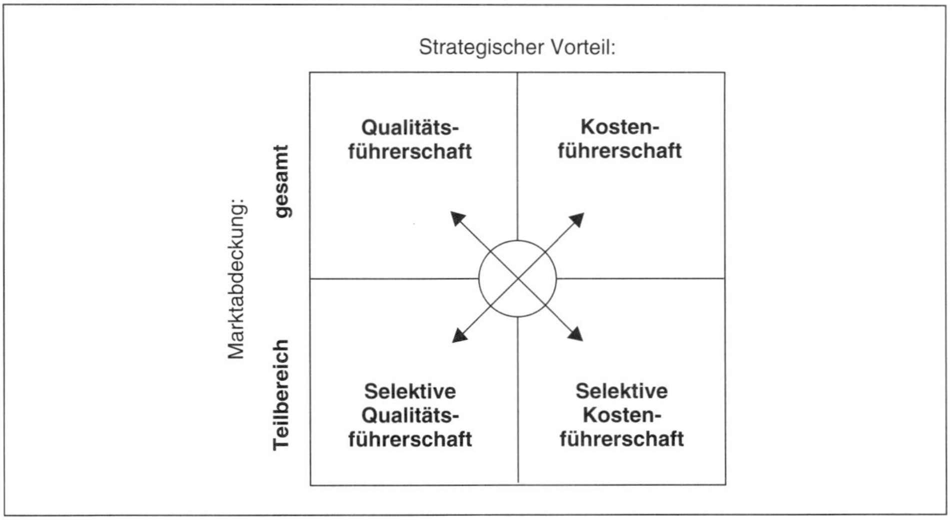

Wettbewerbsstrategien (nach: Michael E. PORTER)

Der Marketing-Begriff im engeren Sinne umfasst in der einschlägigen Literatur insbesondere die Bereiche Marktforschung, Produktentwicklung, Verkaufsförderung, Public Relations und Werbung und den Einsatz von auf diese Bereiche abgestimmten **»Marketing-Instrumenten«**:

- **Produkt- und Sortimentspolitik**; diese betrifft die Gestalt der Produkte und des Produktionsprogramms.
- **Kontrahierungspolitik**; die Gestaltung der kaufvertraglichen Bedingungen umfasst dreierlei:
  - **Preispolitik**; bei Festlegung des Verkaufspreises stellen sich regelmäßig z. B. folgende Fragen:

    »Soll der Verkaufspreis die Kosten übersteigen – falls ja, um wie viel?«

    »Soll der festgelegte Preis für längere Zeit gelten, oder soll der Preis variabel sein?«
  - **Rabattpolitik**: »Soll der Preis gegenüber unterschiedlichen Abnehmern gestaffelt werden?«
  - Gestaltung der Lieferungs- und Zahlungsbedingungen **(Konditionenpolitik)**.
- **Distributionspolitik**, d. h. Entscheidung für Absatzwege und -mittler.
- Verkaufsförderung, Werbung und Öffentlichkeitsarbeit, zusammenfassend auch als **Kommunikationspolitik** bezeichnet.

Diese Instrumente, die in Lehrbuch 3 noch eingehend beschrieben werden, können nach einem Vorschlag von MCCARTHY auch in »Product, Price, Place, Promotion« **(»4 P's«)** eingeteilt werden. Zusätzlich zu nennen ist die **Kundendienstpolitik** (auch als **Leistungspolitik** oder **Servicepolitik** bezeichnet), die den Umfang der den Absatz flankierenden Dienst- und Garantieleistungen vor und nach dem Verkauf (After-Sales-Service) betrifft.

Die absatzpolitischen Instrumente können sinnvoll nur in einem koordinierten Miteinander eingesetzt werden, das der sorgfältigen Planung bedarf und auf die Besonderheiten der Güter und damit auch der Branchen, die diese Güter hervorbringen, abgestimmt ist.

Häufig wird deswegen auch von **sektoralem Marketing** gesprochen:

- **Konsumgütermarketing** bezieht sich auf standardisierte Massenprodukte, die vorwiegend von Betrieben des Handels angeboten und von privaten Verbrauchern gekauft werden. In neuerer Zeit wird es häufiger auch als **B2C-Marketing** (»Business to Consumer/Customer«-Marketing) bezeichnet. Als teils von den Produzenten und teils vom Handel betriebenes **Massenmarketing** setzt es vor allem auf Produktpositionierung, Werbung und Preisgestaltung.
- **Dienstleistungsmarketing** bezieht sich auf immaterielle Güter (darunter auch Vermittlungsleistungen von Maklern usw.), die von privaten oder gewerblichen Nachfragern nachgefragt werden. Als **Imagemarketing** bedient es sich vorrangig der Kommunikations- und der Servicepolitik.
- **Investitionsgütermarketing** bezieht sich auf Güter, die wiederum für die Produktion von Gütern und Dienstleistungen benötigt werden. Als ausschließliches **B2B-Marketing** (»Business-to-Business-Marketing«) und **Individualmarketing** setzt es auf Produktpolitik, Werbung und individuellen Service.

Auch begriffliche Unterscheidungen nach **Handelsmarketing** und **industriellem Marketing** sind häufig anzutreffen.

Absatzmethoden und Absatzdurchführung – mithin die klassischen Aufgaben des Verkaufs – werden häufig unter dem Oberbegriff »**Vertrieb**« abgehandelt.

1.2.2.4 Rechnungswesen

Das kaufmännische Rechnungswesen ist das hauptsächliche Kontroll- und Lenkungsinstrument der Unternehmung. Alle Bestände und Vorgänge werden als bewertete Mengen zahlenmäßig erfasst mit dem Ziel, hieraus Erkenntnisse zu gewinnen und das Unternehmen durch zahlenmäßige Zielvorgaben lenken zu können.

Das kaufmännische Rechnungswesen gliedert sich in folgende Teile:

- **Externes Rechnungswesen:** Finanzbuchhaltung zur Dokumentation, Rechenschaftslegung und Information auch gegenüber Stellen außerhalb des Unternehmens (etwa Finanzamt, Kreditinstituten, Öffentlichkeit);
- **Internes Rechnungswesen: Kosten- und Leistungsrechnung** als Betriebsbuchhaltung zur internen Betriebsabrechnung (als zeitraumbezogene Rechnung) und Kalkulation (als auf Erzeugniseinheiten bezogene, für die Preisfindung unerlässliche Rechnung), ergänzt durch die **Planungsrechnung** und die **betriebliche Statistik**.

Einer ausführlichen Darstellung des externen und internen Rechnungswesens ist Kapitel 2 dieses Buches gewidmet.

1.2.2.5 Investition / Finanzierung

Eine **Investition** ist die Bindung finanzieller Mittel in solchen materiellen oder immateriellen Gegenständen, die längerfristig zum Zweck der Ertragserzielung genutzt werden sollen. Damit ist die Investitionsplanung eine der wichtigsten, weil überlebensentscheidenden Aufgaben im Unternehmen. Die Investitionsrechnung erfordert die Beherrschung bestimmter Rechenverfahren, die Zeiträume zu berücksichtigen haben, die teils weit in der Zukunft liegen. Dabei wird in der Praxis immer eine Entscheidung zwischen mehreren Investitionsalternativen zu treffen sein – zumindest besteht bei jeder Investitionsentscheidung die Alternative der Unterlassung. Die Ergebnisse dienen der Entscheidungsfindung sowohl bei Neu- als auch bei Ersatzinvestitionen, wobei auch Fragen nach dem unter wirtschaftlichen Gesichtspunkten optimalen Zeitpunkt für die Ersetzung technisch noch funktionsfähiger Anlagen zu beantworten sind.

Investition wiederum ist untrennbar mit **Finanzierung** verbunden, denn die Mittel, die investiert werden sollen, müssen zunächst durch Finanzierungsaktivitäten bereitgestellt werden: Finanzierung und Investition sind gewissermaßen »zwei Seiten einer Medaille«. Es gilt, die Möglichkeiten für die Gewinnung finanzieller Mittel in- und außerhalb des Unternehmens, als Eigen- oder Fremdkapital, in ausreichender Menge und fristgerecht zu erkunden und auszuschöpfen.

1.2.2.6 Controlling

Nicht Kontrolle, sondern **Steuerung** ist namensgebend für das Controlling. Aufgabe des Controlling ist die Bereitstellung von Methoden und Informationen zur Verbesserung der ablaufenden Managementprozesse im Sinne der Zielsetzung des Unternehmens. Controlling umfasst damit alle Aktivitäten, die geeignet sind, die Informationsversorgung der Führungsinstanzen zu verbessern und damit die von der Führung zu treffenden Entscheidungen optimal zu fundieren. Zu den Einzelaufgaben des Controllings gehören das Erkennen von Informationsbedarf, die Beschaffung der notwendigen Informationen und ihre Analyse mit Hilfe eines Instrumentariums, das die zukunftsorientierte Auswertung in den Vordergrund stellt. Controlling vollzieht sich in einem ständigen Regelkreis, der das Erreichte immer wieder anhand von Zielvorgaben überprüft, hinterfragt und hieraus Handlungsempfehlungen ableitet, deren Umsetzung – ggf. als gegensteuernde Maßnahmen – die zukünftige Zielerreichung sichern sollen. Controlling beschränkt sich dabei auf die Unterstützung der Führung, greift aber selbst nicht direkt in die Führung ein. Häufig wird hierfür das Bild des Lotsen bemüht, der den Kapitän und die Offiziere bei der Navigation ihres Schiffes – hier: der Unternehmung – berät, ohne selbst das Steuer in die Hand zu nehmen.

1.2.2.7 Personalwirtschaft / Personalmanagement

Personal ist die wichtigste, häufig auch die teuerste Ressource eines Unternehmens. Mehr und mehr treten Planung, Auswahl, Entwicklung und Führung des Personals als wesentliche Managementaufgabe in den Vordergrund, die meist im Begriff des **Personalmanagements** zusammengefasst wird. Zusammen mit den administrativen Aufgaben der **Personalverwaltung**, zu denen die arbeitsvertraglichen und sonstigen arbeitsrechtlichen Angelegenheiten sowie die Entgeltabwicklung gehören, bildet es das **Personalwesen**. Alles, was mit Personal »zu tun hat«, wird in der Betriebswirtschaftslehre häufig unter dem Begriff der **Personalwirtschaft** zusammengefasst.

Neben wirtschaftlichen Zielen wie der kostengünstigen und aufgabengerechten Bereitstellung geeignet qualifizierten Personals zum richtigen Zeitpunkt muss eine moderne Personalpolitik auch soziale Ziele verfolgen und dabei die von den Mitarbeitern selbst verfolgten Ziele beachten, bei denen zunehmend die Optimierung der »Work-Life-Balance«, also des Gleichgewichts zwischen Erwerbsarbeit und Privatleben, im Vordergrund steht. Stets sind Beteiligungs- und Mitspracherechte des Betriebsrats zu beachten.

1.2.3 Zusammenwirken der betrieblichen Funktionen

Unternehmen sind arbeitsteilige Systeme, innerhalb derer komplexe Aufgaben in Teilaufgaben zerlegt und auf verschiedene Aktionsträger (Stellen) verteilt werden müssen. Diese Verteilung orientiert sich häufig an den oben genannten Funktionen: So wird es in vielen

Betrieben Einkäufer, Verkäufer, Personalsachbearbeiter, Buchhalter usw. geben. Diese Stellen wiederum müssen zu einem organisierten Miteinander zusammengefügt werden, in dem sich die das Unternehmen durchziehenden güter- und finanzwirtschaftlichen Prozesse möglichst reibungslos vollziehen und die Unternehmensziele erreicht werden können. Mit der Gestaltung dieser Gefüge setzen sich die Aufbau- und die Ablauf- oder Prozessorganisation auseinander, die in den Lehrbüchern 2 und 3 noch ausführlich behandelt werden.

1.3 Existenzgründung und Unternehmensrechtsformen

Eine Geschäftsidee ist geboren und soll in die Tat umgesetzt werden, sprich: Ein Unternehmen soll gegründet werden. Das kostet nicht nur Geld, sondern erfordert auch einige Entscheidungen (außer der, woher das Geld kommen soll): Wo soll das Unternehmen errichtet werden? Was genau soll es tun? Und in welcher Rechtsform soll es das tun? Einmal getroffen, kann keine dieser Entscheidungen »mal eben« revidiert werden. Deswegen kann man sie mit Fug und Recht als Kernentscheidungen bezeichnen.

1.3.1 Gründungsphasen

Ausgangspunkt einer jeden Unternehmensgründung ist die Geschäftsidee. Die nachfolgenden Phasen werden je nach herangezogener Literatur – die Zahl der Ratgeber allein im deutschsprachigen Raum dürfte in die hunderte gehen – unterschiedlich gegliedert; die verschiedenen Phasenschemata enthalten aber durchweg die folgenden – hier an der Situation einer natürlichen Einzelperson orientierten – Elemente:

- Geschäftsidee / Orientierungsphase,
- Konzipierungsphase,
- Gründungsphase,
- Markteintrittsphase,
- Weiterentwicklung.

Diese Phasen werden nachfolgend eingehender beschrieben.

Geschäftsidee / Orientierungsphase

Die vielleicht zunächst vage Geschäftsidee wird ausformuliert und auf ihre Tragfähigkeit in Hinblick auf die zu ihrer Umsetzung erwogene Existenzgründung untersucht. Mögliche Probleme müssen identifiziert und Lösungen gesucht werden. Insbesondere

- die **Überprüfung der Geschäftsidee** auf Alleinstellungsmerkmale, Markttauglichkeit, technische Umsetzbarkeit und rechtliche Unbedenklichkeit,
- die **Selbstüberprüfung** des Gründers auf persönliche, fachliche und formale Eignung,
- die **finanzielle Sondierung** des Vorhabens hinsichtlich des Investitionsbedarfs, der Anlaufkosten und der Mittelaufbringung,
- eine erste Einschätzung der **Wirtschaftlichkeit** und des wirtschaftlichen **Risikos**

sind Teile der bisweilen als **»feasibility study«** (Machbarkeitsstudie) bezeichneten Orientierung, mit der letztlich die Frage geklärt wird, ob mit der Arbeit an dem Projekt fortgefahren werden soll.

Die notwendigen Vorüberlegungen werden ausführlicher in Abschnitt 1.3.2 erörtert.

Konzipierungsphase

Auf Basis der Ergebnisse der vorangegangenen Überlegungen wird ein **Businessplan** (Geschäftsplan) erstellt, der als Grundlage für die Verhandlungen mit außenstehenden

Personen und Institutionen – Banken, Risikokapitalanlegern, Fördergebern, wichtigen gewünschten Geschäftspartnern – oder auch an direkter Beteiligung Interessierten dient. Er muss darauf abzielen, die potenziellen Partner davon zu überzeugen, dass

- geliehene Mittel fristgerecht zurückgezahlt und angemessen verzinst werden können,
- gelieferte Gegenstände und Güter fristgerecht abgenommen und bezahlt werden,
- zugesagte Unternehmensleistungen fristgerecht und in vereinbarter Qualität erbracht werden können,
- das Geschäftsmodell Perspektiven für eine Verstetigung bietet, sodass die genannten Fähigkeiten über lange Zeit zugesichert werden können.

Ein Businessplan besteht meist aus mehreren Teil- und Unterplänen, die z. B. wie nachfolgend gegliedert sein können.

- **Unternehmensdarstellung:** Diese beinhaltet die folgenden Aspekte, die im Rahmen einzelner Pläne/Kapitel ausführlich dargestellt werden:
  - **Vorstellung des Gründers** oder der Gründer, insbesondere fachliche und persönliche Eignung, Branchenerfahrung, Motivation;
  - Produkt und Branche einschließlich der relevanten Beschaffungs- und Absatzmärkte unter Angabe der Informationsquellen, der bereits bestehenden oder angeknüpften Beziehungen, einer Analyse der Wettbewerber und deren Angebot sowie der eigenen Stärken und Schwächen, Chancen und Risiken **(SWOT-Analyse)**;
  - für erreichbar gehaltene und angestrebte Absatz- und Umsatzzahlen werden in einem **Absatzplan** dargelegt;
  - Vorstellung und Begründung des geplanten **Standorts**, wobei je nach Gegenstand des Unternehmens die Nähe zu Beschaffungs- und/oder Absatzmärkten eine besondere Rolle spielt;
  - Kernfunktionsbereiche des neuen Unternehmens werden in jeweiligen Planungen beschrieben, beziffert und begründet: Beschaffung/Logistik **(Beschaffungsplan)**, Marketing/Vertrieb **(Marketingplan)**, Führung, Organisation und Verwaltung (**Leitlinien; Organisationsplan** mit Aufbau- und Ablauforganisation), Personal **(Personalbedarfs-, -beschaffungsplan)**, ggf. Forschung/Entwicklung;
  - angestrebte **Rechtsform** mit Begründung.
- **Wirtschaftlichkeitsplanung** mit aufeinander aufbauenden bzw. Bezug nehmenden Plänen, nämlich
  - einem **Investitionsplan**, der die notwendigen Investitionen nach Art und Menge sachlich begründet. Die Kapazitäten geplanter Produktionsanlagen werden sich dabei vor allem an den Absatzerwartungen orientieren. Die Vorteilhaftigkeit einzelner Investitionen wird durch finanzmathematische Berechnungen (insbesondere Amortisations-, Kapitalwert-, Rentabilitätsrechnungen) belegt;
  - einem **Finanzbedarfsplan**, der den anfänglichen und laufenden Kapitalbedarf, den Überbrückungsbedarf bis zum Eingehen erster Rückflusse und den dauerhafte Finanzbedarf darstellt;
  - einem **Liquiditätsplan**, der die Entwicklung der Ein- und Auszahlungen darstellt und darlegt, wie die Zahlungsfähigkeit durchgängig gewährleistet wird;
  - einem **Erfolgs- oder Rentabilitätsplan**, der die Entwicklung der Kosten und Erlöse darstellt und dabei auf die Erkenntnisse der anderen Pläne zurückgreift.

Die mit Hilfe des Businessplans verfolgte Absicht ist die einer jeden Werbstrategie und muss entsprechend dem Werbewirkungsprinzip **AIDA** an die Zielpersonen herangetragen werden:

- Aufmerksamkeit erregen: **A**ttention!
- Interesse wecken: **I**nterest!
- den Teilnahmewunsch wecken: **D**esire!
- zur gewünschten Handlung führen: **A**ction!

Gründungsphase (im engeren Sinne)

Die benötigten Finanzmittel müssen nun bereitgestellt, die geplanten Investitionen getätigt werden. Aus der Art und dem Platzbedarf des neuen Unternehmens ergeben sich die notwendigen Schritte: Kauf von Grundstücken und Gebäuden oder Anmietung von Räumen; Auftragserteilung für Spezialmaschinen; Anschaffung aller sonstigen benötigten technischen Anlagen, Maschinen, EDV-Anlagen, des Fuhrparks, der sonstigen Geschäftsausstattung. Dies setzt verbindliche Zusagen durch Finanzgeber und fristgerechte Bestellungen aller benötigten Sachmittel voraus.

Falls von Anfang an Mitarbeiter benötigt werden, müssen diese nun gesucht, ausgewählt und eingestellt werden.

Eine Reihe rechtlich vorgeschriebener Formalitäten ist erforderlich, um das Unternehmen rechtskräftig entstehen zu lassen. Wesentliche Schritte sind (hier dargestellt für ein Handelsgewerbe gemäß HGB; für sonstige selbstständige und freiberufliche Tätigkeiten sind teilweise abweichende Anforderungen zu erfüllen):

- Je nach gewählter Rechtsform: Aufstellung und ggf. notarielle Beurkundung eines **Gesellschaftsvertrags**.
- **Gewerbeanmeldung** beim Gewerbe- oder Ordnungsamt der Gemeinde, in der das Unternehmen seinen Sitz haben soll. Je nach Art des angemeldeten Gewerbes ergehen daraufhin Meldungen an weitere Stellen (z. B. Finanzamt, Umweltamt, Industrie- und Handelskammer oder Handwerkskammer, Agentur für Arbeit, ggf. Gesundheitsamt, Eichamt usw.), auch solche, die ggf. eine erforderliche behördliche Erlaubnis erteilen müssen (etwa im Falle von Gaststätten, Beförderungsunternehmen, Maklern). Die Anmeldung ist gebührenpflichtig.
- **Auskunftserteilung** gegenüber denjenigen Behörden und Institutionen, die aufgrund der Gewerbeanmeldung Informationen anfragen.
- **Eintragung ins Handelsregister:** Gewerbetreibende, deren Tätigkeit einen kaufmännisch eingerichteten Geschäftsbetrieb erfordert, müssen sich in das beim Amtsgericht geführte Handelsregister eintragen lassen. Hierzu ist ein notariell beurkundeter Antrag erforderlich. Die Eintragung ist gebührenpflichtig.
- Falls Mitarbeiter beschäftigt werden: Anforderung einer **Betriebsnummer** bei der Agentur für Arbeit; **Anmeldung der Mitarbeiter** zur **Kranken- und sozialen Pflegeversicherung** bei deren Krankenkassen, die die Anmeldung auch an die **Deutsche Rentenversicherung** und an die Bundesagentur für Arbeit (Arbeitslosenversicherung) weitergeben; ferner Anmeldung der Mitarbeiter bei der zuständigen **Berufsgenossenschaft**; geringfügig Beschäftigte sind der **Deutschen Rentenversicherung Knappschaft-Bahn-See** (KBS – **Minijob-Zentrale**) zu melden.
- Abschluss von **Versicherungen** für den Gründer selbst (mindestens Krankenversicherung; private Altersvorsorge, ggf. Rürup-Vertrag; Arbeits- und Berufsunfähigkeitsversicherung; Privathaftpflicht; ggf. freiwillige Weiterversicherung in der Arbeitslosenversicherung) und sein Unternehmen (Versicherungsbedarf nach Betätigung: Betriebshaftpflichtversicherung; Gebäude- und Geschäftsinhaltsversicherung gegen Brand, Wasserschaden, Diebstahl usw.; ggf. Elektronik-, Maschinen-, KFZ-, Transport-, Rechtsschutzversicherung).

Markteintrittsphase

Markteintritt bedeutet, dass das Unternehmen seine Leistung bekanntmacht und mit werblichen Maßnahmen an potenzielle Abnehmer herantritt, und setzt je nach Gegenstand des Unternehmens voraus, dass die notwendigen, im **Beschaffungsplan** als Teilplan des Businessplans fixierten Schritte zur Beschaffung all dessen, was für die Erbringung der eigenen Leistung erforderlich ist, unternommen wurden. Produzierende Betriebe müssen jetzt gemäß **Produktionsplan** die Produktion aufnehmen. In welcher Weise der Eintritt in den Absatzmarkt unternommen wird, ist stark produktabhängig und im **Marketingplan** niedergelegt. Erste im Markt gesammelte Erfahrungen müssen zur Revision und ggf. Änderung der im Businessplan festgelegten Einzelpläne genutzt werden.

Weiterentwicklung

Hat das Unternehmen in seinen Märkten »Fuß gefasst« und erste wirtschaftliche Erfolge verbucht, gilt es, diesen Erfolg zu verstetigen. Dazu ist es erforderlich, die Quellen des Erfolgs, aber auch die weniger erfolgreichen oder sogar mittel- und langfristig die Existenz gefährdenden Betätigungsfelder zu erkennen. Eine sorgfältige, hinreichend detaillierte **Kosten- und Leistungsrechnung** und die Aufbereitung der mit ihrer Hilfe gewonnenen Werte zu aussagefähigen betriebswirtschaftlichen Kennzahlen im Rahmen des **Controllings** sind unerlässlich, damit Notwendigkeiten für steuernde Eingriffe rechtzeitig erkannt, Instrumente und Maßnahmen situationsangepasst ausgewählt werden und insgesamt angemessen reagiert werden kann.

1.3.2 Voraussetzungen der Existenzgründung

In der **Orientierungsphase** sollten die folgenden Überlegungen und Überprüfungen stattfinden:

1. Überprüfung der Geschäftsidee auf

- **Neuheitsgehalt:** Ist die Idee wirklich so neu, originell, vielversprechend, wie sie scheint? Wenn nicht: Gibt es genügend Argumente, warum eine »alte« Idee trotzdem funktionieren sollte?

  Nicht jede Idee muss »brandneu« sein, es kommt vielmehr darauf an, in Lücken zu stoßen, in denen die mögliche Nachfrage noch nicht befriedigt ist. Dies können örtliche/regionale Unterversorgungen sein, aber auch besondere Produkteigenschaften, die das eigene Produkt positiv von Mitbewerberprodukten abheben und ein **»Alleinstellungsmerkmal« (unique selling proposition,** kurz: **USP)** des eigenen Produkts ausmachen. USP können direkte Eigenschaften des Produkts sein, etwa Design, Funktion, Qualität, aber auch **Standortvorteile** des Unternehmens und Servicevorzüge wie Qualität der Beratung, Erreichbarkeit, Liefer- und Reparaturservice usw.

- **Markttauglichkeit, Marktgängigkeit, Marktchancen:** Gibt es überhaupt ausreichend Abnehmer für das Produkt bzw. die Dienstleistung; wird die Nachfrage groß genug sein, damit das Vorhaben mittelfristig eine Vollexistenz trägt; mit welchen Mitbewerbern bekomme ich zu tun?

  Die **Konkurrenzanalyse** muss sich auf die Zahl, Bedeutung und – je nach Gegenstand und in Abhängigkeit von dem für das eigene Unternehmen gewählten Standort – auch den **Standort** der Mitbewerber und ihre Aktionen am Markt erstrecken. Als Informationsquellen kommen intensive Internetrecherchen, Zeitungen und Zeitschriften, Telefon- und Branchenverzeichnisse, Firmen-Nachschlagewerke (»Wer liefert was?«), Kammern und Verbände, Gewerbe-, Wirtschaftsförderungs- und statistische

Ämter, Messen und andere Fachveranstaltungen in Betracht. Dabei sind nicht nur Anbieter scheinbar »gleicher« Produkte zu berücksichtigen, sondern auch solche, deren Produkte dieselben Bedürfnisse befriedigen.

Beispiel:

Erwogen wird, Tiefkühlmenüs für Singles anzubieten. Als Mitbewerber sind dabei nicht nur andere Anbieter von Tiefkühlkost zu betrachten, sondern alle Anbieter, die das Bedürfnis von Einzelpersonen nach bequemer Aufbewahrung und schneller Zubereitung warmer Mahlzeiten bedienen: Auch sonstige gekühlte und in Umgebungstemperatur aufbewahrte Fertigmahlzeiten sind als Konkurrenzprodukte anzusehen.

Starke, marktbeherrschende Mitbewerber können ihre Leistung häufig zu Preisen anbieten, zu denen neu in den Markt eintretende Unternehmer nicht kostendeckend arbeiten können: Wenn dann kein Alleinstellungsmerkmal den höheren Preis aus Nachfragersicht rechtfertigt, ist das neue Unternehmen chancenlos.

Ausgangspunkt einer echten Marktinnovation – wenn es also, auch unter Einbezug solcher Produkte, die aus Kundensicht dasselbe Bedürfnis befriedigen, keine Mitbewerber gibt – sollte immer die begründete Vermutung eines bislang unbefriedigten, ggf. latenten (ungeweckten und unbewussten), Bedürfnisses einer mehr als marginalen Konsumentengruppe sein. Beim Versuch, den möglichen Markt einzuschätzen, können Befragungen im Bekanntenkreis eine erste, aber nicht allein verlässliche Orientierung geben. Geniale, brandneue Ideen, die als Selbstgänger am Markt »zünden«, sind selten; ein konsequentes Verfolgen des **AIDA-Prinzips** ist daher dringend angeraten. Das Risiko des Scheiterns ist bei Marktinnovationen beträchtlich. Ihm gegenüber steht die Chance, als erster Vermarkter einer neuen Idee einen neuen Markt zu eröffnen und bis zum Markteintritt von Nachahmern erfolgreich abzuschöpfen.

- **Standort:** Wo soll das neue Unternehmen seinen Standort haben? Spielt die Nähe zu Rohstoffen, zu Lieferanten, zu Kunden, zu Arbeitskräften mit besonderer Qualifikation eine besondere Rolle? Müssen bestimmte Infrastrukturen – Hafen, Autobahn, Bahngleise, Hochschulen, Forschungseinrichtungen – vorhanden sein? Der **Standortwahl** ist ein eigener Abschnitt gewidmet.
- **Technische Umsetzbarkeit:** Ist die Idee nach dem Stand der Technik und nach vorhandenem Know-how realisierbar? Sind erforderliche Rohstoffe und technische Verfahren verfügbar?

  1673 entwickelte der deutsche Universalwissenschaftler Gottfried Wilhelm Leibniz die erste mechanische Rechenmaschine, die das Problem des Zehnerübertrags mithilfe einer Staffelwalzentechnik löste. Die technischen, insbesondere feinmechanischen Möglichkeiten seiner Zeit waren jedoch nicht entwickelt genug, um eine fehlerfrei arbeitende Maschine zu bauen, und an Serien- oder gar Massenproduktion war nicht zu denken. Erst im Jahr 1900 konnte eine fehlerfrei arbeitende Replik nach den Konstruktionsplänen von Leibniz gebaut werden.

  Leibniz' an sich geniale Idee hätte ihm also, wenn er dies angestrebt hätte, zu keinem Markterfolg verholfen. Eine Innovation, die ihrem Erfinder zu einer tragfähigen Existenz verhelfen soll, muss also technologisch auf Machbarkeit hin untersucht werden.

  Viele Produktionsverfahren erfordern seltene oder eingeschränkt verfügbare Rohstoffe.

  Zahlreiche Schlüsseltechnologien benötigen Metalle der Seltenen Erden, etwa Neodym zur Herstellung von Dauermagneten, die in Motoren und Generatoren (z. B. in Permanentmagnetgeneratoren moderner Windkraftanlagen) Einsatz finden; Lanthan (Batterielegierungen) oder Erbium und Holmium (Laser).

  Für solche Fälle müssen zuverlässige Beschaffungsmöglichkeiten erkundet werden!

- **Rechtliche Unbedenklichkeit:** Wird mit der Umsetzung der Idee gegen bestehendes Recht verstoßen? Werden Rechte Dritter berührt oder verletzt? Sind besondere Erlaubnisse, Konzessionen, Zulassungen erforderlich und kann davon ausgegangen werden, dass diese erteilt werden?

  Selbstverständlich darf sich die neue Existenz nicht mit dem Angebot **verbotener oder sittenwidriger Leistungen** (z. B. Auftragsmord, Kreditwucher) befassen und nicht gegen Außenhandelsbeschränkungen verstoßen. Wahrscheinlicher sind allerdings **Verstöße gegen geistiges Eigentum** Dritter. Rechte an technischen Erfindungen, Marken und Produktdesigns sind beim **Deutschen Patent- und Markenamt (DPMA)** in München geschützt, das als nationale Behörde wiederum in ein Netz internationaler Schutzrechtssysteme eingebunden ist. Das DPMA bietet im Internet (www.dpma.de) umfangreiche Möglichkeiten zur Recherche nach geschützten Rechten. Für eine neue Produktidee sollte immer auch ein Schutz erwogen werden, wobei die Art der benötigten Schutzrechte vom Einzelfall abhängt.

  Zwar bestehen in Deutschland grundsätzlich **Gewerbefreiheit** und **freie Berufswahl**; wobei aber aus einem Schutzinteresse der Allgemeinheit heraus die Ausübung bestimmter Gewerbe (z. B. Bank, Beförderungsunternehmen, Gaststätte, Lebensmittelgeschäft) **genehmigungspflichtig** oder **an bestimmte Voraussetzungen gebunden** ist, ebenso wie die Ausübung bestimmter Berufe (z. B. Approbation für akademische Heilberufe; amtliche Bestellung für Notare; Meisterbrief in vielen Handwerksberufen). Häufig sind die Voraussetzungen an die Person des Ausübenden gebunden, aber nicht immer (z. B. ist die Zahl der Kassenzulassungen für niedergelassene Ärzte in Städten und Regionen durch die Kassenärztliche Vereinigung limitiert). Auskünfte erteilen Kammern und sonstige berufsständische Vereinigungen.

Viele der bisher aufgeworfenen Fragen stellen **Ausschlusskriterien** dar. Wenn die Antwort auch nach eingehender Überprüfung »nein« lautet, kann das Projekt nicht weiter verfolgt werden.

2. Selbstüberprüfung des Gründers auf

- **persönliche Eignung:** Bin ich persönlich überhaupt für eine Selbstständigkeit geeignet, kann ich Unsicherheit, Risiko, Mehrarbeit, Verzicht auf Freizeit und Urlaub aushalten?

  Die meisten Existenzgründungsratgeber enthalten umfangreiche Checklisten, mit deren Hilfe persönliche Eigenschaften eingeschätzt und beurteilt werden können. Selbsteinschätzungen werden häufig vom Wunsch, das Projekt zu realisieren, überstrahlt und sind deswegen nicht immer ehrlich. Die Hinzuziehung von Vertrauenspersonen ist daher empfehlenswert.

- **fachliche und formale Eignung:** Bin ich qualifiziert, die mit meiner Idee verbundene Marktleistung zu erbringen und außerdem alle sonstigen an eine selbstständige Existenz gestellten Anforderungen – etwa Buchführungspflichten – zu erfüllen? Verfüge ich über die ggf. erforderlichen Befähigungsnachweise (etwa Meisterbrief) und Formalqualifikationen (z. B. einen einschlägigen Studienabschluss) bzw. kann ich diese in annehmbarer Zeit erwerben? Kann ich auf Branchen-Know-how, vorhandene Beziehungen und Netzwerke zugreifen?

- **Vereinbarkeit der Gründung mit der bisherigen Tätigkeit:** Bin ich bereit, bisherige Tätigkeiten aufzugeben oder einzuschränken; darf ich die Existenzgründung neben der bisherigen Tätigkeit versuchen; brauche ich die Genehmigung des Arbeitgebers ggf. auch für Zeiten nach Auslaufen des Arbeitsvertrags?

  Besonders zu beachten ist hier die Vorschrift des § 60 HGB, wonach ein Handlungsgehilfe (ein in einem zum Handelsgewerbe zählenden Betrieb angestellter Arbeitnehmer) ohne Einwilligung seines Arbeitgebers weder ein Handelsgewerbe betreiben noch in dessen Handelszweig für eigene oder fremde Rechnung Geschäfte machen darf. In vielen Arbeitsverträgen ist ein solches **Wettbewerbsverbot** auch **nachvertraglich** vereinbart, wobei eine Gültigkeit für bis zu 2 Jahren möglich ist (§§ 110 GewO, 74 ff HGB), allerdings nur unter fest umrissenen Bedingungen.

- **Vereinbarkeit** der Gründung **mit den privaten Lebensumständen**: Bin ich bereit zu Mehrarbeit; trägt mein privates/familiäres Umfeld das Vorhaben mit?

  Werden einzelne dieser Fragen verneint, ist nach Alternativen zu fragen: Wer kann mir helfen – welche selbstständigen Helfer (z. B. ein Steuerberater bei Buchführung und Jahresabschluss) und angestellten Mitarbeiter (z. B. ein angestellter Meister, wenn die Ausübung der Tätigkeit einen »Großen Befähigungsnachweis« gemäß Handwerksordnung erfordert) brauche ich?

Möglicherweise folgt aus diesen Überlegungen der Wunsch bzw. die Einsicht in die Notwendigkeit, nach **Mitgesellschaftern** zu suchen, die über benötigtes Know-how, Kontakte, Zeit und nicht zuletzt Geld (siehe unten) verfügen: Wie könnte das Gesellschaftsverhältnis beschaffen sein? Letztere Frage führt unmittelbar zur Notwendigkeit, die **Rechtsform** des neuen Unternehmens zu klären.

3. Finanzielle Sondierung:

- **Investitionsbedarf:** Welches Anlagevermögen – also z. B. Grundstücke und Gebäude, technische Anlagen, Fuhrpark, sonstige Betriebs- und Geschäftsausstattung – ist für die Ingangsetzung des Unternehmens erforderlich; was/wieviel davon ist vorhanden/nicht vorhanden? Was kann und sollte gemietet/geleast, was gekauft werden? Wie hoch ist der sofortige Geldabfluss; wie hoch ist die laufende Liquiditätsbelastung (Darlehens-, Leasingraten) durch die Investitionen? Wie lohnend sind die Investitionen tatsächlich?

  Investitionen sind dadurch gekennzeichnet, dass zunächst Mittel ab- und später, verteilt über mehrere/viele Perioden, zufließen. Je weiter der Zeitpunkt eines Rückflusses in der Zukunft liegt, desto größer ist die Unsicherheit. Gerade in Zusammenhang mit einer Neugründung sind Investitionen mit Verlustrisiken behaftet; dies umso mehr, wenn in Anlagegüter investiert wird, die wenig marktgängig und im Fall der Geschäftsaufgabe schlecht veräußerbar sind (z. B. Spezialmaschinen). Unter diesen Umständen sind sorgfältige finanzmathematische Berechnungen erforderlich, die belegen müssen, dass die Investition tatsächlich lohnender ist als die Alternative, vorhandene Mittel relativ sicher am Kapitalmarkt anzulegen (bzw. deutlich mehr einbringt als es kostet, nicht vorhandene Mittel am Kapitalmarkt aufzunehmen – deutlich deswegen, weil das eingegangene Risiko vergolten werden soll und steigende Zinsen ins Kalkül gezogen werden müssen).

- **Anlaufkosten:** Welche Mittel werden bis zum Eingang erster Rückflüsse benötigt?

  Bevor im neuen Unternehmen irgendetwas geschehen kann, muss die Gründung vollzogen werden, die je nach gewählter Rechtsform mehr oder weniger hohe **Gründungskosten** verursacht, die zu Geldabflüssen führen. Bei Aufnahme der Tätigkeit schließlich fallen **Auszahlungen für den laufenden Geschäftsbetriebs** an, denen aber zunächst noch keine Einzahlungen gegenüberstehen. Material muss gekauft, Personal eingestellt und ggf. geschult werden, Geschäftsräume müssen gemietet und mit Energie versorgt werden; und es kostet Geld, den Betrieb und sein Leistungsangebot bekanntzumachen. Dieser anfängliche Finanzbedarf muss realistisch und mit Spielraum für Verzögerungen und Unvorhergesehenes eingeschätzt werden, damit dem jungen Unternehmen nicht vor dem ersten Erfolg das Geld ausgeht.

- **Mittelaufbringung:** Kann ich diese Mittel allein oder mit Partnern aufbringen? Wovon werde ich leben, bis das Geschäft erste Früchte trägt? Wo kann ich Kapital akquirieren, und was kann ich Kapitalgebern als Sicherheit und als Rendite bieten? Gibt es Möglichkeiten einer **Förderung**?

  Häufig werden die eigenen Mittel nicht ausreichen. In der Orientierungsphase sollte versucht werden, den Fremdmittelbedarf so gut wie möglich einzuschätzen und dabei bereits nach langfristig benötigten Mitteln und vorübergehend/zeitweilig benötigten Kreditlinien zu unterscheiden. Vor einem Sondierungsgespräch mit Banken und anderen Mittelgebern sollte allerdings ein Businessplan (vgl. »Konzipierung«) erstellt werden, damit schon die ersten Auftritte überzeugend gelingen.

Die vielfältigen Möglichkeiten der **Förderung von Existenzgründungen** können jeweils aktuell z. B. über das Existenzgründungsportal des Bundesministeriums für Wirtschaft und Technologie im Internet (www.existenzgruender.de) recherchiert werden. Arbeitslose Menschen, die sich selbstständig machen wollen, können einen Gründungszuschuss der Agentur für Arbeit erhalten (www.arbeitsagentur.de).

4. Einschätzung der Wirtschaftlichkeit und des Risikos:

Die im Businessplan (mit dessen Erstellung die nächste Phase der Existenzgründung eingeleitet wird) darzulegenden Wirtschaftlichkeitsbetrachtungen müssen in der Orientierungsphase wenigstens überschlägig durchgeführt werden, um fundiert zu folgenden Einschätzungen zu gelangen:

- **Wirtschaftlichkeit** des Unternehmens: Welche Einkünfte werden unter Berücksichtigung der anfallenden Aufwendungen in der Anfangsphase und nach erfolgreichem Markteintritt erzielbar sein? Sind diese Einkünfte im Vergleich mit der bisherigen Tätigkeit hinreichend lukrativ und langfristig sicher? Wird das eingesetzte Eigenkapital angemessen verzinst?
- **Wirtschaftliches Risiko:** Welches Risiko ist mit der Umsetzung verbunden, welches Risiko bin ich bereit – und in der Lage! – zu tragen?

Wie schon zuvor, stellt sich auch hier wieder die Frage, ob die Gründung besser mit weiteren Gesellschaftern unternommen werden soll, und damit wiederum die Frage nach der Rechtsform.

Hilfestellungen in der Orientierungsphase geben insbesondere die Industrie- und Handelskammern, Handwerkskammern und berufsständischen Vereinigungen.

1.3.3 Rechtsformen

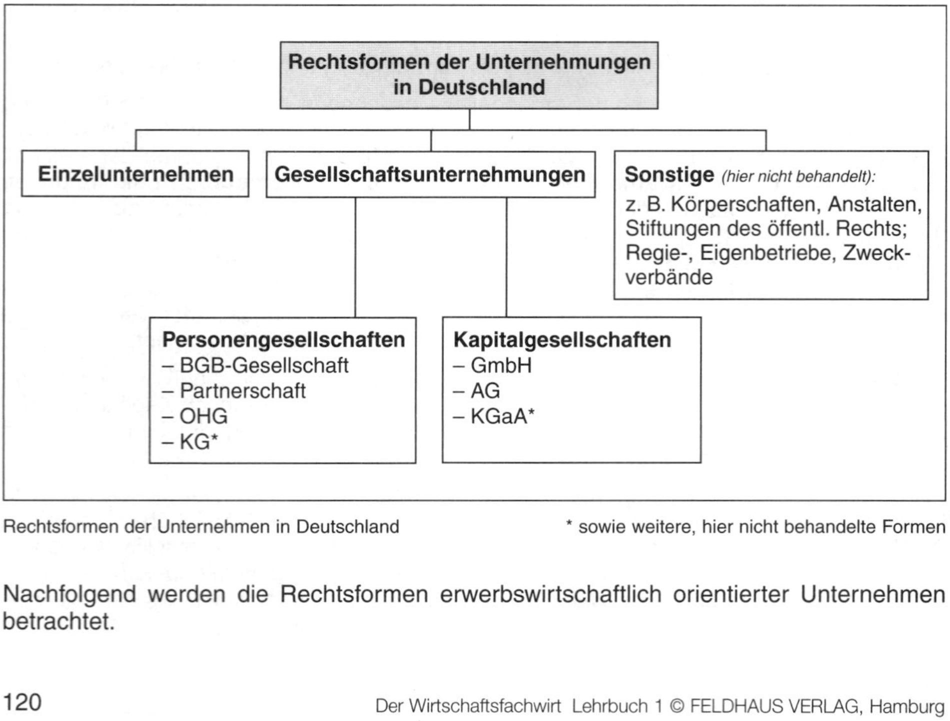

Rechtsformen der Unternehmen in Deutschland * sowie weitere, hier nicht behandelte Formen

Nachfolgend werden die Rechtsformen erwerbswirtschaftlich orientierter Unternehmen betrachtet.

Man unterscheidet Einzelunternehmen, Personengesellschaften und Kapitalgesellschaften.

Die Begriffe »Unternehmung« und »Unternehmen« (letzteres als der juristisch verwendete Begriff) werden hier synonym verwendet.

1.3.3.1 Rechtsformunterschiede nach Haftung, Geschäftsführung, Vertretung usw.

Die Unternehmensrechtsformen unterscheiden sich in den folgenden wesentlichen Merkmalen:

- Rechtsgrundlage,
- Rechtspersönlichkeit,
- Firma,
- Geschäftsführung,
- Zahl der Gesellschafter,
- Organe,
- Haftung,
- Gewinn- und Verlustverteilung.

Einige der obigen Begriffe sollen hier vorab erklärt werden.

- **Rechtsgrundlage:** Wesentliche Rechtsgrundlage für alle Kaufleute ist das Handelsgesetzbuch (HGB). Einige der hier behandelten Gesellschaften (BGB-Gesellschaft, Partnerschaftsgesellschaft) betreffen aber Nichtkaufleute, weswegen die HGB-Vorschriften für sie nicht gelten. Andere Rechtsformen unterliegen zwar dem HGB, sind aber zusätzlich in **speziellen Gesetzen** geregelt (z. B. GmbH-Gesetz, Aktiengesetz).
- **Rechtspersönlichkeit:** Eine Rechtsperson ist, wer rechtsfähig ist, d. h. Träger von Rechten und Pflichten sein kann. Dabei werden **natürliche Personen** (alle Menschen) und **juristische Personen** unterschieden. Zu den letzteren gehören die Kapitalgesellschaften, während die Personengesellschaften nur **teilrechtsfähig** sind (so darf eine OHG gem. § 124 HGB unter ihrer **Firma** bestimmte Rechte erwerben und Verbindlichkeiten eingehen, Eigentum und andere dingliche Rechte an Grundstücken erwerben, vor Gericht klagen und verklagt werden. Sie besitzt aber nicht selbst die Kaufmannseigenschaft, sondern diese liegt bei den Gesellschaftern).
- **Firma:** Dies ist der Name, unter dem ein Kaufmann seine Geschäfte betreibt, Unterschriften leistet und unter dem er klagen bzw. verklagt werden kann. Nur Kaufleute dürfen eine Firma führen; Nichtkaufleute führen lediglich Geschäftsbezeichnungen.
- **Geschäftsführung:** Mit diesem Begriff wird nicht die Tätigkeit des Leitens bezeichnet, sondern das Organ einer Gesellschaftsunternehmung, das diese Tätigkeit ausführt.
- **Gesellschafter:** Natürliche oder juristische Personen, die an der Gründung einer Gesellschaft beteiligt sind oder der Gesellschaft später durch Rechtsakt beitreten. Für einige Gesellschaftsformen ist eine Mindestzahl von Gesellschaftern bei Gründung vorgeschrieben.
- **Organe:** Jede Rechtsform sieht bestimmte Personen oder Personengruppen vor, denen die Beschlussfassung oder die Überwachung der Geschäftsführung obliegt.
- **Haftung:** Dieses für die Rechtsformwahl sehr wesentliche Kriterium kann die persönliche, unbeschränkte Haftung von Gesellschaftern oder auch Haftungsbeschränkungen vorsehen. Dabei bedeuten
  - **unmittelbare Haftung:** Der Gläubiger kann sich mit seiner Forderung an einen beliebigen Gesellschafter wenden, der dagegen keine Einrede vorbringen kann.
  - **solidarische Haftung:** Der einzelne Gesellschafter haftet auch für Geschäfte, die ein anderer Gesellschafter im Rahmen des gemeinsamen Geschäftstätigkeit besorgt hat, und folglich **gesamtschuldnerisch**.

- **unbeschränkte Haftung:** Der einzelne Gesellschafter haftet mit seinem gesamten – auch dem privaten – Vermögen.
- **beschränkte Haftung:** Die Haftung der Gesellschafter ist auf das von ihnen jeweils eingebrachte haftende Kapital (Stammkapital, Grundkapital) beschränkt. Die Haftungsbeschränkung der Kapitalgesellschaften bedeutet nicht, dass für die Verbindlichkeiten nur das Stammkapital (GmbH) oder Grundkapital (AG) haftet: Vielmehr haftet **das Gesellschaftsvermögen**, das im Liquidationsfalle das Stamm- oder Grundkapital im allgemeinen deutlich übersteigt. Die Gesellschafter können aber nicht mit ihrem persönlichen Vermögen in Anspruch genommen werden; sie verlieren maximal ihre Einlage.

Nachfolgend werden, getrennt nach Einzelunternehmung, Personen- und Kapitalgesellschaften, die wesentlichen Merkmale für jede wichtige Gesellschaftsform nach deutschem Recht aufgelistet. Nicht behandelt, aber wenigstens erwähnt werden sollen die **Europäische Gesellschaft** (SE von lat. Societas Europaea) als Rechtsform für Unternehmen in der Europäischen Union, die **Europäische Wirtschaftliche Interessenvereinigung (EWIV)** und die britische **Limited Company (Ltd.)**

1.3.3.2 Rechtsformen und Kombinationen von Rechtsformen

1.3.3.2.1 Das Einzelunternehmen

Das Einzelunternehmen wird von einem einzigen Inhaber gegründet und betrieben. Da hierfür kein Mindestkapital vorgeschrieben ist und nur wenige Formalitäten erforderlich sind, ist diese Rechtsform sehr häufig bei Klein- und Kleinstunternehmen anzutreffen.

Der Einzelunternehmer muss nicht zwangsläufig ein Handelsgewerbe betreiben und daher nicht Kaufmann im Sinne des HGB sein. Ist er jedoch Kaufmann, muss er die Bezeichnung »eingetragener Kaufmann« oder »eingetragene Kauffrau« bzw. eine der Abkürzungen e.K. oder e.Kfm./e.Kfr. im Firmennamen führen.

Das Einzelunternehmen im Überblick:

Rechtsgrundlage	§§ 1 – 104 HGB; Rechnungslegungsvorschriften §§ 238 – 263 HGB
Vertrag	entfällt
Firma	Personen-, Sach- oder Fantasiefirma oder Kombination mit Unterscheidungskraft und Rechtsformzusatz
Mindestkapital	nicht vorgeschrieben
Geschäftsführung und Vertretung	durch den Inhaber oder von ihm bestimmte/n Vertreter
Haftung	unmittelbare, unbeschränkte Haftung des Inhabers
Sonstiges	Eintrag für Kaufleute ins Handelsregister vorgeschrieben

1.3.3.2.2 Gesellschaftsunternehmungen

Motive für den Zusammenschluss mehrerer Personen zu einer Gesellschaft sind vor allem

- der Wunsch nach Bündelung vorhandenen Kapitals und verbesserter Kapitalbeschaffung,
- die Verteilung des unternehmerischen Risikos,
- die Aufteilung von Aufgaben und Arbeit,
- die Bündelung und Nutzung unterschiedlicher Kenntnisse, Fertigkeiten und Fähigkeiten,
- die Verfolgung gemeinsamer wirtschaftlicher oder auch ideeller Interessen.

In diesem Zusammenhang stellen sich viele Fragen nach der **Gestaltung** der Gesellschaft, z. B.

- Wer bringt was (an Know-How, an Sachmitteln) bzw. wie viel (an Geldkapital) ein?
- Wer soll/darf Entscheidungen treffen?
- Wer soll welche Aufgaben übernehmen?
- Wer soll/darf die Gesellschaft nach außen vertreten?
- Wer haftet in welcher Höhe und Weise für gemeinsame Verpflichtungen?
- Wie/wann kann ein Gesellschafter aufgenommen werden oder ausscheiden?
- Wie sollen Gewinne/Verluste verteilt werden?...

Regelungen hierzu treffen der individuelle Gesellschaftsvertrag und/oder das Gesellschaftsrecht. Es regelt die Innenbeziehungen der Beteiligten untereinander und die Außenbeziehungen der Gesellschaft zur Umwelt.

- Das **Bürgerliche Gesetzbuch (BGB)** regelt
  - den (hier nicht behandelten) Verein,
  - die Gesellschaft bürgerlichen Rechts (GbR).
- Das **Handelsgesetzbuch (HGB)** regelt
  - die Handelsgesellschaften oHG und KG,
  - die Stille Gesellschaft.
- **Einzelrechte** regeln
  - die Aktiengesellschaft (AktG),
  - die GmbH (GmbHG),
  - die (hier nicht behandelte) eingetragene Genossenschaft (GenG).

1.3.3.2.2.1 Personengesellschaften

Personengesellschaften sind vor allem dadurch gekennzeichnet, dass

- sie **keine juristischen Personen** und nur **teilrechtsfähig** sind,
- die Gesellschaft selbst **keine Gewinnsteuern** zahlt,
- mindestens ein Gesellschafter **voll haftet**, d. h. persönlich mit seinem Privatvermögen,
- jeder voll haftende Gesellschafter **gesamtschuldnerisch** für die Gesellschaft eintritt,
- Abstimmungsergebnisse **nach Köpfen** zählen,
- nur voll haftende Gesellschafter zur **Geschäftsführung** berechtigt sind,
- die Gesellschaft mit dem Tod eines voll haftenden Gesellschafters **erlischt**.

Nachfolgend werden einige verbreitete Personengesellschaften vorgestellt.

BGB-Gesellschaft (Gesellschaft bürgerlichen Rechts, GbR)

Die BGB-Gesellschaft ist eine Vereinigung zwischen mehreren Personen, die sich durch den Gesellschaftsvertrag gegenseitig verpflichten, die Erreichung eines gemeinsamen Zweckes in der durch den Vertrag bestimmten Weise zu fördern, insbesondere die vereinbarten Beiträge zu leisten (§ 705 BGB).

Oft handelt es sich dabei um private Gruppen, die einen gemeinsamen Zweck verfolgen, z. B. Lotto-Tippgemeinschaften und Mieter-Wohngemeinschaften. Dagegen sind Erben-, Wohnungseigentümer- und private Lebensgemeinschaften keine BGB-Gesellschaften.

Auch im Geschäftsleben gibt es Zusammenschlüsse in der Rechtsform der GbR, z. B.

- Arbeitsgemeinschaften (ARGE) im Baugewerbe und Handwerk,
- Bankenkonsortien,
- Zusammenschlüsse von Freiberuflern, z. B. Gemeinschaftspraxen von Ärzten, Gemeinschaftskanzleien von Rechtsanwälten (vgl. auch Partnerschaftsgesellschaft).

Die **GbR** im Überblick:

Rechtsgrundlage	§§ 705 – 740 BGB
Vertrag	formfrei; Schriftform und notarielle Beurkundung nur bei enthaltenen Grundstücksgeschäften vorgeschrieben
Firma	keine; nur Geschäftsbezeichnung
Mindestkapital	nicht vorgeschrieben
Geschäftsführung	im Innenverhältnis beliebig regelbar; im Außenverhältnis durch jeden Gesellschafter
Gesellschafter	mindestens zwei; i.d.R. natürliche Personen, in gewerblich geprägten GbR (etwa ARGEn) auch Kapitalgesellschaften
Haftung	jeder Gesellschafter haftet unmittelbar, solidarisch und unbeschränkt mit seinem Gesamtvermögen
Gewinn-/ Verlustverteilung	frei wählbar; falls nicht bestimmt: zu gleichen Anteilen

Partnerschaftsgesellschaft

Die Partnerschaft ist ein Zusammenschluss von freiberuflich Tätigen, die die Möglichkeiten der Haftungsbeschränkungen, die diese Rechtsform gegenüber der BGB-Gesellschaft bietet, nutzen wollen. Häufige Anwendungsfälle sind Gemeinschaftspraxen von Ärzten und Gemeinschaftskanzleien von Rechtsanwälten, Steuerberatern usw.

Die **PartnerG** im Überblick:

Rechtsgrundlage	Partnerschaftsgesellschaftsgesetz (PartGG), ergänzend §§ 705 – 740 BGB, 105 – 160 HGB
Vertrag	Schriftform vorgeschrieben
Firma	Partnerschaftsname: Nachname mindestens eines Partners, Zusatz »& Partner«, Berufsbezeichnungen aller in der Partnerschaft vertretenen Berufe
Mindestkapital	nicht vorgeschrieben
Geschäftsführung	im Innenverhältnis beliebig regelbar; im Außenverhältnis durch jeden Partner
Gesellschafter	mindestens zwei; alle Partner müssen Angehörige freier Berufe gem. § 18 EStG sein
Haftung	grundsätzlich gesamtschuldnerische, persönliche Haftung jedes Partners, die Haftung aus fehlerhafter Berufsausübung kann vertraglich auf denjenigen Partner beschränkt werden, der die Leistung erbracht bzw. geleitet bzw. verantwortet hat. Angehörige bestimmter freier Berufe mit berufsrechtlich geregelter Haftpflichtversicherung können seit 2013 die Form der Partnerschaftsgesellschaft mit beschränkter Berufshaftung (PartG mbB) wählen
Gewinn-/ Verlustverteilung	frei wählbar; falls nicht bestimmt: zu gleichen Anteilen
Sonstiges	Eintrag ins Partnerschaftsregister erforderlich

Offene Handelsgesellschaft (OHG)

Die OHG wird gegründet, um ein Handelsgewerbe zu betreiben. Gesellschafter einer OHG können natürliche oder juristische Personen und Personengesellschaften (nicht aber GbR) sein. Die Vollhaftereigenschaft aller Gesellschafter begründet u. U. hohes Vertrauen bei Geschäftspartnern und eine hohe Kreditwürdigkeit, ist aber für den einzelnen Gesellschafter entsprechend risikobehaftet. Auch zwischen den Gesellschaftern ist daher großes gegenseitiges Vertrauen unabdingbar.

Die **OHG** im Überblick:

Rechtsgrundlage	§§ 105 – 160 HGB, Rechnungslegungsvorschriften §§ 238 – 263 HGB
Vertrag	formfrei; Schriftform und notarielle Beurkundung nur bei enthaltenen Grundstücksgeschäften vorgeschrieben
Firma	Personen-, Sach- oder Fantasiefirma oder Kombination mit Unterscheidungskraft und Rechtsformzusatz
Mindestkapital	nicht vorgeschrieben
Geschäftsführung	durch jeden einzelnen Gesellschafter, wenn vertraglich nicht anders bestimmt
Vertretung	grundsätzlich Einzelvertretungsmacht; vertraglicher Ausschluss einzelner Gesellschafter möglich und nach außen wirksam, soweit im Handelsregister eingetragen und bekannt gemacht
Gesellschafter	mindestens zwei
Organe	Gesellschafter
Haftung	unmittelbare, solidarische, unbeschränkte Haftung jedes Gesellschafters
Gewinn-/ Verlustverteilung	wenn vertraglich nicht anders bestimmt, erhält jeder Gesellschafter vom Gewinn 4 % des von ihm eingebrachten Kapitals; Restverteilung nach Köpfen. Verlustverteilung nach Köpfen
Sonstiges	Eintrag ins Handelsregister erforderlich

Kommanditgesellschaft (KG)

Die KG wird, ebenso wie die OHG, gegründet, um ein Handelsgewerbe zu betreiben. Auch hier können die Gesellschafter natürliche oder juristische Personen und Personengesellschaften sein. Der Unterschied besteht darin, dass nur ein Vollhafter (Komplementär) erforderlich ist und einige (oder alle anderen) Gesellschafter als Teilhafter (Kommanditisten) nur mit einer festgelegten Summe haften. Durch diese Konstruktion kann die Geschäftsführung beschränkt werden, während zugleich Kapitalgeber erschlossen werden.

Die **KG** im Überblick:

Rechtsgrundlage	§§ 161 – 177 HGB, Rechnungslegungsvorschriften §§ 238 – 263 HGB
Vertrag	formfrei; Schriftform und notarielle Beurkundung nur bei enthaltenen Grundstücksgeschäften vorgeschrieben
Firma	Personen-, Sach- oder Fantasiefirma oder Kombination mit Unterscheidungskraft und Rechtsformzusatz
Mindestkapital	nicht vorgeschrieben. Die Hafteinlage der Kommanditisten muss im Gesellschaftsvertrag vereinbart und im Handelsregister eingetragen werden
Geschäftsführung	durch jeden einzelnen Komplementär (Vollhafter), wenn vertraglich nicht anders bestimmt. Die Kommanditisten (Teilhafter) sind von der Geschäftsführung ausgeschlossen
Vertretung	grundsätzlich Einzelvertretungsmacht jedes Komplementärs; vertraglicher Ausschluss einzelner Gesellschafter möglich und nach außen wirksam, soweit im Handelsregister eingetragen und bekannt gemacht
Gesellschafter	mindestens ein Komplementär und ein Kommanditist
Organe	Gesellschafter, Geschäftsführung; ggf. – falls vertraglich vereinbart – Beirat zur Beratung und Kontrolle der geschäftsführenden Gesellschafter
Haftung	unmittelbare, solidarische, unbeschränkte Haftung jedes Komplementärs; auf seine Hafteinlage beschränkte Haftung des jeweiligen Kommanditisten

Gewinn-/ Verlustverteilung	wenn vertraglich nicht anders bestimmt, erhält jeder Gesellschafter vom Gewinn 4 % des von ihm eingebrachten Kapitals; Restverteilung und Verlustverteilung in einem den Umständen nach angemessenen Verhältnis
Sonstiges	Eintrag der KG ins Handelsregister erforderlich

Eine Sonderform der KG und zugleich eine **Kombination aus unterschiedlichen Rechtsformen** stellt die **GmbH & Co.KG** dar. Dabei ist der vollhaftende Gesellschafter keine natürliche Person, sondern eine GmbH. Mit dieser Konstruktion wird das Haftungsrisiko beschränkt. Auf die gleichfalls eine Kombinations-Rechtsform darstellende KGaA wird in Zusammenhang mit der Aktiengesellschaft eingegangen.

1.3.3.2.2.2 Kapitalgesellschaften

Kapitalgesellschaften sind vor allem dadurch gekennzeichnet, dass

- sie eigene Rechtspersönlichkeiten **(juristische Personen)** darstellen,
- sie selbst **Gewinnsteuern** zahlen,
- es keine mit dem Privatvermögen haftenden Gesellschafter gibt (Ausnahme: KGaA),
- dass die Geschäfte von Angestellten ohne Kapitalbeteiligung geführt werden können (Ausnahme: KGaA),
- Stimmrechte in Gesellschafterversammlungen nach **Kapitalanteilen** bemessen sind.

Aktiengesellschaft (AG)

Die Aktiengesellschaft verfügt über ein in Aktien zerlegtes Grundkapital. Diese Aktien können im Regelfall ohne besondere Meldungen und Vorkehrungen auf andere Eigentümer übertragen werden. Damit ist die AG relativ unabhängig von einzelnen Eignern. Aktien können unter bestimmten Bedingungen an Börsen gehandelt und von Kleinanlegern erworben werden. Verteilt sich das Grundkapital einer AG auf viele kleinere Anlagenhalter, spricht man von **Publikumsgesellschaft** und **Streubesitz**.

Viele große Unternehmen mit bedeutendem wirtschaftlichem Einfluss sind Aktiengesellschaften. Die besonderen **Publizitätspflichten**, die die AG je nach Größe zur mehr oder weniger detaillierten Veröffentlichung ihres Jahresabschlusses und ihrer Geschäftsberichte verpflichten, tragen dieser Bedeutung Rechnung, ebenso wie die gesetzlichen Regelungen über die Organe, die neben der Hauptversammlung der Gesellschafter und dem die Geschäfte führenden Vorstand einen Aufsichtsrat als Kontrollorgan vorsehen.

Die **AG** im Überblick:

Rechtsgrundlage	Aktiengesetz; §§ 238 ff, 264 ff HGB
Vertrag	notarielle Beurkundung vorgeschrieben
Firma	Personen-, Sach- oder Fantasiefirma oder Kombination mit Unterscheidungskraft und Rechtsformzusatz
Mindestkapital	Grundkapital mindestens 50.000 €, auf Aktien zerlegt. Mindestbetrag bei Aktien, die auf einen festen Nennwert lauten (Nennbetragsaktien): 1 €; Stückaktien repräsentieren einen bestimmten, nicht aufgedruckten Anteil am Grundkapital. Geschäftsführung durch den Vorstand, der in der Regel aus mehreren Personen besteht, von denen eine den Vorstandsvorsitz innehat
Gesellschafter	zur Gründung sind eine Person oder mehrere Personen erforderlich

Rechte der Gesellschafter	Die Aktionäre haben einen Recht auf Anteil am Gesellschaftsvermögen, aus dem ein Recht auf Dividende, ein Bezugsrecht für junge Aktien bei Kapitalerhöhung und ein Anteil am Liquidationserlös resultiert, und ein Verwaltungsrecht (Recht zur Teilnahme an der Hauptversammlung, Stimmrecht, Auskunfts- und Anfechtungsrechte)
Vertretung	obliegt dem Vorstand
Organe	Vorstand (Geschäftsführung), Aufsichtsrat (Kontrollorgan), Hauptversammlung (beschließendes Organ; Gesellschafter)
Haftung	beschränkt auf das Vermögen der Gesellschaft (nicht: das Grundkapital!); Gesellschafter verlieren maximal ihr in Aktien angelegtes Kapital
Gewinnverteilung	nach Ausgleich von Verlustvortrag: evtl. Zuführung zur gesetzlichen Rücklage und zu weiteren Gewinnrücklagen; zum Verfahren siehe Kapitel 2
Sonstiges	Eintrag ins Handelsregister erforderlich Die Gewinnbesteuerung erfolgt nach dem Körperschaftsteuerrecht

Gesellschaft mit beschränkter Haftung (GmbH)

Die GmbH wird häufig als Gesellschaftsform gewählt, weil sie eine Haftungsbeschränkung zulässt, dabei ein geringeres Stammkapital als die AG (bei der von Grundkapital gesprochen wird) erfordert und, außer bei großen GmbH ab 500 Arbeitnehmern, keinen Aufsichtsrat benötigt.

Die **GmbH** im Überblick:

Rechtsgrundlage	GmbH-Gesetz; §§ 238 ff, 264 ff HGB
Vertrag	notarielle Beurkundung vorgeschrieben Firma Personen-, Sach- oder Fantasiefirma oder Kombination mit Unterscheidungskraft und Rechtsformzusatz
Mindestkapital	Stammkapital mindestens 25.000 € Geschäftsführung durch einen oder mehrere Geschäftsführer, die nicht Gesellschafter sein müssen
Gesellschafter	zur Gründung sind eine Person oder mehrere Personen erforderlich
Rechte der Gesellschafter	die Gesellschafter können ihre Geschäftsanteile grundsätzlich frei verkaufen oder vererben. Sie haben ein Recht auf Anteil am Reingewinn nach dem Verhältnis der Geschäftsanteile und am Liquidationserlös, ferner Stimmrecht in der Gesellschafterversammlung
Vertretung	obliegt dem Vorstand
Organe	Geschäftsführer, nur bei großen GmbH: Aufsichtsrat als Kontrollorgan; Gesellschafterversammlung
Haftung	beschränkt auf das Vermögen der Gesellschaft (nicht identisch mit dem Stammkapital!). Gesellschafter verlieren maximal ihr im Geschäftsanteil angelegtes Kapital
Gewinnverteilung	nach Ausgleich von Verlustvortrag: evtl. Zuführung zu Gewinnrücklagen auf Beschluss der Gesellschafterversammlung (gesetzliche Rücklage gibt es bei der GmbH nicht); ansonsten Verteilung des Reingewinns gemäß Geschäftsanteilen
Sonstiges	Eintrag ins Handelsregister erforderlich Die Gewinnbesteuerung erfolgt nach dem Körperschaftsteuerrecht

Auf die Kombinations-Rechtsform der **GmbH & Co.KG** wurde bereits im Abschnitt über die Kommanditgesellschaft eingegangen.

Unternehmergesellschaft (haftungsbeschränkt)

Mit dem am 1.11.2008 in Kraft getretenen »Gesetz zur Modernisierung des GmbH-Rechts und zur Bekämpfung von Missbräuchen«, kurz **MoMiG**, wurde die Gründung einer »Unternehmergesellschaft (haftungsbeschränkt)«, die in ihrer Firma auch die Kurzform »UG (haftungsbeschränkt)« führen darf, ohne vorgeschriebenes Mindeststammkapital ermöglicht, die theoretisch mit 1 € erfolgen kann. Damit wird den Bedürfnissen von Existenzgründern entsprochen, für die die Aufbringung des Stammkapitals einer »normalen« GmbH in Höhe von 25.000 Euro bislang eine zu hohe Hürde darstellte (Rechtsgrundlage: § 5a GmbHG), und die bislang deswegen der englischen »Limited« zustrebten. Allerdings besteht die Pflicht zur Bildung einer gesetzlichen Rücklage in Höhe von 25 % des um einen Verlustvortrag geminderten Jahresüberschusses, d. h. Überschüsse dürfen nicht vollständig ausgeschüttet werden. Mit dem MoMiG wurde außerdem ein vereinfachtes, kostengünstigeres Gründungsverfahren eingeführt und die Registereintragung beschleunigt.

Kommanditgesellschaft auf Aktien (KGaA)

Eine Kombination aus verschiedenen Rechtsformen stellt die KGaA dar, die Merkmale der Aktiengesellschaft mit denen der Kommanditgesellschaft verbindet. Hervorstechendstes Merkmal ist die Existenz von vollhaftenden Gesellschaftern (Komplementären), die anstelle eines Vorstands (wie bei der AG vorhanden) die Geschäfte führen. Dennoch zählt die KGaA zu den Kapitalgesellschaften; an die Stelle von Kommanditisten treten **Kommanditaktionäre**.

Bis vor einigen Jahren führte die KGaA eine Randexistenz und wurde vor allem als geeignete Rechtsform für Familienunternehmen angesehen, die über die Ausgabe von Aktien zusätzliches Kapital einwerben wollten, ohne Gefahr zu laufen, durch Aktienaufkäufe an der Börse übernommen zu werden. Eines der wenigen Großunternehmen in der Rechtsform der KGaA war der Henkel-Konzern (seit 1975 KGaA). Erst mit einem BGH-Urteil aus 1997, wonach Komplementäre der KGaA auch Kapitalgesellschaften sein dürfen, wuchs die Zahl der Unternehmen mit dieser Rechtsform. Die Profifußballbereiche mehrerer Sportvereine haben die Rechtsform der GmbH & Co.KGaA gewählt, wofür die Übernahmeresistenz dieser Rechtsform das wesentliche Argument gewesen sein dürfte.

1.3.4 Standortwahl

Die Auswahl des Unternehmensstandorts bzw. der Standorte für die Betriebsstätten des Unternehmens wird im Allgemeinen in der Gründungsphase des Unternehmens getroffen. Sie ist eine wesentliche Grundsatzentscheidung und in ihrer Bedeutung mit der Wahl der Rechtsform vergleichbar, weil sie ebenso wie diese nachträglich nur unter Schwierigkeiten und finanziellen Anstrengungen revidiert werden kann.

Die Standortwahl beschränkt sich dabei nicht auf Deutschland; denn durch die europäische Integration und die Öffnung der internationalen Märkte sind Gründungen oder Niederlassungen im europäischen wie außereuropäischen Ausland heute ohne weiteres realisierbar.

Wesentliche Aspekte der Standortwahl wurden bereits in Zusammenhang mit den wirtschaftlichen und rechtlichen Rahmenbedingungen angesprochen. Die wichtigsten dieser sowie einige weitere Aspekte sollen hier beschrieben werden. Anschließend wird kurz beleuchtet, wie eine Standortwahl durchgeführt werden kann.

1.3.4.1 Standortfaktoren

Gebundene und ungebundene Standortwahl

In einigen Entscheidungsfällen muss der Standort spezielle Voraussetzungen erfüllen, sodass eine freie Standortwahl nicht möglich ist. Eine derart **gebundene Standortwahl** betrifft Wirtschaftszweige, die an das Vorhandensein bestimmter Bodenschätze am Standort gebunden sind – etwa im Kohlebergbau – oder Anlagen, die nur unter besonderen klimatischen Verhältnissen Sinn machen, z. B. bei Windkraft- oder Photovoltaikanlagen (wobei die Unternehmen, die diese Anlagen produzieren, nicht im selben Maße an bestimmte Standortbedingungen gebunden sind). Mehr oder weniger gebunden sind auch Werften (Küste bzw. Seenähe mit Wasserstraßenanbindung) und Kraftwerke (fließendes Gewässer als Kühlwasserlieferant).

Die meisten Betriebe können ihre Standortwahl aber **ungebunden** treffen.

Agglomeration

Agglomeration, d. h. das Anhäufen und Zusammenballen von Betrieben an einem Standort, erfolgt oft aus einem der folgenden Gründe:

- Die **Zulieferer** eines industriellen Großunternehmens siedeln sich um das Unternehmen herum an, um von kurzen Wegen bei der heute meist praktizierten Just-in-Time-Lieferung zu profitieren.

  Beispiel:

  Ein PKW wird in den automatischen Montagestraßen eines Automobilwerks aus verschiedenen Modulen zusammengesetzt, die von verschiedenen Zulieferbetrieben angeliefert werden. Diese lassen sich am Standort des Automobilwerks nieder. Ihre eigenen Zulieferer, die die Einzelteile liefern, aus denen die Module zusammengebaut werden, folgen ihnen an den Standort nach, so dass sich letztlich die verschiedenen Produktionsstufen am selben Standort befinden.

- Großhandelsbetriebe, die eine bestimmte Branche beliefern, konzentrieren sich in einem **Großhandelszentrum**, das daraufhin besonders viele Einkäufer und Wiederverkäufer aus der betreffenden Branche anzieht.

  Die Einrichtungs- und Dekorationsbranche umfasst zahlreiche Sortimentsgruppen wie Möbel, Heimtextilien, Leuchten, Hausrat, Glas, Porzellan, Kerzen, Pflanzbehälter, Dekorationsartikel usw. Es macht daher Sinn, wenn sich Großhandelsbetriebe, die einzelne oder mehrere dieser Sortimentsgruppen vertreiben, zusammenschließen und von der Attraktivität des gemeinsamen Standorts profitieren.

- Industriebetriebe mit hohem **Energiebedarf** siedeln sich bevorzugt am Standort großer Kraftwerke an.

- Existenzgründer und Kleinstbetriebe, die keine eigene Verwaltung einrichten wollen oder können, lassen sich oft gemeinsam in **Existenzgründerzentren** nieder.

- Werkseigene Läden, die Auslauf- oder B-Ware direkt an Endkunden verkaufen (Factory Outlet Stores) sind häufig in **Outlet-Centern** zu finden, die als Kundenmagnet auch Käufer aus der weiteren Umgebung anziehen.

- **Technologieunternehmen** konzentrieren sich häufig an einem Standort, an dem bereits (universitäte) Forschungseinrichtungen und damit Know-How und Fachkräfte vorhanden sind.

  *Keimzelle des bekannten »**Silicon Valley**« südlich der San-Francisco-Bay war ein Forschungs- und Industriepark, der in den 1950er Jahren in der Nachbarschaft der Stanford University errichtet wurde. Heute finden sich dort tausende von IT-Unternehmen, darunter Adobe Systems, AMD, Apple, Cisco Systems, eBay, Google, HP, Yahoo! und Oracle.*

1.3.4.2 Wichtige Standortfaktoren im Überblick

Standortfaktoren sind im Wesentlichen:

- **Transportkosten**, deren Höhe abhängt von
  - der Entfernung zu den Beschaffungsorten (Rohstofflagerstätten, Vorproduktlieferanten),
  - der Entfernung von den Absatzorten,
  - den einsetzbaren Verkehrsmitteln (Hafen, Flughafen, Schienen-, Straßenanbindung),
  - der Möglichkeit zur Just-in-Time-Steuerung.
- **Absatzleistungen**, die z. B. abhängen von
  - der Kaufkraft,
  - der Größe des möglichen Absatzmarktes,
  - der Konkurrenzsituation,
  - im Endkundengeschäft: Erreichbarkeit durch (Lauf)Kundschaft.
- **Kosten** und **Verfügbarkeit der Arbeitskräfte**, im Einzelnen
  - das allgemeine Lohnniveau in der Region,
  - die Qualifikation der verfügbaren Arbeitskräfte,
  - der notwendige Aufwand für Anlernen/Ausbildung,
  - mit den verfügbaren Arbeitskräften erzielbare Qualität und **Produktivität** (= Produktionsergebnis je Arbeitsstunde; maßgebliche Einflussgröße der Lohnstückkosten).
- **Steuern** und **Subventionen**
  - regionale Unterschiede in der Steuerhöhe (vor allem bei Gewerbesteuer-Hebesätzen),
  - internationale Unterschiede in der Besteuerung (Tatbestände und Grundlagen),
  - in Aussicht gestellte Vergünstigungen.
- **Investitionskosten** (z. B. unterschiedliche Grundstücks- und Erschließungskosten); daraus ableitbar sind die **Abschreibungs- und Zinsbelastung.**
- **Staatliches, wirtschaftliches und soziokulturelles Umfeld, z. B.**
  - Rechtssystem, politisches System und politische Stabilität,
  - Infrastruktur, Energieversorgung,
  - Umweltschutzauflagen,
  - Inflationsrate,
  - Sozialer Frieden,
  - Sprache, Kultur.

Neben diesen rationalen Aspekten ist bei Gründungen auch die Bedeutung von **persönlichen Präferenzen** nicht zu unterschätzen: Gründer wählen ihren **Heimat- oder Wohnort** als Standort für ihr Unternehmen, weil sie mit den dortigen Gegebenheiten vertraut sind und eventuell auch wichtige Geschäftspartner und politische Entscheidungsträger persönlich kennen.

1.3.4.3 Ebenen des Standortproblems

Die Standortwahl vollzieht sich – gewissermaßen »vom Allgemeinen zum Besonderen«, »vom Globalen zum Lokalen« – auf den Ebenen

- **internationale Standortwahl:** Auf welchem Kontinent, in welchem Staat soll die Niederlassung erfolgen?
- **Regionale Standortwahl:** Welche Region, z. B. in Deutschland: welches Bundesland?
- **Lokale Standortwahl:** Welche Stadt, welcher Ort?
- **Innerörtliche Standortwahl:** Niederlassung im Ortskern, in einem bestimmten Stadtviertel, am Stadtrand?

Die Praxis bedient sich verschiedener Methoden der Standortwahl.

Auch innerbetrieblich stellen sich Standortfragen: Welche Betriebsteile sollen an welcher Stelle und in welcher räumlichen Beziehung zueinander aufgestellt werden? Wo sollen innerhalb eines Gebäudes die einzelnen Abteilungen untergebracht werden? Wie sollen die Arbeitsmittel in den Produktionsstätten zueinander angeordnet werden? Die entsprechende Planung, die maßgeblich über innerbetriebliche Transportwege, -zeiten und notwendige Transportmittel und damit über bedeutende Kostenfaktoren entscheidet, wird häufig als **Layout-Planung** bezeichnet.

1.3.4.4 Standortwahl mittels ökonomischer Suchverfahren

Bei rein ökonomisch basierten Entscheidungen wird wie folgt vorgegangen:

- Die **Mindestanforderungen** an den Standort werden festgelegt.
- Die möglichen Standorte werden daraufhin untersucht, ob sie die Mindestanforderungen erfüllen. Darauf ergibt sich eine begrenzte Anzahl **möglicher Standorte.**
- Für jeden dieser möglichen Standorte werden die mit ihm verbundenen **Kosten** und die möglichen **Erträge** ermittelt.
- Letztlich kann daraus der wahrscheinlich **gewinnmaximale** Standort errechnet werden.

Ökonomische Suchverfahren arbeiten häufig mit **Computersimulationen.** Zu diesem Zweck werden für jeden möglichen Standort ökonomisch bedeutende Größen erfasst, soweit sie bekannt sind (z. B. Entfernungen, Verkehrsverbindungen), und, soweit sie nicht bekannt sind (produzierte und abgesetzte Stückzahlen, Einkaufs- und Verkaufspreise, Kosten zu verschiedenen Sachverhalten), mit verschiedenen wahrscheinlichen Werten belegt. In Simulationsläufen werden dann für verschiedene Konstellationen dieser Größen die zu erwartenden Gewinne berechnet. Damit wird versucht, denjenigen Standort zu identifizieren, der die besten Chancen verspricht. Ein häufig angewandtes Verfahren ist die »**Monte-Carlo-Simulation**«, die von gleichmäßig verteilten Zufallszahlen ausgeht. Das Verfahren wurde nach dem Casino von Monte Carlo benannt, weil beim Roulette die Wahrscheinlichkeit, mit der die Kugel auf einer Zahl liegenbleibt, für alle Zahlen gleich hoch ist.

1.3.4.5 Standortwahl mittels Nutzwertanalyse

Die Standortwahl ist, wie oben gezeigt, von vielen Faktoren beeinflusst, die für jedes Unternehmen und in jedem konkreten Entscheidungsfall eine unterschiedliche Bedeutung haben. Häufig sind mindestens einige dieser Faktoren qualitativer Natur, sodass eine Bewertung in Preisen, Kosten oder anderen direkt verrechenbaren Größen nicht möglich ist. In solchen Entscheidungsfällen ist es sinnvoll, die Methode der **Nutzwertanalyse** anzuwenden.

Bei der Nutzwertanalyse werden zunächst alle für die Entscheidung wesentlichen Kriterien aufgelistet und nach ihrer Bedeutung gewichtet. Diese subjektive Gewichtung kann z. B. der Kundennähe eine höhere Bedeutung als den Transportkosten und diesen wiederum eine höhere Bedeutung als der Attraktivität des Standorts als Wohnort beigemessen werden.

Anschließend werden alle Alternativen einzeln auf die ausgewählten Kriterien hin betrachtet und nach einem einheitlichen Punktesystem (z. B. von 0 = ganz schlecht bis 10 = hervorragend erfüllt) bepunktet. Die erteilten Punkte werden dann mit den Gewichtungsfaktoren der einzelnen Kriterien gewichtet. Am Ende kann für jede Alternative eine Punktzahl errechnet werden.

Beispiel:

Kriterien	**Gewichtung**	**Standort A** Punkte x Gewicht	**Standort B** Punkte x Gewicht	**Standort C** Punkte x Gewicht
Kundennähe	0,5	9 · 0,5 = 4,5	6 · 0,5 = 3,0	5 · 0,5 = 2,5
Transportkosten	0,3	4 · 0,3 = 1,2	6 · 0,3 = 1,8	9 · 0,3 = 2,7
Wohnortattraktivität	0,2	7 · 0,2 = 1,4	4 · 0,2 = 0,8	8 · 0,2 = 1,6
Summe	**1,0**	**7,1**	**5,6**	**6,8**

Hier geht Standort A knapp vor Standort C als Sieger hervor.

Durch dieses Verfahren werden quantitative Kriterien gleichnamig und qualitative Kriterien überhaupt erst verrechenbar gemacht.

1.4 Unternehmenszusammenschlüsse

Gemeinsam geht es (manchmal) besser: Deswegen kommt es vor, dass sich Unternehmen vorübergehend oder dauerhaft zusammenschließen, z. B. um bestimmte Aufträge, an denen sich ein Betrieb allein »verheben« würde, gemeinsam zu übernehmen, um günstige Konditionen an Märkten auszuhandeln oder bestimmte interne Funktionen kostengünstig zu bündeln. Jedoch ist Vorsicht geboten: Nicht alles, was Unternehmen gern miteinander tun oder aushandeln würden, ist erlaubt!

Unternehmen können sich zusammenschließen, um bestimmte Ziele gemeinsam besser erreichen zu können. Bei den Zusammenschlüssen werden grundsätzlich zwei Formen unterschieden:

- **Kooperation:** Unternehmen arbeiten freiwillig zusammen, ohne aber ihre wirtschaftliche und/oder rechtliche Selbstständigkeit insgesamt aufzugeben. Kooperationsformen sind z. B. Zusammenschlüsse in Verbänden (z. B. in Arbeitgeberverbänden, die unter anderem tarifpolitische Aufgaben wahrnehmen), zu Arbeitsgemeinschaften (ARGEn) mit dem Ziel der gemeinsamen Arbeit an Großprojekten, oder in Kartellen, die allerdings nur sehr eingeschränkt erlaubt sind.
- **Konzentration:** Unternehmen schließen sich unter Aufgabe ihrer wirtschaftlichen Selbstständigkeit zusammen, verschmelzen aber nicht so weit, dass dabei auch die rechtliche Selbstständigkeit verloren ginge (in diesem Falle läge eine **Fusion** vor). Wegen der Möglichkeit, dass dabei ein Unternehmensgebilde mit beherrschender Stellung im Wettbewerb entsteht, unterliegen größere Zusammenschlüsse einer Zusammenschlusskontrolle auf nationaler oder EU-Ebene.

1.4.1 Formen von Kooperationen

Unternehmenskooperationen können nach den Wirtschaftsstufen unterschieden werden, denen die beteiligten Unternehmen zuzurechnen sind:

- **Horizontale Kooperation** bezeichnet die Zusammenarbeit von Unternehmen, die der gleichen **Wirtschaftsstufe** angehören, also z. B. der Urerzeugung oder dem Handel. Meist wird hierunter gleichzeitig die Kooperation innerhalb ein- und desselben Wirtschaftszweigs verstanden, so dass die Kooperationspartner tatsächlich Wettbewerber sind (z. B. Einzelhandelsunternehmen, die eine Einkaufskooperation eingehen; Automobilhersteller, die eine gemeinsame Internetplattform für Auftragsausschreibungen für Zulieferer einrichten).
- **Vertikale Kooperation** meint die Zusammenarbeit von Unternehmen auf unterschiedlichen, einander vor- bzw. nachgelagerten Wirtschaftsstufen, z. B. Stahlwalzwerk und Automobilhersteller.
- **Diagonale oder laterale Kooperation** bezeichnet die Zusammenarbeit von Unternehmen, die weder derselben Wirtschaftsstufe angehören noch mit demselben Gegenstand befasst sind, z. B. wenn ein Mobilfunkanbieter mit einem Kaffeeröster kooperiert.

Andere Abgrenzungen beziehen sich auf betriebliche Funktionen, auf Märkte oder den Zeithorizont (beschränkt/unbeschränkt) der geplanten Zusammenarbeit.

1.4.1.1 Unterscheidung der einzelnen Kooperationsformen

1.4.1.1.1 Konsortium

Ein Konsortium ist eine Unternehmensverbindung »auf Zeit« (auch: Gelegenheitsgesellschaft), häufig in der Rechtsform der BGB-Gesellschaft (Gesellschaft bürgerlichen Rechts, GbR). Diese Verbindung wird zu einem definierten Zweck eingegangen und endet, wenn dieser erfüllt ist. Die am Konsortium Beteiligten schließen einen Vertrag und bestimmen einen Konsortialführer. Der Begriff des Konsortiums wird fast immer in Zusammenhang mit **Banken** verwendet, die sich für einzelne Projekte wie die Vergabe von Großkrediten oder für die Emission von Wertpapieren bedarfsweise zusammenschließen.

1.4.1.1.2 Arbeitsgemeinschaft

Die schon erwähnten Arbeitsgemeinschaften (ARGEn) im Baugewerbe und Handwerk erfüllen meist die Merkmale von Konsortien, werden aber kaum als solche bezeichnet.

1.4.1.1.3 Joint Venture

Ein Joint Venture ist eine Unternehmenskooperation, bei der zwei oder mehr Gesellschaften eine separate, rechtlich selbstständige Gesellschaft gründen, in die jede Gesellschaft vereinbarungsgemäß bestimmte Ressourcen (z. B. Kapital, Know-How, Patente) einbringt. Motiv der Kooperation ist die Bündelung von Ressourcen und häufig die Streuung des Risikos.

1.4.1.1.4 Interessengemeinschaft

Eine Interessengemeinschaft ist ein – im Gegensatz zum Konsortium – dauerhaft angelegter Zusammenschluss rechtlich selbstständiger Unternehmen zur Förderung gemeinsamer Interessen in Form einer BGB-Gesellschaft oder eines eingetragenen Vereins. Oft ist sie die Vorstufe zu einer engeren Verbindung: einem Kartell, einer Konzernbildung oder einer Fusion.

1.4.1.1.5 Kartell

Ein Kartell ist eine Kooperation rechtlich und wirtschaftlich selbstständiger Unternehmen, die ihre wirtschaftliche Unabhängigkeit durch Vereinbarungen über gemeinsame Verhaltensweisen teilweise aufgeben. Ziel der Vereinbarungen ist meist die für die Beteiligten am Kartell vorteilhafte Einschränkung des Wettbewerbs gegenüber Dritten. Im Falle schädlicher Wettbewerbswirkungen greift ein **Kartellverbot**.

Kartelle, bei denen mehrere Unternehmen eine Gesellschaft gründen, die für sie bestimmte Kernfunktionen – meist den Vertrieb – durchführt, sodass die einzelnen Unternehmen selbst keinen Bezug zum betreffenden Markt haben, werden als **Syndikate** bezeichnet.

1.4.1.2 Ziele der Kooperation

Am Beispiel der Unternehmensverbände wurde bereits ein möglicher Grund für eine **Kooperation** benannt: In diesem Falle ist vor allem das gemeinsame Auftreten in Tarifverhandlungen angestrebt, das das einzelne Unternehmen zum einen entlastet und zum anderen ein einheitliches Tarifgefüge entstehen lässt. Ein anderes Beispiel betraf die ARGEn, die **Arbeitsgemeinschaften** vornehmlich im Baugewerbe zur gemeinsamen

Bewältigung eines Großprojekts, dessen Übernahme durch eines der beteiligten Unternehmen allein wegen des Arbeitsumfangs oder der finanziellen Belastung nicht möglich gewesen wäre.

Weitere positive Einzeleffekte, die durch Zusammenschlüsse erreicht werden können, sind

- Erzielung günstiger **Einkaufsbedingungen** am Beschaffungsmarkt, wie sie z. B. durch Einkaufsgenossenschaften gegenüber den Produzenten durchgesetzt werden können, indem viele kleine Abnehmer ihr Einkaufsvolumen bündeln;
- Erzielung günstiger **Verkaufskonditionen** durch gemeinsame Vertriebsorganisationen, deren Bildung allerdings wettbewerbsrechtlich in Deutschland stark eingeschränkt ist;
- gemeinsame Erschließung neuer, z. B. **ausländischer Märkte**;
- **Bündelung** von Know-how, Beziehungen und Ressourcen;
- Verbesserung der Kompatibilität von Bauteilen durch **Vereinheitlichung** (Typung und Normung).

1.4.2 Formen der Konzentration

Auch Konzentrationen können sich horizontal, vertikal oder diagonal/lateral vollziehen, siehe Abschnitt 1.4.1, Kooperation.

1.4.2.1 Unterscheidung der einzelnen Konzentrationsformen

1.4.2.1.1 Konzern

Ein Konzern wird gem. § 18 AktG aus mehreren Unternehmen gebildet. Ist das Verhältnis zwischen diesen Unternehmen so geartet, dass ein Unternehmen (Konzernmutter, Muttergesellschaft) eines oder mehrere abhängige Unternehmen (Konzerntochter, Tochtergesellschaft) beherrscht, wird von einem **Unterordnungskonzern** gesprochen. Die abhängigen Unternehmen verlieren dabei ihre wirtschaftliche, nicht jedoch ihre rechtliche Selbstständigkeit.

Ein Konzern liegt aber auch vor, wenn zwei rechtlich selbstständige Unternehmen unter einheitlicher Leitung zusammengefasst sind, ohne dass das eine Unternehmen von dem anderen abhängig ist. In diesem Falle spricht man von **Gleichordnungskonzern**.

1.4.2.1.2 Fusion / Trust

Ein Trust entsteht, wenn zwei (ggf. auch mehr) Unternehmen in einer **Fusion** derart verschmelzen, dass entweder das eine vollständig im anderen aufgeht oder beide Unternehmen ihre rechtliche und wirtschaftliche Existenz aufgeben und in eine Neugründung aufgehen.

1.4.2.2 Ziele der Konzentration

Insbesondere bei **Konzentrationen** steht häufig der Wunsch nach Kostenersparnis, Risikoverminderung, Stärkung der Marktposition und Steigerung der Wirtschaftlichkeit im Vordergrund: Die **Zusammenlegung von Funktionsbereichen**, die vor allem in der Verwaltung möglich erscheint, hat diesen Effekt.

Eine Zusammenlegung im Bereich Forschung und Entwicklung kann überdies unnötige Doppelungen (Forschung an mehreren Stellen an ein- und demselben Gegenstand) vermeiden und durch das Zusammenlegen von Know-How und Forschungsbudgets zur Beschleunigung von Innovationen mit entsprechend kostengünstiger Verkürzung von Entwicklungszeiten führen. Für derartige Effekte hat sich der Begriff **Synergie** eingebürgert: »Das Ganze ist mehr als die Summe seiner Teile«.

2 Rechnungswesen

»Mit Zahlen könnte ich mich unterhalten!« Diese Aussage einer Buchhaltungsdozentin an unserer Volkshochschule brachte einen ganzen Kurs zum Aufstöhnen. Jedoch: Ohne die Beschäftigung mit den im betrieblichen Geschehen anfallenden Zahlen und ohne Kenntnis des Rechnungswesens – sowohl seiner Methoden als auch der handels- und steuerrechtlichen Erfordernisse – ist ein Unternehmertum schlichtweg nicht denkbar: Weil man nicht weiß »wie man dasteht«, weil man nicht darstellen kann, »wo man hinwill« und nicht überprüfen kann, ob man auf gutem Wege dorthin ist (und wenn nein: warum nicht), und schließlich, weil man selbst – und nicht der Steuerberater – den Kopf hinhält für die Richtigkeit von Buchführung und Jahresabschluss. Es geht nicht »ohne«; aber die Beschäftigung mit der Thematik (und erst recht ihre Beherrschung) kann sogar Spaß machen!

Nachfolgend wird immer wieder auf einzelne gesetzliche Vorschriften verwiesen, die jedoch nur ausnahmsweise wörtlich und vollständig im Text wiedergegeben werden. Ein Nachlesen der gesetzlichen Bestimmungen ist deshalb unbedingt empfohlen! Das Bundesministerium der Justiz stellt nahezu das gesamte Bundesrecht kostenlos und aktuell im Internet unter www.gesetze-im-internet.de bereit.

Es bedeuten:

AktG	Aktiengesetz
AO	Abgabenordnung
BilMoG	Bilanzrechtsmodernisierungsgesetz
EStDV	Einkommensteuer-Durchführungsverordnung
EStG	Einkommensteuergesetz
EStR	Einkommensteuer-Richtlinien
EStÄR	Einkommensteuer-Änderungsrichtlinien
GmbHG	Gesetz betreffend die Gesellschaften mit beschränkter Haftung
GenG	Gesetz betreffend die Erwerbs- und Wirtschaftsgenossenschaften
GewO	Gewerbeordnung
HGB	Handelsgesetzbuch
KStDV	Körperschaftsteuer-Durchführungsverordnung
KStG	Körperschaftsteuergesetz
MoMiG	Gesetz zur Modernisierung des GmbH-Rechts und zur Bekämpfung von Missbräuchen
PartGG	Gesetz über Partnerschaftsgesellschaften Angehöriger freier Berufe
UStDV	Umsatzsteuer-Durchführungsverordnung
UStG	Umsatzsteuergesetz

2.1 Grundlegende Aspekte des Rechnungswesens

2.1.1 Abgrenzung von Finanzbuchhaltung, Kosten- und Leistungsrechnung, Auswertung und Planungsrechnung

Das kaufmännische Rechnungswesen ist das hauptsächliche Kontroll- und Lenkungsinstrument der Unternehmung. Alle Bestände und Vorgänge werden als bewertete Mengen zahlenmäßig erfasst mit dem Ziel, hieraus Erkenntnisse zu gewinnen und das Unternehmen durch zahlenmäßige Zielvorgaben lenken zu können. Das kaufmännische Rechnungswesen gliedert sich in vier Teile:

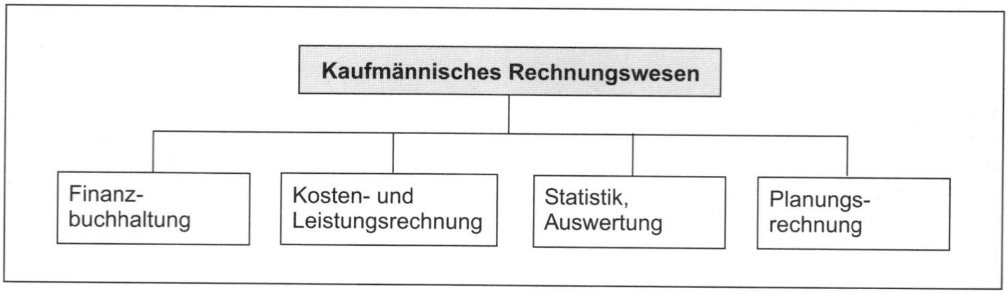

Teilbereiche des kaufmännischen Rechnungswesens

Finanzbuchhaltung

Die Finanzbuchhaltung (auch »Geschäftsbuchhaltung« oder »externes Rechnungswesen« genannt) ist derjenige Teil des kaufmännischen Rechnungswesens, der gesetzlich vorgeschrieben ist. Neben der Buchführung im engeren Sinne, also der Aufzeichnung der Geschäftsfälle während des laufenden Jahres, umfasst sie im weiteren Sinne auch den Jahresabschluss, dessen wesentliche Teile die Bilanz und die Erfolgsrechnung (Gewinn- und Verlustrechnung) darstellen.

Aufgabe der Buchführung ist es, alle Vorgänge, die

- den Wert des Vermögens oder der Schulden verändern oder/und
- den Erfolg des Unternehmens positiv (Ertrag) oder negativ (Aufwand) verändern oder/und
- zahlungswirksam sind, also eine Geldeinnahme oder -ausgabe bewirken,

in einer bestimmten Weise zu verzeichnen. Diese Vorgänge, die als **Geschäftsfälle** bezeichnet werden, müssen vollständig erfasst und durch Belege nachgewiesen werden. Die Aufzeichnung muss zum einen in zeitlicher und zum anderen in sachlicher Ordnung vorgenommen werden. Dies erfolgt in verschiedenen »Büchern« der Buchführung, nämlich

- zeitlich geordnet im Grundbuch oder Journal und
- sachlich geordnet auf Konten im so genannten Hauptbuch,

wobei diese Bücher natürlich spätestens seit Einführung der computergestützten Buchhaltung keine Bücher im engeren Sinne mehr sind.

Die Aufzeichnung wird als **Buchung** bezeichnet. Durch die fortlaufende Erfassung im System der doppelten Buchführung (auch als kaufmännische Buchführung oder – vor allem in

Zusammenhang mit der von öffentlichen Verwaltungen praktizierten Form der doppelten Buchführung – als »Doppik« bezeichnet) kann die Buchführung zu jeder Zeit über den aktuellen Stand des Vermögens, der Schulden und der Erfolgsentwicklung informieren und damit wichtige Grundlagen für Planungen und Entscheidungen liefern. Zugleich ist sie unverzichtbare Grundlage der Preiskalkulation und Beweismittel in Streit- und Zweifelsfragen. Ihre Hauptaufgaben sind somit Dokumentation und Rechenschaftslegung. Zur Abgrenzung von der internen, nicht gesetzlich geregelten Kosten- und Leistungsrechnung (KLR) wird für die Buchführung häufig der Begriff **»Finanzbuchführung«** verwendet, während die KLR als »Betriebsbuchhaltung« bezeichnet wird.

Die Finanzbuchhaltung erfasst nur solche Geschäfte, aus denen eine Hauptleistung bereits erbracht ist. Reine **Verpflichtungsgeschäfte** dürfen dagegen nicht berücksichtigt werden.

Beispiel:

*Ein Kaufmann schließt einen Vertrag, in dem er sich gegenüber einem Kunden zur Lieferung einer bestimmten Ware verpflichtet. Solange weder eine Lieferung von seiner Seite noch eine Zahlung von Seiten des Kunden erfolgt ist, handelt es sich um ein reines Verpflichtungsgeschäft (mit der Natur eines schwebenden Geschäfts), das keinen Anlass zur Buchung gibt. Eine Buchung kann aber erforderlich werden, wenn aus dem abgeschlossenen Geschäft – z. B. infolge einer Festpreisvereinbarung – ein Verlust droht. Wenn eine der beiden Seiten ihre Verpflichtung zur Lieferung bzw. zur Zahlung zumindest teilweise erfüllt, wird aus dem **Verpflichtungsgeschäft** ein **»Verfügungsgeschäft«** und es muss eine Buchung vorgenommen werden.*

Die Finanzbuchhaltung ist die Grundlage der Kosten- und Leistungsrechnung und liefert, zusammen mit dieser, die für die Erstellung von **Auswertungen** zur Untermauerung vermögens- und erfolgswirksamer unternehmerischer **Dispositionen** (Planungen und Entscheidungen) notwendigen Werte.

Kostenrechnung

Die Kostenrechnung, meist als Kosten- und Leistungsrechnung (KLR), aber auch als **»Betriebsbuchhaltung«** oder »internes Rechnungswesen« bezeichnet, befasst sich – im Gegensatz zur Geschäftsbuchhaltung – nur mit den Vorgängen, die mit dem eigentlichen Zweck des Unternehmens, der Leistungserstellung (der Gütererzeugung) und ihrem Absatz zusammenhängen, also mit dem Betrieb im engeren Sinne. Die Zahlen der KLR fußen auf Zahlen der Geschäftsbuchhaltung. Die KLR erfasst auf der einen Seite die Leistungen – im Industriebetrieb also die hergestellten Halbfabrikate, Fertigfabrikate sowie Innenleistungen (für Eigenbedarf) – sowie die Umsatzerlöse und auf der anderen Seite die Kosten, die mit der Erbringung dieser Leistungen in Zusammenhang stehen. Die Kosten stehen dabei im Mittelpunkt des Interesses, weil im Preiswettbewerb hier die Rationalisierungsmöglichkeiten gesucht werden müssen, während auf der Erlösseite meist nur eine Preisanpassung an das Preisniveau der überwiegend polypolistischen Märkte möglich ist.

Die KLR besteht aus zwei Teilen, nämlich

- der Betriebsabrechnung, die, ähnlich der Geschäftsbuchführung, Zeiträume umfasst **(Zeitraumrechnung)**, und
- der Kalkulation, die sich mit Erzeugniseinheiten befasst **(Stückrechnung)**.

Sie wird ergänzt durch die Planungsrechnung und die Statistik.

Statistik/Auswertung

Ohne eine qualifizierte Auswertung werden die Zahlen der Kostenrechnung zum nutzlosen Zahlenfriedhof. Die Statistik, auch »Berichtswesen« oder »Auswertung« genannt, soll die im internen und externen Rechnungswesen erfassten Zahlen auswerten, übersichtlich aufbereiten und den Leitungsverantwortlichen als Entscheidungshilfen zur Verfügung stellen. Sie steht in engem Zusammenhang mit der Planungsrechnung und ist wie diese Teil des betrieblichen **Controllings**.

Planungsrechnung

Die Planungsrechnung will – unter Beachtung der jeweils neuesten Ergebnisse aus der Kosten- und Leistungsrechnung und unter Einbezug der Erkenntnisse aus der Statistik – Entscheidungsgrundlagen für Planungen zukünftiger Zeiträume liefern. Der Planungshorizont kann je nach Fragestellung kurzfristig (z. B. für die konkrete Mengenplanung der nächsten Produktionsperiode), für das nächste Geschäftsjahr, mittelfristig für die nächsten Jahre oder auch langfristig gewählt werden.

Insbesondere die kurzfristige Planung ist eine Feinplanung, die Vorgaben für **Soll/Ist-Vergleiche** nach Abschluss der Periode liefert. Ebenso wie die Kosten- und Leistungsrechnung und die Statistik ist die Planungsrechnung nicht gesetzlich vorgeschrieben; der Unternehmer betreibt sie freiwillig und im eigenen Interesse. Dementsprechend vielgestaltig sind die in der Praxis anzutreffenden Modelle und Begriffe; häufig sind Statistik und Planung Elemente des betrieblichen Controllings.

2.1.2 Die Grundsätze ordnungsmäßiger Buchführung (GoB)

Zur Beurteilung der Ordnungsmäßigkeit der Buchführung und des Jahresabschlusses berufen sich § 238 Abs. 1 Satz 1 HGB, § 243 Abs. 1 HGB sowie die §§ 145 ff. AO auf die **»Grundsätze ordnungsmäßiger Buchführung«**, in der Praxis üblicherweise als GoB abgekürzt. Die GoB sind allgemein anerkannte Regeln, nach denen Bücher zu führen und Bilanzen zu erstellen sind. Dabei handelt es sich nicht um eine einheitliche Rechtsvorschrift, sondern um Regeln und Methoden, die sich als gewachsenes Recht in der Kaufmannschaft etablieren konnten, inzwischen größtenteils Eingang in das Handelsrecht gefunden haben und durch die ausdrückliche Bezugnahme von § 238 HGB und weiterer Rechtsquellen zu geltendem, zwingendem Recht geworden sind.

Nach wie vor gibt es aber auch Grundsätze ordnungsmäßiger Buchführung, die nicht in gesetzlichen Vorschriften ihren Niederschlag gefunden haben. Sie leiten sich aus Handelsbräuchen oder der Verkehrsanschauung ab, teilweise auch aus der Natur der Sache. Als Beispiel kann das **Belegprinzip** gelten: Der Grundsatz **»keine Buchung ohne Beleg«** hat auch ohne konkrete gesetzliche Regelung Geltung.

Die GoB dienen der Ergänzung von Rechtsnormen und der Ausfüllung gesetzlicher Freiräume. Sie beziehen sich zum Teil auf die Buchführung des laufenden Jahres, beinhalten aber auch Regeln, die die Durchführung der Inventur und die dabei anzuwendenden Inventurverfahren und Inventursysteme betreffen, sowie Regeln über den Ansatz und die Bewertung von Positionen des Jahresabschlusses.

Zentrales Prinzip: Grundsatz der Vorsicht (§ 252 Abs. 1 Nr. 4 HGB):

Als »der zentrale Grundsatz der GoB« manifestiert der Grundsatz der Vorsicht den **Gläubigerschutz** als zentrales Prinzip der Finanzbuchhaltung. Gläubigerschutz bedeutet, dass ein Kaufmann in der Bilanz kein höheres Vermögen ausweisen darf, als er tatsächlich sein eigen nennt: Ein Kaufmann darf sich nicht »reicher machen«, als er ist! Aus dem Grundsatz der Vorsicht haben sich im Laufe der Zeit weitere Prinzipien abgeleitet:

- **Realisationsprinzip** (§ 252 Abs. 1 Nr. 4, letzter Halbsatz): Danach dürfen Erträge nur dann im Jahresabschluss berücksichtigt werden, wenn sie realisiert worden sind. Als Zeitpunkt der Ertragsrealisation wird bei Lieferungen und sonstigen Leistungen der Zeitpunkt angesehen, zu dem der Gläubiger buchmäßig eine Forderung ausweisen darf. Dies ist nach Handelsbrauch der Zeitpunkt, zu dem er selbst seine Verpflichtung aus dem Vertrag erfüllt hat.
- **Imparitätsprinzip** (§ 252 Abs. 1 Nr. 4, erster Halbsatz): Imparität bedeutet »Ungleichheit«; das Imparitätsprinzip beinhaltet, dass Gewinne und Verluste nicht gleich behandelt werden, denn es sind »*...alle vorhersehbaren Risiken und Verluste, die bis zum Abschlußstichtag entstanden sind, zu berücksichtigen, selbst wenn diese erst zwischen dem Abschlußstichtag und dem Tag der Aufstellung des Jahresabschlusses bekannt geworden sind*«.
- **Niederstwertprinzip** (§ 253 HGB): Wenn in der Folgebewertung vorhandener Vermögensgegenständen und Schulden mehrere Wertansätze zur Auswahl stehen – z. B. die Anschaffungskosten und ein davon abweichender Marktpreis bei Vorräten –, muss **(strenges Niederstwertprinzip)** oder darf **(gemildertes Niederstwertprinzip)** der niedrigste dieser Werte angesetzt werden. Diese Formulierung bezieht sich auf die Bewertung der Aktiva; analog wird bei Passiva vom **Höchstwertprinzip** gesprochen.

GoB im engeren Sinne

Die GoB, die sich auf die Buchführung des laufenden Jahres beziehen, regeln

- die **Handelsgebräuchlichkeit** der Buchführung (§ 238 Abs. 1 S. 2 HGB):

  »Die Buchführung muß so beschaffen sein, daß sie einem sachverständigen Dritten innerhalb angemessener Zeit einen Überblick über die Geschäftsvorfälle und über die Lage des Unternehmens vermitteln kann.«

  Dies bedeutet, dass die Buchführung den anerkannten Regeln zu folgen hat.
- die **Abfassung in einer lebenden Sprache** (§ 239 Abs. 1 S. 1 HGB; nur bezüglich des Jahresabschlusses verlangt § 244 HGB ausdrücklich die deutsche Sprache!).
- das **Belegprinzip** (»...keine Buchung ohne Beleg!«).
- die **Kontenwahrheit** (§ 154 AO).

Die folgende Übersicht zeigt die im HGB kodifizierten Grundsätze mit Fundstellen und einer kurzen Beschreibung.

Grundsatz	Fundstelle (HGB)	Bedeutung
Vollständigkeit	§§ 239/2, 246/1	Der Jahresabschluss hat sämtliche Vermögensgegenstände, Schulden, Rechnungsabgrenzungsposten, Aufwendungen und Erträge zu enthalten.
Wahrheit / Richtigkeit / Willkürfreiheit	§ 239/2	Buchungen müssen vollständig, sachlich und wertmäßig richtig, wahrheitsgetreu, zeitgerecht, geordnet, willkürfrei angesetzt werden.
Klarheit / Übersichtlichkeit	§§ 238/1, 243/2	Buchführung und Jahresabschluss müssen übersichtlich, klar, für sachverständige Dritte verständlich sein.
Vorsichtsprinzip	§ 252/1 Nr. 4	siehe oben
Verrechnungsverbot (Saldierungsverbot)	§ 246/2	Keine Verrechnung von Posten der Aktivseite mit Posten der Passivseite; von Aufwendungen mit Erträgen usw.

Grundsatz	Fundstelle (HGB)	Bedeutung
Einzelbewertung / Kompensationsverbot	§ 252/1 Nr. 3	Vermögensteile und Schulden sind einzeln und unabhängig voneinander ohne Kompensation (= Ausgleich der Wertsteigerung eines Gegenstandes mit Wertabnahme eines anderen Gegenstandes) zu bewerten. Ausnahmen enthalten §§ 240/3 und 256 HGB.
Wertaufhellung	§ 252/1 Nr. 4	Vor dem Bilanzstichtag eingetretene Risiken und Verluste sind im Jahresabschluss zu berücksichtigen, auch wenn sie erst nach dem Stichtag vor Aufstellung des Abschlusses bekannt geworden sind. Nur bedingt vorzunehmen: Berücksichtigungen von nach dem Stichtag eingetretenen Wertveränderungen!
Realisationsprinzip	§ 252/1 Nr. 4	siehe oben im Text
Imparitätsprinzip	§ 252/1 Nr. 4	siehe oben im Text
Niederstwertprinzip	§ 253	siehe oben im Text
Periodengerechte Erfassung (sachliche und zeitliche Abgrenzung)	§ 252/1 Nr. 5	Aufwendungen und Erträge des Geschäftsjahres müssen unabhängig vom Zeitpunkt der Zahlung im Jahresabschluss erfasst werden.
Stichtagsprinzip	§ 252/1 Nr. 3	Bewertung der Vermögensteile und Schulden hat zu einem Abschlussstichtag zu erfolgen.
Bewertungsstetigkeit	§ 252/1 Nr. 6	Die im Vorjahr angewandten Bewertungsmethoden sind beizubehalten.
Identitätsprinzip bzgl. Schlussbilanz und Eröffnungsbilanz	§ 252/1 Nr. 1	Wertansätze der Eröffnungsbilanz eines Jahres müssen denen der Schlussbilanz des Vorjahres entsprechen.
Fortführung der Unternehmenstätigkeit (Going-Concern-Prinzip)	§ 252/1 Nr. 2	Bei der Bewertung ist von der Fortführung des Unternehmens auszugehen, wenn nicht konkrete Gründe entgegenstehen (kein Ansatz von Zerschlagungswerten).

Als nicht ausdrücklich im Handelsrecht kodifizierter Grundsatz ist ferner das **Prinzip der wirtschaftlichen Betrachtungsweise** zu nennen:

Ansatzkriterium in der Bilanz für Vermögensgegenstände und Schulden ist danach das wirtschaftliche und nicht das zivilrechtliche Eigentum. So sind z. B. sicherungsübereignete Wirtschaftsgüter und unter Eigentumsvorbehalt gelieferte Vermögensgegenstände in der Bilanz auszuweisen (aber Achtung: gemietete/geleaste Gegenstände werden in aller Regel beim Vermieter/Leasinggeber bilanziert!).

2.1.3 Buchführungspflichten nach Handels- und Steuerrecht

Vorschriften über die Rechnungslegung sind im Wirtschafts- und im Steuerrecht enthalten. Während die Regelungen in den Wirtschaftsgesetzen – allen voran im Handelsgesetzbuch (HGB) – vor allem auf den Schutz der Geschäftspartner des Kaufmanns (**»Gläubigerschutz«**; Gläubiger sind nicht nur Lieferanten, sondern auch Arbeitnehmer, denen der Kaufmann für ihre Arbeitsleistung eine Gegenleistung in Geld schuldet) und – bei den Aktiengesellschaften – auf den **Aktionärsschutz** abzielen, dienen die Regelungen im Steuerrecht der **Ermittlung der Besteuerungsgrundlage**.

2.1.3.1 Buchführungspflichten nach Handelsrecht

Die maßgeblichen Vorschriften über die Rechnungslegung des Kaufmanns enthält das **Handelsgesetzbuch** (HGB) (»Drittes Buch: Handelsbücher«). Es bestimmt die Buchführungspflicht des Kaufmanns in § 238 Abs. 1 HGB:

Jeder Kaufmann ist verpflichtet, Bücher zu führen...

Dies wirft unmittelbar die Frage auf, wer Kaufmann im Sinne des HGB ist.

2.1.3.1.1 Kaufmann und Gewerbe

Zum Kaufmannsbegriff bestimmt § 1 HGB:

(1) Kaufmann im Sinne dieses Gesetzbuchs ist, wer ein Handelsgewerbe betreibt.

(2) Handelsgewerbe ist jeder Gewerbebetrieb, es sei denn, daß das Unternehmen nach Art oder Umfang einen in kaufmännischer Weise eingerichteten Geschäftsbetrieb nicht erfordert.

Feste Grenzen dafür, ab wann ein Unternehmen einen in kaufmännischer Weise eingerichteten Geschäftsbetrieb – und damit eben auch eine Buchführung nach den Regeln des »dritten Buches Handelsbücher« – erfordert, gibt es nicht. Wer aber ein Unternehmen mit den Merkmalen

- Gewinnorientierung,
- Selbstständigkeit und
- Dauerhaftigkeit

betreibt, wird kaum ohne eine kaufmännische Organisation auskommen: Faktisch ist er Kaufmann, was auch im Begriff »Istkaufmann« ausgedrückt wird. Durch die negative Formulierung des Gesetzes (»jeder..., es sei denn...«) liegt die Beweislast dafür, dass eine kaufmännische Einrichtung nicht erforderlich ist, beim Gewerbetreibenden selbst. Keine Gewerbe sind

- die Ausübung eines freien Berufs (»Katalogberuf« gem. § 18 Abs. 1 Nr. 1 EStG, § 1 Abs. 2 PartGG),
- die Urproduktion, also Landwirtschaft, Forstwirtschaft und Fischerei (§ 6 GewO).

Betreibt der Kaufmann das Unternehmen allein, ist er **Einzelkaufmann** und als solcher bis zu bestimmten Gewinn- und Überschussgrenzen von der Buchführungspflicht befreit (Buchführungserleichterungen für Einzelkaufleute).

Ein Gewerbetreibender, der keinen freien Beruf ausübt, dessen Unternehmen aber tatsächlich nach Art und Umfang keinen in kaufmännischer Weise eingerichteten Geschäftsbetrieb erfordert, wird als **Kleingewerbetreibender** bezeichnet. Dieser Begriff ist nicht gesetzlich bestimmt, kann sich aber nur auf eine **natürliche Person** oder eine Gesellschaft bürgerlichen Rechts (GbR; »BGB-Gesellschaft«) beziehen, denn:

Andere Gesellschaften, die ein Gewerbe betreiben, sind immer Kaufleute!

Dies ergibt sich aus der Bestimmung des § 6 HGB, wobei sich die Ausführungen in Abs. 2 auf die Kapitalgesellschaften und Genossenschaften beziehen, die Kaufmann kraft Rechtsform (»**Formkaufmann**«) sind:

> *(1) Die in betreff der Kaufleute gegebenen Vorschriften finden auch auf die Handelsgesellschaften Anwendung.*
>
> *(2) Die Rechte und Pflichten eines Vereins, dem das Gesetz ohne Rücksicht auf den Gegenstand des Unternehmens die Eigenschaft eines Kaufmanns beilegt, bleiben unberührt, auch wenn die Voraussetzungen des § 1 Abs. 2 nicht vorliegen.*

Auch ein Klein- oder sonstiger Nichtgewerbetreibender (z. B. ein land- und forstwirtschaftliches Unternehmen, auf das die Vorschriften des § 1 HGB ansonsten keine Anwendung finden; vgl. § 3 HGB) wird zum Kaufmann, wenn er sich in das beim zuständigen Amtsgericht geführten Handelsregister eintragen lässt (§ 2 HGB). Für diese Gruppen von Kaufleuten, die ihre Kaufmannseigenschaft qua Eintragung ins Handelsregister erwerben, ist der Begriff »**Kannkaufmann**« gebräuchlich.

2.1.3.1.2 Buchführungspflicht nach Handelsgesetzbuch (HGB)

Das »Dritte Buch Handelsbücher« des HGB, das für alle Kaufleute im obigen Sinne die Buchführungspflichten regelt, gliedert sich wie folgt:

- Erster Abschnitt (§§ 238 – 263 HGB): Vorschriften **für alle Kaufleute**; zugleich **abschließende Regelung der Rechnungslegung für Einzelkaufleute und Personengesellschaften**:
  - Buchführungspflicht für alle Kaufleute (Ausnahme: Einzelkaufleute, die die Grenzen des § 241a HGB nicht überschreiten);
  - Pflicht zur Aufstellung eines Inventars;
  - Pflicht zur Aufstellung eines Jahresabschlusses (Bilanz GuV);
  - Bilanzierungs- und Bewertungsvorschriften;
  - Vorschriften über die Aufbewahrung und Vorlage der Rechnungslegungsunterlage;
  - Gemäß § 241a brauchen **Einzel**kaufleute, die in zwei aufeinanderfolgenden Geschäftsjahren nicht mehr als 500.000 € Umsatzerlöse und 50.000 € Jahresüberschuss aufweisen, die §§ 238 bis 241 sowie § 242 Abs. 1–3 nicht anzuwenden, d. h. sie sind von der Pflicht zur Buchführung, zur Erstellung eines Inventars und zur Aufstellung von Eröffnungsbilanz, Schlussbilanz sowie Gewinn- und Verlustrechnung befreit. Sie müssen künftig nur eine Einnahmen-Überschussrechnung aufstellen.
- Zweiter Abschnitt (§§ 264 – 335b HGB): **Ergänzende Vorschriften für Kapitalgesellschaften**: Aktiengesellschaften (AG), Kommanditgesellschaften auf Aktien (KGaA) und Gesellschaften mit beschränkter Haftung (GmbH). ACHTUNG: Sofern ein Sachverhalt im zweiten Abschnitt nicht gesondert geregelt ist, gelten die Regelungen des ersten Abschnitts auch für die Kapitalgesellschaften. Gesonderte Regelungen im zweiten Abschnitt gehen denjenigen im ersten Abschnitt vor.
  - Der erste Unterabschnitt des zweiten Abschnitts behandelt den **Jahresabschluss**, **Anhang** und **Lagebericht** der Kapitalgesellschaften. Besonders hervorzuheben sind die darin enthaltenen Vorschriften zur **Gliederung der Bilanz und der Gewinn- und Verlust-Rechnung sowie die Einteilung in kleine, mittelgroße und große Kapitalgesellschaften** im zweiten Unterabschnitt, wobei für kleine und mittlere Unternehmen Erleichterungen bei Aufstellung, Prüfung und Offenlegung des Jahresabschlusses vorgesehen sind.
  - Weitere Unterabschnitte behandeln den Konzernabschluss und Konzernlagebericht, Vorschriften zur Prüfung und zur Offenlegung des Jahresabschlusses, Verordnungsermächtigungen sowie Straf- und Bußgeldvorschriften.

- Dritter Abschnitt (§§ 336 – 339 HGB): **Ergänzende Vorschriften für eingetragene Genossenschaften (eG)**.
- Vierter Abschnitt (§§ 340 – 341p HGB): **Ergänzende Vorschriften für Unternehmen bestimmter Geschäftszweige**, nämlich Kreditinstitute, Versicherungsunternehmen und Pensionsfonds.
- Fünfter Abschnitt (§§ 342 – 342a HGB) und Sechster Abschnitt (§§ 342b – 342e HGB): Einsetzung eines privaten **Rechnungslegungsgremiums** zur Entwicklung von Standards für das Rechnungswesen und einer **Prüfstelle** zur Überwachung der Standards durch kapitalmarktorientierte Unternehmen.

Mit dieser systematisch aufgebauten Grundordnung für die Rechnungslegung der Kaufleute ist das HGB gewissermaßen das »Grundgesetz des Kaufmanns«.

Zuletzt erfuhren die handelsrechtlichen Vorschriften zur Bilanzierung deutliche Veränderungen durch die Regelungen des Bilanzrechtsmodernisierungsgesetzes (BilMoG) vom 25. Mai 2009, die sich im HGB, aber auch im Einkommensteuerrecht niedergeschlagen haben und seit 2010 vollumfänglich anzuwenden sind. Ziel der Reform war, Rückwirkungen steuerlicher Vorschriften auf den handelsrechtlichen Jahresabschluss, wie sie nach dem bis dahin geltenden Recht möglich waren und häufig sogar zwingend auftraten, auszuschließen. Damit wurde eine deutliche Annäherung an internationale Rechnungslegungsstandards (vgl. die späteren Ausführungen zu den IFRS) bewirkt. **Kaufleuten in der Fortbildung zum Fachwirt, die ihre Kenntnisse über den Jahresabschluss vor 2009 erworben haben, wird empfohlen, die folgenden Seiten nicht zu überspringen, sondern aufmerksam zu lesen, weil viele Bilanzansatz- und -bewertungsvorschriften gegenüber altem Recht starke Veränderungen erfahren haben.**

2.1.3.1.3 Buchführungspflichten nach sonstigen Wirtschaftsgesetzen

Das **Publizitätsgesetz** (PublG) und die rechtsformspezifischen Einzelgesetze (**Aktiengesetz** – AktG, **GmbH-Gesetz** – GmbHG, **Genossenschaftsgesetz** – GenG) ergänzen die Vorschriften des HGB in Bezug auf die jeweilige Rechtsform.

2.1.3.2 Buchführungspflichten nach Steuerrecht

Vorschriften, die die Buchführung berühren, finden sich zahlreich im Steuerrecht, vornehmlich

- in der **Abgabenordnung** (AO), die den Einzelsteuergesetzen übergeordnet ist, indem sie als Rahmen- und Verfahrensrecht solche Vorschriften enthält, die mehrere nachgeordnete Einzelgesetze betreffen;
- im **Einkommensteuergesetz** (EStG), **Körperschaftsteuergesetz** (KStG), **Umsatzsteuergesetz** (UStG);
- in den den genannten Einzelsteuergesetzen jeweils zugehörigen **Durchführungsverordnungen** (EStDV, KStDV, UStDV).

2.1.3.2.1 Abgeleitete und originäre Buchführungspflicht nach AO

Die Pflicht zur Führung von Büchern leitet die **Abgabenordnung** zunächst in Anknüpfung an Nicht-Steuergesetze ab:

> ***§ 140 Buchführungs- und Aufzeichnungspflichten nach anderen Gesetzen***
> *Wer nach anderen Gesetzen als den Steuergesetzen Bücher und Aufzeichnungen zu führen hat, die für die Besteuerung von Bedeutung sind, hat die Verpflichtungen, die ihm nach den anderen Gesetzen obliegen, auch für die Besteuerung zu erfüllen.*

Diese Verpflichtung wird als **abgeleitete** oder **derivative Buchführungspflicht** bezeichnet. Ein solches »anderes Gesetz«, das Buchführungspflichten begründet, ist bekanntlich das HGB. Auch ausländische Rechtsnormen können eine Buchführungspflicht nach § 140 AO begründen (R 4.1 Abs. 4 EStÄR 2012).

Unterliegen Gewerbetreibende nicht der abgeleiteten Buchführungspflicht – etwa weil sie Urerzeugung betreiben oder ihr Unternehmen keinen in kaufmännischer Weise eingerichteten Geschäftsbetrieb erfordert – so kann dennoch eine **originäre steuerliche Buchführungspflicht** bestehen, nämlich dann, wenn die in § 141 AO definierten Grenzen hinsichtlich des Gesamtumsatzes, des Gewinns und des Wirtschaftswertes der selbstbewirtschafteten Fläche (bei Land- und Forstwirten) überschritten sind. Für Land- und Forstwirte kommt in aller Regel nur eine originäre steuerliche Buchführungspflicht in Betracht.

Die Buchführungspflichten verdeutlicht die folgende Übersicht.

Buchführungspflicht nach Steuerrecht

abgeleitete (derivative) Buchführungspflicht	**originäre** Buchführungspflicht
§ 140 AO: leitet die Pflicht, Bücher zu führen, aus anderen als Steuergesetzen ab	**§ 141 AO** bei Überschreitung folgender Grenzen im Kalenderjahr: **Umsätze** > 600.000,00 € oder **Gewinn** > 60.000,00 € oder **Wirtschaftswert** der selbstbewirtschafteten Fläche (§ 46 Bewertungsgesetz): 25.000,00 € (nur für Land- und Forstwirte)

Originäre und derivative Buchführungspflicht nach Abgabenordnung

2.1.3.2.2 Gewinnermittlungsmethoden

Wer seinen Gewinn gemäß § 140 AO oder § 141 AO durch Buchführung ermitteln muss, unterliegt der Vorschrift zum **vollständigen Betriebsvermögensvergleich** des **§ 5 Abs. 1 EStG**, der in Satz 1 ausdrücklich auf die GoB Bezug nimmt:

(1) Bei Gewerbetreibenden, die auf Grund gesetzlicher Vorschriften verpflichtet sind, Bücher zu führen und regelmäßig Abschlüsse zu machen, oder die ohne eine solche Verpflichtung Bücher führen und regelmäßig Abschlüsse machen, ist für den Schluss des Wirtschaftsjahres das Betriebsvermögen anzusetzen (§ 4 Absatz 1 Satz 1), das nach den handelsrechtlichen Grundsätzen ordnungsmäßiger Buchführung auszuweisen ist [...]

Wer weder der abgeleiteten noch der originären steuerlichen Buchführungspflicht unterliegt (etwa weil er Kleingewerbetreibender ist) und dementsprechend auch keine Bücher im Sinne einer doppelten Buchführung führt, hat folgende Möglichkeiten, seinen Gewinn zu ermitteln:

- Durch **Überschussrechnung** nach § 4 Abs. 3 EStG:

  3) Steuerpflichtige, die nicht auf Grund gesetzlicher Vorschriften verpflichtet sind, Bücher zu führen und regelmäßig Abschlüsse zu machen, und die auch keine Bücher führen und keine Abschlüsse machen, können als Gewinn den Überschuss der Betriebseinnahmen über die Betriebsausgaben ansetzen.

- durch **freiwilliges Führen von Büchern** gem. § 5 Abs. 1 S. 1 EStG, vgl. oben:

  [...] oder die ohne eine solche Verpflichtung Bücher führen und regelmäßig Abschlüsse machen [...]

Führt er auch hierzu nicht die nötigen Aufzeichnungen seiner Einnahmen und Ausgaben, so schätzt das Finanzamt seinen Gewinn gem. § 162 AO nach den Grundsätzen der Gewinnermittlung des § 4 Abs. 1 EStG.

Freiberufler wie Ärzte, Rechtsanwälte, Steuerberater usw. unterliegen weder der abgeleiteten noch der originären Buchführungspflicht. Sie können ihren Gewinn entweder

- freiwillig nach § 4 Abs. 1 EStG durch so genannten **unvollständigen Betriebsvermögensvergleich**, bei dem sie nicht den GoB unterworfen werden, oder
- mit Hilfe einer **Überschussrechnung** nach § 4 Abs. 3 EStG ermitteln.

Bei Nichtvorliegen der erforderlichen Unterlagen erfolgt auch bei ihnen eine Schätzung nach den Grundsätzen des § 4 Abs. 1 EStG.

Für Land- und Forstwirte kommt unter bestimmten Umständen eine Gewinnermittlung nach Durchschnittssätzen gemäß § 13 a EStG in Betracht, auf die hier aber nicht näher eingegangen werden soll.

Die folgende Abbildung zeigt die Gewinnermittlungsarten, aus denen sich die Art der Buchführung und des Abschlusses ergibt, im Überblick.

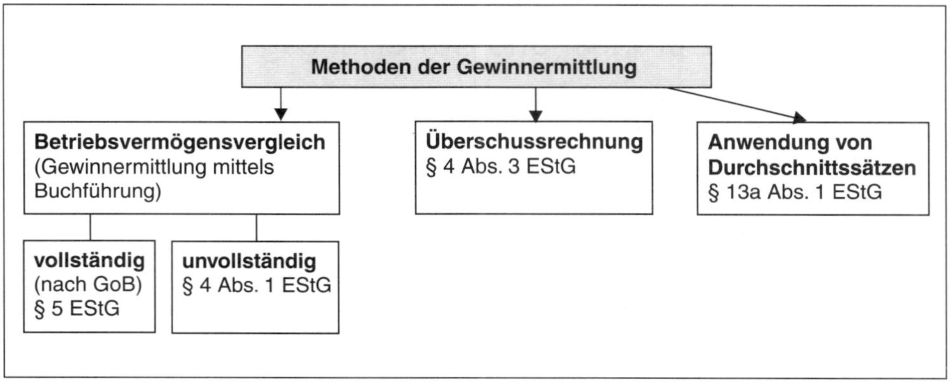

Gewinnermittlungsmethoden

Die Anwendungsbereiche für den Betriebsvermögensvergleich verdeutlicht die nächste Abbildung:

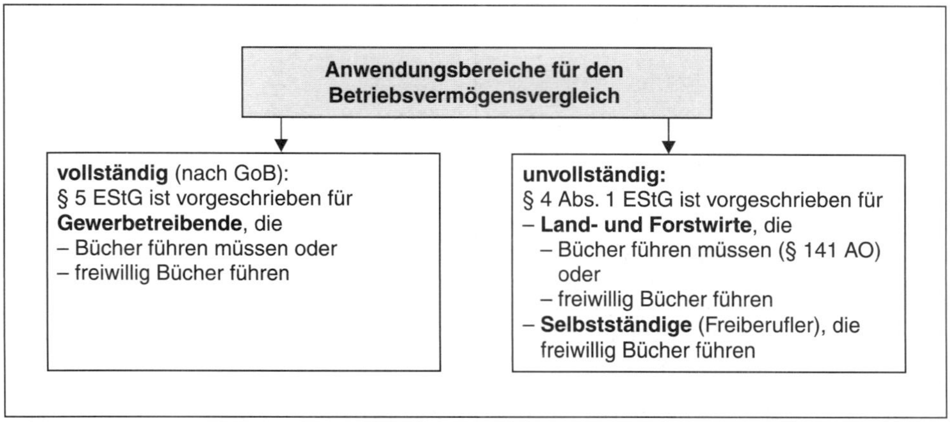

Vollständiger und unvollständiger Betriebsvermögensvergleich

2.1.3.2.3 Internationale Rechnungslegungsstandards

Die zunehmende Globalisierung führt zu einer verstärkten internationalen Kapitalverflechtung. Expansion über die Landesgrenzen hinaus funktioniert fast nur noch über den Zugang zu den internationalen Kapitalmärkten. Hierbei wirken die unterschiedlichen nationalen Rechnungslegungsvorschriften hinderlich. Vergleiche und Analysen von Jahresabschlüssen aus verschiedenen Rechtssystemen sind fast unmöglich. Der internationale Standard **IFRS** (International Financial Reporting Standards) soll diesen Mangel beheben. Von der Pflicht, einen Konzernabschluss nach IFRS vorzulegen, sind bisher in der Europäischen Union nur kapitalmarktnotierte Unternehmen betroffen.

Mit den Regelungen des Bilanzrechtsmodernisierungsgesetzes (BilMoG) vom 25. Mai 2009 wurde ein wesentlicher Schritt zur Annäherung der handelsrechtlichen Vorschriften an die internationale Rechnungslegung unternommen, auch wenn der Schwerpunkt der Reform auf Deregulierung zugunsten kleiner und mittlerer Unternehmen lag.

2.1.4 Bilanzierungs- und Bewertungsgrundsätze

Hinsichtlich der Frage nach der Bilanzierung bestimmter Vermögensgegenstände und Schulden ist zu unterscheiden zwischen

- **Bilanzierung dem Grunde nach:** Muss oder darf dieser Gegenstand überhaupt in die Bilanz aufgenommen werden?

Nur wenn diese Frage bejaht wurde, stellt sich die nächste Frage nach der

- **Bilanzierung der Höhe nach:** Mit welchem Betrag ist der Gegenstand anzusetzen?

Je nachdem, ob die Bilanz nach handels- oder steuerrechtlichen Vorschriften aufgestellt wurde, können sich auf diese Fragen unterschiedliche Antworten ergeben. Daher wird nachfolgend zunächst die Beziehung zwischen Handelsbilanz und Steuerbilanz beleuchtet.

2.1.4.1 Handelsbilanz und Steuerbilanz: Zusammenhang und Unterschiede

Die **Handelsbilanz** ist die nach den handelsrechtlichen Vorschriften gem. §§ 238 ff. HGB erstellte Bilanz.

Sie dient

- der Ermittlung des im abgelaufenen Wirtschaftsjahr erzielten Erfolgs,
- der wertmäßigen Darstellung der Vermögensteile, der Schulden und des investierten Eigenkapitals.

Die Handelsbilanz ist diejenige Bilanz, die von publizitätspflichtigen Unternehmen beim elektronischen Bundesanzeiger einzureichen ist. Das in ihr ermittelte Jahresergebnis ist aber nicht Bemessungsgrundlage für die Ertragsbesteuerung: Deren Basis liefert die **Steuerbilanz** oder eine Nebenrechnung, in der das Ergebnis der Handelsbilanz nach steuerrechtlichen Vorgaben korrigiert wird. Diese Nebenrechnung ist ausreichend: Eine rechtliche Pflicht zur Erstellung einer vollständigen, eigenständigen Steuerbilanz existiert nicht. Wenn nachfolgend dennoch von einer Steuerbilanz gesprochen wird, erfolgt dies der Einfachheit halber und schließt die aus der Handelsbilanz entwickelte Korrekturrechnung ein.

Den Zusammenhang zwischen Handelsbilanz und Steuerbilanz begründet der bereits zitierte § 5 Abs. 1 S. 1 EStG.

Maßgeblichkeit der Handelsbilanz für die Steuerbilanz

Mit dem Wortlaut des § 5 Abs. 1 S. 1 EStG ist die Gültigkeit der in Abschnitt 2.1.2 behandelten GoB ins Einkommensteuerrecht ausgedehnt; die handelsrechtlichen Vorschriften sind also für die Ableitung der Steuerbilanz »maßgeblich«.

Allerdings heißt es in § 5 Abs. 1 S. 1 EStG weiter:

> *[...] es sei denn, im Rahmen der Ausübung eines steuerlichen Wahlrechts wird oder wurde ein anderer Ansatz gewählt. [...]*

Hieraus wird deutlich, dass nach Steuerrecht in Einzelfällen durchaus Wertansätze gewählt werden können, die von denjenigen der Handelsbilanz abweichen. Für derartige Fälle treffen § 5 Abs. 1 S. 2 und 3 EStG folgende Festlegungen:

> *Voraussetzung für die Ausübung steuerlicher Wahlrechte ist, dass die Wirtschaftsgüter, die nicht mit dem handelsrechtlich maßgeblichen Wert in der steuerlichen Gewinnermittlung ausgewiesen werden, in besondere, laufend zu führende Verzeichnisse aufgenommen werden. In den Verzeichnissen sind der Tag der Anschaffung oder Herstellung, die Anschaffungs- oder Herstellungskosten, die Vorschrift des ausgeübten steuerlichen Wahlrechts und die vorgenommenen Abschreibungen nachzuweisen.*

Insgesamt bedeutet dies:

- Die Wirkrichtung der Maßgeblichkeit verläuft **von der Handels- zur Steuerbilanz**: Sofern das Steuerrecht keine abweichende Regelungen enthält, sind die Vorschriften des HGB maßgeblich für die steuerliche Gewinnermittlung.
- Steuerliche Wahlrechte können unabhängig von der Handelsbilanz ausgeübt werden.
- Wahlrechte, die sowohl im Handels- als auch im Steuerrecht bestehen, können in beiden Bilanzen unterschiedlich ausgeübt werden.

Der vor dem Inkrafttreten des Bilanzrechtsmodernisierungsgesetzes (BilMoG) am 29. Mai 2009 bestehende Sachverhalt der »umgekehrten Maßgeblichkeit«, wonach eine vorwegnehmende Anpassung der Handelsbilanz an den gewünschten steuerlichen Ansatz erforderlich war, ist entfallen, die bis dahin sehr weit reichenden, teils komplizierten Abhängigkeiten zwischen Handels- und Steuerbilanz sind weitgehend entflochten. Damit wurde ein wesentliches Ziel der Bilanzrechtsreform, nämlich die Eliminierung von Einflüssen steuerlicher Wertansätze auf die Handelsbilanz, umgesetzt. Ein anderes Hauptziel, nämlich die steuerneutrale Durchführung der Reform und die Annäherung an internationale Rechnungslegungsvorschriften, wurde nach Ansicht vieler Fachleute jedoch nicht weitgehend genug umgesetzt.

2.1.4.2 Bilanzierung dem Grunde nach (Bilanzansatz)

Für die Bilanzierung **dem Grunde nach** ist zunächst nach der **abstrakten Bilanzierungsfähigkeit** zu fragen: Handelt es sich bei dem betrachteten Gegenstand oder Sachverhalt um einen Vermögensgegenstand, um Schulden, Eigenkapital, einen Rechnungsabgrenzungsposten oder eine latente Steuer? Nur solche Positionen sind überhaupt bilanzierungsfähig. Anschließend ist die **konkrete Ansatzfähigkeit** zu prüfen, die sich auf das Unternehmen bezieht, für das bilanziert werden soll: Ist der Gegenstand dem Unternehmen überhaupt zuzurechnen? Dabei ist nicht das rechtliche Eigentum, sondern die wirtschaftliche Zurechenbarkeit (in der Regel die Sachherrschaft) maßgeblich, d. h. die tatsächliche Verfügung und Nutzung. Es gilt:

- Die ansatz- bzw. bilanzierungsfähigen Bilanzposten umfassen alle Aktiva und Passiva, für die eine Bilanzierungspflicht oder ein Bilanzierungswahlrecht geregelt ist.
- Für nicht ansatzfähige Posten enthält das Gesetz Bilanzierungsverbote.

2.1.4.2.1 Handelsrechtliche Bilanzansatzpflichten

Grundsätzlich besteht gemäß § 240 Abs. 1 HGB ein **Aktivierungsgebot** für die Vermögensgegenstände und eine **Passivierungspflicht** für Schulden:

- Für Grundstücke, Forderungen, bares Geld und sonstige Vermögensgegenstände besteht **Aktivierungspflicht**, bezüglich des Anlagevermögens beschränkt auf die Gegenstände, die bestimmt sind, dauerhaft dem Geschäftsbetrieb zu dienen (§ 247 Abs. 2 HGB).
- Für Schulden (d. h. wenn ein Gläubiger berechtigt ist, vom Kaufmann eine Leistung zu fordern, die grundsätzlich erzwingbar und quantifizierbar ist und den Kaufmann wirtschaftlich belastet) besteht **Passivierungspflicht**.
- Darüber hinaus bestimmt das HGB in Einzelvorschriften weitere Ansatzpflichten für Posten, die nicht Vermögensgegenstände oder Schulden sind: Aus § 247 Abs. 1 HGB leitet sich die Ansatzverpflichtung für das **Eigenkapital** als Unterschiedsbetrag zwischen Vermögen und Schulden ab, die praktisch zwangsläufig aus der Bilanzgleichung (Aktiva = Passiva) resultiert. Weiterhin genannt ist der Ansatz von **Rechnungsabgrenzungsposten** auf der Aktiv- und der Passivseite, die die periodengerechte Zuordnung erfolgswirksamer Vorgänge ermöglichen und weder Vermögensgegenstand noch Schuld (sondern allenfalls Forderungen oder Schulden der Berichtsperiode gegenüber abgelaufenen oder künftigen Perioden) darstellen.

Schwebende Geschäfte werden grundsätzlich nicht bilanziert. Ein Geschäft schwebt, solange die Hauptleistung, die Gegenstand des Geschäfts ist, noch nicht erbracht ist. Dies korrespondiert mit dem Vorgehen in der Buchführung, die nur Verfügungsgeschäfte, nicht aber Verpflichtungsgeschäfte erfasst. Lediglich »drohende Verluste aus schwebenden Geschäften« sind in Form von Rückstellungen zu berücksichtigen.

2.1.4.2.2 Handelsrechtliche Bilanzansatzwahlrechte

Für den Bilanzansatz (Bewertung dem Grunde nach) bestehen diverse Bilanzierungswahlrechte, die allesamt die Aktivseite betreffen:

Aktivierungswahlrechte

für alle Kaufleute	nur für Kapitalgesellschaften
§ 248 Abs. 2 i.V.m. § 255 Abs. 2 a HGB (sinngemäß): Als Herstellungskosten eines selbst geschaffenen immateriellen Vermögensgegenstands des Anlagevermögen dürfen dessen Entwicklungskosten angesetzt werden, sofern sie von den Kosten der Forschung verlässlich unterschieden werden können.	**§ 274 Abs. 1 HGB:** aktiv abzugrenzende latente Steuern
§ 250 Abs. 3 HGB: Ist der Erfüllungsbetrag einer Verbindlichkeit höher als der Ausgabebetrag, so darf der Unterschiedsbetrag in den Rechnungsabgrenzungsposten auf der Aktivseite aufgenommen werden. Der Unterschiedsbetrag ist durch planmäßige jährliche Abschreibungen zu tilgen, die auf die gesamte Laufzeit verteilt werden können.	
§ 255 Abs. 3 HGB: Zinsen für Fremdkapital, das zur Finanzierung der Herstellung eines Vermögensgegenstands verwendet wird, dürfen angesetzt werden, soweit sie auf den Zeitraum der Herstellung entfallen.	

Die in der Übersicht enthaltenen Posten sollen erläutert werden:

- **§ 248 Abs. 2 i.V.m. § 255 Abs. 2a HGB:** Mit dem Bilanzrechtsmodernisierungsgesetz (BilMoG) vom 25. Mai 2009 wurde das bis dahin geltende strikte Aktivierungsverbot für selbst geschaffene immaterielle Vermögensgegenstände des Anlagevermögens gelockert. Nunmehr können diejenigen Aufwendungen, die auf die Entwicklung des Gegenstandes entfallen sind, angesetzt werden. Der Gesetzestext definiert Entwicklung wie folgt: *»Entwicklung ist die Anwendung von Forschungsergebnissen oder von anderem Wissen für die Neuentwicklung von Gütern oder Verfahren oder die Weiterentwicklung von Gütern oder Verfahren mittels wesentlicher Änderungen«* und grenzt hiervon die Forschung wie folgt ab: *»Forschung ist die eigenständige und planmäßige Suche nach neuen wissenschaftlichen oder technischen Erkenntnissen oder Erfahrungen allgemeiner Art, über deren technische Verwertbarkeit und wirtschaftliche Erfolgsaussichten grundsätzlich keine Aussagen gemacht werden können.«* Die Anerkennung der Herstellungskosten als aktivierungsfähigen Bilanzansatz ist aber daran gebunden, dass sie eindeutig Entwicklungs- und keine Forschungskosten darstellen: *»Können Forschung und Entwicklung nicht verlässlich voneinander unterschieden werden, ist eine Aktivierung ausgeschlossen.«*
- **§ 250 Abs. 3 HGB:** Die Differenz zwischen dem Erfüllungsbetrag einer Verbindlichkeit und dem niedrigeren Ausgabebetrag heißt **Disagio** (auch Abgeld oder Damnum). Der Schuldner erhält z. B. von einem Kredit lediglich 95 % ausgezahlt, muss aber 100 % zurückzahlen. Das Disagio, hier 5 %, stellt einen vorweggenommenen Zins dar. Der Kaufmann kann im Ausgabejahr (später nicht mehr) entscheiden, ob er den Disagiobetrag ganz oder teilweise als Rechnungsabgrenzungsposten aktiviert und auf die Laufzeit des Kredites durch planmäßige Abschreibung verteilt.
- **§ 255 Abs. 3 HGB:** Grundsätzlich zählen Zinsen, die für aufgenommenes Fremdkapital gezahlt wurden, nicht zu den Herstellungskosten. Ausgenommen sind hiervon diejenigen Zinsen, die in Zusammenhang mit der Finanzierung der Herstellung zusammenhängen: Diese dürfen angesetzt werden, aber nur, soweit sie auf den Zeitraum der Herstellung entfallen.

Handelsrechtliches Aktivierungswahlrecht nur für Kapitalgesellschaften

- **§ 274 Abs. 1 HGB:** Nur für Kapitalgesellschaften besteht die Wahlmöglichkeit, **latente Steuern** aktivisch abzugrenzen, die entstehen, wenn Handelsbilanz- und Steuerbilanzgewinn unterschiedlich sind. Eine eingehendere Erläuterung soll an dieser Stelle nicht erfolgen.

2.1.4.2.3 Handelsrechtliche Bilanzierungsverbote

Bilanzierungsverbote schließen den Ansatz bestimmter Vermögensgegenstände und Schulden sowie bestimmter Aufwendungen aus. Darunter fallen im Einzelnen:

- **§ 248 Abs. 1 HGB:** Aufwendungen für die **Gründung** eines Unternehmens (z. B. für Beratung, Aufstellen von Verträgen, Beurkundung), für die Beschaffung des Eigenkapitals (z. B. Bankprovisionen, Prospektkosten) und für den Abschluss von Versicherungsverträgen (z. B. Provisionen) sind keine Vermögensgegenstände und dürfen daher nicht bilanziert werden.
- **§ 248 Abs. 2 HGB:** Immaterielle Vermögensgegenstände des **Anlagevermögens** dürfen nur aktiviert werden, wenn sie entgeltlich erworben wurden **oder soweit bei der Selbstherstellung Entwicklungskosten angefallen sind**. Nicht aktiviert werden dürfen selbst geschaffene Marken, Drucktitel, Verlagsrechte, Kundenlisten oder vergleichbare immaterielle Vermögensgegenstände des Anlagevermögens.
- **§ 249 Abs. 2 HGB:** Für andere als in § 249 Abs. 1 HGB genannte Zwecke dürfen keine Rückstellungen gebildet werden.

- **§ 250 Abs. 1, 2 HGB:** Rechnungsabgrenzungsposten dürfen nur für **transitorische Positionen** gebildet werden, d. h. für Zahlungsvorgänge vor dem Bilanzstichtag, die für eine bestimmte Zeit nach dem Bilanzstichtag erfolgswirksam werden. Umkehrschluss: Für **antizipative Posten**, d. h. für vor dem Bilanzstichtag erfolgswirksame Vorgänge, für die die Zahlung erst nach dem Bilanzstichtag erfolgt, ist die Bildung von Rechnungsabgrenzungsposten dagegen untersagt (was nicht heißt, dass sie nicht bilanziert würden: Antizipative Vorgänge mit echtem Forderungs- oder Verbindlichkeitscharakter werden in der Bilanz als »Sonstige Forderungen« bzw. »Sonstige Verbindlichkeiten« erfasst).

2.1.4.2.4 Maßgeblichkeit der Handelsbilanz für die Steuerbilanz bei Bilanzierung dem Grunde nach

Wenn im Steuerrecht nichts anderes bestimmt ist, gilt:

- Was handelsrechtlich zu aktivieren ist, ist auch steuerrechtlich zu aktivieren,
- Was handelsrechtlich zu passivieren ist, muss auch in der Steuerbilanz auf der Passivseite erscheinen.

Wenn das Handelsrecht ein Wahlrecht hinsichtlich Aktivierung oder Passivierung vorsieht und das Steuerrecht keine Regelung trifft, gilt:

- Aus einem handelsrechtlichen Aktivierungswahlrecht resultiert eine steuerrechtliche Aktivierungspflicht.

  Beispiel:

  *Nach § 250 Abs. 3 HGB **darf**, wenn der Erfüllungsbetrag einer Verbindlichkeit höher ist als der Ausgabebetrag, der Unterschiedsbetrag als Rechnungsabgrenzungsposten aktiviert werden. Das aktivierte Disagio muss dann in den Folgejahren durch planmäßige jährliche Abschreibungen über die gesamte Laufzeit der Verbindlichkeit getilgt werden. Steuerlich muss das Disagio aktiviert werden.*

- Aus einem handelsrechtlichen Passivierungswahlrecht resultiert ein steuerrechtliches Passivierungsverbot.

  Dieser Grundsatz ist allerdings nur noch von theoretischem Wert, da mit der Bilanzrechtsmodernisierung 2009 alle Passivierungswahlrechte im HGB entfallen sind.

2.1.4.3 Bilanzierung der Höhe nach (Bewertung)

An die Darstellung der grundlegenden Wertansätze und Wertbegriffe des Handels- und Steuerrechts schließt sich eine systematische Behandlung der Bewertungen der verschiedenen Kategorien von Vermögensteilen und Schulden an, wobei der Reihenfolge ihrer Bilanzierung gefolgt wird. Dabei werden zu einigen Sachverhalten auch die vorzunehmenden Buchungen dargestellt. Eine grundlegende Behandlung der Techniken der doppelten Buchführung erfolgt in Abschnitt 2.2.2.2.

2.1.4.3.1 Grundlegende Wertansätze und Wertbegriffe des Handels- und Steuerrechts

Die Werte der zu bilanzierenden Vermögensgegenstände und Schulden sind keine feststehenden Größen, sondern hängen von der jeweiligen Marktlage zum Bilanzstichtag ab. Die Höhe der anzusetzenden Werte kann unterschiedlich sein, je nachdem, ob von der

Fortführung oder Zerschlagung des Unternehmens ausgegangen wird, ob einzelne Gegenstände oder Gruppen von Vermögensgegenständen zusammengefasst werden, ob vorsichtig oder optimistisch bewertet wird. Der Bilanzwert der jeweiligen Vermögensgegenstände und Schulden ist dabei unter Beachtung diverser Regeln und Vorgaben zu ermitteln, die überwiegend bereits im Rahmen der Grundsätze ordnungsmäßiger Buchführung (GoB) behandelt wurden und daher hier nur kurz angerissen werden:

- Die historischen **Anschaffungs- bzw. Herstellungskosten** eines Vermögensgegenstandes stellen immer die **Wertobergrenze** dar, die auch im Falle nachträglicher Werterhöhungen (etwa bei Grundstücken, deren Verkehrswert im Zeitverlauf steigt) nicht überschritten werden darf und im Falle abnutzbarer Wirtschaftsgüter fortzuschreiben (meint meistens: abzuschreiben) ist. Analog hierzu sind Verbindlichkeiten mit dem Rückzahlungsbetrag und Rückstellungen mit dem nach vernünftiger kaufmännischer Beurteilung notwendigen Betrag anzusetzen. Für Kapitalgesellschaften ist das Grund- oder Stammkapital zum Nennbetrag auszuweisen.
- Der in der Eröffnungsbilanz angesetzte Wert muss nach dem Grundsatz der **Bilanzidentität** dem Ansatz in der Schlussbilanz des Vorjahres entsprechen.
- Die bisherige Wertfindungsmethode ist grundsätzlich beizubehalten (Grundsatz der **Bewertungsstetigkeit**).
- Es darf kein Ansatz von Zerschlagungswerten erfolgen **(Going-Concern-Prinzip)**, es sei denn, die Zerschlagung stehe tatsächlich unmittelbar bevor.
- Grundsätzlich sind alle Werte, bezogen auf einen Stichtag, in **Einzelbewertung** zu ermitteln. Mit dem Grundsatz der Einzelbewertung soll ausgeschlossen werden, dass Wertminderungen bei einem Vermögensgegenstand mit Werterhöhungen eines anderen ausgeglichen werden und in einer Gesamtbewertung nicht mehr erkennbar untergehen.
- Unter Beachtung des **Realisations-, des Imparitäts- und des Niederstwertprinzips** ist **vorsichtig** zu bewerten: Der Kaufmann darf sich nicht reicher machen, als er ist!

In den folgenden Abschnitten werden die verschiedenen Wertbegriffe des Handels- und Steuerrechts behandelt, die teils identisch, teils abweichend in beiden Rechtsbereichen oder aber nur in jeweils einem dieser Bereiche definiert sind.

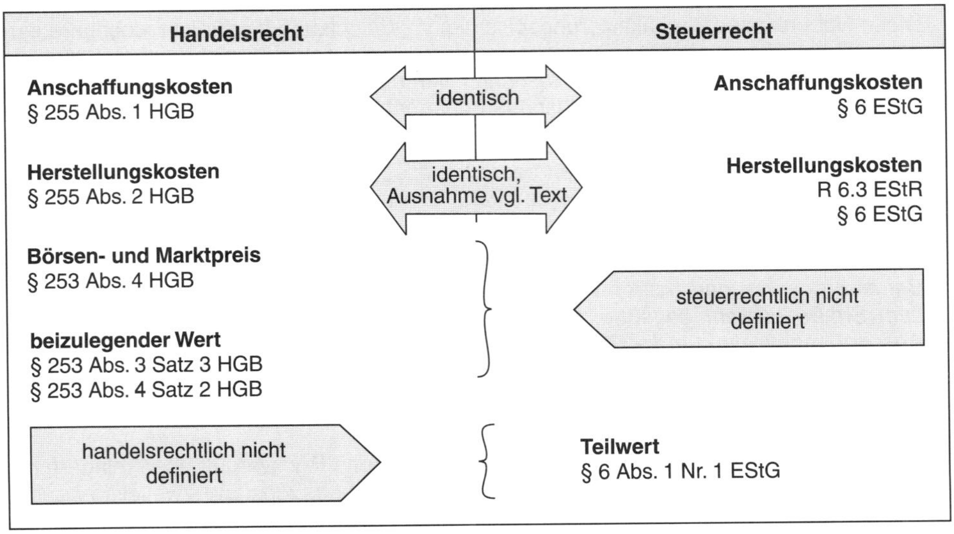

Wertmaßstäbe des Handels- und Steuerrechts im Überblick

2.1.4.3.1.1 Anschaffungskosten

Bei der der handels- und steuerrechtlichen Bewertung fremdbezogener Gegenstände ist grundsätzlich von den Anschaffungskosten auszugehen. Begriff und Umfang der Anschaffungskosten ergeben sich aus § 255 Abs. 1 HGB: Danach handelt es sich um

»...die Aufwendungen, die geleistet werden, um einen Vermögensgegenstand zu erwerben und ihn in einen betriebsbereiten Zustand zu versetzen, soweit sie dem Vermögensgegenstand einzeln zugeordnet werden können. Zu den Anschaffungskosten gehören auch die Nebenkosten sowie die nachträglichen Anschaffungskosten. Anschaffungspreisminderungen sind abzusetzen.«

Damit errechnen sich die Anschaffungskosten nach folgendem Schema:

  Anschaffungspreis
– Anschaffungspreisminderungen
+ Anschaffungsnebenkosten, sofern einzeln zurechenbar
+ nachträgliche Anschaffungskosten

= Anschaffungskosten (AK)

Der Ansatz **kalkulatorischer Kosten** ist nicht zulässig. Ebenso gehören **Finanzierungskosten** grundsätzlich nicht zu den AK.

Die Komponenten der Anschaffungskosten im Einzelnen:

- **Anschaffungspreis:** Dieser entspricht dem Rechnungspreis. Vorsteuern sind nur dann Bestandteil des Anschaffungspreises, wenn das Unternehmen nicht zum Abzug von Vorsteuern berechtigt ist.
- **Anschaffungsnebenkosten:** Diese sind alle Aufwendungen, die anfallen, um die Betriebsbereitschaft des Vermögensgegenstandes herzustellen, z. B.:
  - Kosten des Transports inkl. Transportversicherung,
  - Kosten der Aufstellung und Montage,
  - Gebühren und Provisionen,
  - Zölle, Steuern und sonstige Abgaben,
  - bei Grundstückserwerb: Notarkosten und Grunderwerbssteuer.

  Diese Nebenkosten sind aktivierungspflichtig; Voraussetzung hierfür ist jedoch ihre einzelne Zurechenbarkeit: Eine Zurechnung von Gemeinkosten ist nicht zulässig. Auf die Aktivierung kann ausnahmsweise verzichtet werden, wenn die Nebenkosten in ihrer Höhe im Verhältnis zum Anschaffungspreis unbeträchtlich sind oder nur mit unverhältnismäßig hohem Aufwand ermittelt werden können.

  Der Begriff der Betriebsbereitschaft bedeutet, dass der Gegenstand entsprechend seiner Zweckbestimmung genutzt werden kann. Betriebsbereitschaft setzt Funktionstüchtigkeit voraus. Unter die Aktivierungspflicht fallen allerdings nicht laufend benötigte Verbrauchsstoffe; sie werden als Aufwand gebucht und dürfen nicht aktiviert werden.

  Bei einem neu angeschafften PKW ist die Betriebsbereitschaft erst mit der Zulassung zum Straßenverkehr gegeben. Deswegen gehören die Zulassungsgebühren und die Anschaffungskosten für die Nummernschilder zu den Anschaffungskosten und müssen mitaktiviert werden. Nicht zu den Anschaffungskosten gehört dagegen die erste Tankfüllung; denn dabei handelt es sich um einen Verbrauchsstoff, der immer wieder zugeführt werden muss.

- **Anschaffungspreisminderungen:** Rabatte, Skonti und Rückvergütungen mindern die Anschaffungskosten, da sie dem einzelnen Vermögensgegenstand zweifelsfrei zugerechnet werden können. Boni, die in ihrer Höhe von der Quantität der Geschäftsbeziehung zwischen Lieferant und Abnehmer abhängig sind, erfüllen dagegen nicht das in § 255 Abs. 1 HGB festgeschriebene Erfordernis der Einzelzurechenbarkeit und können daher in aller Regel nicht als Anschaffungspreisminderung berücksichtigt werden. Sie werden vielmehr ertragswirksam verbucht. Nur wenn es im Einzelfall möglich ist, einen

Bonus einzeln dem angeschafften Gegenstand zuzurechnen, ist er anschaffungspreismindernd zu berücksichtigen.

Am 1.10.2015 wurde ein ausschließlich betrieblich genutztes Fahrzeug angeschafft und in Betriebsbereitschaft versetzt. Auf den Listenpreis von 49.980 € einschl. 19 % Umsatzsteuer gewährt der Lieferant einen Rabatt von 15 %. Der Kaufpreis wurde am 7.10.2015 innerhalb der Skontofrist abzüglich 2 % Skonto überwiesen. Bei Anmeldung beim Straßenverkehrsamt waren 52 € Gebühren bar zu zahlen; die Nummernschilder kosteten 33,32 € einschließlich 19 % Umsatzsteuer und wurden ebenfalls bar bezahlt.

Die Anschaffungskosten für den PKW ***errechnen*** *sich wie folgt:*

	netto	brutto
Listenpreis	*42.000,00 €*	*49.980,00 €*
– 15 % Rabatt	*6.300,00 €*	*7.497,00 €*
= Rechnungsbetrag	*35.700,00 €*	*42.483,00 €*
– 2 % Skonto	*714,00 €*	*849,66 €*
= Zahlungsbetrag	*34.986,00 €*	*41.633,34 €*
+ Zulassungsgebühr	*52,00 €*	
+ Nummernschilder	*28,00 €*	*33,32 €*
= Anschaffungskosten	***35.066,00 €***	

Am 1.10. wurde ***bei Anschaffung gebucht****:*

für den Fahrzeugkauf:		
Fuhrpark	*35.700,00 €*	
abziehbare Vorsteuer 19 %	*6.783,00 €*	
an Verbindlichkeiten LL		*42.483,00 €*
für die Zulassung:		
Fuhrpark	*52,00 €*	
an Kasse		*52,00 €*
für die Nummernschilder:		
Fuhrpark	*28,00 €*	
abziehbare Vorsteuer 19 %	*5,32 €*	
an Kasse		*33,32 €*

Am 7.10. wurde ***bei Bezahlung*** *innerhalb der Skontofrist* ***gebucht****:*

Verbindlichkeiten LL	*42.483,00 €*	
an Fuhrpark		*714,00 €*
an abziehbare Vorsteuer		*135,66 €*
an Bank		*41.633,34 €*

- **Nachträgliche Anschaffungskosten:** Diese liegen vor, wenn ein zweifelsfreier sachlicher und wirtschaftlicher Zusammenhang mit dem ursprünglichen Anschaffungsvorgang erkennbar ist. Auch Umbauten gehören zu den nachträglichen Anschaffungskosten, wobei jedoch die Grenze zur Schaffung eines neuen Vermögensgegenstandes fließend ist. Nachträgliche Anschaffungskosten sind nachträglich zu aktivieren.

  Ein im Oktober 2015 angeschafftes Fahrzeug wird im Januar 2016 mit einer Anhängerkupplung nachgerüstet. Diese ist kein eigenständiges Wirtschaftsgut, sondern wird zum unselbstständigen Bestandteil des PKW. Ihre Kosten müssen als nachträgliche Anschaffungskosten auf dem Anlagenkonto erfasst werden. Der Abschreibungsplan ist entsprechend anzupassen, sodass der nun zu Buche stehende Gesamtwert (der ja bereits um den Abschreibungsbetrag für das 4. Quartal 2015 gemindert ist) vollständig auf die Restnutzungsdauer (die sich durch die Montage der Kupplung nicht ändert) verteilt wird.

Der steuerliche Begriff der Anschaffungskosten ist **inhaltsgleich** zum handelsrechtlichen.

2.1.4.3.1.2 Herstellungskosten

Herstellungskosten kommen als Wertmaßstab immer dann zum Ansatz, wenn Wirtschaftsgüter nicht gekauft, sondern im eigenen Betrieb hergestellt wurden.

Definiert sind die Herstellungskosten in § 255 Abs. 2 HGB als

> *»...die Aufwendungen, die durch den Verbrauch von Gütern und die Inanspruchnahme von Diensten für die Herstellung eines Vermögensgegenstands, seine Erweiterung oder für eine über seinen ursprünglichen Zustand hinausgehende wesentliche Verbesserung entstehen.«*

Herstellungskosten:	**...nach Handelsrecht**	**...nach Steuerrecht**
Kostenanteile	**§ 255 Abs. 2, 3 HGB**	**R 6.3 ESTR 2008, EStÄR 2012**
Materialeinzelkosten	Ansatzpflicht	Ansatzpflicht
Fertigungseinzelkosten (Löhne)	Ansatzpflicht	Ansatzpflicht
Sondereinzelkosten der Fertigung (z.B. Lizenzgebühren)	Ansatzpflicht	Ansatzpflicht
Materialgemeinkosten*	Ansatzpflicht	Ansatzpflicht
Fertigungsgemeinkosten*	Ansatzpflicht	Ansatzpflicht
Wertverzehr des Anlagevermögens, soweit durch Herstellung verursacht	Ansatzpflicht	Ansatzpflicht
	= handelsrechtliche Wertuntergrenze	
Kosten der allgemeinen Verwaltung*	Wahlrecht	Ansatzpflicht**
Aufwendungen für soziale Einrichtungen des Betriebs*	Wahlrecht	Ansatzpflicht**
Aufwendungen für freiwillige soziale Leistungen*	Wahlrecht	Ansatzpflicht**
Aufwendungen für die betriebliche Altersversorgung*	Wahlrecht	Ansatzpflicht**
		= steuerrechtliche Wertuntergrenze
Fremdkapitalzinsen, soweit auf den Zeitraum der Herstellung entfallend	Wahlrecht	Wahlrecht
	= handelsrechtliche Wertobergrenze	**= steuerrechtliche Wertobergrenze**
Vertriebskosten	Ansatzverbot	Ansatzverbot
Finanzierungskosten (außer o.g.)	Ansatzverbot	Ansatzverbot
Forschungskosten	Ansatzverbot	Ansatzverbot

* jeweils »angemessene Teile«.
** Bis zum Erlass der EStÄR 2012 im März 2013 galt auch steuerlich ein Wahlrecht. Bei Wirtschaftsgütern, mit deren Herstellung vor Veröffentlichung der EStÄR 2012 begonnen wurde, wird die Beibehaltung der bisherigen Herstellungskostenuntergrenze nicht beanstandet.

Handelsrechtlich gilt gemäß § 255 Abs. 2 und 3 HGB:

- **Aktivierungspflicht** für
  - Fertigungsmaterialkosten,
  - Fertigungslöhne,
  - Sondereinzelkosten der Fertigung (z. B. Lizenzgebühren),
  - angemessene Teile der notwendigen Materialgemeinkosten,
  - angemessene Teile der notwendigen Fertigungsgemeinkosten,
  - angemessene Teile des durch die Fertigung veranlassten Wertverzehrs des Anlagevermögens,
- **Aktivierungswahlrecht** für
  - Fremdkapitalzinsen im Zeitraum der Herstellung sowie für angemessene Teile der

- Kosten der allgemeinen Verwaltung*,
- Aufwendungen für soziale Einrichtungen des Betriebs*,
- Aufwendungen für freiwillige soziale Leistungen*,
- Aufwendungen für die betriebliche Altersversorgung*,

jeweils soweit sie auf den Zeitraum der Herstellung entfallen.

* ACHTUNG: Seit 2013 besteht für diese Positionen Ansatzpflicht in der Steuerbilanz! Vgl. aber die Anmerkung unterhalb der Tabelle zu Anfang des Abschnitts.

- **Aktivierungsverbot** für
  - Vertriebskosten,
  - Finanzierungskosten (mit Ausnahme der auf den Zeitraum der Herstellung entfallenden Kosten),
  - Forschungskosten.

Die vorangegangene Übersicht verdeutlicht die Zusammensetzung der Herstellungskosten nach Handels- und Steuerrecht.

Für **selbst geschaffene *immaterielle* Vermögensgegenstände des Anlagevermögens** dürfen in der Handelsbilanz Herstellungskosten angesetzt werden, soweit sie Entwicklungskosten darstellen (§ 255 Abs. 2a i.V.m. 248 Abs. 2 HGB). In der Steuerbilanz ist die Aktivierung dagegen verboten; dort gilt, dass ein Aktivposten nur bei entgeltlichem Erwerb gebildet werden darf (§ 5 Abs. 2 EStG).

2.1.4.3.1.3 Börsen- oder Marktpreis

Haben Gegenstände des Umlaufvermögens einen Börsen- oder Marktpreis, so ist dieser nach § 253 Abs. 4 S. 1 HGB anzusetzen. Existieren beide Werte, geht der Börsenpreis dem Marktpreis vor!

Börsenpreis ist der an einer Börse oder im Freiverkehr ermittelte Wert; bei Existenz mehrerer Handelsplätze ist der Preis derjenigen Börse zugrunde zu legen, an der der Bilanzierende überwiegend seine Geschäfte tätigt. **Marktpreis** ist derjenige Preis, der an einem Handelsplatz für Waren einer bestimmten Gattung von durchschnittlicher Art und Güte zu einem bestimmten Zeitpunkt im Durchschnitt gezahlt wird.

Existiert für das betreffende Material ein Beschaffungs- und ein Absatzmarkt mit **abweichenden Werten**, so gilt:

- Der **Beschaffungsmarkt** ist maßgebend für Roh-, Hilfs- und Betriebsstoffe sowie für fertige und unfertige Erzeugnisse, sofern diese auch fremdbeziehbar sind. Die historischen Anschaffungskosten werden mit dem Börsen- oder Marktpreis – jeweils zzgl. der in Zusammenhang mit der Beschaffung anfallenden Anschaffungsnebenkosten – am Abschlussstichtag verglichen. Der niedrigere Wert ist in der Bilanz anzusetzen.
- Der **Absatzmarkt** ist maßgebend für diejenigen unfertigen und fertigen Erzeugnisse, für die kein Fremdbezug möglich ist, und für Überbestände an Roh-, Hilfs- und Betriebsstoffen, die nicht wiederbeschafft werden sollen.

Zur Bewertung von Handelswaren und Überbeständen an fertigen oder unfertigen Erzeugnissen werden die folgenden Werte verglichen, wobei der niedrigste dieser Werte anzusetzen ist:

- Die Anschaffungskosten,
- die Wiederbeschaffungskosten am Stichtag und
- der absatzmarktbezogene Wert am Abschlussstichtag (= erwarteter Verkaufserlös abzüglich noch – z. B. im Zuge der Fertigstellung – anfallender Aufwendungen).

Da sowohl Preise des Beschaffungs- als auch des Absatzmarktes in den Vergleich einbezogen werden, spricht man auch von »**doppelter Maßgeblichkeit**«.

2.1.4.3.1.4 Beizulegender Wert

Sofern sich für einen Vermögensgegenstand des **Umlaufvermögens** weder ein Börsen- noch ein Marktpreis feststellen lässt, ist der beizulegende Wert (§ 253 Abs. 4 Satz 2 HGB) als Vergleichsmaßstab heranzuziehen. Seine Ermittlung erfolgt nach den GoB. Auch hierbei hat für Roh-, Hilfs- und Betriebsstoffe eine **beschaffungsmarktorientierte Bewertung** zu erfolgen: Der Ansatz entspricht dann etwa dem Wiederbeschaffungs- oder Reproduktionswert eines vergleichbaren Gegenstandes zuzüglich eventueller Anschaffungs- oder Herstellungsnebenkosten und abzüglich von Wertabschlägen bei eingeschränkter Verwendbarkeit des Vermögensgegenstandes.

Analog zu dem im vorangegangenen Absatz Gesagten hat bei fremdbeziehbaren fertigen und unfertigen Erzeugnissen sowie bei Überbeständen an Roh-, Hilfs- und Betriebsstoffen eine absatzmarktorientierte Bewertung zu erfolgen. Dabei wird rückwärts (retrograd) gerechnet, also ausgehend vom Verkaufspreis:

Geschätzter Verkaufspreis
– Erlösschmälerungen
– Verpackungskosten und Ausgangsfrachten
– Vertriebskosten
– noch anfallende Verwaltungskosten
– Kapitaldienst
– noch anfallende Herstellungskosten

= Beizulegender Wert

Die Berücksichtigung der noch anfallenden Kosten führt zu verlustfreier Bewertung.

In einigen Fällen ist weder eine beschaffungs- noch eine absatzmarktorientierte Bewertung maßgeblich, etwa bei nicht börsennotierten Beteiligungen. Beizulegender Wert ist in solchen Fällen der Ertragswert des Vermögensgegenstandes. Dieser wird mit der Summe der geschätzten abgezinsten Erträge der Zukunft angenommen.

2.1.4.3.1.5 Teilwert

Der Teilwert als nur im Steuerrecht anzutreffender Wert ist in § 6 Abs. 1 Nr. 1 EStG definiert als

»... der Betrag, den ein Erwerber des ganzen Betriebes im Rahmen des Gesamtkaufpreises für das einzelne Wirtschaftsgut ansetzen würde; dabei ist davon auszugehen, dass der Erwerber den Betrieb fortführt«.

Diese Legaldefinition beinhaltet drei Fiktionen:

- Ein Käufer erwirbt den Betrieb als Ganzes,
- der Käufer führt den Betrieb weiter,
- aus dem Gesamtkaufpreis des Betriebs kann ein Wert für das einzelne Wirtschaftsgut abgeleitet werden.

Zur Ermittlung des Teilwerts liefert diese dreifache Fiktion allerdings keine konkrete Hilfestellung. Die häufige Deutung des Teilwerts als Marktpreis oder Verkehrswert lassen ihn als vollständig subjektiven Wert erscheinen. Deshalb haben die Finanzgerichte eine Vielzahl von Entscheidungen zur Objektivierung bzw. Operationalisierung des Teilwertbegriffs im Wege der Gesetzesauslegung getroffen.

Hieraus entstanden die folgenden **Teilwertvermutungen**:

- Im Zeitpunkt der Anschaffung oder Herstellung entspricht der Teilwert den tatsächlichen Anschaffungs- oder Herstellungskosten.
- Bei Wirtschaftsgütern des nicht abnutzbaren Anlagevermögens entspricht der Teilwert auch in späteren Jahren den Anschaffungs- oder Herstellungskosten.

- Bei abnutzbaren Anlagegütern entspricht der Teilwert in späteren Jahren den fortgeschriebenen Anschaffungs- oder Herstellungskosten (also abzüglich der Absetzung für Abnutzung oder Substanzverringerung).
- Bei Wirtschaftsgütern des Umlaufvermögens entspricht der Teilwert dem Börsen- oder Marktpreis bzw. den Wiederbeschaffungskosten.

Die obere Grenze des Teilwerts, die jedoch nur für solche Wirtschaftsgüter gilt, die im Betrieb voll genutzt werden, stellen die Wiederbeschaffungskosten für ein Wirtschaftsgut gleicher Art und Güte im Zeitpunkt der Bewertung dar. Bei nicht nur vorübergehend ungenutzten Wirtschaftsgütern ist dagegen der Einzelveräußerungspreis maßgeblich, der die untere Grenze des Teilwertes darstellt.

Die Teilwertvermutungen können **widerlegt** werden, wenn einer der folgenden Nachweise erbracht wird:

- Die Investition war eine Fehlmaßnahme, und statt der erwarteten Gewinne werden mit dem Wirtschaftsgut tatsächlich Verluste erwirtschaftet, oder
- die Wiederbeschaffungskosten sind nachhaltig gesunken, oder
- durch technische Veralterung, Modeänderungen oder ähnliche Ereignisse sind Wertminderungen eingetreten.

2.1.4.3.1.6 Verlustfreie Bewertung

Die Bedeutung der in Zusammenhang mit dem beizulegenden Wert erwähnten verlustfreien Bewertung zeigt das folgende Beispiel:

Ein Sportartikelhändler hat hochmodische Skianzüge zum Preis von 250 € bezogen mit der Absicht, diese zum Preis von 425 € brutto weiterzuveräußern. Infolge einer zwischenzeitlich eingetretenen Änderung des modischen Geschmacks mussten die Angebotspreise kurz vor dem Bilanzstichtag auf 357 € brutto gesenkt werden. Bis zum Verkauf werden schätzungsweise noch 90 € je Stück an Veräußerungskosten anfallen. Der durchschnittliche Unternehmensgewinn je Stück wird mit 25 € angesetzt.

Der beizulegende Wert leitet sich hieraus wie folgt ab:

	Voraussichtlich erzielbarer Ladenverkaufspreis	*357,00 €*
–	*Umsatzsteuer 19 %*	*57,00 €*
=	*voraussichtlich erzielbarer Verkaufserlös*	*300,00 €*
–	*noch anfallende Veräußerungskosten*	*90,00 €*
=	*Beizulegender Wert*	*210,00 €*
–	*durchschnittlicher Unternehmensgewinn*	*25,00 €*
=	***Teilwert***	***185,00 €***

Nach § 253 Abs. 4 HGB muss der Sportartikelhändler die Ware auf 210 € abwerten, weil der beizulegende Wert die Anschaffungskosten unterschreitet. Nach dem Grundsatz der verlustfreien Bewertung sind noch anfallende Kosten bei der Bewertung zu berücksichtigen. Bei diesem Ansatz erleidet der Händler beim tatsächlichen Verkauf voraussichtlich keinen Verlust, jedoch auch keinen Gewinn. Ein Dritter wäre im Rahmen eines Erwerbs des gesamten Unternehmens jedoch nur bereit, für die Ware einen Preis zu zahlen, der einen angemessenen Gewinn abwerfen würde, in diesem Falle also 185 €. In der Steuerbilanz hat der Händler daher die Wahl, diesen niedrigeren Teilwert anzusetzen.

2.1.4.3.2 Bewertung des Anlagevermögens

Zum Anlagevermögen gehören gemäß § 247 Abs. 2 HGB nur diejenigen Vermögensgegenstände, die dazu bestimmt sind, dem Geschäftsbetrieb dauerhaft zu dienen. Im Gegensatz dazu sind die Gegenstände des Umlaufvermögens durch die Einmaligkeit ihrer

Nutzung (die in Verbrauch, Verkauf oder Verarbeitung bestehen kann) charakterisiert. Ob ein Vermögensgegenstand zum Anlage- oder zum Umlaufvermögen gehört, kann nur in Hinblick auf den einzelnen Betrieb beantwortet werden und ist außerdem veränderlich.

Das Anlagevermögen setzt sich zusammen aus

- immateriellen Vermögensgegenständen,
- Sachanlagen und
- Finanzanlagen.

Eine wichtige Unterscheidung innerhalb der Gegenstände des Anlagevermögens betrifft ihre **Abnutzbarkeit**: Während für abnutzbare Gegenstände ein Abschreibungsplan zu bilden ist, nach dem ihr Buchwert regelmäßig während ihrer Nutzung durch die Vornahme von Abschreibungen reduziert wird, können sich Wertänderungen beim nicht abnutzbaren Anlagevermögen nur außerplanmäßig ergeben.

2.1.4.3.2.1 Wertminderung und -aufholung bei nicht abnutzbarem Anlagevermögen

Zu den nicht abnutzbaren Anlagegütern zählen Grundstücke (deren Wert bei der Bewertung bebauter Grundstücke separat zu ermitteln ist), Finanzanlagen und Teile des immateriellen Anlagevermögens. Für ihren bilanziellen Wertansatz gilt:

Tritt eine Wertminderung ein, hängt die weitere Behandlung davon ab, ob es sich um eine vorübergehende (nicht-dauerhafte) oder eine bleibende (dauerhafte) Wertminderung handelt.

- Bei **nicht-dauerhafter Wertminderung** dürfen Abschreibungen in der Handelsbilanz nur für das Finanzanlagevermögen erfolgen (§ 253 Abs. 3 S. 4 HGB), ansonsten gilt ein Abschreibungsverbot. In der Steuerbilanz dürfen bei nicht-dauerhafter Wertminderung **keinerlei Teilwertabschreibungen** vorgenommen werden!
- Bei **dauerhafter Wertminderung** gilt in der Handelsbilanz eine Abschreibungspflicht (§ 253 Abs. 3 S. 3 HGB; **strenges Niederstwertprinzip**) und für die Steuerbilanz ein Abschreibungswahlrecht (§ 6 Abs. 1 Nr. 2 S. 2 EStG).
- Im Falle des Wegfalls der Wertminderung und einer vollständigen oder teilweisen Werterholung gilt für alle Vermögensteile (mit Ausnahme des entgeltlich erworbenen Geschäfts- und Firmenwerts; § 253 Abs. 5 S. 2 HGB) ein **striktes Wertaufholungsgebot**. Die **Obergrenze** stellen auch hier immer die **historischen Anschaffungs- oder Herstellungskosten** dar. Eine Wertaufholung über diese historischen Kosten hinaus ist unzulässig.

2.1.4.3.2.2 Abschreibung des abnutzbaren Anlagevermögens

Das deutsche Handelsrecht wird vom **Vorsichtsprinzip** dominiert. Hieraus ergibt sich eine Pflicht zum niedrigeren Wertansatz, wenn ein Wirtschaftsgut durch Abnutzung, Substanzverringerung oder aus einem sonstigen Grund an Wert eingebüßt hat. Diese Abschreibungspflicht betrifft nicht nur das abnutzbare **Sach**anlagevermögen, sondern auch Gegenstände des immateriellen Vermögens und des Umlaufvermögens, und beschränkt sich nicht auf die planmäßige Berücksichtigung vorhersehbarer Abnutzungen, sondern erstreckt sich auch auf Wertkorrekturen aufgrund außerplanmäßiger Umstände.

Wertansätze

Gemäß § 253 HGB Abs. 1 und 3 sind Vermögensgegenstände grundsätzlich höchstens mit ihren Anschaffungs- oder Herstellungskosten anzusetzen, die, soweit die Nutzung zeitlich begrenzt ist, um planmäßige Abschreibungen zu vermindern sind.

Planmäßige und außerplanmäßige Abschreibungen

Planmäßige Abschreibungen können nur an abnutzbaren Anlagegütern vorgenommen werden, weil nur diese in ihrer Nutzung zeitlich begrenzt sind, und müssen sich auf die Zeit der Nutzung beziehen. Sie sind in einem **Abschreibungsplan** darzustellen.

> *Der Plan muss die Anschaffungs- oder Herstellungskosten auf die Geschäftsjahre verteilen, in denen der Vermögensgegenstand voraussichtlich genutzt werden kann.*
> (§ 253 Abs. 3 S. 2 HGB)

Steuerrechtlich ergibt sich diese Pflicht zur Abschreibung aus § 6 EStG.

Für die **Absetzung für Abnutzung** hat sich das Kürzel »**AfA**« eingebürgert.

Die planmäßige Abschreibung setzt die Bestimmung einer betriebsgewöhnlichen Nutzungsdauer voraus. Zudem bestand in diversen Zeitabschnitten der Vergangenheit bei beweglichem Vermögen die Möglichkeit, zwischen alternativen Abschreibungsverfahren (siehe unten) zu wählen.

Wenn eine außerplanmäßige technische oder wirtschaftliche Abnutzung eingetreten ist, tritt eine **außerplanmäßige** Abschreibung als zusätzliche und einmalige Wertkorrektur neben die planmäßige Abschreibung, damit – im Sinne des Vorsichtsprinzips – keine Überbewertung erfolgt.

- Außerplanmäßige **technische** Abnutzungen sind im Allgemeinen schadensbedingt (Unfall, Brand, Explosion, nachträgliche Aufdeckung einer Bodenverseuchung),
- außerplanmäßige **wirtschaftliche** Abnutzungen sind gleichbedeutend mit einer Entwertung, etwa dann, wenn wegen geänderter Marktbedingungen (z. B. Innovationen, Modewechsel) ein Preisverfall eingetreten ist.

Bei der Frage, ob außerplanmäßige Abnutzungen zum Anlass für eine außerplanmäßige Abschreibung genommen werden dürfen bzw. müssen, ist wieder danach zu unterscheiden, ob es sich um eine vorübergehende (nicht-dauerhafte) oder eine bleibende (dauerhafte) Wertminderung handelt:

- Bei **nicht-dauerhafter Wertminderung** gilt sowohl für die Handelsbilanz als auch für die Steuerbilanz ein Abschreibungsverbot.
- Bei **dauerhafter Wertminderung** gilt in der Handelsbilanz eine Abschreibungspflicht (§ 253 Abs. 3 S. 3 HGB; **strenges Niederstwertprinzip**) und für die Steuerbilanz ein Abschreibungswahlrecht (§ 6 Abs. 1 Nr. 2 S. 2 EStG).
- Im Falle des Wegfalls der außerplanmäßigen Wertminderung und einer vollständigen oder teilweisen Werterholung gilt auch hier ein **striktes Wertaufholungsgebot** (§ 253 Abs. 5 S. 1 HGB). Die **Obergrenze** stellen die historischen Anschaffungs- oder Herstellungskosten abzüglich der bis zum Wertaufholungszeitraum vorzunehmenden planmäßigen Abschreibungen dar.

Betriebsgewöhnliche Nutzungsdauer

Die Dauer der wirtschaftlichen Nutzbarkeit des Vermögensgegenstandes (die nicht identisch mit seiner technischen Nutzbarkeit, sondern im Allgemeinen kürzer ist) ist vorsichtig zu schätzen. Die Praxis hat sich dabei an den Tabellen für die Absetzung für Abnutzung (den so genannten **AfA-Tabellen**), die vom Bundesminister der Finanzen herausgegeben werden, zu orientieren. Diese Tabellen gelten für das bewegliche Anlagevermögen; für unbewegliches Anlagevermögen (Gebäude) vgl. § 7 Abs. 4 und 5 EStG. Abweichungen von den in den Tabellen vorgegebenen Richtwerten sind gegenüber der Finanzverwaltung zu begründen.

Die folgende Übersicht enthält einige Beispiele für die Nutzungsdauer häufig vorkommender Wirtschaftsgüter, die der »AfA-Tabelle für allgemein verwendbare Anlagegüter« entnommen wurden.

Anlagegüter	Nutzungsdauer in Jahren
Adressiermaschinen	8
Akkumulatoren	10
Aktenvernichter	8
Alarmanlagen	11
Anhänger	11
Anleimmaschinen	13
Anspitzmaschinen	13
Antennenmasten	10
Arbeitsbühnen (mobil)	11
Arbeitsbühnen (stationär)	15
Arbeitszelte	6
....	....

Der konkrete AfA-Betrag wird (bei linearer Abschreibung, siehe unten) ermittelt, indem der Anschaffungspreis des Wirtschaftsguts durch die in der AfA-Tabelle genannte Nutzungsdauer geteilt wird. Das Ergebnis kann nach Auskunft des Finanzministeriums auf volle Euro aufgerundet werden.

Abschreibungsverfahren im Überblick

Nachfolgend soll die planmäßige Abschreibung von Gegenständen des beweglichen abnutzbaren Anlagevermögens behandelt werden. Hierzu gehören technische Anlagen und Maschinen einschließlich des Fuhrparks sowie die Betriebs- und Geschäftsausstattung.

Bei diesen Gegenständen kann die Absetzung für Abnutzung (AfA) entweder

- in gleichen Jahresbeträgen (**linear;** § 7 Abs. 1 S. 1 EStG) oder
- nach Maßgabe der Leistung (sofern wirtschaftlich begründet) oder
- nur für Gegenstände, **die vor dem 01.01.2008 oder im Zeitraum vom 01.01.2009 bis 31.12.2010** angeschafft wurden, in fallenden Jahresbeträgen nach einem unveränderlichen Hundertsatz vom jeweiligen Buchwert (Restwert) erfolgen (= geometrisch-degressiv).

Im Jahr der Anschaffung ist die Abschreibung **zeitanteilig** (»**pro rata temporis**« d. h. monatsweise, beginnend mit Anfang des Anschaffungsmonats) vorzunehmen.

Falls von vornherein mit der Erzielung eines nennenswerten **Resterlöses** (z. B. eines Schrottwerts) am Ende der Nutzungsdauer zu rechnen ist, muss dieser bei der Berechnung des Basisbetrages für die Abschreibung von den Anschaffungskosten abgezogen werden, damit er nicht mit abgeschrieben wird. Der Restbuchwert nach Vollabschreibung entspricht dann dem Resterlös.

Änderungen des Abschreibungsplanes bezüglich der Methode, der Rechenbasis oder der Nutzungsdauer dürfen nur mit sachlicher Begründung und auch nur dann vorgenommen werden, wenn sie erforderlich sind, um eine drohende Überbewertung zu verhindern. Verzicht auf die Abschreibung oder ihr zeitweiliges Aussetzen sind generell untersagt.

Lineare Abschreibung

Bei der linearen Abschreibung werden die Anschaffungs- oder Herstellungskosten in gleichen Jahresbeträgen auf Nutzungsdauer verteilt, d. h. der Abschreibungsbetrag errechnet sich nach der Formel

$$\text{Jahres-AfA} = \frac{\text{Anschaffungskosten}}{\text{betriebsgewöhnliche Nutzungsdauer}}$$

Beispiel:

Die Anschaffungskosten einer am 5. Januar 2009 angeschafften Maschine betragen 80.000 € . Die betriebsgewöhnliche Nutzungsdauer wird auf 8 Jahre festgesetzt. Danach ergibt sich die folgende Abschreibungsverteilung:

Datum Abschreibung	Abschreibung in €	Buchwert in € nach
05.01.09		80.000
31.12.09	10.000	70.000
31.12.10	10.000	60.000
31.12.11	10.000	50.000
31.12.12	10.000	40.000
31.12.13	10.000	30.000
31.12.14	10.000	20.000
31.12.15	10.000	10.000
31.12.16	10.000	0

Lineare Abschreibung

Geometrisch-degressive Abschreibung

Die im Steuerrecht (§ 7 Abs. 2 EStG) verankerte degressive Abschreibung war in den vergangenen Jahrzehnten vielfach die bevorzugte Methode, weil sie, außer bei kurzlebigen Gegenständen, in den ersten Jahren nach der Anschaffung eine höhere Absetzung (und damit einen geringeren Gewinnausweis mit der Folge einer geringeren Ertragsteuerschuld) ermöglichte als die lineare Abschreibung.

Mit der Unternehmenssteuerreform 2008 wurde die degressive Abschreibung ausgesetzt: Auf Gegenstände, die nach dem 31. 12. 2007 angeschafft wurden, war diese Methode daher nicht mehr abwendbar. Wegen der Ende 2008 einsetzenden Wirtschaftskrise wurde aber kurzfristig die Wiedereinsetzung der degressiven AfA für Gegenstände, die nach dem 31.12.2008 und vor dem 1.1.2011 angeschafft wurden, vorgenommen. Für ab 2011 angeschaffte Gegenstände ist diese Abschreibungsmethode steuerrechtlich nicht mehr zulässig.

Sie wird aber dennoch hier vorgestellt, da sich im Vermögen der meisten Unternehmen heute Gegenstände befinden, deren Abschreibung degressiv begonnen wurde und daher auch – entsprechend dem Grundsatz der Bewertungsstetigkeit – degressiv fortzusetzen ist. Die Kenntnis dieser Methode ist daher auch weiterhin unverzichtbar, auch, da sie durchaus in begründeten Fällen auch weiterhin in der Handelsbilanz angewendet werden kann.

Exkurs

Für Geschäftsjahre, die nach dem 31.12.2009 begonnen haben, kommt die vor der Bilanzrechtsreform geltende umgekehrte Maßgeblichkeit nicht mehr zur Anwendung. Die in der Steuerbilanz vorgenommene Abschreibung führt daher nicht »automatisch« zu einer identischen Abschreibung in der Handelsbilanz. Die degressive AfA ist durch das HGB nicht ausgeschlossen, da § 253 Abs. 3 S. 2 HGB nicht vorschreibt, wie die Abschreibung zu berechnen ist, und lediglich die planmäßige Verteilung der Anschaffungs- und Herstellungskosten auf die Nutzungsjahre verlangt; aber sie muss anders als steuerlich begründet werden: Wenn also für 2010 in der Steuerbilanz noch – zulässigerweise gem. § 7 Abs. 2 EStG – degressiv abgeschrieben wird, weil dies steuerlich vorteilhaft ist, kann dieser rein steuerlich motivierte Wertansatz nicht in die Handelsbilanz übernommen werden.

Es gibt aber durchaus andere als steuerliche Gründe, die für die degressive AfA sprechen und einen entsprechenden handelsbilanziellen Ansatz rechtfertigen: Zum einen führt dieses Verfahren bei vielen Wirtschaftsgütern zu einer recht guten Anpassung des Buchwerts an die Marktentwicklung des Verkehrswerts, der häufig in den Anfangsjahren stärker abnimmt als in späteren Jahren; zum anderen wird auf diese Weise eine etwa gleich bleibende Summe aus Abschreibungsbeträgen und Reparaturkosten erreicht, denn etwa im selben Maße, in dem erstere fallen, nehmen letztere im Zeitverlauf zu. Liegt aber keine eigenständige Begründung für die Anwendung der degressiven AfA in der Handelsbilanz vor, hat für vor 2009 begonnene Abschreibungen ein Methodenwechsel auf die lineare Abschreibung, im Falle einer in 2009 begonnenen Abschreibung eine erfolgswirksame Zuschreibung zu erfolgen (Art. 66 Abs. 5 EGHGB).

Die geometrisch-degressive (kurz: degressive) Abschreibung verteilt die Anschaffungs- oder Herstellungskosten in zunächst größeren, im Zeitverlauf geringer werdenden Jahresbeträgen auf die Nutzungsdauer.

Der Abschreibungsbetrag wird Jahr für Jahr dadurch ermittelt, dass auf den am Jahresanfang zu Buche stehenden Wert des Gegenstandes (»Restbuchwert«) ein gleichbleibender Prozentsatz angewendet wird. Dabei gelten für die hier betrachteten Perioden der jüngeren Vergangenheit unterschiedliche Prozentwerte:

Anschaffung	Abschreibungssatz
vor dem 01.01.2006	20 %, maximal das 2fache der linearen AfA
01.01.2006 – 31.12.2007	30 %, maximal das 3fache der linearen AfA
in 2008	degressive AfA nicht zulässig
01.01.2009 – 31.12.2010	25 %, maximal das 2,5fache der linearen AfA
seit 01.01.2011	degressive AfA nicht zulässig

Die Wahl des Abschreibungssatzes ist also eine **Minimierungsaufgabe**, die sich – hier am Beispiel der zuletzt gültigen Regelung – wie folgt darstellt:

$$\text{Abschreibungssatz} = \left(2{,}5 \cdot \frac{100}{\text{Nutzungsdauer}} \; ; \; 25\ \% \right) \text{min!}$$

Beispiel:

Der Buchhalter der XY-GmbH entschied sich bei einer zu Beginn des Geschäftsjahres 2009 für 80.000 € neu angeschafften Maschine, deren Nutzungsdauer auf 8 Jahre festgesetzt wurde, für die geometrisch-degressive Abschreibung.

Der Abschreibungssatz ergab sich aus folgender Überlegung:

$$\text{Abschreibungssatz} = \left(2{,}5 \; \frac{100}{8} \; ; 25\ \% \right) \text{min!} = (31{,}25\ \% \; ; 25\ \%) \text{ min!};$$

demnach betrug der Abschreibungssatz 25 %.

Der Abschreibungsbetrag für das erste Jahr errechnet sich aus

$$\frac{80.000\ € \cdot 25}{100} = 20.000\ €$$

Bei linearer Abschreibung wären es nur $\frac{80.000}{8} = 10.000$ *€ gewesen.*

Es liegt in der Natur der geometrisch-degressiven Abschreibung, dass der Restbuchwert niemals den Wert »Null« erreichen kann. Da ein Unternehmen aber im Allgemeinen das Ziel der Steuerbarwertminimierung verfolgt und damit daran interessiert ist, »möglichst früh möglichst viel« abzuschreiben, empfiehlt es sich, diese Methode nicht (was durchaus zulässig wäre) bis zum Ende der betriebsgewöhnlichen Nutzungsdauer zu verfolgen und an deren Ende den Restbuchwert in einer Summe abzuschreiben, sondern stattdessen einen **Methodenwechsel** vorzunehmen. Obwohl der Grundsatz der Bewertungsstetigkeit (§ 252 Abs. 1 Nr. 6 HGB) gilt, ist ein Wechsel von der geometrisch-degressiven zur linearen Abschreibung zu einem beliebigen Zeitpunkt **zulässig**. Dieser Wechsel sollte im Sinne der oben erwähnten Steuerbarwertminimierung in derjenigen Periode erfolgen, in der der Abschreibungsbetrag, der sich ergibt, wenn der Restbuchwert linear auf die Restnutzungsdauer verteilt wird, den planmäßigen geometrisch-degressiven Abschreibungsbetrag übersteigt, wenn also gilt

$$\text{Restbuchwert} : \text{Restnutzungsdauer} > \text{Restbuchwert} \cdot \text{geom.-degr. AfA-Satz}$$

Beispiel:

Es wird wiederum von einem Anschaffungswert von 80.000 €, einer betriebsgewöhnlichen Nutzungsdauer von 8 Jahren und einem AfA-Satz von 25 % ausgegangen. Die folgende Tabelle enthält neben der Angabe des Restbuchwertes und des geometrisch-degressiven AfA-Betrages auch eine Vergleichsspalte »Restbuchwert (RBW) : Restnutzungsdauer (RND)«. Der Methodenwechsel erfolgt, sobald der in dieser Spalte enthaltene Wert den Wert der Spalte »AfA degr.« übersteigt oder mindestens erreicht.

Nutzungs-dauer/Jahre	Restnutzungs-dauer (RND)	Restbuch-wert (RBW)	AfA 25% degr./lin	Vergleichswert RBW : RND
1	8	80.000,00	20.000,00	10.000,00
2	7	60.000,00	15.000,00	8.571,43
3	6	45.000,00	11.250,00	7.500,00
4	5	33.750,00	8.437,50	6.750,00
5	4	25.312,50	**6.328,13**	**6.328,13**
6	3	18.984,38		**6.328,13**
7	2	12.656,25		**6.328,13**
8	1	6.328,13		**6.328,13**

Geometrisch-degressive Abschreibung mit Methodenwechsel

Nochmals der Hinweis: Für ab 1.1.2011 neu angeschaffte Gegenstände ist diese Methode steuerrechtlich **nicht mehr zulässig!**

Leistungsabschreibung

Eine Abschreibung nach Maßgabe der Leistung (Leistungsabschreibung) ist zulässig, wenn

- das gesamte Leistungsvermögen des Wirtschaftsgutes vorab anhand von Herstellerangaben oder aufgrund von Erfahrungen abgeschätzt werden kann und
- die Voraussetzungen für eine Messung der tatsächlichen Leistungsabgabe vorliegen.

Rechtsgrundlage für die Steuerbilanz ist § 7 Abs. 1 S. 6 EStG. Die Handelsbilanz kann seit der Bilanzrechtsreform hieran nicht unmittelbar anknüpfen (vgl. die Ausführungen zur degressiven AfA), darf diese Methode aber eigenständig anwenden, wenn sie begründet ist.

Beispiel:

Die Gesamtfahrleistung eines neu erworbenen Transporters wird auf 350.000 km geschätzt. Die Anschaffungskosten des Fahrzeugs betrugen 126.000 €. Auf jeden Fahrtkilometer entfallen somit 126.000 : 350.000 = 0,36 €. Wenn im ersten Nutzungsjahr lt. Kilometerzähler 28.375 km gefahren wurden, beträgt der zu verrechnende Abschreibungsbetrag 28.375 · 0,36 = 10.215 €.

Abschreibungsverfahren bei geringwertigen Wirtschaftsgütern

Für die als geringwertig bezeichneten Wirtschaftsgüter (GWG) wird nachfolgend nur die Regelung dargestellt, die ab dem Wirtschaftsjahr 2010 gilt. Danach sind geringwertige Wirtschaftsgüter solche Wirtschaftsgüter, auf die die folgenden Eigenschaften zutreffen:

- Zugehörigkeit zum beweglichen abnutzbaren Sachanlagevermögen,
- Anschaffungs- oder Herstellungskosten bzw. Einlagewert von höchstens 410 € – siehe § 6 Abs. 2 a EStG: 1.000 € – jeweils ohne Umsatzsteuer,
- selbstständige Nutzbarkeit.

Die letztere Eigenschaft führt häufig zu Abgrenzungsschwierigkeiten:

- *Drucker und Computermonitore sind keine selbstständigen Wirtschaftsgüter, weil sie ohne einen datenübermittelnden PC nicht nutzbar sind.*
- *Ein PKW besteht zwar aus vielen grundsätzlich bewertbaren Einzelteilen; es ist aber nicht möglich, ihn als »Summe seiner Teile« sofort abzuschreiben, weil z. B. ein einzelnes Lenkrad oder ein einzelnes Rad nicht nutzbar wäre.*
- *Software ist zwar auch nicht ohne Computer nutzbar; dennoch wird es anerkannt, wenn Standardsoftware bis 410 € netto (»Trivialprogramme«) als GWG behandelt wird.*

Wirtschaftsgüter, die die genannten Bedingungen erfüllen, sind in Abhängigkeit von der Höhe ihrer Anschaffungs- oder Herstellungskosten bzw. ihres Einlagewerts nach steuerrechtlichen Vorschriften (§ 6 Abs. 2, 2a EStG) wie folgt zu behandeln:

Wert **bis 150 €** netto:	Sofortabschreibung als Wahlrecht im Jahr der Anschaffung/Herstellung/Einlage **alternativ:** Abschreibung über die Nutzungsdauer
Wert **über 150 € bis 410 €** netto:	Aufnahme in ein besonderes, laufend zu führendes Verzeichnis, das den Tag der Anschaffung/Herstellung/Einlage und die Anschaffungs- bzw. Herstellungskosten bzw. den Einlagewert enthält Sofortabschreibung als Wahlrecht im Jahr der Anschaffung/Herstellung/Einlage **alternativ:** Einstellung in einen Sammelposten, in den GWG im Wert über 150 € bis 1.000 € netto eingestellt und der im Jahr seiner Bildung und den folgenden 4 Jahren zu je einem Fünftel seines Werts gewinnerhöhend aufzulösen ist **alternativ:** Abschreibung über die Nutzungsdauer
Wert **über 410 € bis 1.000 €** netto:	Abschreibung über die Nutzungsdauer **alternativ:** Einstellung in den o.g. Sammelposten

Wird ein Sammelposten (»**Pool**«) gebildet, müssen **alle** GWG im Wert über 150 € bis 1.000 € dort eingestellt werden. Eine gesonderte Sofortabschreibung einzelner GWG bis 410 € bzw. Abschreibung über die (möglicherweise kürzere) Nutzungsdauer für einzelne GWG bis 1.000 € ist dann nicht möglich. Insofern muss die Bildung eines Pools anhand der Frage, welche Abschreibungsbeträge aus Einzelabschreibung einerseits und Poolabschreibung andererseits resultieren würden, genau abgewogen werden.

Abschreibung von Gebäuden

Die Abschreibung der Gebäude richtet sich nach den Vorschriften von § 7 Abs. 4 (linear) bzw. Abs. 5 EStG (fallende Staffelsätze; für Neubauten ab 1.1.2006 nicht mehr möglich), wobei je nach Zugehörigkeit des Gebäudes zum Privat- oder Geschäftsvermögen, nach Baujahr bzw. Jahr der Baugenehmigung und nach Art der Nutzung unterschiedliche Staffelungen zur Anwendung gelangen. Auf Einzelheiten soll aber an dieser Stelle nicht eingegangen werden.

2.1.4.3.3 Bewertungen im Umlaufvermögen

Das Umlaufvermögen umfasst diejenigen Vermögensteile, die für den Umsatz im Leistungserstellungsprozess und damit lediglich zum kurzfristigen Verbleib im Unternehmen bestimmt sind.

Hierzu gehören

- Vorräte,
- Forderungen und sonstige Vermögensgegenstände,
- Wertpapiere,
- Zahlungsmittelbestände.

Für den Wertansatz aller Gegenstände des Umlaufvermögens in der Handelsbilanz gilt das **strenge Niederstwertprinzip:**

- Bewertungsobergrenze sind die Anschaffungs- bzw. Herstellungskosten;
- ein niedriger Tageswert muss in Inventar und Schlussbilanz eingesetzt werden (§ 253 Abs. 4 HGB, auch bei nicht dauerhafter Wertminderung!).

In der Steuerbilanz ist beim Umlaufvermögen – wie schon beim Anlagevermögen – eine Teilwertabschreibung bei nicht-dauerhafter Wertminderung untersagt (§ 6 Abs. 1 Nr. 2 S. 2). Aus diesem Dilemma – das Handelsrecht schreibt die Abschreibung vor, das Steuerrecht verbietet sie – resultiert die bereits erwähnte zwangsläufige Abweichung zwischen Handels- und Steuerbilanz. Unter diesen Voraussetzungen ist es nicht mehr möglich, eine **Einheitsbilanz** aufzustellen, die zugleich Handels- und Steuerbilanz ist.

Bei einer späteren Werterholung gilt ein Wertaufholungsgebot (§ 253 Abs. 5 HGB bzw. § 6 Abs. 1 Nr. 2 S. 3 EStG i.V.m. Nr. 1 S. 4).

2.1.4.3.3.1 Bewertung der Vorräte

Alle Gegenstände des Vorratsvermögens sind am Bilanzstichtag durch Inventur körperlich zu erfassen und zu bewerten. Die grundsätzlich auch hier geltende Pflicht zur Einzelbewertung gem. § 252 Abs. 1 Nr. 3 HGB wird durch die nachfolgend geschilderten Möglichkeiten zur Bewertungsvereinfachung durchbrochen.

Grundsätzliche Vorbemerkungen zu den Bewertungsvereinfachungsverfahren

Aus § 252 Abs. 1 Nr. 3 HGB ergibt sich die Pflicht, alle Vermögensteile und Schulden am Bilanzstichtag grundsätzlich einzeln zu bewerten. Insbesondere bezüglich des Vorratsvermögens (aber auch für andere gleichartige oder annähernd gleichwertige bewegliche Vermögensgegenstände und Schulden) gestattet das Handelsrecht jedoch eine Sammel- oder Gruppenbewertung.

Damit soll die Bewertung solcher Roh-, Hilfs-, Betriebsstoffe und Handelswaren erleichtert werden,

- die zu unterschiedlichen Zeitpunkten und
- zu unterschiedlichen Preisen angeschafft wurden, und
- für die nicht mit vertretbarem Aufwand festgestellt werden kann, welcher Lieferung sie entstammen.

Gegenstände des Vorratsvermögens, die zu einer Gruppe zusammengefasst werden, müssen jeweils gleichartig sein. Für andere Gegenstände, die nicht zum Vorratsvermögen gehören (bewegliche Vermögensgegenstände und Schulden) verlangt § 240 Abs. 4 HGB Gleich**artigkeit** oder annähernde Gleich**wertigkeit**. Diese ist nach geltender Rechtsauffassung anzunehmen, wenn die Wertdifferenz zwischen dem höchsten und dem niedrigstem Wert eines Gegenstandes der betreffenden Gruppe nicht mehr als 20 % beträgt.

Das Ergebnis dieses Bewertungsvorganges, der als **Durchschnittsbewertung** (§ 240 Abs. 4 HGB) oder **Verbrauchsfolgebewertung** (§ 256 HGB, nur beim Vorratsvermögen zulässig) erfolgt, stellt die Anschaffungs- oder Herstellungskosten für den Lagerendbestand dar. Diese müssen mit dem Tageswert am Stichtag verglichen werden. Entsprechend dem strengen Niederstwertprinzip muss der niedrigere von beiden Werten angesetzt werden.

Um einem häufigen Missverständnis vorzubeugen, sei hier ausdrücklich darauf hingewiesen, dass nach dem Grundsatz der Bewertungsstetigkeit die einmal gewählte Methode beizubehalten ist, sofern kein nachvollziehbarer Grund für einen Methodenwechsel besteht. Eine solche Begründung wäre z. B. eine tatsächliche Veränderung in der Art der Lagerhaltung, die eine andere als die bisher praktizierte Verbrauchsfolge bedingt.

Es ist also nicht notwendig und auch **nicht zulässig**, in jedem Jahr die Wertermittlungen nach den verschiedenen Methoden »durchzuspielen«, um den geringsten Wert zu ermitteln.

Durchschnittsbewertung

Die Durchschnittsbewertung kann auf zwei Arten durchgeführt werden:

- Die Berechnung stützt sich ausschließlich auf den Anfangsbestand und die in der Periode erfolgten Zukäufe **(jährliche Durchschnittswertermittlung)**. Dabei werden die vorhandenen bzw. eingekauften Mengen mit ihren jeweiligen Einkaufspreisen bewertet und die Ergebnisse addiert. Die Division des Gesamtwertes durch die Gesamtmenge ergibt die durchschnittlichen Anschaffungskosten je Stück.
- Die Berechnung bezieht neben dem Anfangsbestand und den Zugängen auch die Abgänge der Periode ein. Die Bewertung der Zugänge erfolgt wie oben beschrieben, die der Abgänge zum Lagerbestandsdurchschnittswert im Zeitpunkt des Abgangs. Dieses Verfahren wird **permanente Durchschnittswertermittlung** genannt.

In jedem Falle wird ein **gewogener Durchschnitt** ermittelt, also jede zugekaufte oder dem Lager entnommene Menge mit dem jeweiligen Einkaufspreis bzw. dem jeweiligen Lagerbestandsdurchschnittswert (bei permanenter Ermittlung) bewertet.

Beispiel:

Zum Vorratsvermögen der Schmitz & Schnulz Computerzubehör KG gehört ein bestimmtes Modell unifarbiger Mousepads, die aus China bezogen werden und aufgrund von Wechselkursschwankungen unterschiedliche Einkaufspreise aufweisen. Der Anfangsbestand am 1.1.01 betrug 11.200 Stück zu je 0,55 €. Im Laufe des Jahres 01 wurden folgende Zu- und Abgänge verzeichnet:

10.03.01:	*Abgang*	*11.000 Stück*	
15.03.01:	*Zugang*	*4.000 Stück*	*zu je 0,62 €*
15.05.01:	*Abgang*	*2.000 Stück*	
01.06.01:	*Zugang*	*15.000 Stück*	*zu je 0,69 €*
01.08.01:	*Abgang*	*14.000 Stück*	
15.09.01:	*Zugang*	*10.000 Stück*	*zu je 0,72 €*
01.11.01:	*Abgang*	*8.500 Stück*	
30.11.01:	*Zugang*	*12.000 Stück*	*zu je 0,76 €*
15.12.01:	*Abgang*	*9.300 Stück*	

Am 31.12.01 liegen die Beschaffungskosten je Stück bei 0,65 EUR.

Jährliche Durchschnittswertermittlung:

Datum	Anfangsbestand/ Zugang in Stück	Einzelpreis €	Gesamtpreis €
01.01.01	11200	0,55	6.160,00
15.03.01	4000	0,62	2.480,00
01.06.01	15000	0,69	10.350,00
15.09.01	10000	0,72	7.200,00
30.11.01	12000	0,76	9.120,00
	52200		35.310,00

Der Ermittlung des Durchschnittswerts auf Basis der Einkaufsmengen und -preise errechnet sich aus

35.310 € : 52.200 Stück = 0,6764 € / Stück

Für den rechnerischen Endbestand von 7.400 Stück (der durch Inventur bestätigt werden muss) ergeben sich damit Anschaffungskosten von

7400 Stück · 0,6764 € = 5005,63 €

Da für das Umlaufvermögen das strenge Niederstwertprinzip zu beachten ist, darf der Bilanzansatz jedoch nur mit

7400 Stück · 0,65 € = 4.810,00 €

erfolgen.

Permanente Durchschnittswertermittlung:

Datum	Vorgang	Menge/Stück	Einzelpreis €	Gesamtpreis €
01.01.01	Anfangsbestand	11.200	0,55	6.160,00
10.03.01	Abgang	11.000	0,55	6.050,00
	Bestand	200	0,55	110,00
15.03.01	Zugang	4.000	0,62	2.480,00
	Bestand	4.200	0,62	2.590,00
15.05.01	Abgang	2.000	0,62	1.240,00
	Bestand	2.200	0,61	1.350,00
01.06.01	Zugang	15.000	0,69	10.350,00
	Bestand	17.200	0,68	11.700,00
01.08.01	Abgang	14.000	0,68	9.520,00
	Bestand	3.200	0,68	2.180,00
15.09.01	Zugang	10.000	0,72	7.200,00
	Bestand	13.200	0,71	9.380,00
01.11.01	Abgang	8.500	0,71	6.035,00
	Bestand	4.700	0,71	3.345,00
30.11.01	Zugang	12.000	0,76	9.120,00
	Bestand	16.700	0,75	12.465,00
15.12.01	Abgang	9.300	0,75	6.975,00
31.12.01	Endbestand	7.400	0,74	5.490,00

Die Anschaffungskosten errechnen sich bei permanentem Einbezug der Zugangs- und Abgangsmengen für den Endbestand auf 5.490,00 €.

Unabhängig von der Wertermittlungsmethode ist auch hier der Bilanzansatz auf 4.810,00 € beschränkt.

Verbrauchsfolgeverfahren

Bei Anwendung eines Verbrauchsfolgeverfahrens wird ein bestimmtes Procedere bei der Lagerbefüllung und -entnahme unterstellt:

- **Fifo (»First in – first out«)** unterstellt, dass diejenigen Gegenstände, die als erste ins Lager genommen wurden, auch als erste wieder entnommen werden. Ein derartiges Vorgehen ist bei verderblichen Waren sinnvoll und für bestimmte Formen der Lagerung (z. B. in Silos, die von oben befüllt und von unten entleert werden) technisch vorgegeben. Das Fifo-Verfahren ist handelsrechtlich (§ 256 HGB), nicht jedoch steuerrechtlich zulässig.

  Beispiel:

  Im obigen Zahlenbeispiel entstammt der Endbestand vollständig der letzten Lieferung, für die ein Stückpreis von 0,76 € zu zahlen war:

  7.400 Stück · 0,76 € = 5.624,00 €

  Bilanzansatz auch hier: 4.810,00 €.

- **Lifo (»Last in – first out«)** unterstellt, dass die zuletzt dem Lager hinzugefügten Güter als erste entnommen werden: Dies ist das »Wäscheschrank-Prinzip« (frisch gewaschene Wäsche wird oben auf den Wäschestapel gelegt; folglich wird das obenauf liegende

Stück auch zuerst wieder entnommen), das nur für nicht-verderbliche Gegenstände in Frage kommt. Dieses Verfahren ist handels- und steuerrechtlich zulässig (§ 256 HGB; § 6 Abs. 1 EStG).

Im obigen Zahlenbeispiel entstammt der Endbestand dem Anfangsbestand:

7400 Stück · 0,55 € = 4.070,00 €; der Bilanzansatz ist in diesem Falle auf 4.070,00 € beschränkt.

Festwert

Der Anwendung des Festwertes ist **nicht auf das Umlaufvermögen beschränkt**, denn:

> *Vermögensgegenstände des Sachanlagevermögens sowie Roh-, Hilfs- und Betriebsstoffe können, wenn sie regelmäßig ersetzt werden und ihr Gesamtwert für das Unternehmen von nachrangiger Bedeutung ist, mit einer gleichbleibenden Menge und einem gleichbleibenden Wert angesetzt werden, sofern ihr Bestand in seiner Größe, seinem Wert und seiner Zusammensetzung nur geringen Veränderungen unterliegt. Jedoch ist in der Regel alle drei Jahre eine körperliche Bestandsaufnahme durchzuführen* (§ 240 Abs. 3 HGB).

Praktisch angewendet wird der Festwert z. B.

- auf die Bestände an Biergläsern in einer Kneipe,
- auf Geschirr, Besteck und Tischwäsche in einem Kantinenbetrieb,
- auf Werkzeuge und Kleinmaschinen im Industrie- oder Handwerksbetrieb.

Eine nachrangige Bedeutung wird angenommen, wenn der für die betreffende Gruppe ermittelte Festwert nicht mehr als 5 % der Bilanzsumme (die ggf. um den Posten »nicht durch Eigenkapital gedeckter Fehlbetrag« zu kürzen ist) ausmacht. **Wertveränderungen** gelten als gering, wenn sie 10 % nicht übersteigen. Hierzu besagt R 5.4 Abs. 3 EStR 2008:

> *Übersteigt der für diesen Bilanzstichtag ermittelte Wert den bisherigen Festwert um mehr als 10 %, ist der ermittelte Wert als neuer Festwert maßgebend. Der bisherige Festwert ist so lange um die Anschaffungs- und Herstellungskosten der im Festwert erfassten und nach dem Bilanzstichtag des vorangegangenen Wirtschaftsjahres angeschafften oder hergestellten Wirtschaftsgüter aufzustocken, bis der neue Festwert erreicht ist. Ist der ermittelte Wert niedriger als der bisherige Festwert, kann der Steuerpflichtige den ermittelten Wert als neuen Festwert ansetzen. Übersteigt der ermittelte Wert den bisherigen Festwert um nicht mehr als 10 %, kann der bisherige Festwert beibehalten werden.*

Zukäufe zur Gesamtmenge, die wegen Zerstörung, Verlusts oder Diebstahls erforderlich werden, werden direkt aufwandswirksam verbucht; dafür erfolgt keine Abschreibung auf den aktivierten Gesamtwert.

2.1.4.3.3.2 Bewertung der Forderungen

Handels- und Steuerrecht enthalten keine besonderen Vorschriften für die Bewertung der Forderungen. Gemäß § 253 Abs. 1 HGB sind sie mit den Anschaffungskosten, im Falle einer Wertminderung gem. § 253 Abs. 4 HGB mit dem entsprechenden niedrigeren Wert anzusetzen. § 6 Abs. 1 Nr. 2 EStG erlaubt bei dauerhafter Wertminderung den Ansatz des niedrigeren Teilwerts.

Unverzinsliche oder niedrig verzinsliche Forderungen mit Ausnahme der Forderungen aus Lieferungen und Leistungen und ähnlich kurzfristiger Forderungen müssen mit ihrem **Barwert**, also nach Abzinsung auf den Bilanzstichtag unter Anwendung des Kreditzinsfußes, angesetzt werden. Forderungen in Fremdwährung werden zum **Devisen-Geldkurs** (= der Kurs, den die Banken beim Wechsel von Fremdwährung in einheimische Währung verrechnen) angesetzt.

Die auf dem Konto »Forderungen aus Lieferungen und Leistungen« (Forderungen LuL) zusammengefassten Kundenkredite sind am Schluss eines Geschäftsjahres auf ihre Einbringlichkeit zu prüfen und entsprechend zu bewerten. Hierzu werden die Forderungen zunächst in folgende Gruppen aufgeteilt:

- Einwandfreie Forderungen, deren Zahlungseingang nicht in Zweifel steht und in voller Höhe erwartet wird,
- zweifelhafte Forderungen, deren teilweiser oder kompletter Ausfall zu befürchten ist, etwa weil trotz Mahnungen nicht gezahlt wurde,
- uneinbringliche Forderungen, deren Ausfall bereits endgültig feststeht – nach einem BFH-Urteil aus 2009 fallen hierunter auch Forderungen gegenüber Unternehmen, über die ein Insolvenzverfahren eröffnet wurde.

Die Forderungen in diesen verschiedenen Gruppen werden wie folgt bewertet:

- **Einwandfreie Forderungen** werden (bzw. bleiben) mit ihrem Nennwert angesetzt.
- **Zweifelhafte Forderungen** werden schon im laufenden Geschäftsjahr, sobald Zweifel an ihrer Einbringlichkeit auftauchen, auf ein Konto »Zweifelhafte Forderungen« umgebucht, und zwar mit ihrem Bruttobetrag (d. h. einschließlich der Umsatzsteuer).

  Die Buchung lautet

  »Zweifelhafte Forderungen«
  an »Forderungen LuL«

  Zum Bilanzstichtag muss für jede einzelne »Zweifelhafte Forderung« eine Einzelwertberichtigung (EWB) gebildet werden, wobei die in ihr enthaltene Umsatzsteuer unangetastet bleiben muss. (Ausnahme: Wenn die Forderung berichtigt wird, weil über das Vermögen des Schuldners das Insolvenzverfahren eröffnet wurde; in diesem Falle wird die Umsatzsteuer sofort berichtigt).

  Die Berichtigung in Höhe des wahrscheinlichen Ausfallbetrages wird gebucht

  »Einstellung in die Einzelwertberichtigungen auf Forderungen«
  an »Einzelwertberichtigungen auf Forderungen«

  Sobald das Schicksal der Forderung im folgenden Geschäftsjahr geklärt ist – dies ist der Fall, wenn auf die Gesamtforderung oder, nach Eingang eines Teils der Forderung, auf den Rest verzichtet wird – erfolgt eine direkte Abschreibung des uneinbringlich gewordenen Betrages. Erst jetzt darf die darauf entfallende Umsatzsteuer berichtigt werden.

  Die Buchung im Falle einer abschließenden Teilbetragszahlung lautet:

  »Bank«

  »Abschreibungen auf Forderungen«
  »Umsatzsteuer«
  an »Zweifelhafte Forderungen«

  Auf diese Weise scheint der Forderungsausfall zunächst doppelt aufwandswirksam berücksichtigt worden zu sein: im alten Jahr durch Einstellung zur EWB, im neuen Jahr durch Abschreibung. Dies ist selbstverständlich nicht zulässig. »Eigentlich« müsste die im alten Jahr passivierte Einzelwertberichtigung deswegen nun gewinnerhöhend aufgelöst werden. In der Praxis wird aber anstelle einer direkt auf die einzelne Forderung bezogenen Buchung am Jahresende eine Anpassung des Bestandes an Einzelwertberichtigungen an die zu diesem Zeitpunkt aktuelle Höhe der dann zweifelhaften Forderungen vorgenommen. Nur wenn der Bedarf an Einzelwertberichtigungen gesunken ist, erfolgt eine Teil-Auflösung über die Buchung

  »Einzelwertberichtigungen auf Forderungen«
  an »Erträge aus der Herabsetzung von Wertberichtigungen auf Forderungen«

  Ist der Bedarf an EWB dagegen gestiegen, wird gebucht

  »Einstellung in Einzelwertberichtigungen auf Forderungen«
  an »Einzelwertberichtigungen auf Forderungen«

- **Uneinbringliche Forderungen** werden direkt abgeschrieben, wobei die in ihnen enthaltene Umsatzsteuer berichtigt wird.

  Die entsprechende Buchung lautet

  »Abschreibungen auf Forderungen«
  »Umsatzsteuer«
  an »Forderungen LuL« (bzw. »Zweifelhafte Forderungen«, wenn zuvor eine Umbuchung – s. o. – erfolgt ist)

Neben der geschilderten Einzelbewertung wird in vielen Betrieben zusätzlich eine pauschale Wertberichtigung auf die einwandfreien Forderungen vorgenommen und damit dem Umstand Rechnung getragen, dass auch aus ihrem Bestand erfahrungsgemäß ein Ausfall eintritt. Diese **Pauschalwertberichtigung** (PWB) in Höhe von bis zu 5 % wird auf den Nettowert der um die zweifelhaften Forderungen bereinigten Forderungen LuL gebildet, also auf diejenigen Forderungen, deren Einbringlichkeit derzeit nicht in Zweifel gezogen wird. Fallen im laufenden Jahr tatsächlich Forderungen aus, wird aber nicht auf den gebildeten Bestand an Pauschalwertberichtigungen zurückgegriffen, sondern die Forderungen werden direkt abgeschrieben. Als Ausgleich erfolgt am Jahresende – ebenso wie bei den EWB – eine Anpassung der Betragshöhe an den aktuellen Forderungsbestand.

Bei einer Wertberichtigung handelt es sich um eine **indirekte Abschreibung**, die nicht den Wert der Forderung auf dem Bestandskonto selbst verringert, sondern diesem Wert eine berichtigende Position gegenüberstellt. Bei Nicht-Kapitalgesellschaften stehen sich infolgedessen die »Zweifelhafte Forderung« auf der Aktivseite der Bilanz und die Wertberichtigung auf der Passivseite gegenüber. Nur die veröffentlichungspflichtigen Bilanzen von Kapitalgesellschaften dürfen keine indirekten Abschreibungen (d. h. weder Einzel- noch Pauschal-Wertberichtigungen) und auch keinen Posten »Zweifelhafte Forderungen« enthalten: In ihnen müssen die zweifelhaften Forderungen und die Wertberichtigungen »aktivisch« abgesetzt, d. h. saldiert und den Forderungen aus Lieferungen und Leistungen wieder zugerechnet werden.

2.1.4.3.3.3 Bewertung der Wertpapiere des Umlaufvermögens

Bei der Ermittlung der Anschaffungskosten von Wertpapieren müssen die angefallenen Nebenkosten der Beschaffung (Maklergebühren – **»Courtage«** – und Bankprovisionen) eingerechnet werden, nicht aber laufende Kosten wie z. B. Depotgebühren.

Die Bewertung der Wertpapiere des Umlaufvermögens hat gemäß den bereits dargestellten allgemeinen Regeln für das Umlaufvermögen generell nach dem **strengen Niederstwertprinzip** zu erfolgen. Bei einer Wertherabsetzung sind die in den Anschaffungskosten enthaltenen Nebenkosten anteilig zu reduzieren.

2.1.4.3.3.4 Bewertung der Zahlungsmittelbestände

Guthaben, Schecks und Kassenbestände werden mit dem **Nominalwert** angesetzt. Fremdwährungen sind zum **Sorten-Geldkurs** am Stichtag zu bewerten.

2.1.4.3.4 Bewertung der Verbindlichkeiten

Wie die Vermögensgegenstände der Aktivseite, sind auch Verbindlichkeiten grundsätzlich zu ihren Anschaffungskosten zu bewerten. Hierunter ist der Rückzahlungsbetrag zu verstehen.

Für **Abschlagsbeträge (»Damnum«)**, die bei einer Darlehensgewährung direkt einbehalten wurden, wie z. B. Abgelder (**»Disagio«**), Bearbeitungs- und sonstige Verwaltungsgebühren, besteht handelsrechtlich ein Wahlrecht zwischen der sofortigen Aufwandsverbuchung oder dem Ansatz als aktiver Rechnungsabgrenzungsposten bei anschließender Verteilung auf die Darlehenslaufzeit (§ 250 Abs. 3 HGB).

Aus diesem handelsrechtlichen Aktivierungswahlrecht folgt gemäß den Regeln der Maßgeblichkeit eine steuerliche Aktivierungspflicht: Für die Steuerbilanz besteht eine Pflicht zum Ausweis der aktiven Rechnungsabgrenzung. Ebenso ist mit den Unterschiedsbeträgen bei der Ausgabe von Anleihen »unter pari« (= Differenz zwischen geringerem Ausgabe- und höherem Nominal-/Rückzahlungswert) zu verfahren.

Bei Passivposten ist in Analogie zum Niederstwertprinzip das strenge **Höchstwertprinzip** anzuwenden. Steigt der Teilwert der Verbindlichkeit (z. B. bei Verbindlichkeiten in Fremdwährung), muss zwingend der gestiegene Wert angesetzt werden. Auch das Wertaufholungsgebot findet seine Entsprechung auf der Passivseite.

Verbindlichkeiten sind nach § 6 Abs. 1 Nr. 3 EStG in der Steuerbilanz mit 5,5 % abzuzinsen. Ausgenommen sind Verbindlichkeiten mit einer Restlaufzeit von weniger als 12 Monaten am Bilanzstichtag, verzinsliche Verbindlichkeiten (ohne dass ein Mindestzinssatz vorgeschrieben wäre!) sowie Verbindlichkeiten, die auf einer Anzahlung oder Vorausleistung beruhen.

Verbindlichkeitenspiegel

§ 268 Abs. 5 HGB bestimmt für die Kapitalgesellschaften:

> *Der Betrag der Verbindlichkeiten mit einer Restlaufzeit bis zu einem Jahr ist bei jedem gesondert ausgewiesenen Posten zu vermerken. Erhaltene Anzahlungen auf Bestellungen sind, soweit Anzahlungen auf Vorräte nicht von dem Posten »Vorräte« offen abgesetzt werden, unter den Verbindlichkeiten gesondert auszuweisen. Sind unter dem Posten »Verbindlichkeiten« Beträge für Verbindlichkeiten ausgewiesen, die erst nach dem Abschlussstichtag rechtlich entstehen, so müssen Beträge, die einen größeren Umfang haben, im Anhang erläutert werden.*

Dieser Verpflichtung kann zweckmäßigerweise durch die Aufstellung eines Verbindlichkeitenspiegels entsprochen werden (vorgeschrieben ist dieser jedoch nicht), der nachfolgend im Aufbau wiedergegeben wird:

Art der Verbindlichkeit	Gesamtbetrag		Davon mit Restlaufzeit			Davon gesichert	Art der Sicherheit
	Vorjahr	Geschäftsjahr	$\leq$ 1 Jahr	>1 Jahr und $\leq$ 5 Jahre	> 5 Jahre		
	€	€	€	€	€	€	
1. Anleihen, davon konvertibel							
2. Verbindlichkeiten gegenüber Kreditinstituten							
3. Erhaltene Anzahlungen auf Bestellung							
4. Verbindlichkeiten aus Lieferungen und Leistungen							
5. Verbindlichkeiten aus der Annahme gezogener Wechsel und der Ausstellung eigener Wechsel							
6. Verbindlichkeiten gegenüber verbundenen Unternehmen							
7. Verbindlichkeiten gegenüber Unternehmen, mit denen ein Beteiligungsverhältnis besteht							
8. Sonstige Verbindlichkeiten: – davon aus Steuern, – davon im Rahmen der sozialen Sicherheit							
Angaben gemäß § 266 Abs. 1 i.V.m. Abs. 3 Pos. C	§ 265 Abs. 2		§ 268 Abs.5 Satz 1	freiwillig	§ 285 Nr.1a i.V.m. Nr. 2	§ 285 Nr. 1b i.V.m. Nr. 2	

Verbindlichkeitenspiegel (alle §§ betreffen das HGB)

2.1.4.3.5 Bewertung von Rückstellungen

Die Höhe einer zu bildenden Rückstellung muss fast immer geschätzt werden. Ausnahmen bilden Fälle, in denen die Fälligkeit als solche in Frage steht, die Betragshöhe aber für den Fall, dass es zur Zahlung kommt, feststeht, sowie bestimmte gesetzlich geregelte Fälle: z. B. ist die Höhe der Pensionsrückstellungen in der Steuerbilanz in § 6a Abs. 3 EStG konkret geregelt.

In denjenigen Fällen, in denen die Höhe nicht von vornherein oder durch Gesetz bestimmt ist, ist grundsätzlich die Schätzung des Bilanzierenden maßgeblich. Insoweit können Rückstellungen **stille Reserven** enthalten. Nach einem BFH-Spruch muss diese Schätzung jedoch objektiv durch die Verhältnisse des Betriebes gestützt sein; praktisch wird sie sich, wann immer möglich, auf Kostenvoranschläge, Sachverständigenaussagen oder Erfahrungen beziehen. § 6 Abs. 1 Nr. 3a EStG enthält ausführliche Vorgaben für die Rückstellungsbewertung in der Steuerbilanz.

Die Bildung von Rückstellungen dem Grunde und der Höhe nach ist zu jedem Bilanzstichtag erneut zu prüfen. Ist die zurückgestellte ungewisse Verbindlichkeit in der Folge zur gewissen Verbindlichkeit geworden, wird diese in die Buchführung aufgenommen und wirkt sich durch die Gegenbuchung auf einem Aufwandskonto gewinnmindernd aus. Für die Rückstellung ergibt sich nun kein Bedarf mehr: Sie ist für diesen Teil gewinnerhöhend aufzulösen.

Einige Rückstellungsarten und ihre Bewertung sollen nun näher beleuchtet werden.

2.1.4.3.5.1 Pensionsrückstellungen

Für Pensionszusagen besteht seit dem 31.12.1986 eine handelsrechtliche Ansatzpflicht (§ 249 Abs. 1 Satz 1 HGB, Art. 28 Einführungsgesetz zum Handelsgesetzbuch). Für Zusagen, die vor diesem Stichtag gegeben wurden, bleibt das bis dahin gültige Passivierungswahlrecht bestehen.

Aufgrund des Maßgeblichkeitsprinzips gilt die Rückstellungspflicht auch für die Steuerbilanz. Während aber das Handelsrecht keine konkrete Bewertung vorschreibt, darf die Pensionsrückstellung steuerlich höchstens mit ihrem **Teilwert** angesetzt werden, dessen Herleitung sich aus § 6a Abs. 3 EStG ergibt. Bei seiner Berechnung

> *[...] sind ein Rechnungszinsfuß von 6 v.H. und die anerkannten Regeln der Versicherungsmathematik anzuwenden.* (§ 6a Abs. 3 Satz 3 EStG)

Der handelsrechtlichen Wertermittlung wird ein über zehn Geschäftsjahre gebildeter Durchschnittszinssatz zugrunde gelegt (§ 253 Abs. 2 HGB), der von der Deutschen Bundesbank monatlich ermittelt und bekannt gegeben wird.

Auf Einzelheiten der Berechnung soll hier nicht eingegangen werden. Aus den unterschiedlichen Zinssatzvorgaben resultiert für die ausgewiesene Pensionsrückstellung ein **unterschiedlicher** Wertansatz in der Handels- und der Steuerbilanz.

2.1.4.3.5.2 Rückstellungen für Gewährleistungen

Rückstellungen für Gewährleistungen, die zu bilden sind, wenn am Bilanzstichtag bereits ein Gewährleistungsfall eingetreten oder der Eintritt wahrscheinlich ist, werden nach den **Selbstkosten** bemessen. Zwar steht die Rückstellungshöhe im Ermessen des Kaufmanns, seine Schätzung muss aber angemessen sein, d. h. sie darf einen den betrieblichen Verhältnissen entsprechenden Umfang nicht überschreiten.

Die abstrakte Möglichkeit der Inanspruchnahme reicht nicht aus; eine gewisse Wahrscheinlichkeit des Eintretens muss nachvollziehbar dargelegt werden können.

Die Gewährleistungspflicht beginnt grundsätzlich mit der Auslieferung bzw. Abnahme, ggf. mit einer Teilabnahme. Erst ab diesem Zeitpunkt kann eine Rückstellung gebildet werden.

Bis zu diesem Zeitpunkt gehört der auszuliefernde Gegenstand zu den unfertigen oder fertigen Gegenständen des Vorratsvermögens. Etwaige Wertminderungen wären dann durch Ansatz eines niedrigeren Bestandswertes zu berücksichtigen.

Maßgeblich für die Bildung der Rückstellung für Gewährleistungsverpflichtungen ist der bis zum Bilanzstichtag realisierte gewährleistungsverpflichtete Umsatz, auf den ein gleich bleibender Prozentsatz angewendet wird, der sich aus der betrieblichen Erfahrung herausgebildet hat.

Beispiel:

Die Gewährleistungsfrist beträgt zwei Jahre. Nach der betrieblichen Erfahrung wird eine Rückstellung von 1 % des gewährleistungsbehafteten Umsatzes als angemessen angesehen. Die Aufträge werden gleichmäßig über das Wirtschaftsjahr ausgeliefert. Für den 31.12. des Jahres 02 muss auf Basis der folgenden Daten eine Rückstellung gebildet werden:

	Jahr 01	***Jahr 02***
Gewährleistungsbehafteter Umsatz	*1.000.000 €*	*1.200.000 €*
Garantieaufwand 1 % pauschal	*10.000 €*	*12.000 €*

Der für das Jahr 01 angegebene Umsatz enthält diejenigen ausgelieferten Leistungen, für die zum 31.12.01 noch eine Garantiepflicht bestand. Am 31.12.02 ist für einen Teil dieser Umsätze die Gewährleistungsfrist aber inzwischen abgelaufen. Vom pauschalierten Garantieaufwand des Jahres 01 kommt daher in 02 nur noch die Hälfte zum Ansatz, und die Rückstellung per 31.12.02 errechnet sich wie folgt:

50 % von 10.000 € (aus Jahr 01) + 100 % von 12.000 € (aus Jahr 02)

= 5.000 € + 12.000 € = 17.000 €

2.1.4.3.5.3 Rückstellungen für drohende Verluste aus schwebenden Geschäften

Ein schwebendes Geschäft liegt vor, wenn sich beide Vertragsparteien bereits verpflichtet haben, aber noch keine Seite ihren Vertragspart **erfüllt** hat (z. B. wurde die Lieferung einer Maschine vertraglich vereinbart, aber weder Lieferung noch Bezahlung sind bisher erfolgt). Schwebende Geschäfte sind regelmäßig nicht in der Buchführung enthalten. Dennoch können sich auch aus schwebenden Geschäften Risiken ergeben, wenn die Leistung als eigene (ungewisse) Verbindlichkeit die Gegenleistung wertmäßig übersteigt. Soweit ein Verlust droht, ist dieser nach den Grundsätzen ordnungsmäßiger Buchführung im Jahresabschluss zu berücksichtigen.

Abgeschlossene, aber noch nicht erfüllte **Verkaufsverträge** sind von Verlusten bedroht, wenn nach den Verhältnissen des Bilanzstichtags die Selbstkosten auf Basis der Vollkosten den vereinbarten Kaufpreis übersteigen. Dabei bleiben kalkulatorische Kosten und ein angemessener Unternehmensgewinn außer Ansatz. Zu beachten ist, dass bereits angefangene (halbfertige) Arbeiten im Vorratsvermögen aktiviert werden müssen und gegebenenfalls dort abzuwerten sind. Die Rückstellung für drohende Verluste aus schwebenden Geschäften gilt jeweils für die noch nicht erbrachten Leistungen, zu denen sich der Kaufmann verpflichtet hat.

Bei schwebenden **Einkaufsverträgen** kann sich ein Verlustrisiko ergeben, wenn der Preis der beschafften Waren am Bilanzstichtag gegenüber dem Tag des Vertragsabschlusses gefallen ist. Die Differenz der gesunkenen Wiederbeschaffungskosten zu dem vertraglich vereinbarten Preis rechtfertigt eine Rückstellung für drohende Verluste aus schwebenden Geschäften, soweit die Ware noch nicht geliefert ist. Damit soll eine Bestandsabwertung, die nach der Lieferung unabdingbar wäre, vorweggenommen werden.

Beispiel:

Im Dezember 01 wurde ein Kaufvertrag über den Bezug von 500 Kreiselpumpen für Aquarien zum Stückpreis von 34 € netto abgeschlossen. Vereinbarter Liefertermin ist der 15.01.02; Zahlung erfolgt nach Lieferung. Am Bilanzstichtag ist der Wiederbeschaffungswert der Pumpen nachhaltig auf 28 € netto gesunken. Damit droht ein Verlust in Höhe von insgesamt 3.000 €, der am Stichtag berücksichtigt werden muss. Die Verbuchung von Materialeingängen erfolgt im fraglichen Betrieb aufwandsorientiert, d. h. der Einstandswert des eingehenden Materials wird sofort als Aufwand verbucht.

Die Buchung des Drohverlusts lautet

»Aufwendungen für Fremdbauteile«	*3.000,00 €*	
an »Sonstige Rückstellungen«		*3.000,00 €*

Im Januar 02 wird bei Rechnungseingang gebucht:

»Aufwendungen für Fremdbauteile«	*14.000,00 €*	
»Sonstige Rückstellungen«	*3.000,00 €*	
»Vorsteuer«	*3.230,00 €*	
an »Verbindlichkeiten aus Lieferungen und Leistungen«		*20.230,00 €*

Das HGB schreibt die Bildung von Rückstellungen für Drohverluste in § 249 Abs. 1 S. 1 zwingend vor. Im Steuerrecht dagegen sind Rückstellungen für drohende Verluste gem. § 5 Abs. 4a EStG unzulässig! Auch diese Ungleichheit steht der Erstellung einer **Einheitsbilanz** entgegen.

2.2 Finanzbuchhaltung

2.2.1 Grundlagen der Finanzbuchhaltung

»Es ist eine der schönsten Erfindungen des menschlichen Geistes, und ein jeder guter Haushalter sollte sie in seiner Wirtschaft einführen«. Was war es, das Schwager Werner in Goethes »Wilhelm Meisters Lehrjahre« so zum Schwärmen veranlasste? Die »doppelte Buchhaltung«!

2.2.1.1 Adressaten und Interessenten der Finanzbuchhaltung

Die Buchführung ist zunächst von interner Bedeutung und dient dem Kaufmann selbst als Informationsbasis, vor allem aber als Grundlage für die Gewinnung der in der Kosten- und Leistungsrechnung weiterverarbeiteten Daten. Externe Interessen werden im laufenden Jahr berührt, wenn fällige Verbindlichkeiten zu bezahlen, Forderungen einzutreiben, Löhne abzurechnen, Darlehen zu bedienen und Steuervorauszahlungen zu leisten sind. Insofern sind externe Stellen – **Lieferanten, Kunden, Mitarbeiter, Kreditinstitute** und das **Finanzamt** – durchaus an der Durchführung der laufenden Buchführung interessiert, auch ohne dass sie in das Zahlenwerk selbst Einblick nehmen können. Indem sich der Kaufmann durch die Buchführung laufend Rechenschaft über den Zustand seines Unternehmens ablegt und im eigenen Interesse gegensteuernde Maßnahmen ergreift, wenn sich Probleme abzeichnen, wird gleichzeitig dem Gläubigerschutz entsprochen.

Wesentliches Interesse richtet sich auf den **Jahresabschluss**:

- Der handelsrechtliche Jahresabschluss weist das **Jahresergebnis** (Jahresüberschuss oder Jahresfehlbetrag) aus und liefert damit die Grundlage für die Verwendung des Ergebnisses, das je nach Rechtsform frei oder nach Bedienung bestimmter Pflichtrücklagen für Ausschüttungen verwendet oder thesauriert (im Unternehmen einbehalten) werden kann. Er interessiert in erster Linie den **Kaufmann** selbst bzw. die **Geschäftsleitung** und **Gesellschafter**.
- Der nach steuerrechtlichen Vorschriften ermittelte **Gewinn** ist Grundlage für die Berechnung der Ertragsteuern und interessiert insofern das **Finanzamt** (in Bezug auf Einkommen- und Körperschaftsteuer) sowie die **Gemeinde** (hinsichtlich der Gewerbesteuer).

Der Jahresabschluss ist zugleich Grundlage für **Analysen** interner und ggf. auch externer Interessenten. Welche Informationen aus dem Jahresabschluss herausgefiltert werden sollen, hängt vorrangig vom Analysezweck ab, der sich wiederum aus der Beziehung des Analysierenden zum Unternehmen ergibt.

Systematische Jahresabschlussanalysen werden vor allem von Großgläubigern, Unternehmern bzw. Unternehmensleitungen sowie Investoren/-interessenten durchgeführt:

- **Gläubiger** werden ihr Augenmerk vor allem auf die finanzielle Stabilität, ausgedrückt durch Zahlungsfähigkeit und Kapitalausstattung, richten.
- **Kreditinstitute** interessieren sich bei der Beurteilung der **Bonität** eines kreditnachfragenden Unternehmens jedoch nicht nur für Bilanzzahlen und die bisherige Kontoführung, sondern – gegründet auf die Vorschriften des Ausschusses für Bankenaufsicht (»Basel-Richtlinien«) – für die Markt- und Wettbewerbssituation, das Produkt- und Leistungsangebot, die Führungs- und Steuerungsqualität, die Zukunftsperspektiven, die Zusammensetzung und Qualifikation der Belegschaft usw. Hierüber erhalten sie mittels der Jahresabschlussanalyse allerdings kaum verbindlichen Aufschluss.

- **Unternehmensleitungen** sind daran interessiert, das Unternehmen bestmöglich zu entwickeln, seine Marktstellung zu festigen und auszubauen. Wesentliche Voraussetzungen sind eine marktgerechte Produktpalette, die entsprechende Umsatzerlöse generiert, und eine dem Stand der Technik entsprechende Ausstattung, die eine kostenminimale Leistungserstellung ermöglicht. Im Fokus des Interesses der Unternehmen stehen die für Reinvestitionen verfügbaren Mittel und damit diejenigen Kennzahlen, die hierüber Auskunft geben, wie etwa der Return on Investment (ROI) oder der Cashflow.
- Die Interessen der Unternehmensleitungen, soweit sie auf die Reinvestition gewonnener Mittel ausgerichtet sind, laufen häufig denjenigen der **Investoren** zuwider, die – auf der Suche nach lukrativen Anlagemöglichkeiten – vor allem die Ertragskraft der Unternehmung, namentlich der durch ihr finanzielles Engagement erzielbare Gewinn und das damit verbundene Risiko interessieren. Neben privaten und institutionellen Investoren mit Einzelengagements in bestimmte Unternehmen sind heute auf dem Kapitalmarkt vor allem Kapitalanlagegesellschaften aktiv, die Gelder vieler Anleger in Fonds-Sondervermögen verwalten. Langfristig erzielbare Renditen sind dabei überwiegend wenig gefragt; Anlagen erfolgen heute typischerweise nur kurzzeitig. Hohe Renditen und schnelle Amortisation, d. h. schnelle Rückgewinnung des eingesetzten Geldes, vor allem aber hohe Kurszuwächse in kurzer Zeit stehen dabei im Mittelpunkt (letzteres Motiv begründet das Interesse von Investmentgesellschaften an der analysegestützten Identifizierung »unterbewerteter« Unternehmen mit Chancen auf rasche und überproportionale Entwicklung).

Als weitere Interessenten kommen

- Arbeitnehmervertretungen (Gewerkschaften),
- Kunden (als an stabilen und langfristigen Geschäftsbeziehungen Interessierte) sowie
- Staat und Öffentlichkeit in Betracht.

2.2.1.2 Bereiche der Finanzbuchhaltung

2.2.1.2.1 Grundbuch und Hauptbuch

Die kaufmännische Buchführung ist in mehrerlei Hinsicht eine doppelte Buchführung:

- Alle Buchungen werden auf mindestens zwei Konten erfasst, von denen eines auf der Soll-, das andere auf der Habenseite angesprochen wird.
- Der Jahreserfolg wird durch die Gegenüberstellung von Erträgen und Aufwendungen in der Gewinn- und Verlustrechnung und zugleich durch Vergleich des Betriebsvermögens am Jahresende mit dem Betriebsvermögensstand am Jahresanfang ermittelt.
- Es sind zwei Bücher zu führen, von denen das eine die zu buchenden Geschäftsfälle in chronologischer Reihenfolge aufführt (Grundbuch, Journal; auch: Primanota) und das andere die Aufzeichnung nach sachlichen Kriterien in Kontenform vornimmt (Hauptbuch).

Das Führen von Grund- und Hauptbuch obliegt der Buchhaltung, die je nach Umfang des Geschäftsbetriebs als eigene Abteilung organisiert ist. Je nach Bedarf des Unternehmens kann die Buchhaltung intern in verschiedene inhaltliche Bereiche aufgeteilt werden, die sich in **Nebenbuchhaltungen** und **Nebenbüchern** niederschlagen, wobei deren Zusammenhalt und Zusammenführung zu Abschlusszwecken sichergestellt sein muss:

Die Salden aller Nebenbücher müssen am Jahresende in das Hauptbuch übernommen werden, dessen Führung der **Hauptbuchhaltung** obliegt.

2.2.1.2.2 Nebenbuchhaltungen

Wichtige Nebenbuchhaltungen sind

- die **Kontokorrentbuchhaltung** mit nach einzelnen Kunden und Lieferanten aufgegliederten **Personenkonten** als
  - Debitorenbuchhaltung (Kunden, Forderungen) und
  - Kreditorenbuchhaltung (Lieferanten, Verbindlichkeiten);
- die **Anlagenbuchhaltung**, die diejenigen Vorgänge aufnimmt, die dauerhaft zum Unternehmen gehörende Vermögensgegenstände betreffen: Zugänge, Abgänge, Ab- und Zuschreibungen;
- die **Lohnbuchhaltung**, über die Lohn- und Gehaltsabrechnungen abgewickelt werden;
- die **Lagerbuchführung**, die Zu- und Abgänge an gelagerten Materialien und Produkten verzeichnet und damit eine Bestandskontrolle ermöglicht.

Oft werden in verschiedenen betrieblichen Abteilungen **Kassenbücher** geführt.

Unternehmen mit mehreren Filialen können ihre Buchführung organisatorisch so einrichten, dass die einzelnen Geschäftstellen separate »Filialbuchführungen« unterhalten. Auf diese Weise wird eine nach Verantwortungsbereichen differenzierbare Wertezuordnung und Kontrolle ermöglicht.

In den folgenden Abschnitten werden Personenkonten in der Kontokorrentbuchhaltung, die Anlagenbuchhaltung und die Lagerbuchhaltung eingehender betrachtet.

Personenkonten in der Kontokorrentbuchhaltung

Mit zunehmender Betriebsgröße steigt die Zahl der Geschäftsfälle und damit der Buchungssätze rasch an. Man kann sich leicht vorstellen, dass das Konto »Verbindlichkeiten aus Lieferungen und Leistungen« eine Vielzahl von Eingangsrechnungen (= Zunahme der Verbindlichkeiten) und deren Bezahlung (= Abnahme der Verbindlichkeiten) aufnehmen muss und schnell unübersichtlich wird. Auch lassen sich zusätzliche Informationen gewinnen, wenn das Konto in Unterkonten zerlegt und z. B. jedem Lieferanten ein solches zuordnet wird. Auf diesem Unterkonto ist das gesamte Geschäftsvolumen mit dem betreffenden Lieferanten sofort an den Jahresverkehrszahlen ablesbar, der Saldo gibt die Höhe der Gesamtschuld ihm gegenüber an.

Diese Aufgliederung eines Sachkontos (hier: Verbindlichkeiten) in personenbezogene Unterkonten führt zur Bildung von **Personenkonten**. Die jeweiligen Einzelbuchungen erfolgen auf dem Personenkonto, nur der Saldo wird an das betreffende Hauptkonto geliefert. Forderungsunterkonten werden als **Debitorenkonten** bezeichnet, die Konten für die Lieferanten als **Kreditorenkonten**.

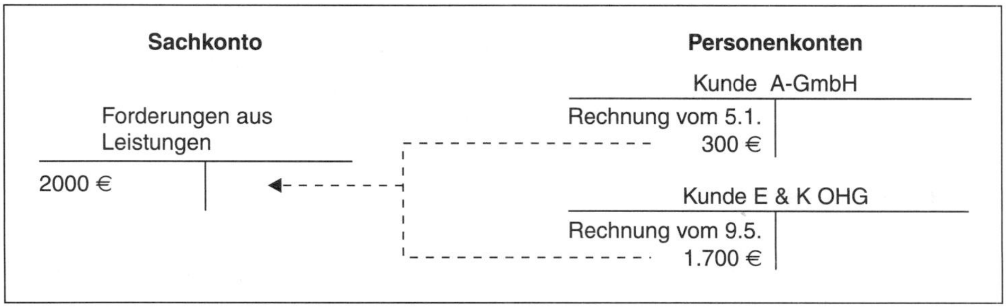

Sachkonto »Forderungen LuL« und Debitorenkonten

Anlagenbuchhaltung

Aufgabe der Anlagenbuchhaltung ist die Erfassung und Fortschreibung von Gegenständen des Anlagevermögens, wobei je nach Unternehmen und Bedarf nur das Sachanlagevermögen oder auch das immaterielle und das Finanzanlagevermögen von der Anlagenbuchhaltung verwaltet wird. Zu diesem Zweck wird für jedes Anlagegut eine Anlagekarte (üblicherweise in einem speziellen Modul des Buchhaltungsprogramms) angelegt, die alle wesentlichen Stammdaten und (Wert)bewegungsdaten enthält.

Stammdaten für eine Maschine sind z. B.

- Bezeichnung,
- Inventarnummer,
- Anschaffungsdatum,
- Baujahr (bei einer gebraucht erworbenen oder selbst erstellten Maschine),
- Lieferant,
- Anschaffungskosten,
- ggf. Schrottwert / Rücknahmewert,
- geplante Nutzungsdauer (für Abschreibung),
- Versicherungswert,
- technische Daten,
- Standort,
- Garantiedauer und -ablauf.

Wertbewegungen, die auf der Anlagekarte festgehalten werden, sind

- bereits vorgenommene planmäßige Abschreibungen,
- außerplanmäßige Abschreibungen,
- Zuschreibungen,
- sonstige den Wert des Anlagegutes berührenden Umstände,
- der aktuelle Buchwert.

Die der Ermittlung der Abschreibungsbeträge zugrunde gelegte **Abschreibungsmethode** – ggf. mit Prozentsatz bei degressiver Abschreibung, soweit diese bei Abschaffung zulässig war – muss angegeben werden. Der **Abschreibungsplan** muss nicht im Voraus für die gesamte Nutzungsdauer erstellt werden, da sich die Fortsetzung der Abschreibung aus dem dokumentierten Beginn und Verlauf ergibt.

Die so erfassten Gegenstände des Anlagevermögens werden im Hauptbuch in **Sammelkonten** geführt, im Wesentlichen

- immaterielle Vermögensgegenstände: z. B. gewerbliche Schutzrechte, Konzessionen, Lizenzen, Geschäfts- oder Firmenwert;
- Sachanlagen: z. B. Grundstücke, Gebäude, Technische Anlagen und Maschinen, Fuhrpark, Betriebs- und Geschäftsausstattung;
- Finanzanlagen: z. B. Beteiligungen, Wertpapiere, sonstige Ausleihungen.

Die Anlagenbuchhaltung liefert – auch unterjährig – Informationen über den Stand, die Altersstruktur und die Entwicklung des Anlagevermögens.

Lagerbuchhaltung

Die Lagerbuchhaltung erfasst Bestände, Zu- und Abgänge von Vorräten (Roh-, Hilfs- und Betriebsstoffen, Fremdbauteilen, Handelswaren, eigenen Erzeugnissen) in Eingangs- und Ausgangslagern, und zwar

- getrennt nach Material- bzw. Waren-/Erzeugnisarten,
- nach Menge und
- nach Wert.

Zugänge werden anhand von **Lieferscheinen**, Abgänge im Allgemeinen auf Basis von **Materialentnahmescheinen** erfasst. Vorteile einer permanent geführten Lagerbuchhaltung sind

- jederzeit abrufbare Bestände: Im Falle eingehender Aufträge kann unmittelbar festgestellt werden, ob sofort geliefert bzw. produziert werden kann; das Erreichen von Meldebeständen für Nachbestellungen wird sofort offenkundig;
- auswertbare Angaben über Umschlagsmengen und -rhythmen für einzelne Artikel, mittels deren Kenntnis die Bedarfsermittlung und Bestellmengenrechnung optimiert werden kann;
- einfache Feststellung von Fehlmengen infolge von Schwund und Diebstahl durch Abgleich der Buchbestände mit den in der (einmal jährlich körperlich durchzuführenden) Inventur ermittelten realen Beständen – bei einem reinen Bestandsvergleich, bei dem der Materialeinsatz als Differenz zwischen Anfangs- und Endbestand bestimmt wird, wäre dies nicht möglich;
- bessere Verfolgung der mit einzelnen Artikeln/Erzeugnissen erzielten Rohgewinne.

Die Lagerbuchhaltung ist heute häufig in umfangreichere **Warenwirtschaftssysteme** eingebunden.

2.2.1.3 Aufgaben der Finanzbuchhaltung

Die Aufgaben der Finanzbuchhaltung sind

- **Dokumentation** aller Geschäftsfälle, die die Menge oder/und den Wert des Vermögens oder den Erfolg des Unternehmens beeinflussen, in zeitlicher und sachlicher Ordnung auf Basis von Belegen;
- **Rechenschaftslegung** und **Information** gegenüber Eigentümern, Finanzbehörden und Gläubigern über die Vermögens- und Erfolgssituation des Unternehmens und zugleich Erfüllung der **gesetzlichen Buchführungspflichten**;
- Ermöglichung der **Kontrolle** der Zahlungsfähigkeit und Wirtschaftlichkeit des Unternehmens.

> *An dieser Stelle folgt eine ergänzende Darstellung zur – im Rahmenplan eigentlich nicht vorgesehenen – Systematik der Finanzbuchhaltung und der Buchung ausgewählter Geschäftsfälle. Lernenden ohne Buchführungserfahrung ist die Beschäftigung mit der Systematik der kaufmännischen doppelten Buchführung, ggf. unter Hinzuziehung weiterer Übungsliteratur, dringend empfohlen, weil dies das Verständnis der Ausführungen zur Kosten- und Leistungsrechnung in Abschnitt 2.3 erheblich erleichtert.*

2.2.1.4 Systematik der kaufmännischen Buchführung

Der Rahmenplan der »Wirtschaftsbezogenen Qualifikationen« erfordert zum Einen die Fähigkeit, die Grundlagen der Finanzbuchhaltung zu erläutern, sieht zum Anderen aber hierzu keine nähere Befassung mit der Systematik der doppelten kaufmännischen Buchführung mit Ausnahme der Behandlung des Unterschieds zwischen **Bestands- und Erfolgskonten** vor. Auch die Verbuchung einzelner Geschäftsfälle gehört nicht zum klausurrelevanten Wissen. Gleichwohl kann von einer kaufmännisch geschulten Fach- und Führungskraft erwartet werden, dass sie über ein fundierteres Buchführungswissen verfügt. Dieses wird an dieser Stelle geboten und allen Absolventen dieser Weiterbildung, die nicht über Buchführungs-Vorkenntnisse verfügen, zur Durcharbeit empfohlen.

2.2.1.4.1 Doppelte Buchführung

Nach § 238 Abs. 1 Satz 2 HGB muss die Buchführung

> *»[...] so beschaffen sein, dass sie einem sachverständigen Dritten innerhalb angemessener Zeit einen Überblick über die Geschäftsvorfälle und über die Lage des Unternehmens vermitteln kann. Die Geschäftsvorfälle müssen sich in ihrer Entstehung und Abwicklung verfolgen lassen.«.*

Eine identische Formulierung findet sich im Steuerrecht (§ 145 Abs. 1 AO). Aus ihr leitet sich die Pflicht ab, die Buchführung nach dem allgemein anerkannten System der »doppelten Buchführung« zu führen. »Doppelt« ist dieses Buchführungsverfahren, das schon um 1500 in Italien entwickelt wurde und seither von Kaufleuten in aller Welt praktiziert wird, in mehrfacher Hinsicht. Wesentlich ist hierbei

- die Buchung auf mindestens zwei Konten, die den beiden verschiedenen Seiten der Bilanz zugewiesen sind;
- die Ermittlung des Periodenerfolgs sowohl durch Betriebsvermögensvergleich als auch durch Gegenüberstellung von Erträgen und Aufwendungen;
- die Aufzeichnung der Geschäftsvorfälle in Grundbuch und Hauptbuch.

2.2.1.4.2 Konteneröffnung und Eröffnungsbilanzkonto

Die buchhalterische Tätigkeit beginnt mit der Aufstellung der Eröffnungsbilanz, die in allen Positionen der Vorjahres-Schlussbilanz entsprechen muss. Diese wiederum enthält alle Vermögensteile und Schulden eines Unternehmens, die in einer Bestandsaufnahme **(Inventur)** festgestellt und in einem Bestandsverzeichnis (Inventar) festgehalten wurden. Die Bilanzen selbst sind aber nicht Bestandteil der Buchhaltung, sondern gehören zum Jahresabschluss. Ausgangspunkt der Buchhaltung ist daher die Eröffnung der den einzelnen Bilanzpositionen entsprechenden **Bestandskonten** mit den in der Bilanz enthaltenen Werten. Gegenkonto im Sinne der doppelten Buchführung ist das **Eröffnungsbilanzkonto.**

2.2.1.4.3 Buchung in T-Konten; Soll und Haben

Die doppelte Buchführung sieht vor, dass die Entwicklung einer Position in dem ihr zugeordneten Konto nicht als Staffelrechnung, sondern in einer Gegenüberstellung der Zu- und Abgänge dargestellt wird. In der »konventionellen«, nicht EDV-gestützten Buchhaltung werden diese Konten aufgrund ihrer Gestalt als T-Konten bezeichnet.

Ihre Seiten heißen **Soll** (linke Seite) und **Haben** (rechte Seite).

2.2.1.4.4 Kontenrahmen und Kontenplan

Jede Buchung betrifft mindestens zwei Konten – aber welche? Ein Kontenrahmen bietet ein standardisiertes, gegliedertes Gerüst mit teilweise tausend und mehr Konten, auf dessen Basis jeder Buchführende seinen individuellen Kontenplan zusammenstellen kann. Dieser wird in aller Regel zwar viel weniger Konten enthalten, dafür aber unter Umständen auch zusätzliche Konten beinhalten, die individuell angelegt wurden.

Kontenrahmen sind in **Kontenklassen** – meist von 0 bis 9 – und innerhalb dieser Klassen in **Kontengruppen** gegliedert. Die Reihenfolge ergibt sich aus dem angewandten Gliederungsprinzip:

- Das **Abschlussgliederungsprinzip** folgt den handelsrechtlichen Gliederungsvorschriften für die Bilanz und die Gewinn- und Verlustrechnung und kommt damit allen entgegen, die die doppelte Buchführung erlernt und die Jahresabschlussgliederungen »verinnerlicht« haben. Es ist im **SKR 04** und im Industriekontenrahmen **IKR** verwirklicht.

– Das **Prozessgliederungsprinzip** bildet die Reihenfolge des Geschäftsprozesses ab: Mit vorhandenem Anlagevermögen und Kapital (im **SKR 03:** Kontenklasse 0) und unter Einsatz von Finanzmitteln einschließlich Forderungen und Verbindlichkeiten (Kontenklasse 1) werden Waren gekauft, gelagert, verwaltet, verkauft usw. (Kontenklasse 3), was Aufwendungen (Kontenklasse 4) verursacht. Durch eigene Produktion entstehen unter Umständen Bestände an halbfertigen und fertigen Erzeugnissen (Kontenklasse 7), und aus deren Verkauf sowie dem Verkauf von Waren resultieren letztlich Erlöse (Kontenklasse 8).

In der Praxis überwiegend genutzt werden die von der DATEV e.G. für ihre Mitglieder entwickelten **DATEV-Kontenrahmen** SKR 03 und SKR 04, wobei der branchenübergreifend angelegte SKR 03 in Klein- und Mittelbetrieben sehr weit verbreitet ist. Er folgt dem **Prozessgliederungsprinzip:**

Kontenklasse 0 = Anlage- und Kapitalkonten
Kontenklasse 1 = Finanz- und Privatkonten
Kontenklasse 2 = Abgrenzungskonten
Kontenklasse 3 = Wareneingangs- und Bestandskonten
Kontenklasse 4 = Betriebliche Aufwendungen
Kontenklasse 5 = leer
Kontenklasse 6 = leer
Kontenklasse 7 = Bestände an Erzeugnissen
Kontenklasse 8 = Erlöskonten
Kontenklasse 9 = Vortragskonten – Statistische Konten

In dem vom Bundesverband der Deutschen Industrie (BDI) herausgegebenen **Industriekontenrahmen (IKR),** der dem Abschlussgliederungsprinzip folgt, lauten diese Kontenklassen wie folgt:

Kontenklasse 0 = Immaterielle Vermögensgegenstände und Sachanlagen
Kontenklasse 1 = Finanzanlagen
Kontenklasse 2 = Umlaufvermögen und aktive Rechnungsabgrenzung
Kontenklasse 3 = Eigenkapital und Rückstellungen
Kontenklasse 4 = Verbindlichkeiten und passive Rechnungsabgrenzung
Kontenklasse 5 = Erträge
Kontenklasse 6 = Betriebliche Aufwendungen
Kontenklasse 7 = Weitere Aufwendungen
Kontenklasse 8 = Ergebnisrechnungen
Kontenklasse 9 = Kosten- und Leistungsrechnung (KLR)

Der IKR stellt ein System aus zwei unabhängigen Rechnungskreisen dar **(»Zweikreissystem«):** Die Kontenklassen 0 bis 8 (Rechnungskreis I) nehmen die Vorgänge der Finanzbuchhaltung auf; Klasse 9 (Rechnungskreis II) kann für die kontenmäßige Darstellung der Kosten- und Leistungsrechnung genutzt werden.

Die weitere Untergliederung erfolgt nach Kontengruppen (zweistellig), Kontenarten (dreistellig oder aus EDV-technischen Gründen vierstellig) und Sachkonten (vierstellig):

2	Umlaufvermögen und aktive Rechnungsabgrenzung		
20	Roh-, Hilfs- und Betriebsstoffe		
2000	Rohstoffe / Fertigungsmaterial		
	2001	Bezugskosten	
	2002	Nachlässe	
2010	Vorprodukte / Fremdbauteile		
	2011	Bezugskosten	
	2012	Nachlässe	
2020	Hilfsstoffe		
	2021	Bezugskosten	
	2022	Nachlässe	
2030	Betriebsstoffe		
	2031	Bezugskosten	
	2032	Nachlässe	
2070	Sonstiges Material		
	2071	Bezugskosten	
	2072	Nachlässe	
21	Unfertige Erzeugnisse, unfertige Leistungen		
2100	Unfertige Erzeugnisse		
2190	Unfertige Leistungen		
...			

Neben den gezeigten Kontenrahmen existieren branchen-, institutionen- bzw. tätigkeitsspezifische Kontenrahmen, etwa für die Gastronomie, für Arzt- und Zahnarztpraxen, für Pflegeeinrichtungen, Vereine usw. Vorschriften, welcher Kontenrahmen zu benutzen ist, gibt es nicht.

Der an die betrieblichen Gegebenheiten angepasste **Kontenplan** enthält nur diejenigen Konten, die der Betrieb tatsächlich benötigt, und kann in Teilbereichen tiefer gegliedert sein als der Kontenrahmen, um den Aussagewert der Buchhaltung zu verbessern. Konten des Kontenrahmens, die individuell nicht benötigt werden, entfallen. Kontenpläne vereinfachen und vereinheitlichen die Buchhaltung, weil Kontenbezeichnungen durch eindeutige Nummern ersetzt werden, und sind Voraussetzung für die durchweg in Betrieben eingerichtete EDV-Buchhaltung.

2.2.1.4.5 Geschäftsfälle und Buchungssätze

Im Laufe des Haushaltsjahres verändern sich durch die laufende Tätigkeit naturgemäß die Bestände auf den Bestandskonten. Diese Veränderungen stellen **Geschäftsfälle** dar, die in Buchungssätze umformuliert und im Grundbuch und Hauptbuch festgehalten werden. Dabei nehmen Konten stets auf der Seite zu, auf der sich ihr Anfangsbestand befindet, und auf der gegenüberliegenden Seite ab.

Die Buchung erfolgt jeweils mit einem **Buchungssatz** »(per) Soll an Haben«, wobei die traditionellen Begriffe »Soll« und »Haben« nichts weiter als die linke und rechte Seite eines Kontos kennzeichnen.

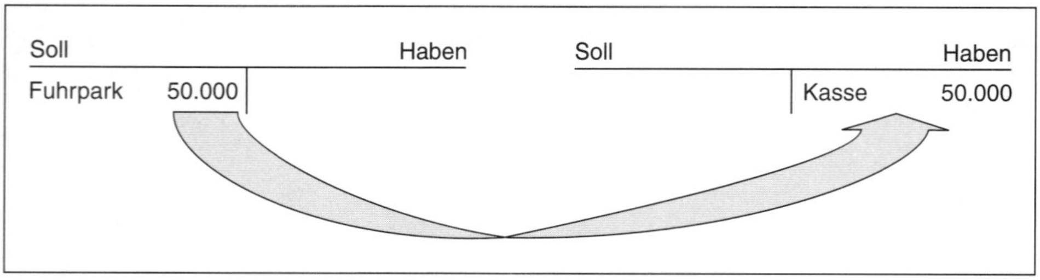

Jede Buchung berührt **zwei Konten.**

Im oben gezeigten Fall lautet der Buchungssatz

»Fuhrpark«	50.000,00	
an »Kasse«		50.000,00

Das folgende Beispiel soll den Zusammenhang von Geschäftsfall und Buchungssatz verdeutlichen:

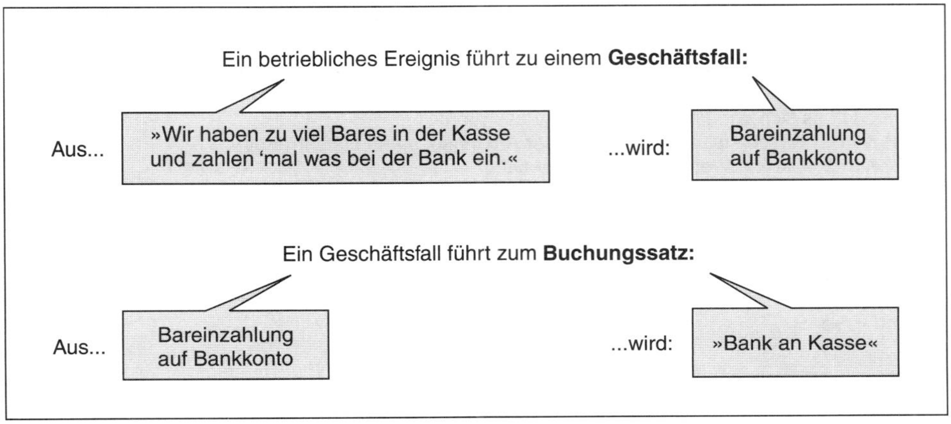

Vom Geschäftsfall zum Buchungssatz

2.2.1.4.6 Grundbuch und Hauptbuch, Bestands- und Erfolgskonten

Alle Geschäftsfälle werden doppelt aufgezeichnet, nämlich im Grundbuch und im Hauptbuch.

- Das **Grundbuch** hält alle Geschäftsfälle in Form von Buchungssätzen in zeitlicher Reihenfolge fest und enthält Datum, Belegart (z. B. ER für Eingangsrechnung, BA für Bankauszug), lfd. Nummer, Buchungstext, Kontierung und Betrag.
- Das **Hauptbuch** enthält die Konten, die im lfd. Haushaltsjahr geführt werden:
  - **Bestandskonten** entsprechen Bilanzpositionen und werden, sofern ein Anfangsbestand am Beginn des Geschäftsjahres vorhanden ist, am Jahresanfang aus der Eröffnungsbilanz heraus eröffnet. Sie verzeichnen Bestandszu- und abnahmen und geben den Schlussbestand am Jahresende in das Schlussbilanzkonto ab.
  - **Erfolgskonten** werden im Laufe des Geschäftsjahres bei Bedarf eröffnet, haben also keinen Anfangsbestand, und nehmen Aufwendungen bzw. Erträge auf. Sie werden am Jahresende in die Gewinn- und Verlustrechnung abgeschlossen; der dort ermittelte Saldo entspricht dem Jahresergebnis (Jahresüberschuss oder Jahresfehlbetrag).

In Abschnitt 2.2.2.2 wird – dann unter dem Blickwinkel des Jahresabschlusses – noch einmal auf die Unterschiede und Abschlüsse von Bestands- und Erfolgskonten eingegangen. Dabei wird auch die Charakteristik von Aktiv- und Passivkonten verdeutlicht.

Beim Einsatz einer Buchhaltungssoftware wird das Formulieren von Buchungssätzen im Allgemeinen nicht nötig sein. Das **Verständnis** für den Charakter einzelner Konten und ihren Zusammenhang in der Buchführung ist jedoch für aktiv Buchende unverzichtbar. Daher wird nachfolgend ein Schema vorgestellt, mit dessen Hilfe die Zuweisung einer Buchung zum richtigen Konto und der richtigen Kontenseite mit drei Fragen getroffen werden kann:

Drei Fragen, richtig beantwortet, ermöglichen diese Zuweisung:

1. Welche Konten sind angesprochen?
   Im Falle »Bareinzahlung aufs Bankkonto« sind dies a) Konto »Kasse«
   b) Konto »Bank«

2. Handel es sich um eine Zunahme oder eine Abnahme des Kontos?
   a) Konto »Kasse«
   b) Konto »Bank«

> ...wir finden nicht immer »ein Plus und ein Minus«: Doppelplus und Doppelminus gibt es auch!

3. Handelt es sich um ein Aktiv- oder ein Passivkonto?
   a) Konto »Kasse« ist ein Aktivkonto (der Anfangsbestand steht im Soll)
   b) Konto »Bank« ist ebenfalls ein Aktivkonto.

> Entscheidende Frage: denn Bestandskonten nehmen immer auf der Seite zu, auf der sie ihren Anfangsbestand tragen: Aktivkonten also im Soll, Passivkonten im Haben!

Und nun gilt:
+ und A => S **(dies trifft aufs Bankkonto zu)**
– und A => H **(dies trifft auf die Kasse zu)**
+ und P => H
– und P => S

Grundschema »Bildung eines Buchungssatzes«

Zugegebenermaßen ist ein Buchungssatz wie »Bank« an »Kasse« gut geeignet, bei Buchführungsanfängern Verwirrung zu stiften (schließlich wird Geld aus der Kasse genommen und zur Bank gebracht; vom Sprachgefühl her erscheint der Buchungssatz daher »verkehrt herum« zu sein).

Zur Verdeutlichung sei der entsprechende Auszug aus dem Hauptbuch gezeigt:

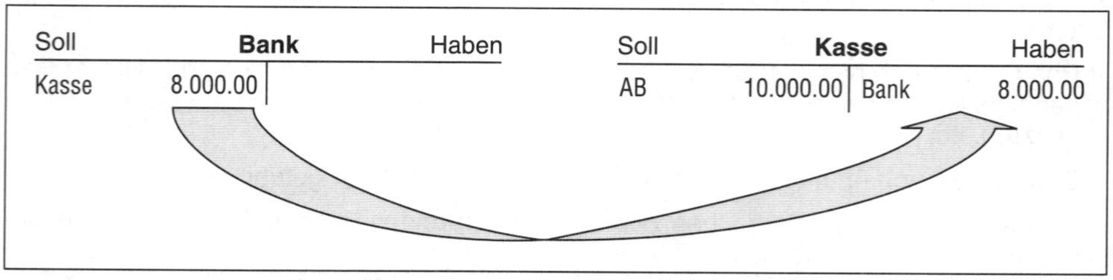

Buchungssatz »Bank« an »Kasse« in der Kontendarstellung

Aus Sicht der Kasse stellt die Barentnahme eine Verminderung dar, die im Haben gebucht werden muss, während das (im Beispiel noch guthabenlose) Bankkonto durch die Einzahlung zunimmt.

Die Bestandskonten werden am Jahresende abgeschlossen, indem ihre Schlussbestände durch Saldierung ermittelt und in das **Schlussbilanzkonto** übertragen werden.

2.2.1.5 Buchung ausgewählter Geschäftsfälle

2.2.1.5.1 Vorweg: Einige Worte zur Umsatzsteuer

Der Leistungsaustausch ist regelmäßig durch Umsatzsteuer belastet. Wirtschaftlich belastet soll aber nur der private Endabnehmer sein. Zur Vermeidung eines komplizierten und möglicherweise auch für den Fiskus schwer nachvollziehbaren Abrechnungs- und Meldesystems wurde das System der Umsatzbesteuerung so konzipiert, dass (im Regelfall einer umsatzsteuerpflichtigen Lieferung oder Leistung zwischen inländischen Unternehmern)

- der Unternehmer, der eine Leistung erbringt, hierfür seinem Abnehmer eine Umsatzsteuer in Rechnung stellt, die er vereinnahmt und in der Folge dem Finanzamt schuldet;
- der Unternehmer, der eine Leistung von einem anderen Unternehmer erworben hat und dafür mit Umsatzsteuer belastet wurde, Anspruch auf Erstattung dieser »Vorsteuer« hat.

Anstelle einer Erfüllung aller einzelnen Zahlungsverpflichtungen und einer Geltendmachung jedes einzelnen Erstattungsanspruchs werden die Beträge, die auf entsprechenden Forderungs- und Verbindlichkeitenkonten verbucht wurden, regelmäßig (je nach Steuervolumen des Unternehmens monatlich, vierteljährlich oder jährlich) miteinander verrechnet. Der Saldo der Vorsteuer- und der Umsatzsteuerkonten (hier im Plural, weil für unterschiedliche Steuersätze und -fälle auch unterschiedliche Konten angelegt werden können) ergibt die **Zahllast** bzw. den **Erstattungsanspruch** gegenüber dem Finanzamt.

Beispiel:

Summe der abgegebenen Leistungen einer Periode	*300 €*
– Summe der empfangenen Leistungen einer Periode	*200 €*
= »Mehrwert«	*100 €*
darauf Mehrwertsteuer 19 %	*19 €*

*In einer **Umsatzsteuervoranmeldung** würde dieser Vorgang wie folgt abgerechnet werden:*

Abgegebene Leistungen	*300 €, davon 19 % = 57 €*
– empfangene Leistungen	*200 €, davon 19 % = 38 €*
= Umsatzsteuerzahllast	*19 €*

2.2.1.5.2 Beschaffung von Roh-, Hilfs- und Betriebsstoffen

Der Einkauf von Roh-, Hilfs- und Betriebsstoffen (zusammengefasst »Werkstoffe«) kann entweder zunächst als Bestandszugang oder direkt als Aufwand gebucht werden. Im zweiten Fall wird das zugegangene Material so behandelt, als sei es bereits verbraucht. Buchungsgrundlage für beide Verfahren ist die Eingangsrechnung, die wie folgt aussehen kann:

Listenpreis	*1.000,00 €*
– Rabatt 10%	*100,00 €*
= Einkaufspreis	*900,00 €*
+ Bezugskosten	*10,00 €*
= Einstandspreis	*910,00 €*
+ Mehrwertsteuer 19 %	*172,90 €*
= Rechnungsbetrag	*1.082,90 €*

Die in der Einkaufsrechnung ausgewiesene **Mehrwertsteuer** ist für den Erwerber abziehbare **Vorsteuer** und belastet ihn wirtschaftlich nicht. Die abziehbare Vorsteuer gehört folglich nicht zu den Anschaffungskosten des Materials. Bewertungsmaßstab für den Materialeinkauf ist damit der Einstandspreis.

Bestandsorientierte Verbuchung des Werkstoffzugangs

Der Zugang wird auf dem entsprechenden Bestandskonto im Soll gebucht und mehrt folglich den Bestand.

Buchungsbeispiel für einen Zieleinkauf von Rohstoffen (Konten gem. IKR):

2000 Rohstoffeingang	*900,00 €*	
2001 Bezugskosten	*10,00 €*	
2600 abziehbare Vorsteuer 19 %	*172,90 €*	
an 4400 Verbindlichkeiten		*1.082,90 €*

Aufwandsorientierte Verbuchung des Werkstoffzugangs

Der Zugang wird sofort aufwandswirksam verbucht.

Buchungsbeispiel:

6000 Rohstoffaufwendungen	*900,00 €*	
6001 Bezugskosten	*10,00 €*	
2600 abziehbare Vorsteuer 19 %	*172,90 €*	
an 4400 Verbindlichkeiten		*1.082,90 €*

2.2.1.5.3 Absatz von Fertigerzeugnissen

Bei den Umsatzerlösen wird, sofern im Unternehmen sowohl eigene Erzeugnisse als auch Handelswaren verkauft werden (denkbar z. B. bei einem Industriebetrieb, der zugekaufte und nicht weiter bearbeitete Fremderzeugnisse zur Ergänzung seiner eigenen Erzeugnisse vertreibt), günstigerweise zwischen den Erlösgruppen differenziert, damit eine nach Erlösgruppen differenzierende Erfolgsauswertung erfolgen kann.

Der Industriekontenrahmen sieht hierfür die folgenden Konten vor:

5000 Umsatzerlöse für eigene Erzeugnisse und
5100 Umsatzerlöse für Waren

Buchungsbeispiel:

2400 Forderungen LL	*714,00 €*	
an 5000 Umsatzerlöse eig. Erz.		*600,00 €*
an 4800 Umsatzsteuer		*114,00 €*
2400 Forderungen LL	*1.309,00 €*	
an 5100 Umsatzerlöse Waren		*1.100,00 €*
an 4800 Umsatzsteuer		*209,00 €*

2.2.1.5.4 Stoffverbrauch bei Roh-, Hilfs- und Betriebsstoffen

Während im Falle einer verbrauchsorientierten Materialeingangsbuchung keine weitere Buchung erforderlich ist, muss bei bestandsorientierter Materialeingangsbuchung der Verbrauch gesondert erfasst werden. Hierzu bestehen zwei Möglichkeiten:

- **Inventurverfahren:** Am Ende der Periode werden die vorhandenen Werkstoffe körperlich aufgenommen und bewertet. Die Differenz zwischen dem dabei festgestellten und dem buchmäßigen Bestand ist der Verbrauch. Er wird auf das Aufwandskonto umgebucht.

Beispiel:

In der Bestandsaufnahme am Ende der Periode wurde ein Rohstoffbestand im Wert von 10.000 € vorgefunden. Auf dem Rohstoffbestandskonto stehen derzeit 13.500 € zu Buche, die sich aus dem Anfangsbestand von 8.700 € und den (gegen Verbindlichkeiten LL gebuchten) Zugängen der laufenden Periode über 4.800 € zusammensetzen. Die Differenz von 3.500 € wird als Rohstoffaufwand verbucht:

6000 Rohstoffaufwendungen	*3.500,00 €*	
an 2000 Rohstoffe		*3.500,00 €*

- **Laufende Verbrauchserfassung durch Materialentnahmescheine:** Für jede Entnahme wird ein Materialentnahmeschein erstellt, der die Materialart und -menge enthält. Auf Basis dieses Belegs wird der Verbrauch in der Lagerbuchhaltung verbucht.

  Lt. Materialentnahmeschein hat der Produktionsbereich dem Materiallager Rohstoffe im Wert von 2.000 € entnommen. Der Materialentnahmeschein wird wie folgt verbucht:

6000 Rohstoffaufwendungen	*3.500,00 €*	
an 2000 Rohstoffe		*3.500,00 €*

Die Buchungen unterscheiden sich zwar nicht; der Unterschied zwischen beiden Verfahren zeigt sich aber darin, dass

- beim Inventurverfahren der Rohstoffverbrauch aus der Bestandsdifferenz geschlossen wird,
- bei der laufenden Verbrauchserfassung der Restbestand die rechnerische Differenz zwischen Anfangsbestand und Zugängen einerseits und gebuchten Verbräuchen andererseits darstellt.

2.2.1.5.5 Bestandsveränderungen bei fertigen und unfertigen Erzeugnissen

Die Kosten des Produktionsprozesses werden von der Finanzbuchhaltung erfasst und am Ende der Periode an die Gewinn- und Verlustrechnung weitergegeben. Wenn zu Beginn einer Periode keine Bestände an fertigen oder halbfertigen Erzeugnissen vorhanden wären und alle in dieser Periode hergestellten Stücke auch abgesetzt würden, könnten aus der Gewinn- und Verlustrechnung leicht die (aufwandsgleichen) Selbstkosten der Produktion abgelesen werden.

Üblicherweise weichen aber die produzierte und die abgesetzte Menge voneinander ab, d. h. es kommt zu Lagerzu- oder -abnahmen. Folglich stehen sich nun die Aufwendungen der produzierten Leistung den Erträgen der abgesetzten Leistung gegenüber. Der Einblick in die Ertragslage wird hierdurch verfälscht. Im Falle einer Produktion auf Lager (d. h. es wurde mehr produziert als abgesetzt) würde ein zu niedriger Ertrag ausgewiesen; im gegenteiligen Falle, nämlich dass mehr Einheiten eines Produktes verkauft als produziert wurden, wäre der Gewinnausweis tendenziell zu hoch. Insoweit ist es notwendig, die Änderung der Bestände an halbfertigen und fertigen Produkten zu berücksichtigen.

Die durch die Inventur ermittelten **Bestandsveränderungen** sind in der Gewinn– und Verlustrechnung auf erfolgswirksamen Konten zu berücksichtigen. Zunahmen der Bestände führen zu einer Habenbuchung auf dem Konto Bestandsveränderung und wirken wie ein Erlös gewinnerhöhend, Bestandsminderungen entsprechend wie Aufwand, also gewinnmindernd.

Bewertungsmaßstab für die Bemessung der Bestände sind dabei die **Herstellungskosten.**

Beispiel:

Zu Beginn der Periode wurden die folgenden Inventurbestände als Anfangsbestände übernommen:

Fertige Erzeugnisse	*185.000,00 €*
Unfertige Erzeugnisse	*140.000,00 €*

Am Ende der Periode werden die folgenden Schlussbestände durch Inventur festgestellt:

Fertige Erzeugnisse	*160.000,00 €*
Unfertige Erzeugnisse	*152.000,00 €*

Hieraus resultieren als Mehr- und Minderbestände:

Fertige Erzeugnisse	*– 25.000,00 €*
Unfertige Erzeugnisse	*+ 12.000,00 €*

Diese werden auf das Erfolgskonto »Bestandsveränderungen« gebucht:

5200 Bestandsveränderg.	*25.000,00 €*	
an 2200 Fertige Erzeugnisse		*25.000,00 €*
2100 Unfertige Erzeugnisse	*12.000,00 €*	
an 5200 Bestandsveränderg.		*12.000,00 €*

In der Gegenüberstellung auf dem Konto »Bestandsveränderungen« ergibt sich ein Minderbestand im Wert von 13.000,00 €, der sich auf dem GuV-Konto als Aufwand niederschlägt.

2.2.1.5.6 Bezugskosten

Bezugskosten sind im Wesentlichen Verpackungs- und Transportkosten, Kosten für Versicherungen im Zusammenhang mit empfangenen Lieferungen und Einfuhrzölle. Sie alle zählen zu den Anschaffungsnebenkosten und sind nach § 255 Abs. 1 HGB aktivierungspflichtige Bestandteile der Anschaffungs- und Herstellungskosten. Für Bezugskosten allerdings, die beim Bezug von Handelswaren und Werkstoffen anfallen, kann – ebenso wie bei Rohstoffanschaffungen – zwischen einer bestandsorientierten und einer aufwandsorientierten Verbuchung gewählt werden.

Bestandsorientierte Buchung der Bezugskosten

Bei bestandsorientierter Buchung müssen die Bezugskosten letztlich den Anschaffungskosten des Werkstoffs bzw. der Handelsware, für die sie angefallen sind, zugeschlagen werden. Um für künftige Kalkulationen und Wirtschaftlichkeitsberechnungen über möglichst detaillierte Grundlagen verfügen zu können, empfiehlt es sich aber, die Bezugskosten zunächst auf einem Zwischenkonto zu verbuchen und regelmäßig – dem Auswertungsturnus angepasst, üblicherweise monatlich – auf das entsprechende Bestandskonto umzubuchen, um darauf letztlich den handelsrechtlich vorgeschriebenen Ausweis der korrekten Anschaffungskosten herzustellen.

Beim Einkauf von Rohstoffen im Wert von 12.000,00 € netto fielen zusätzlich 740,00 € netto an Transportkosten an, die separat als Bezugkosten für Roh-, Hilfs- und Betriebsstoffe (RHB) gebucht werden. Der Lieferant stellt einschließlich 19 % Umsatzsteuer 15.160,60 € in Rechnung.

Gebucht wird:

2000 Rohstoffe	*12.000,00 €*	
2001 Bezugskosten RHB	*740,00 €*	
2600 Vorsteuer	*2.420,60 €*	
an 4400 Verbindlichkeiten LL		*15.160,60 €*

Die turnusmäßige Umbuchung der Bezugskosten auf das Bestandskonto lautet

2000 Rohstoffe	*740,00 €*	
an 2001 Bezugskosten RHB		*740,00 €*

Aufwandsorientierte Buchung der Bezugskosten

Die aufwandsorientierte Verbuchung der Bezugskosten wurde oben in Zusammenhang mit dem Werkstoffzugang bereits an einem Beispiel gezeigt. Darin wurden die Bezugkosten auf dem Konto »6001 Bezugkosten« gebucht, das ein Unterkonto des Kontos »6000 Aufwendungen für Rohstoffe« darstellt. Dieses Unterkonto wird turnusmäßig auf das Konto 6000 abgeschlossen:

6000 Aufwendungen für Rohstoffe	*10,00 €*	
an 6001 Bezugskosten RHB		*10,00 €*

2.2.1.5.7 Rabatte und Rücksendungen

Rabatte sind Preisnachlässe, durch die die Abgabepreise für verschiedene Kundengruppen gegenüber dem Listenpreis differenziert werden. Sie stehen bereits bei der Bestellung fest und werden daher schon bei der Rechnungserstellung vom Rechnungsbetrag abgezogen. Eine Buchung erhaltener oder gewährter Rabatte erfolgt daher nicht.

Rücksendungen von Werkstoffen oder Waren führen sowohl im Beschaffungsbereich (d. h. wenn wir selbst Rücksendende sind) als auch im Absatzbereich (wenn wir als Lieferer fungieren) zu einer Rückabwicklung der ursprünglich aufgrund der Eingangs- bzw. Ausgangsrechnung vorgenommenen Buchung – ggf., falls die Rücksendung nur einen Teil der ausgeführten Lieferung betrifft, mit einem Teilbetrag. Der ursprüngliche Buchungssatz wird also »umgedreht«; ein besonderes Konto zur Erfassung von Rücksendungen gibt es nicht.

2.2.1.5.8 Nachträgliche Preisnachlässe durch Lieferanten

Im Gegensatz zu Rabatten werden Preisnachlässe erst **nachträglich** eingeräumt:

- **Boni** (auch als Treue- oder Umsatzrabatte bezeichnet) werden am Ende einer Bezugsperiode (meist eines Quartals oder Jahres) anteilig auf den getätigten Umsatz gewährt.
- Aufgrund von **Mängelrügen** können Preisnachlässe vereinbart werden, über die der Lieferant eine Gutschriftanzeige erteilt.
- **Lieferantenskonti** (Liefererskonti) werden für vorzeitige Bezahlung gewährt. Sie werden bei Bezahlung der Rechnung vom Rechnungsbetrag abgezogen.

Preisnachlässe werden zunächst auf gesonderten Unterkonten der betreffenden Werkstoff- oder Warengattung (z. B. Nachlässe für Rohstoffe, Nachlässe für Hilfsstoffe) gebucht, um einen Überblick über erhaltene Nachlässe und eine Verprobung der Umsatzsteuer zu ermöglichen. Am Ende der Buchungsperiode werden sie über die jeweiligen Bestandskonten abgeschlossen; denn letztlich schmälern sie die Anschaffungskosten der betreffenden Bestände.

Die Buchung kann zunächst einschließlich der Umsatzsteuer (»Bruttoverfahren«) erfolgen. Die Vorsteuerberichtigung wird in diesem Falle erst zum Ende des Voranmeldezeitraums vorgenommen. Alternativ kann die Vorsteuerberichtigung sofort vorgenommen werden. Diese Art der Buchung wird Nettoverfahren genannt. Das folgende Beispiel zeigt die Verbuchung einer Gutschriftanzeige des Lieferanten aufgrund eines Bonus oder Preisnachlasses im Brutto- und im Nettoverfahren.

Eine erhaltene Rohstofflieferung im Wert von 10.000 € netto war mängelbehaftet. Unser Lieferant erteilt uns aufgrund unserer Mängelrüge eine Gutschrift über 15 % bzw. 1.500 € netto. Unsere Buchung der Gutschrift lautet (unabhängig davon, ob die ursprüngliche Rechnung bereits bezahlt wurde oder nicht, denn die Gutschrift kann auch mit künftigen Verbindlichkeiten verrechnet werden):

*Im **Bruttoverfahren:***

– bei Erhalt der Gutschriftanzeige:

4400 Verbindlichkeiten LL	*1.785,00 €*	
an 2002 Nachlässe für Rohstoffe		*1.785,00 €*

– am Ende des Umsatzsteuervoranmeldezeitraums:

2002 Nachlässe für Rohstoffe	*1.785,00 €*	
an 2600 Vorsteuer		*285,00 €*

*Im **Nettoverfahren:***

bei Erhalt der Gutschriftanzeige:

4400 Verbindlichkeiten LL	*1.785,00 €*	
an 2002 Nachlässe für Rohstoffe		*1.500,00 €*
an 2600 Vorsteuer		*285,00 €*

Am Ende der Rechnungsperiode wird in jedem Falle folgende Umbuchung vorgenommen:

2002 Nachlässe für Rohstoffe	*1.500,00 €*	
an 2000 Rohstoffe		*1.500,00 €*

2.2.1.5.9 Liefererskonti

Durch Liefererskonti vermindert sich der Betrag, der – meist durch Banküberweisung – zur Begleichung der Rechnung an den Lieferanten abgeführt wird. Zugleich vermindert sich die anrechenbare Vorsteuer. Auch hier ist eine Buchung im Brutto- und im Nettoverfahren möglich, wie das Beispiel zeigt:

Eine Lieferantenrechnung für Rohstoffe über 18.000 € netto ist ohne Abzug fällig binnen 30 Tagen; bei Bezahlung binnen 10 Tagen abzüglich 2 % Skonto.

Die Buchung:

2000 Rohstoffe	*18.000,00 €*	
2600 Vorsteuer	*3.420,00 €*	
an 4400 Verbindlichkeiten LL		*21.420,00 €*

Die Verbuchung des Rechnungsausgleichs lautet

*im **Bruttoverfahren:***

– bei Überweisung:

4400 Verbindlichkeiten LL	*21.420,00 €*	
an 2002 Nachlässe für Rohstoffe		*428,40 €*
an 2800 Bank		*20.991,60 €*

– am Ende des Umsatzsteuervoranmeldezeitraums:

2002 Nachlässe für Rohstoffe	*68,40 €*	
an 2600 Vorsteuer		*68,40 €*

*im **Nettoverfahren:***

– bei Überweisung:

4400 Verbindlichkeiten LL	*21.420,00 €*	
an 2002 Nachlässe für Rohstoffe		*360,00 €*
an 2600 Vorsteuer		*68,40 €*
an 2800 Bank		*20.991,60 €*

Am Ende der Rechnungsperiode wird in jedem Falle folgende Umbuchung vorgenommen:

2002 Nachlässe für Rohstoffe	*360,00 €*	
an 2000 Rohstoffe		*360,00 €*

2.2.1.5.10 Nachträgliche Preisnachlässe und Skonti gegenüber Kunden

Wenn Kunden Mängel reklamieren, schmälern die zu erteilenden Gutschriften unsere Umsatzerlöse. Gleiches gilt für Boni und Skonti. Die Erfassung der Erlösschmälerungen erfolgt über ein der Erlösgattung zugeordnetes Erlösberichtigungskonto (5001 »Erlösberichtigungen für eigene Erzeugnisse«, 5101 »Erlösberichtigungen für Waren«). Auch hier ist, ebenso wie auf der Beschaffungsseite, eine Verbuchung im Netto- oder im Bruttoverfahren praktizierbar. Wegen der Analogie zu dem zuvor gezeigten Verfahren kann hier auf Beispiele verzichtet werden.

2.2.1.5.11 Verpackungskosten und Fremdleistungen zur Absatzleistung

Der Absatz eigener Produkte und Handelswaren geht mit einer Reihe von Fremdleistungen einher, etwa hinsichtlich der Veredelung, Verfrachtung, Vertriebsanbahnung usw. Außerdem fallen in der Regel Verpackungskosten an. Diese Kosten müssen sämtlich bei der Kalkulation der Verkaufspreise berücksichtigt werden.

Sie werden auf gesonderten Konten erfasst, die im Industriekontenrahmen (IKR) die folgenden Bezeichnungen tragen:

6040	Aufwendungen für Verpackungsmaterial
6100	Fremdleistungen für Erzeugnisse und andere Umsatzleistungen
6140	Frachten und Fremdlager
6150	Vertriebsprovisionen

2.2.1.5.12 Zahlungsverkehr

Barzahlung

In jedem Betrieb wird mindestens eine Kasse geführt, über die die baren Ein- und Auszahlungen abgewickelt werden; für manche Betriebe – z. B. im Lebensmittelhandel – ist eine große Anzahl täglicher Bareinnahmen sogar typisch.

Je nach Häufigkeit und nach Höhe der Einzelbeträge wird die Erfassung der Barbewegungen unterschiedlich erfolgen:

Kassenbuch (**»Geschlossene Kassenführung«**) Jeder erhaltene oder gezahlte Bargeldbetrag muss auf Basis eines **Belegs** im Kassenbuch vermerkt werden. Die Aufzeichnung erfolgt in der Reihenfolge des zeitlichen Auftretens der Zahlungen und muss zeitnah, lückenlos und nachvollziehbar (auch in Hinblick auf erfolgte Korrekturen) vorgenommen werden.

Kassenbericht Wenn täglich eine große Zahl von Bareinnahmen anfällt, ist es nicht notwendig, diese einzeln aufzuzeichnen. Es genügt, die Tageseinnahmen in einem Tages-Kassenbericht summarisch zu ermitteln. Dieses **summarische Verfahren** unter Verzicht auf Einzelaufzeichnungen ist ausdrücklich für den Einzelhandel erlaubt (BFM-Schreiben Az. IV D 2– S 0315 – 9/04 v. 5.4.2004 unter Berufung auf ein BFH-Urteil vom 12.05.1966, BStBl III S. 371), *»wenn Waren von geringem Wert an eine unbestimmte Vielzahl nicht bekannter und auch nicht feststellbarer Personen verkauft werden«*.

Das folgende Beispiel zeigt einen solchen Kassenbericht, in dem die Tageseinnahmen aus dem Vortagesbestand, dem Tagesendbestand und den Ausgaben summarisch errechnet wurden. Jedoch: Alle verzeichneten Geldbestände und -bewegungen müssen durch Belege nachweisbar sein!

Kassenbericht vom 14. 03. 2016

Kassenbestand am Ende des Tages		509,03 €
Ausgaben im Laufe des Tages	**Ausgaben**	
Wareneinkauf		
Sortiment Drehbleistifte	101,15 €	
Großpackung Karton 140 g, farbsortiert	196,35 €	+ 291,50 €
Geschäftskosten		
Tanken	62,01 €	
		+ 62,01 €
Privatentnahmen	400,00 €	
Andere Ausgaben	–	
Einzahlung auf Bankkonto	2.000,00 €	+ 2.400,00 €
Kassenbestand + Ausgaben		3.268,54 €
Abzüglich Kassenbestand vom Vortag		813,12 €
= Bareinnahmen		2.455,42 €
Abzüglich sonstige Einnahmen z. B. private Bareinlagen		
= Bareinnahmen inkl. Umsatzsteuer (MWSt)		2.455,42 €
Nebenrechnung: Kasseneingang inkl. Umsatzsteuer (Mehrwertsteuer)		2.455,42 €
darin enthalten 19 % Umsatzsteuer (Mehrwertsteuer)		392,04 €
Steuerpflichtiger Umsatz		2.063,38 €

Ein Tages-Kassenbericht

Wenn die Tageseinnahmen über eine Registrierkasse laufen, erfolgt die Ermittlung wie folgt:

Kassenbestand des Vortages
\+ Tagesseinnahmen inkl. Umsatzsteuer
\+ Sonstige Einnahmen (Einlagen)
– Ausgaben inkl. Vorsteuer
– Sonstige Ausgaben (Entnahmen, Bankeinzahlungen)

= Kassenbestand

Kassenstreifen müssen **nicht** aufbewahrt werden; die Aufbewahrung der Tagesendsummenbons reicht aus. Retouren und Entnahmen müssen aber dokumentiert werden.

Das summarische Verfahren darf **nicht** angewendet werden

- auf Bareinnahmen im Hotel- und Beherbergungsgewerbe,
- in Restaurants und Gaststätten auf Rechnungen über Bewirtungskosten, Familien-, Betriebs-, Seminarveranstaltungen und Tagungen,
- in Autoreparaturwerkstätten und
- in Juwelier-, Gold- und Silberschmiedegeschäften bei Rechnungen für einzelgefertigte Schmuckstücke.

Bargeldzahlungen ab15.000 € erfordern in jedem Fall die Aufzeichnung des Geschäftspartners mit Namen oder Firma und Anschrift sowie die Angabe des zugrunde liegenden Geschäftsinhalts.

Die Verbuchung von Bargeldbewegungen erfolgt über das Konto »Kasse«.

Scheckverkehr

Ein **eigener,** also ein von uns selbst zur Begleichung einer Verbindlichkeit ausgestellter Scheck wird mit seiner Belastung auf dem Bankkonto gebucht:

4400 Verbindlichkeiten LL
an 2800 Bank

Ein von einem **Kunden** zum Ausgleich einer Forderung eingereichter Scheck stellt Umlaufvermögen dar und muss, solange er noch im eigenen Bestand ruht, auf einem Scheckkonto erfasst werden:

2860 Schecks
an 2400 Forderungen LL

Verbleibt der Scheck über den Jahreswechsel im Bestand, wird das Scheckkonto über das Schlussbilanzkonto abgeschlossen. Nach Einreichung des Schecks bei der Hausbank und Gutschrift auf dem Girokonto wird der Scheck ausgebucht:

2800 Bank
an 2860 Scheck

Wegen seiner geringen Bedeutung im geschäftlichen Alltag wird auf eine Darstellung des **Wechselverkehrs** und die Verbuchung von Besitz- und Schuldwechseln verzichtet.

2.2.1.5.13 Erhaltene und geleistete Anzahlungen

Anzahlungen werden meist in Zusammenhang mit Großaufträgen oder mit Sonderanfertigungen vereinbart. Auch im Geschäftsverkehr mit unbekannten Partnern werden häufig Vorauszahlungen verlangt. Sie werden aufgrund einer Anzahlungsrechnung gezahlt. Diese muss gem. §§ 13, 15 UStG einen gesonderten Umsatzsteuerausweis enthalten.

Ein mit uns bisher nicht in Geschäftsbeziehung stehender Auftraggeber bestellt einen größeren Posten unserer eigenen Erzeugnisse im Wert von 120.000 € netto. Wir vereinbaren eine Anzahlung in Höhe von 30 % und erteilen eine Anzahlungsrechnung über 42.840 €.

Buchung bei Eingang der Anzahlung:

2800 Bank		*42.840,00 €*	
	an 4300 Erhaltene Anzahlungen		*36.000,00 €*
	an 4800 Umsatzsteuer		*6.840,00 €*

Buchung nach erfolgter Lieferung aufgrund der erstellten Endrechnung:

2400 Forderungen LL		*142.800,00 €*	
	an 5000 Umsatzerlöse f. eig. Erz.		*120.000,00 €*
	an 4800 Umsatzsteuer		*22.800,00 €*

Buchung bei Zahlungseingang:

2800 Bank	*99.960,00 €*	
4300 Erhaltene Anzahlungen	*36.000,00 €*	
4800 Umsatzsteuer	*6.840,00 €*	
an 2400 Forderungen LL		*142.800,00 €*

Die geleistete Anzahlung wird beim Kunden analog hierzu gebucht. Das dabei verwendete Konto lautet »2300 Geleistete Anzahlung auf Vorräte«. Als Aufwandskonto wird das Konto »6000 Aufwendungen für Rohstoffe« belastet.

2.2.1.5.14 Aktivierungspflichtige Eigenleistungen bei Eigenherstellung

Bei der Herstellung von Gegenständen des Sachanlagevermögens, die für den eigenen Betrieb bestimmt sind, fallen zum einen Material-, Lohnkosten und ggf. weitere Kosten an. Diese werden als Aufwendungen verbucht und bewirken eine Gewinnminderung, die aber nicht gerechtfertigt ist, weil sich gleichzeitig der Wert des Sachanlagevermögens erhöht. Es ist daher notwendig, den gebuchten Aufwendungen den Wertzuwachs gegenüberzustellen und sie auf diese Weise zu neutralisieren. Dies erfolgt über das Konto »Aktivierte Eigenleistungen«.

Beispiel:

In den Werkstätten der XY-GmbH wird eine Förderanlage gebaut, die dauerhaft dem eigenen Betrieb dienen soll. Hierfür wurden Löhne in Höhe von 33.000 € gezahlt und Material (Roh-, Hilfs- und Betriebsstoffe im Wert von 75.000 € netto aufgewendet.

Gebucht wird wie folgt (hier: vereinfachte Darstellung der Lohnbuchung):

6200 Löhne	*33.000,00 €*	
an 2800 Bank		*33.000,00 €*
6000 Aufwendg. Rohstoffe	*75.000,00 €*	
an 2000 Rohstoffe		*75.000,00 €*
0700 TA und Maschinen	*108.000,00 €*	
an 5300 Aktivierte Eigenleistungen		*108.000,00 €*

Die Löhne und Rohstoffaufwendungen werden in die GuV-Rechnung abgeschlossen und schlagen sich dort auf der Sollseite aufwandswirksam nieder. Das Konto »Aktivierte Eigenleistungen« wird ebenfalls in die GuV-Rechnung abgeschlossen und schlägt sich darin auf der Habenseite ertragswirksam nieder. Innerhalb der GuV-Rechnung werden die Erträge und Aufwendungen, die mit der Eigenherstellung in Zusammenhang stehen, also neutralisiert.

Das Konto »Technische Anlagen und Maschinen« wird ins Schlussbilanzkonto abgeschlossen. Damit ist der Wertzuwachs im Sachanlagevermögen zutreffend dokumentiert.

2.2.1.5.15 Veräußerung und Entnahme von Anlagen

Verkauf oder Entnahme eines Anlagegegenstandes (Ausnahme: Grundstücke und Gebäude, die der Grunderwerbsteuer unterliegen) wirken sich im Allgemeinen erfolgswirksam (und dabei durchweg gewinnerhöhend) aus, weil der Verkaufserlös bzw. Entnahmewert nur ausnahmsweise exakt mit dem Restbuchwert zusammenfällt. Die Erfolgswirkung kann nur bestimmt werden, wenn vor der Verbuchung des Verkaufserlöses bzw. Entnahmewertes zunächst die monatsgenaue Abschreibung für das laufende Jahr einschließlich des dem Abgang vorangehenden Monats vorgenommen wird. Der Buchwertabgang wird über das Konto »6979 Anlagenabgänge« und der über den Restbuchwert hinausgehende Werte über das Konto »5410 Erlöse aus Anlagenabgängen« gebucht. Auf den Nettoverkaufspreis bzw. den bei Entnahme und Überführung ins Privatvermögen anzusetzenden **Teilwert** fällt Umsatzsteuer an.

Bei Inzahlunggaben werden der Anlagenabgang des in Zahlung gegebenen Gegenstandes und der Neuerwerb nicht verrechnet, sondern separat gebucht.

2.2.1.5.16 Privatkonten

Der Einzelunternehmer oder der vollhaftende Gesellschafter einer Personengesellschaft kann seinem Betrieb Sachen (z. B. Grundstücke, Fahrzeuge, Waren, Geld) oder Nutzungen und Leistungen für sich, seinen Haushalt oder für andere betriebsfremde Zwecke entnehmen (§ 4 Abs. 1 S. 2 EStG) oder auch Sachen aus seinem privaten Vermögen in den Betrieb einlegen (§ 4 Abs. 1 S. 5 EStG). Leistungen, die er für den Betrieb erbringt (z. B. seine Arbeitskraft) sind dabei nicht als Einlage anzusehen.

Privateinlagen und Privatentnahmen sind selbstverständlich buchungspflichtig und ggf. umsatzsteuerwirksam. Sie verändern die Höhe des Eigenkapitals, werden aber nicht direkt auf dem Eigenkapitalkonto verbucht, sondern über ein Privatkonto, das am Jahresende aber über das Eigenkapitalkonto abgeschlossen wird. In Personengesellschaften mit mehreren vollhaftenden Gesellschaftern werden Eigenkapital- und Privatkonten für jeden Gesellschafter geführt.

Private Sachentnahmen

Unentgeltliche Entnahmen des Unternehmers (hierunter sind im Folgenden entweder ein Einzelunternehmer oder ein voll haftender Gesellschafter einer Personengesellschaft zu verstehen) sind nach § 6 Abs. 1 Nr. 4 EStG mit dem **Teilwert** und nicht mit dem Buchwert anzusetzen: Anderenfalls wäre es möglich, dass der Unternehmer dem Betrieb voll abgeschriebene Gegenstände zum Buchwert von »0« entnimmt, obwohl sie noch einen Marktwert besitzen. Durch die Entnahme zum Teilwert wird die Offenlegung und Besteuerung der dem entnommenen Gegenstand im Zeitpunkt der Entnahme noch innewohnenden stillen Reserve sichergestellt.

Die Buchung erfolgt auf dem Konto »5420 Entnahme von Gegenständen und sonstigen Leistungen« (»Entnahme vGusL«).

Beispiel:

Der Alleininhaber eines Fahrradgeschäfts möchte seiner Tochter ein Fahrrad aus seinem eigenen Warenbestand schenken. In diesem Fall gilt als Teilwert der Wiederbeschaffungswert, der im Allgemeinen dem Einkaufspreis entspricht. Im Einkauf hat das Fahrrad 400 € netto gekostet.

Die Buchung lautet

3001 Privatkonto	*476,00 €*	
an 5420 Entnahme vGusL		*400,00 €*
an 4800 Umsatzsteuer		*76,00 €*

Am Jahresende werden das Privatkonto und das Entnahmekonto wie folgt ausgebucht (unter der Annahme, dass dort keine weiteren Beträge aufgelaufen sind):

5420 Entnahme vGusL	*400,00 €*	
an 8020 GuV		*400,00 €*
3000 Eigenkapital	*476,00 €*	
an 3001 Privatkonto		*476,00 €*

Auch Leistungen können entnommen werden. Ein in der Praxis häufiger Fall ist die Nutzung des geschäftlichen PKW für private Zwecke.

Private Sacheinlagen

Sacheinlagen müssen nach § 6 Abs. 1 Nr. 5 EStG grundsätzlich ebenfalls mit dem **Teilwert** bewertet werden, auch wenn dieser – etwa im Fall der Einbringung eines Grundstücks, das sich seit langem im Familienbesitz befindet – die historischen Anschaffungskosten überschreitet. Ausnahmen: Wenn der eingelegte Gegenstand innerhalb der letzten drei Jahre vor der Zuführung zum Betriebsvermögen angeschafft bzw. hergestellt wurde, bilden die damals angefallenen Anschaffungs- bzw. Herstellungskosten die Bewertungsobergrenze. Gleiches gilt, wenn es sich bei der Einlage um eine wesentliche Beteiligung an einer Kapitalgesellschaft nach § 17 Abs. 1 EStG handelt.

Die Anschaffungs- und Herstellungskosten eingelegter abnutzbarer Wirtschaftgüter müssen um fiktive Abschreibungen gekürzt werden.

Beispiel:

Ein Unternehmer legt eine Schreibtischkombination, die er im Januar 2006 privat für (umgerechnet) 2.600 € erworben hatte, am 1.1. 2016 in sein Betriebsvermögen ein. Seit der Anschaffung sind 10 Jahre vergangen; lt. AfA-Tabelle sind Büromöbel aber über 13 Jahre abzuschreiben. Hätte das Möbelstück von Anfang an zum Betriebsvermögen gehört, hätte es bei linearer Abschreibung im Zeitpunkt der Einlegung noch einen Buchwert von 600 € gehabt (Achtung: da in der Privatsphäre kein Vorsteuerabzug möglich ist, wird bei Berechnung der fiktiven Abschreibung der Bruttowert zugrunde gelegt!). Erkundungen im einschlägigen Fachhandel und in Auktionsportalen ergeben allerdings, dass in Art und Alter vergleichbare Möbelstück noch mit 800 € gehandelt werden. Diese werden als Teilwert zugrunde gelegt.

Die Buchung lautet also

0870 Büromöbel/Sonst. Geschäftsausstattung	*800,00 €*	
an 3001 Privatkonto		*800,00 €*

Wird ein Gegenstand eingelegt, der zu einem früheren Zeitpunkt aus dem Betriebsvermögen entnommen worden ist, treten der damalige Entnahmezeitpunkt und Entnahmewert an die Stelle des Anschaffungs- bzw. Herstellungszeitpunkts und -werts.

Sonstige Einlagen

Als weitere Einlagen kommen

- Bareinlagen,
- Buchgeldeinlagen in Form von Überweisungen vom Privat- auf das Geschäftskonto,
- Nutzungseinlagen (bei Nutzung eines privaten Gegenstandes, z. B. des privaten PKW, für geschäftliche Zwecke) und
- Aufwandseinlagen (Begleichung einer Betriebsausgabe mit privaten Mitteln)

in Betracht. Die Verbuchung wird exemplarisch an einer Aufwandseinlage gezeigt:

Ein Unternehmer zahlt einen Büromaterialeinkauf von 238 € brutto aus seinem privaten Portemonnaie.

Gebucht wird

6800 Büromaterial	*200,00 €*	
2600 Vorsteuer	*38,00 €*	
an 3001 Privatkonto		*238,00 €*

Der **Abschluss der Privatkonten** erfolgt über das Eigenkapitalkonto.

2.2.1.5.17 Buchungen im Personalbereich

Bei der Verbuchung von Löhnen und Gehältern ist zu beachten, dass die Abzüge, die den Arbeitnehmer wirtschaftlich belasten und sein Nettogehalt schmälern – also Lohnsteuer, Kirchensteuer, Solidaritätszuschlag und die Anteile zur Sozialversicherung (Renten-, Kranken-, Pflege- und Arbeitslosenversicherung) – vom Arbeitgeber einzubehalten und bei Fälligkeit abzuführen sind.

Dabei gelten folgende Fälligkeiten:

- **Sozialversicherungsbeiträge:** Beiträge für Löhne und Gehälter sind insgesamt spätestens am drittletzten Bankarbeitstag desselben Monats fällig. Die Abführung erfolgt an die gesetzliche Krankenkasse. Der Arbeitnehmer trägt nur die Hälfte der fälligen Sozialversicherungsbeiträge: Die andere Hälfte wird vom Arbeitgeber getragen, der diese als Sozialaufwand verbucht.
- **Steuern und Solidaritätszuschlag:** Diese sind 10 Tage nach Ablauf des Lohnsteueranmeldezeitraums (in der Regel ist dies ein Monat; nur bei Unterschreitung einer bestimmten Vorjahreslohnsteuerhöhe kann der Anmeldezeitraum ein Vierteljahr oder Jahr sein) an das Finanzamt abzuführen.

Beispiel (mit vereinfachten Werten):

Für einen ledigen Arbeitnehmer (Steuerklasse I, keine Kinder, keine Zugehörigkeit zu einer Religionsgemeinschaft) ergibt die Gehaltsabrechnung für Monat Mai die folgenden Werte:

Bruttogehalt	*2.164,00 €*
Lohnsteuer	*326,00 €*
Solidaritätszuschlag	*0,00 €*
Kirchensteuer	*0,00 €*
Rentenversicherungsbeitrag	*225,00 €*
Krankenversicherungsbeitrag	*184,00 €*
Pflegeversicherungsbeitrag	*19,00 €*
Arbeitslosenversicherungsbeitrag	*38,00 €*

- *Bei Auszahlung des Gehalts wird wie folgt gebucht:*

6300 Gehälter	*2.164,00 €*	
an 4830 Verbindl. gg. Finanzamt		*326,00 €*
an 4840 Verbindl. gg. Sozialvers.-trägern		*466,00 €*
an 2800 Bank		*1.372,00 €*

- *Buchung des Arbeitgeberanteils zur Sozialversicherung:*

6400 Arbeitgeberanteil zur Sozialversicherung.	*466,00 €*	
an 4840 Verbindl. gg. Sozialvers.-trägern		*466,00 €*

- *Überweisung der abzuführenden Beträge:*

4830 Verbindl. gg. Finanzamt	*326,00 €*	
4840 Verbindlichkeiten gg. Sozialversich.-trägern	*932,00 €*	
an 2800 Bank		*1.258,00 €*

Neben den vorgenannten Positionen können Vorschuss- und Abschlagszahlungen, vermögenswirksame Leistungen und Sonderbezüge zu berücksichtigen sein.

2.2.1.5.18 Betriebliche Aufwandssteuern

Während die auf den Unternehmergewinn fällige Einkommensteuer in die Privatsphäre des Unternehmers fällt und die Umsatzsteuer als durchlaufender Posten erfolgsneutral ist, gibt es einige Steuerarten, die betrieblichen Aufwand darstellen. Diese sind gemäß IKR auf folgenden Aufwandskonten zu buchen und entsprechend in den Kalkulationen zu berücksichtigen:

7020 Grundsteuer
7030 Kraftfahrzeugsteuer
7080 Verbrauchsteuern

Gegenkonto ist in der Regel das Bankkonto.

2.2.1.5.19 Rechnungsabgrenzung (Transitorische Posten)

Transitorische Posten (von lat. transire = hinübergehen) sind Positionen, für die bereits im alten Geschäftsjahr Gelder zu- oder abgeflossen sind, die aber ursächlich dem neuen Geschäftsjahr zuzurechnen sind. In diesen Fällen sind Rechnungsabgrenzungen (RAG) vorzunehmen. Folgende Fälle sind zu unterscheiden:

Passive Rechnungsabgrenzung

(Zahlungseingang im alten Jahr, Ertrag im neuen Jahr)

In diesem Fall wird der Zahlungseingang im alten Jahr vereinnahmt und zunächst auf dem entsprechenden Ertragskonto verbucht. Am Jahresende muss derjenige Anteil, der das neue Jahr betrifft, dem Ertragskonto wieder belastet und über ein Konto »Passive Rechnungsabgrenzung (PRA)« in das Schlussbilanzkonto überführt werden. Im neuen Jahr wird die Passive Rechnungsabgrenzung direkt nach der Kontoeröffnung zugunsten des entsprechenden Ertragskontos aufgelöst.

Beispiel:

Unser Mieter überweist am 3.12. die Miete für die Monate Dezember und Januar in Höhe von jeweils 500 € auf unser Bankkonto.

– Buchung am 3.12.:

2800 Bank	*1.000,00 €*	
an 5400 Mieterträge		*1.000,00 €*

– Buchungen am 31.12.:

5400 Mieterträge	*1.000,00 €*	
an 4900 Passive Rechnungsabgrenzung		*500,00 €*
an 8020 GuV-Konto		*500,00 €*
4900 Passive Rechnungsabgrenzung	*500,00 €*	
an 8010 Schlussbilanzkonto		*500,00 €*

Durch diese Abschlussbuchungen wurden 500 € (nämlich die Miete für Dezember) zutreffenderweise als Ertrag des alten Geschäftsjahres erfasst und 500 € (Miete für Januar) in das Schlussbilanzkonto übertragen, um über die Schlussbilanz und die Eröffnungsbilanz als »Vehikel« ins neue Geschäftsjahr zu gelangen.

– Buchungen am 01.01. des neuen Geschäftsjahrs:

8000 Eröffnungsbilanzkonto	*500,00 €*	
an 4900 Passive Rechnungsabgrenzung		*500,00 €*
4900 Passive Rechnungsabgrenzung	*500,00 €*	
an 5400 Mieterträge	*500,00 €*	

Durch diese Buchungen ist der Mietertrag für Monat Januar nun periodengerecht erfasst.

Aktive Rechnungsabgrenzung

(Zahlungsabfluss im alten Jahr, Aufwand im neuen Jahr)

In diesem Fall wird im alten Jahr bereits eine Zahlung geleistet und auf dem entsprechenden Aufwandskonto erfasst. Am Jahresende muss derjenige Anteil, der dem neuen Jahr anzulasten ist, vom Aufwandskonto heruntergenommen und über ein Konto »Aktive Rechnungsabgrenzung (ARA)« in das Schlussbilanzkonto eingestellt werden. Im neuen Jahr wird die Aktive Rechnungsabgrenzung sofort zu Lasten des entsprechenden Aufwandskontos aufgelöst.

Beispiel:

Wir überweisen die Pacht für ein langfristig von uns gepachtetes Grundstück am 01.09. für ein Jahr im Voraus: 2.400 €.

– Buchung am 01.09.:

6700 Miet- und Pachtaufwand	*2.400,00 €*	
an 2800 Bank		*2.400,00 €*

– Buchungen am 31.12.:

2900 Aktive Rechnungsabgrenzung	*1.600,00 €*	
8020 Guv-Konto	*800,00 €*	
an 6700 Miet- u. Pachtaufwd.		*1.600,00 €*
8010 Schlussbilanzkonto	*1.600,00 €*	
an 2900 Aktive Rechnungsabgrenzung		*1.600,00 €*

Durch diese Buchungen wurde der Aufwand, der dem alten Geschäftsjahr anzulasten ist (nämlich die Pacht für die Monate September bis Dezember, also 4 x 200 €), aufwandswirksam über das GuV-Konto gebucht, während der Aufwand, der das neue Geschäftsjahr betrifft (nämlich die Pacht für die Monate Januar bis August des neuen Jahres, also 8 x 200 €), in das Schlussbilanzkonto übertragen wurde, um über die Schlussbilanz und die Eröffnungsbilanz als »Vehikel« ins neue Jahr zu gelangen.

– Buchungen am 01.01. des neuen Geschäftsjahrs:

2900 Aktive Rechnungsabgrenzung	*1.600,00 €*	
an 8000 Eröffnungsbilanzkto.		*1.600,00 €*
6700 Miet- und Pachtaufwand	*1.600,00 €*	
an 2900 Aktive Rechnungsabgrenzung		*1.600,00 €*

Der Pachtaufwand für die Monate Januar bis August nun periodengerecht erfasst.

2.2.1.5.20 Antizipative Posten

Antizipatorische Posten (von lat. anticipere = vorwegnehmen) sind Positionen, die Aufwand oder Ertrag des alten Geschäftsjahrs darstellen, wobei aber der Geldab- oder -zufluss erst im neuen Geschäftsjahr erfolgt. Obwohl im alten Geschäftsjahr keine Zahlungsbewegung verzeichnet wird, müssen diese Fälle bereits im alten Jahr gebucht werden, um den Ertrag bzw. Aufwand periodengerecht zu erfassen. Folgende Fälle sind zu unterscheiden:

Sonstige Forderungen

(Ertrag im alten Jahr, Zahlungszufluss im neuen Jahr)

Der Ertrag muss auf dem entsprechenden Ertragskonto gebucht werden. Da der dazugehörige Zahlungseingang erst im neuen Geschäftsjahr erfolgt, besteht eine Forderung »des alten Jahres an das neue Jahr«, die auf dem Konto »Sonstige Forderungen« verbucht wird.

Für eine kurzfristige Geldanlage vom 01.11. bis 31.01. des neuen Jahres steht uns eine Zinsgutschrift zu, die vereinbarungsgemäß aber erst am Ende des Anlagezeitraums erfolgt. Angelegt wurden 100.000 €; der Zinssatz beträgt 4,5 % p.a.

– Buchungen am 31.12.:

2690 Sonstige Forderungen	*750,00 €*	
an 5710 Zinserträge		*750,00 €*
5710 Zinserträge	*750,00 €*	
an 8020 GuV-Konto		*750,00 €*
8010 Schlussbilanzkonto	*750,00 €*	
an 2690 Sonstige Forderungen		*750,00 €*

Durch diese Buchungen werden diejenigen Zinserträge, die die Monate November und Dezember betreffen, periodengerecht im alten Jahr erfasst (Anmerkung: Diese Buchung ist kein Verstoß gegen das Realisationsprinzip; denn durch die Herleihung des Anlagebetrages wurde ein rechtlicher Anspruch auf die Zinszahlung erworben). Zugleich wird mit der Einstellung in das Schlussbilanzkonto die Überführung der Forderung in das neue Geschäftsjahr eingeleitet.

– *Kontoeröffnung am 01.01. des neuen Geschäftsjahrs:*

2690 Sonstige Forderungen	*750,00 €*	
an 8000 Eröffnungsbilanzkonto		*750,00 €*

– *Buchung am 31.01. des neuen Jahres bei Eingang des Zinsbetrages für das abgelaufene Jahr auf dem Bankkonto:*

2800 Bank	*750,00 €*	
an 2690 Sonstige Forderungen		*750,00 €*

Der Eingang auf dem Bankkonto wird vereinnahmt, ohne dass noch einmal eine Erfolgsbuchung erfolgt.

Sonstige Verbindlichkeiten

(Aufwand im alten Jahr, Zahlungsabfluss im neuen Jahr)

Der Aufwand muss auf dem entsprechenden Ertragskonto gebucht werden. Da der dazugehörige Zahlungsabfluss erst im neuen Geschäftsjahr erfolgt, besteht eine Verbindlichkeit des alten Jahres gegenüber dem neuen Jahr, die auf dem Konto »Sonstige Verbindlichkeiten« verbucht wird.

Beispiel:

Die Provision für ein im alten Geschäftsjahr abgewickeltes Geschäft, das uns durch einen Geschäftspartner vermittelt wurde, müssen wir vereinbarungsgemäß erst am 15.02. des nächsten Jahres zahlen. Sie beträgt 4.000 €.

– *Buchungen am 31.12.:*

6150 Vertriebsprovisionen	*4.000,00 €*	
an 4890 Sonst. Verbindlichk.		*4.000,00 €*
8020 GuV-Konto	*4.000,00 €*	
an 6150 Vertriebsprovisionen		*4.000,00 €*
4890 Sonst. Verbindlichkeiten	*4.000,00 €*	
an 8010 Schlussbilanzkonto		*4.000,00 €*

Durch diese Buchungen wird der Provisionsaufwand periodengerecht im alten Jahr erfasst. Zugleich wird mit der Einstellung in das Schlussbilanzkonto die Überführung der Verbindlichkeit in das neue Geschäftsjahr eingeleitet.

– *Kontoeröffnung am 01.01. des neuen Geschäftsjahrs:*

8000 Eröffnungsbilanzkonto	*4.000,00 €*	
an 4890 Sonst. Verbindlichk.		*4.000,00 €*

– *Buchung am 15.02. des neuen Geschäftsjahrs bei Überweisung der Provision vom Bankkonto:*

4890 Sonst. Verbindlichkeiten	*4.000,00 €*	
an 2800 Bank		*4.000,00 €*

Der Abgang auf dem Bankkonto führt richtigerweise zu keiner erneuten Aufwandsbuchung.

2.2.2 Jahresabschluss

Nach § 242 HGB hat der Kaufmann zu Beginn seines Handelsgewerbes und für den Schluss eines jeden Geschäftsjahres einen Jahresabschluss, bestehend aus **Bilanz** und **Gewinn- und Verlustrechnung**, aufzustellen. Kapitalgesellschaften müssen ihren Jahresabschluss nach § 264 HGB um einen **Anhang** erweitern und außerdem einen **Lagebericht** erstellen.

Der Jahresabschluss ist gemäß § 243 Abs. 1, § 264 Abs. 2 HGB unter Beachtung der Grundsätze ordnungsmäßiger Buchführung aufzustellen und hat ein den tatsächlichen Verhältnissen entsprechendes Bild der Vermögens-, Finanz- und Ertragslage zu vermitteln (§ 264 Abs. 2 S. 1).

2.2.2.1 Aufbau der Bilanz

Bilanz bedeutet »Waage«. Wie eine solche Waage hat die Bilanz am Schluss eines jeden Geschäftsjahres die vom Unternehmen verwendeten Mittel, nach ihrer Herkunft unterschieden in Eigen- und Fremdkapital, auf der einen Seite (nämlich der rechten, der so genannten Passivseite) und die Verwendung dieser Mittel in Vermögen auf der anderen Seite (der linken, der so genannten Aktivseite) so gegenüberzustellen, dass sich ein **ausgewogenes** Bild ergibt.

Aktiva	**Bilanz** Passiva
I. Anlagevermögen	I. Eigenkapital
II. Umlaufvermögen	II. Fremdkapital
Gesamtvermögen	**Gesamtkapital**
(= Vermögens**verwendung**)	(= Vermögens**quellen**)

Die **Aktivseite** zeigt, wie das Kapital verwendet wurde.

Die **Passivseite** zeigt, woher das Kapital stammt.

Dabei gilt: Gesamtvermögen = Gesamtkapital, d. h. die Bilanzsummen der Aktiv- und der Passivseite müssen übereinstimmen, wie das folgende – stark vereinfachte – Beispiel einer Eröffnungsbilanz eines Einzelunternehmens zeigt:

Aktiva **Eröffnungsbilanz Waltraud Kunze eKfr., Grünscheid, 1. Januar 2016** Passiva

Aktiva		Passiva	
I. Anlagevermögen		I. Eigenkapital	268.700,00
1 Grundstücke und Gebäude	230.000,00	II. Fremdkapital	
2 Techn. Anlagen und Maschinen	97.000,00	1. Hypothekendarlehen	124.000,00
3 Fuhrpark	33.000,00	2. Darlehensschulden	65.800,00
4 Betriebs- und Geschäftsausstattung	24.500,00	3. Verbindlichkeiten	56.450,00
II. Umlaufvermögen			
1 Handelswaren	69.300,00		
2 Forderungen LL	45.700,00		
3 Kasse	2.350,00		
4 Bankguthaben	13.100,00		
	514.950,00		514.950,00

Grünscheid, 01. Januar 2016 *Waltraud Kunze*

Für Kapitalgesellschaften ist in § 266 HGB eine Gliederung vorgegeben, die nachfolgend wiedergegeben wird. Sie bietet auch Nicht-Kapitalgesellschaften eine Orientierungshilfe bei der Bilanzaufstellung. Kleine Kapitalgesellschaften gemäß der Umschreibung der Größenklassen in § 267 HGB brauchen nur eine verkürzte Bilanz aufzustellen, in die die mit Buchstaben und römischen Zahlen gekennzeichneten Positionen gesondert und in der vorgeschriebenen Reihenfolge aufgenommen werden müssen.

Aktivseite

A. Anlagevermögen:

I. Immaterielle Vermögensgegenstände:
1. Selbst geschaffene gewerbliche Schutzrechte und ähnliche Rechte und Werte;
2. entgeltlich erworbene Konzessionen, gewerbliche Schutzrechte und ähnliche Rechte und Werte sowie Lizenzen an solchen Rechten und Werten;
3. Geschäfts- oder Firmenwert;
4. geleistete Anzahlungen;

II. Sachanlagen:
1. Grundstücke, grundstücksgleiche Rechte und Bauten einschließlich der Bauten auf fremden Grundstücken;
2. technische Anlagen und Maschinen;
3. andere Anlagen, Betriebs- und Geschäftsausstattung;
4. geleistete Anzahlungen und Anlagen im Bau;

III. Finanzanlagen:
1. Anteile an verbundenen Unternehmen;
2. Ausleihungen an verbundene Unternehmen;
3. Beteiligungen;
4. Ausleihungen an Unternehmen, mit denen ein Beteiligungsverhältnis besteht;
5. Wertpapiere des Anlagevermögens;
6. sonstige Ausleihungen.

B. Umlaufvermögen:

I. Vorräte:
1. Roh-, Hilfs- und Betriebsstoffe;
2. unfertige Erzeugnisse, unfertige Leistungen;
3. fertige Erzeugnisse und Waren;
4. geleistete Anzahlungen;

II. Forderungen und sonstige Vermögensgegenstände:
1. Forderungen aus Lieferungen und Leistungen;
2. Forderungen gegen verbundene Unternehmen;
3. Forderungen gegen Unternehmen, mit denen ein Beteiligungsverhältnis besteht;
4. sonstige Vermögensgegenstände;

III. Wertpapiere:
1. Anteile an verbundenen Unternehmen;
2. sonstige Wertpapiere;

IV. Kassenbestand, Bundesbankguthaben, Guthaben bei Kreditinstituten und Schecks.

C. Rechnungsabgrenzungsposten.

D. Aktive latente Steuern.

E. Aktiver Unterschiedsbetrag aus der Vermögensverrechnung.

Passivseite

A. Eigenkapital:

I. Gezeichnetes Kapital;

II. Kapitalrücklage;

III. Gewinnrücklagen:
1. gesetzliche Rücklage;
2. Rücklage für Anteile an einem herrschenden oder mehrheitlich beteiligten Unternehmen;
3. satzungsmäßige Rücklagen;
4. andere Gewinnrücklagen;

IV. Gewinnvortrag/Verlustvortrag;

V. Jahresüberschuss/Jahresfehlbetrag.

B. Rückstellungen:

1. Rückstellungen für Pensionen und ähnliche Verpflichtungen;
2. Steuerrückstellungen;
3. sonstige Rückstellungen.

C. Verbindlichkeiten:

1. Anleihen, davon konvertibel;
2. Verbindlichkeiten gegenüber Kreditinstituten;
3. erhaltene Anzahlungen auf Bestellungen;
4. Verbindlichkeiten aus Lieferungen und Leistungen;
5. Verbindlichkeiten aus der Annahme gezogener Wechsel und der Ausstellung eigener Wechsel;
6. Verbindlichkeiten gegenüber verbundenen Unternehmen;
7. Verbindlichkeiten gegenüber Unternehmen, mit denen ein Beteiligungsverhältnis besteht;
8. sonstige Verbindlichkeiten, davon aus Steuern, davon im Rahmen der sozialen Sicherheit.

D. Rechnungsabgrenzungsposten.

E. Passive latente Steuern.

Leicht kann der Eindruck entstehen, dass es sich bei der Eröffnungs- und der Schlussbilanz um Teile der Finanzbuchhaltung handelt. Tatsächlich aber werden Bilanzen auf der Basis der in der Inventur ermittelten Werte aufgestellt; sie sind daher Istbestände-Rechnungen und **nicht** Bestandteil der Buchführung. Sie spiegeln die Wertverhältnisse der Unternehmung zu einem bestimmten Zeitpunkt wider, der bei ihrer Aufstellung und Veröffentlichung bereits mehr oder minder lange in der Vergangenheit liegt, und können insoweit nur bedingt Auskunft über die Situation der Unternehmung geben.

Wie die Buchführung dient auch die Bilanz dem **Gläubigerschutz** und dem **Gesellschafterschutz**.

- Gläubiger können sich zwar anhand der Bilanz kein Bild von der Liquiditätslage des Unternehmens machen, aber anhand des Verhältnisses zwischen Eigen- und Fremdkapital kann die Unabhängigkeit und Bonität des Unternehmens abgeschätzt werden, und die Art und Zusammensetzung des Vermögens gibt Hinweise auf die im Falle einer Liquidation verwertbare Substanz.
- Bei Kapitalgesellschaften kann es zur Situation kommen, dass ein Gewinn nicht ausgeschüttet werden darf, nämlich dann, wenn das auf der Passivseite der Bilanz eingestellte haftende Kapital nicht durch Vermögenswerte der Aktivseite abgedeckt ist. Die in diesem Falle greifende **Ausschüttungssperre** ist eine Maßnahme des Gläubigerschutzes zum Ausgleich dafür, dass die Gesellschafter einer Kapitalgesellschaft den Gläubigern der Gesellschaft nicht persönlich haften.
- Aus Sicht der **Gesellschafter** ist die Bilanz vorrangig das Instrument, anhand dessen der Gewinn und damit die Grundlage für die Gewinnverteilung ermittelt wird: So wird z. B. für eine Offene Handelsgesellschaft (OHG) gemäß § 120 Abs. 1 HGB am Schluss jedes Geschäftsjahrs auf Grund der Bilanz der Gewinn oder der Verlust des Jahres ermittelt und der auf jeden Gesellschafter entfallende Anteil daran berechnet.

Aussagekraft gewinnt die Bilanz jedoch erst im Zeitvergleich, wenn Wertentwicklungen einzelner Positionen verglichen werden können (Wird überaltertes Anlagevermögen regelmäßig ersetzt? Zeigt das Verhältnis zwischen Eigen- und Fremdkapital auffällige Veränderungen?) und im Abgleich mit Werten aus der Gewinn- und Verlustrechnung (sind hohe Vorratsbestände ein Hinweis auf Absatzprobleme?).

Manche Fragen können aber auch dann kaum beantwortet werden, etwa die, ob ein hoher Forderungsbestand eher mit hohen Umsatzerlösen oder mit der schlechten Zahlungsmoral der Gläubiger zu tun hat. Auch von daher ist der Aussagewert der Bilanz stark eingeschränkt.

Nachfolgend werden einige Bilanzpositionen eingehender beleuchtet.

2.2.2.1.1 Immaterielle Vermögensgegenstände

Weder im Handels- noch im Steuerrecht sind immaterielle Vermögensgegenstände besonders definiert.

Die Praxis versteht hierunter nichtkörperliche Güter, also Rechte, rechtsähnliche Werte und sonstige Vorteile. Beispiele sind Patente, Gebrauchs- und Geschmacksmuster, Handelsmarken, Sachkonzessionen, Lizenzen, Rezepte usw. Auch Software kann als immaterieller Vermögensgegenstand angesehen werden.

Der Unterschied zu Guthaben, Beteiligungen und Forderungen, die ebenfalls nicht-stofflicher Natur sind, besteht darin, dass bei letzteren der materielle Wert im Zeitpunkt der Entstehung bestimmbar ist, während die »im engeren Sinne« immateriellen Vermögensgegenstände als »erschwert konkretisierbar« gelten müssen.

Die Schwierigkeit bei der Bilanzierung immaterieller Vermögensgegenstände besteht in der Feststellung, ob ein in Frage stehender immaterieller Gegenstand überhaupt einen **Vermögensgegenstand** darstellt.

Nach Handelsrecht muss ein Vermögensgegenstand selbstständig **verkehrsfähig** (und damit selbstständig veräußerbar) sein, während das Steuerrecht nur die selbstständige **Bewertbarkeit** verlangt. Letztere ist bei immateriellen Gütern häufig gegeben, aber an der selbstständigen Veräußerbarkeit mangelt es oft, woraus ein handelsrechtliches Bilanzierungsverbot resultiert.

Es sollen einige der immateriellen Vermögensgegenstände des Anlagevermögens erläutert werden:

- **Selbst geschaffene gewerbliche Schutzrechte und ähnliche Rechte und Werte** dürfen nur in der Handelsbilanz und nur mit den für ihre Entwicklung angefallenen Aufwendungen aktiviert werden.
- **Konzessionen** sind Betriebserlaubnisse, die sich auf den ganzen Betrieb erstrecken, etwa Schank-, Apotheken- und Güterfernverkehrskonzessionen. Konzessionen, die sich nur auf den Betrieb einzelner Anlagen beziehen, werden nicht selbstständig aktiviert, sondern als Anschaffungskosten dieser Anlagen.
- **Gewerbliche Schutzrechte** sind Patente, Marken- oder Urheberrechte, Gebrauchs- und Geschmacksmuster;
- **Ähnliche Rechte** sind z. B. Nutzungs- oder Baurechte, Erfindungen und Rezepte.
- Der **Geschäfts- oder Firmenwert** ist nach § 246 Abs. 1 S. 4 HGB

  »der Unterschiedsbetrag, um den die für die Übernahme eines Unternehmens bewirkte Gegenleistung den Wert der einzelnen Vermögensgegenstände des Unternehmens abzüglich der Schulden im Zeitpunkt der Übernahme übersteigt (entgeltlich erworbener Geschäfts- oder Firmenwert ...).«

  Dieser als abgeleiteter (derivativer) Firmenwert bezeichnete Wert gilt als zeitlich begrenzt nutzbarer Vermögensgegenstand, der aktiviert werden und nach § 253 Abs. 3 HGB planmäßig abgeschrieben werden muss. Eine spätere Wertaufholung ist hier unzulässig (§ 253 Abs. 5 S. 2 HGB). Für einen durch eigene geschäftliche Betätigung selbst geschaffenen (originären) Firmenwert, der nur schwer zu beziffern wäre, besteht dagegen ein Aktivierungsverbot.

Für nicht abnutzbare immaterielle Vermögensgegenstände des Anlagevermögens kommt lediglich eine außerplanmäßige AfA (§ 253 Abs. 3 Satz 3) bzw. eine Teilwertabschreibung in Betracht.

2.2.2.1.2 Sachanlagevermögen

§ 266 Abs. 2 A. II. HGB gliedert das Sachanlagevermögen in folgende Gruppen:

- **Grundstücke, grundstücksgleiche Rechte, Bauten** einschließlich der Bauten auf fremden Grundstücken:
  - **Grundstücke** sind sämtliche Arten von Grundvermögen; **grundstücksgleiche Rechte** sind dingliche Rechte, die zivilrechtlich wie Grundstücke behandelt werden, also z. B. Erbbaurechte und Wohnungseigentum.
  - **Bauten:** Entscheidend für die Anerkennung eines Bauwerkes als Gebäude ist dessen Zweck. Ist ein Bauwerk Bestandteil einer Maschine (z. B. Transformatorenhäuschen), so gilt es als Teil der Anlage und ist bei dieser zu aktivieren. Einbauten in fremde Gebäude gelten nicht als Bauten im Sinne dieser Bilanzposition.
- **Technische Anlagen und Maschinen:** Diese dienen unmittelbar der Leistungserstellung des Unternehmens und unterscheiden sich hierin von der folgenden Position.
- **Andere Anlagen, Betriebs- und Geschäftsausstattung**, die der Leistungserstellung nur mittelbar dienen: Bisweilen erscheinen die Grenzen zwischen den Bilanzpositionen fließend. Generell gilt, dass die mit der erstmaligen Bilanzierung vorgenommene Zuordnung eines Gegenstandes zu einer bestimmten Bilanzposition zukunftsbindende Wirkung hat.

- **Geleistete Anzahlungen und Anlagen im Bau:** Hierunter fallen Anzahlungen auf Sachanlagen sowie Aufwendungen für Investitionen, die am Bilanzstichtag noch nicht fertig gestellt waren.

2.2.2.1.3 Finanzanlagevermögen

Finanzanlagen (§ 266 Abs. 2 A. III. HGB) sind Anteile an anderen Unternehmen, Wertpapiere und Ausleihungen, an denen das bilanzierende Unternehmens dauerhaft festhalten will. Diese Beurteilung ist allein dem bilanzierenden Kaufmann überlassen, der seine Absicht mit der Zuordnung der entsprechenden Vermögensgegenstände zu einer der genannten Bilanzpositionen zum Ausdruck bringt. Besteht keine Absicht einer dauerhaften Bindung, muss die Aktivierung im Umlaufvermögen (Wertpapiere oder Forderungen) erfolgen.

Bei der Bilanzierung ist zu unterscheiden zwischen

- **Anteilen an verbundenen Unternehmen:** Hierunter werden solche Unternehmen verstanden, die demselben Konzern angehören und zwar juristisch selbstständig, aber wirtschaftlich verknüpft sind.
- **Beteiligungen** sind nach § 271 Abs. 1 HGB »...Anteile an anderen Unternehmen, die bestimmt sind, dem eigenen Geschäftsbetrieb durch Herstellung einer dauernden Verbindung zu jenen Unternehmen zu dienen«. Ein Beteiligungsverhältnis wird angenommen, wenn das bilanzierende Unternehmen mehr als 20 % des Nennkapitals oder der Kapitalanteile des anderen Unternehmens hält. Ab 50 % wird von verbundenen Unternehmen ausgegangen. Ein Bestand an Wertpapieren eines Unternehmens von unter 20 % dessen Nennkapitals wird nicht hier, sondern unter
- »**Wertpapiere des Anlagevermögens**« bilanziert.

Die handelsrechtliche Zuordnung eines Vermögensgegenstandes zu einer bestimmten Bilanzposition ist in aller Regel auch für die Steuerbilanz bindend.

Der Anlagenspiegel

Für Kapitalgesellschaften gilt die handelsrechtliche Pflicht (§ 268 Abs. 2 HGB) zur Darstellung der Entwicklung der einzelnen Posten des Anlagevermögens in der Bilanz oder im Anhang. Dieser Ausweis erfolgt im **Anlagenspiegel** – auch **Anlagengitter** genannt – und beinhaltet

- die historischen Anschaffungs- bzw. Herstellungskosten (AK/HK),
- Zugänge im Abschlussjahr (Investitionen, Aufrüstungen), Angabe in AK/HK,
- Abgänge im Abschlussjahr, Angabe in AK/HK,
- Umbuchungen im Abschlussjahr (z. B. bei Anlagen, die im Vorjahr noch als Anlagen im Bau geführt und mittlerweile fertig gestellt wurden), Angabe in AK/HK,
- Zuschreibungen im Abschlussjahr (dabei handelt es sich um Wertaufholungen früherer Wertminderungen, die inzwischen hinfällig geworden sind),
- kumulierte Abschreibungen, in Nachspalten unterteilt in Abschreibungen der Vorjahre und Abschreibungen des Geschäftsjahres, ggf. unter Angabe der Nutzungsdauer und der AfA-Methode,
- den Buchwert in der Schlussbilanz des Abschlussjahres.

Der Anlagenspiegel ist nach der Bruttomethode aufzustellen, d. h. es ist nicht der Buchwert zu Geschäftsjahresbeginn abzüglich der jährlichen Abschreibung anzugeben, sondern es ist von den historischen **Anschaffungs-** oder **Herstellungskosten** auszugehen. Zugänge, Abgänge und Umbuchungen sind nur für das Geschäftsjahr, also nicht kumuliert, und mit den Anschaffungs- oder Herstellungskosten auszuweisen. Zuschreibungen, d. h. Wertaufholungen infolge früherer, jetzt aber hinfällig gewordener Abwertungen, sind nur für das Geschäftsjahr auszuweisen. Zu Beginn des Folgejahres erfolgt eine Saldierung dieser Zuschreibungen mit den kumulierten Abschreibungen.

Im Anlagenspiegel werden nicht nur Sachanlagen, sondern auch immaterielle Anlagenwerte und Finanzanlagen erfasst.

Die folgende Abbildung zeigt ein Beispiel.

Maschinen	AH/HK	Anschaffung am (Monat/Jahr)	Zugänge	Abgänge	Umbuchungen	Zuschreibungen	Abschreibungen				Buchwert am 31.12.
							Nutzungsdauer in Jahren	in Vorjahren	im Abschlussjahr	Insgesamt	
Kühlanlage	650.000,00	01/96	0,00	650.000,00	–	0,00	10	0,00	0,00	0,00	0,00
Stanzwerk	820.000,00	07/09	50.000,00	0,00	–	0,00	14	87.857,00	62.571,00	150.428,00	719.572,00
Lackierautomat	480.000,00	01/10	0,00	0,00	–	0,00	13	36.923,00	36.923,00	73.846,00	406.154,00

Anlagengitter (Werte in €) am 31.12.2016

2.2.2.1.4 Vorratsvermögen

Das Vorratsvermögen (§ 266 Abs. 2 B. I. HGB) von Industriebetrieben beinhaltet die folgenden Positionen:

- **Roh-, Hilfs- und Betriebsstoffe:**
  - Rohstoffe sind diejenigen Grundstoffe der Produktion, die als Hauptbestandteil in das erzeugte Produkt eingehen.
  - Hilfsstoffe gehen ebenfalls mit ihrer Substanz in das Erzeugnis ein, sind dabei aber von nur untergeordneter Bedeutung.
  - Betriebsstoffe gehen dagegen nicht stofflich in das Produkt ein, sondern ermöglichen die Herstellung, z. B. als Antriebs- oder Schmiermittel.
- **Unfertige Erzeugnisse** sind die am Stichtag im Lager vorhandenen erst teilweise fertig gestellten Erzeugnisse.
- **Fertige Erzeugnisse** sind noch nicht abgesetzte Produkte am Lager.
- **Handelswaren** sind fremdbezogene Erzeugnisse im Ausgangslager.

2.2.2.1.5 Forderungen und sonstige Vermögensgegenstände

Die Forderungen und sonstigen Vermögensgegenstände gliedert das Bilanzschema des § 266 Abs. 2 B. II. HGB wie folgt:

- **Forderungen aus Lieferungen und Leistungen:** Diese entstehen durch Zielverkäufe (Lieferung jetzt, Zahlung nach Ablauf einer vereinbarten Frist) von Erzeugnissen an Kunden und stellen somit kurzfristig gewährte Kredite dar. Ihre Laufzeit beträgt im Allgemeinen wenige Tage bis einige Monate. Ihre Erfassung erfolgt in der Kontokorrentbuchhaltung (Debitorenbuchhaltung). Dieser Bilanzposition werden auch die **Besitzwechsel** (auf Dritte gezogene Wechsel, die zahlungshalber entgegengenommen wurden) und **Protestwechsel** (zu Protest gegangene Wechsel, für die das Unternehmen aufgrund einer Weitergabe zu einem früheren Zeitpunkt haftet, und die es am Stichtag im eigenen Bestand hält) zugerechnet.
- **Forderungen gegen verbundene Unternehmen.**
- **Forderungen gegen Unternehmen, mit denen ein Beteiligungsverhältnis besteht.**
- **Sonstige Vermögensgegenstände:** Hierzu gehören Forderungen aus Vorsteuer, sonstige Forderungen an Finanzbehörden, Forderungen an Mitarbeiter und die »übrigen sonstigen Forderungen«, insbesondere die Forderungen aus der zeitlichen Abgrenzung von Erträgen, die erst in einer späteren Periode zu Einnahmen führen.

Für die Kapitalgesellschaften bestimmt § 268 Abs. 4 HGB bezüglich des Ausweises von Forderungen:

»Der Betrag der Forderungen mit einer Restlaufzeit von mehr als einem Jahr ist bei jedem gesondert ausgewiesenen Posten zu vermerken. Werden unter dem Posten ›sonstige Vermögensgegenstände‹ Beträge für Vermögensgegenstände ausgewiesen, die erst nach dem Abschlussstichtag rechtlich entstehen, so müssen Beträge, die einen größeren Umfang haben, im Anhang erläutert werden.«

2.2.2.1.6 Wertpapiere des Umlaufvermögens

Wertpapiere gem. § 266 Abs. 2 B. III. HGB, die im Umlaufvermögen bilanziert werden, sollen nach dem Willen des bilanzierenden Kaufmanns nicht dauerhaft im Bestand des Unternehmens verbleiben, sondern dienen der vorübergehenden Geldanlage: Meist zur Überbrückung von Fristeninkongruenzen (wenn z. B. Geldmittel aus bezahlten Forderungen bereits eingegangen sind, die Verbindlichkeiten, die mit den eingegangenen Mitteln beglichen werden sollen, aber noch nicht fällig sind) oder zur Spekulation.

2.2.2.1.7 Zahlungsmittelbestände

Zur Position nach § 266 Abs. 2 B. IV. HGB, die die Zahlungsmittelbestände zusammenfasst, gehören Schecks, Guthaben auf Konten und Skontren (Konten, die auf ausländische Währung lauten) sowie Barbestände in inländischer und ausländischer Währung (Sorten).

Briefmarken und Freistemplerguthaben gehören bilanziell ebenfalls zu den Zahlungsmitteln.

2.2.2.1.8 Rechnungsabgrenzungsposten

Rechnungsabgrenzungen werden notwendig, wenn Auszahlungen/Einzahlungen und die damit sachlich zusammenhängenden Aufwendungen/Erträge unterschiedliche Perioden betreffen.

Die Pflicht zur Bildung von Rechnungsabgrenzungsposten resultiert aus dem Grundsatz der **periodengerechten Erfassung** von Aufwendungen und Erträgen und ist in § 250 HGB sowie § 5 Abs. 5 EStG ausdrücklich verankert. Sie erfolgt in Zusammenhang mit den transitorischen Posten, d. h. Geldbewegungen im alten Jahr für Aufwendungen (aktive Rechnungsabgrenzung) bzw. Erträge (passive Rechnungsabgrenzung) des neuen Jahres.

Liegt der Sachverhalt **andersherum**, also »Geldbewegung im neuen Jahr, Aufwand/Ertrag im alten Jahr« (so genannte antizipative Posten), erfolgt die Verbuchung und Bilanzierung jedoch nicht als Rechnungsabgrenzungsposten, sondern als »sonstige Forderung« bzw. »sonstige Verbindlichkeit« (des alten Jahres gegenüber dem neuen Jahr). Einzelheiten zu diesem Thema zeigten sich in Abschnitt 2.2.1.5.19.

2.2.2.1.9 Latente Steuern

Latente Steuern (§ 274 i.V.m. § 249 Abs. 1 HGB) resultieren aus Abweichungen im Gewinnausweis von Handelsbilanz und Steuerbilanz, die aus der Ausübung von Aktivierungswahlrechten (etwa bei immateriellem Anlagevermögen und Disagio) oder dem Ansatz von Rückstellungen von Drohverlusten in der Handelsbilanz (bei steuerlichem Ansatzverbot) resultieren.

- Wenn der in der Steuerbilanz ausgewiesene Gewinn niedriger ist als der in der Handelsbilanz ausgewiesene und wenn abzusehen ist, dass sich der daraus resultierende zu niedrige Steueraufwand in späteren Geschäftsjahren ausgleichen wird, muss in Höhe der voraussichtlichen Steuerbelastung nachfolgender Geschäftsjahre ein Ansatz in der Handelsbilanzposition »passive latente Steuern« erfolgen **(Ansatzpflicht)**.
- Wenn der in der Steuerbilanz ausgewiesene Gewinn höher ist als der in der Handelsbilanz ausgewiesene und wenn abzusehen ist, dass sich der daraus resultierende zu hohe Steueraufwand in späteren Geschäftsjahren ausgleichen wird, darf in Höhe der voraussichtlichen Steuerentlastung nachfolgender Geschäftsjahre ein Ansatz in der Handelsbilanzposition »aktive latente Steuern« erfolgen **(Ansatzwahlrecht)**.

Diese Positionen sind mit Eintreten der höheren Steuerbelastung aufzulösen. Auf Einzelheiten und Besonderheiten, etwa die Wechselwirkungen der Bilanzierung selbst geschaffener immaterieller Vermögensgegenstände des Anlagevermögens mit dem Ausweis latenter Steuern und der Beschränkung von Gewinnausschüttungen (§ 268 Abs. 8 HGB) soll hier nicht näher eingegangen werden.

2.2.2.1.10 Bilanzierung des Eigenkapitals

Welche Eigenkapitalpositionen in einer Bilanz erscheinen, hängt vorrangig von der Rechtsform des bilanzierenden Unternehmens ab. Grundsätzlich können die Eigen-kapitalkonten in zwei Gruppen unterteilt werden:

- **Konstante Eigenkapitalkonten** enthalten das im Gesellschaftsvertrag vereinbarte Haftungskapital;
- **variable Eigenkapitalkonten** sind Gesellschafterverrechnungskonten mit veränderlicher Betragshöhe, wobei die Veränderungen auf Entnahmen, Einlagen, Gewinngutschriften und Verlustzuweisungen beruhen können.

Für die verschiedenen Rechtsformen gilt:

Einzelunternehmungen kennen kein garantiertes Kapital, weil der Einzelunternehmer ohnehin mit seinem gesamten Vermögen haftet, und damit auch kein konstantes Eigenkapitalkonto.

Für Gesellschafter in **offenen Handelsgesellschaften (OHG)** kann, wenn dies im Gesellschaftsvertrag vereinbart ist, ein konstantes Eigenkapitalkonto geführt werden, das die vertraglich bestimmte Kapitaleinlage aufnimmt. In diesem Falle muss parallel ein variables Eigenkapitalkonto je Gesellschafter geführt werden, auf dem Gewinne, Verluste, Einlagen und Entnahmen gebucht werden.

Kommanditgesellschaften (KG) benötigen in der Regel beide Kontenformen: Da die Einlagen der **Kommanditisten (Teilhafter)** festliegen und nicht durch Entnahmen, Einlagen usw. verändert werden können, sind hierfür konstante Konten erforderlich. Noch nicht ausgezahlte Gewinne der Kommanditisten stellen für die Gesellschaft kein Eigenkapital, sondern Verbindlichkeiten dar! Die Gewinn- und Verlustzuweisungen an **Komplementäre (Vollhafter)** werden dagegen jeweils auf einem variablen Kapitalkonto gebucht, das auch deren Einlagen aufnimmt.

Kapitalgesellschaften führen grundsätzlich ebenfalls variable und konstante Kapitalkonten. Die konstanten Konten weisen das **gezeichnete Kapital** (haftendes Kapital; bei **Aktiengesellschaften** als Grundkapital, bei **Gesellschaften mit beschränkter Haftung** als Stammkapital bezeichnet) in Nennwerten aus. Variable Positionen sind die verschiedenen (nicht-haftenden) Rücklagen, auf die später noch ausführlich eingegangen wird.

Nachfolgend wird die Behandlung der handelsrechtlichen Bilanzierung des Eigenkapitals getrennt zunächst für Nicht-Kapitalgesellschaften und anschließend für Kapitalgesellschaften betrachtet.

2.2.2.1.10.1 Handelsrechtliche Bilanzierung des Eigenkapitals von Nicht-Kapitalgesellschaften

Für die Eigenkapitalbilanzierung von Nicht-Kapitalgesellschaften gelten die Gliederungsvorschriften des § 266 HGB bekanntlich nicht. Die zu beachtenden Anforderungen ergeben sich daher ausschließlich aus den GoB. Wesentliche Mindestanforderungen sind

- die Unterscheidung des Eigenkapitals vom Fremdkapital,
- das Verbot, Forderungen an Gesellschafter mit deren Kapitalanteilen zu verrechnen, verbunden mit der Pflicht, Forderungen und Verbindlichkeiten gegenüber Gesellschaftern ausdrücklich kenntlich zu machen (negative Kapitalanteile und Verlustvorträge stellen keine Forderungen gegen Gesellschafter dar!),
- die Kenntlichmachung ausstehender Kommanditeinlagen (i.d.R. auf der Aktivseite vor dem Anlagevermögen).

2.2.2.1.10.2 Handelsrechtliche Bilanzierung des Eigenkapitals von Kapitalgesellschaften

Nach § 266 Abs. 3 A HGB i.V.m. § 272 HGB müssen große und mittelgroße Kapitalgesellschaften ihr Eigenkapital wie folgt gliedern:

I. Gezeichnetes Kapital
II. Kapitalrücklage
III. Gewinnrücklage
   1. Gesetzliche Rücklage
   2. Rücklage für Anteile an einem herrschenden oder mehrheitlich beteiligten Unternehmen
   3. Satzungsmäßige Rücklagen
   4. Andere Gewinnrücklagen
IV. Gewinnvortrag/Verlustvortrag
V. Jahresüberschuss/Jahresfehlbetrag

Kleine Kapitalgesellschaften dürfen sich gem. § 266 Abs. 1 HGB auf die mit Buchstaben und römischen Ziffern bezeichneten Positionen beschränken.

Gezeichnetes Kapital

Das gezeichnete Kapital ist mit dem Nennbetrag anzusetzen (§ 272 Abs. 1 S. 1 HGB). Die Haftung der Gesellschafter ist auf diesen Betrag beschränkt. Jedoch ist die Haftungsmasse des Unternehmens gegenüber den Gläubigern nicht auf das gezeichnete Kapital beschränkt, sondern besteht – unabhängig von dessen Höhe – in der Substanz des Unternehmens.

Das gezeichnete Kapital entspricht dem **Grundkapital** der Aktiengesellschaft (= Summe der Nennwerte der ausgegebenen Aktien) bzw. dem **Stammkapital** der GmbH.

Nicht eingeforderte ausstehende **Einlagen** auf das gezeichnete Kapital müssen gem. § 272 Abs. 1 HGB vom Posten »Gezeichnetes Kapital« offen abgesetzt werden. Die verbleibenden eingeforderten Einlagen werden in diesem Falle in der Hauptspalte der Passivseite gesondert ausgewiesen; der noch nicht eingezahlte Betrag ist unter den Forderungen gesondert auszuweisen.

Erworbene **eigene Anteile** müssen in der Vorspalte offen vom gezeichneten Kapital abgesetzt werden (§ 272 Abs. 1a HGB).

Rücklagen

Rücklagen stellen das variable Eigenkapital der Kapitalgesellschaften dar. Sie werden vor allem gebildet, um die Eigenkapitalbasis und damit die Unabhängigkeit und Stabilität des Unternehmens zu stärken und seine Bonität (Kreditwürdigkeit) zu verbessern. Eine wesentliche Unterscheidung ist diejenige in Kapitalrücklagen und Gewinnrücklagen. Kapitalrücklagen fließen der Gesellschaft stets von außen zu, während Gewinnrücklagen einbehaltene (»thesaurierte«) eigene Mittel darstellen.

Kapitalrücklagen sind Eigenkapitel, das dem Unternehmen von den Eigentümern über das gezeichnete Kapital hinaus zugeführt wurde. Sie entstehen durch

- **Zuzahlungen** von Gesellschaftern gegen Gewährung eines Vorzuges für ihre Aktien.
- andere Zuzahlungen von Gesellschaftern.
- **Aufgeld-Zuflüsse** im Zuge der Ausgabe (Emission) von Anteilen oder Bezugsrechten. Aufgeld (Agio) ist der Betrag, um den der Kaufpreis eines Anteils seinen Nennbetrag übersteigt. Es ist in voller Höhe, also ohne Abzug der Emissionskosten (die als Aufwendungen behandelt werden), in die Kapitalrücklagen einzustellen.
- Zuflüsse durch Ausgabe von **Wandelschuldverschreibungen** und **Optionsrechten**.

Gewinnrücklagen werden aus dem versteuerten Gewinn gebildet. Bei ihrer späteren Auflösung fällt daher auch keine Steuer an. Mit der Bilanzrechtsreform entfiel der früher auf die umgekehrte Maßgeblichkeit zurückzuführende Ausweis **steuerfreier Rücklagen** auch in der Handelsbilanz. In der Steuerbilanz können jedoch nach wie vor steuerfreie Rücklagen gebildet werden, z. B. die Reinvestitionsrücklage (§ 6 b Abs. 3 EStG) aus Veräußerungserlösen, wenn diese in bestimmter Weise reinvestiert werden, und die Rücklagen für Ersatzbeschaffung bzw. Reparatur nach R 6.6 EStR 2008.

Zu den Gewinnrücklagen zählen:

- **Gesetzliche Rücklagen:** Aktiengesellschaften und KgaA (Kommanditgesellschaft auf Aktien) müssen so lange 5 % ihres um einen eventuellen Verlustvortrag gekürzten Jahresüberschusses in die gesetzliche Rücklage einstellen, bis die Summe aus gesetzlicher Rücklage und Kapitalrücklage 10 % des Grundkapitals oder einen von der Satzung bestimmten höheren Prozentsatz ausmacht. Dieser Prozentsatz bezieht sich auf den Nominalwert des gesamten gezeichneten Kapitals.
- **Rücklagen für Anteile an einem herrschenden oder mehrheitlich beteiligten Unternehmen** als Gegenposten zu den auf der Aktivseite ausgewiesenen Anteilen dieser Unternehmen.
- **Satzungsmäßige Rücklagen:** Die Satzung der AG kann die Bildung weiterer Rücklagen verfügen, denen ggf. lt. Satzung ebenfalls regelmäßig Teile des um einen eventuellen Verlustvortrag gekürzten Jahresüberschusses zugeführt werden müssen.
- **Andere (freie) Rücklagen:** Der Aufsichtsrat kann auf Vorschlag des Vorstandes die Einstellung weiterer Teile des Jahresüberschusses in freie Rücklagen beschließen. Jedoch dürfen höchstens 50 % des Restgewinns (Restgewinn = Jahresüberschuss abzgl. Verlustvortrag abzgl. Zuführung zur gesetzlichen Rücklage) für satzungsmäßige und andere Rücklagen verwendet werden. Damit ist sichergestellt, dass die Hauptversammlung der Gesellschafter wenigstens über die Verwendung der Hälfte des Restgewinns entscheiden kann. Es steht ihr frei, die Ausschüttung dieses Betrages zu beschließen oder auf eine Ausschüttung ganz oder teilweise zu verzichten und andere (freien) Rücklagen zu bilden.

2.2.2.1.10.3 Der Ausweis des Bilanzergebnisses

Das Gliederungsschema von § 266 Abs. 3 HGB sieht den gesonderten Ausweis des Jahresüberschusses bzw. Jahresfehlbetrages sowie der Gewinn- bzw. Verlustvorträge vor.

Damit unterstellt es einen Ergebnisausweis **vor** Gewinnverwendung. Die Kapitalgesellschaften dürfen den Ergebnisausweis jedoch auch nach teilweiser Gewinnverwendung oder nach vollständiger Gewinnverwendung vornehmen (§ 268 Abs. 1 HGB).

Wird der **Ergebnisausweis nach teilweiser Gewinnverwendung** vorgenommen, so wird nicht Jahresüberschuss oder Jahresfehlbetrag bilanziert, sondern Bilanzgewinn oder Bilanzverlust, die sich wie folgt herleiten:

  Jahresüberschuss (+) bzw. Jahresfehlbetrag (–)
+ Gewinnvortrag aus dem Vorjahr oder
– Verlustvortrag aus dem Vorjahr
+ Entnahme aus Rücklagen
– Einstellungen in Rücklagen

= Bilanzgewinn (+) bzw. Bilanzverlust (–)

Ein Ausweis der Position »Gewinnvortrag/Verlustvortrag« entfällt damit.

Beim **Ergebnisausweis nach vollständiger Gewinnverwendung** (d. h. bei Aufstellung der Bilanz nach der Hauptversammlung, in der über die Verwendung des Gewinns abschließend beschlossen wurde) werden weder ein Bilanzgewinn/Bilanzverlust noch ein Jahresüberschuss/Jahresfehlbetrag ausgewiesen; auch die Position Gewinnvortrag/Verlustvertrag entfällt. Die Gewinnverwendung wird erkennbar

- im Vergleich der Rücklagen am Ende des Berichtsjahres mit denjenigen des Vorjahres,
- durch den Ausweis des zur Ausschüttung bestimmten Teils des Jahresergebnisses als Verbindlichkeit gegenüber den Gesellschaftern in der Position »Sonstige Verbindlichkeiten«.

2.2.2.1.11 Inhalte und Bilanzierung von Mezzanine-Kapital

»Mezzanine« bedeutet »Zwischengeschoss«. Auf der Passivseite der Bilanz wird das »Zwischengeschoss« zwischen Eigen- und Fremdkapital von Finanzierungsarten eingenommen, die Mischformen aus Eigen- und Fremdfinanzierungsinstrumenten darstellen. Sie werden auch als **»hybride Finanzierungen«** bezeichnet.

In der Bilanzanalyse werden sie in der Regel dem wirtschaftlichen Eigenkapital zugerechnet. Genussrechte und stille Beteiligungen werden in den Basel-II-Richtlinien ausdrücklich zum Eigenkapital gezählt. Handels- und steuerrechtlich werden die Aufwendungen, die durch die Kapitalüberlassung entstehen, dagegen als betrieblicher Aufwand behandelt.

Die Zurechnung zum Eigenkapital ist der wesentliche Vorteil mezzaniner Finanzierungen. Zwar bestehen die Ansprüche der Geber von mezzaninem Kapital vorrangig gegenüber den Anteilseignern; jedoch ergibt sich im Insolvenzfall ein **Rangrücktritt** der Finanzierungsgeber hinter die Fremdkapitalgeber. Dementsprechend verlangen die Geber mezzaniner Finanzierungen eine erhöhte Risikoprämie in Gestalt höherer Zinsen oder eines **»Equity Kicker«**: Hierunter ist eine Beteiligung am Jahresüberschuss oder auch ein später – etwa im Falle eines Börsengangs des Finanzierungsnehmers – einzulösender Anspruch auf Wandlung in Eigenkapital zu verstehen.

Wesentliche Ausgestaltungsformen von Mezzanine-Finanzierungen sind – neben den schon erwähnten Genussrechten und stillen Beteiligungen – **nachrangige Darlehen** und **partiarische Darlehen, Gesellschafterdarlehen** und **Wandelschuldschuldverschreibungen** (die an dieser Stelle jeweils nicht näher erläutert werden sollen).

Mezzanine-Kapital wird bilanziell in der Regel zwischen dem Eigenkapital und den Rückstellungen oder bei den Verbindlichkeiten ausgewiesen. Ein Ausweis beim Eigenkapital ist an eine Reihe von Voraussetzungen geknüpft; insbesondere darf in diesen Fällen eine Verlustbeteiligung nicht ausgeschlossen oder beschränkt sein und eine Gewinnbeteiligung oder zinsartige Zahlung nur aus tatsächlich erzieltem Gewinn erfolgen.

2.2.2.1.12 Rückstellungen

Rückstellungen sind von ihrer Natur her Verbindlichkeiten, die wirtschaftlich zwar dem Abschlussjahr zuzurechnen sind, aber erst in einer späteren Periode zu Auszahlungen führen. Sie sind vom Grunde her bekannt, aber in mindestens einer anderen Hinsicht mit Unsicherheit behaftet: Ihre Höhe und/oder ihre Fälligkeit (»ob überhaupt«) steht zum Zeitpunkt ihrer Bildung noch nicht fest.

Rückstellungspflichten

Für eine Reihe von Rückstellungsgründen schreibt das Handelsrecht die Passivierung vor, woraus in Anwendung der Regeln der **Maßgeblichkeit** grundsätzlich (d. h. außer, wenn das Steuerrecht ausdrücklich eine andere Regelung vorsieht) eine Passivierungspflicht auch für die Steuerbilanz resultiert. Handelsrechtliche Passivierungswahlrechte gibt es seit der Bilanzrechtsreform von 2009 nicht mehr.

Eine **Pflicht** zur Rückstellung besteht gem. § 249 HGB für:

- **Ungewisse Verbindlichkeiten**; hierunter fallen
  - Pensionszusagen,
  - Garantieverpflichtungen,
  - Prozesskosten,
  - Patentrechtsverletzungen,
  - Gratifikationen, Tantiemen, Provisionen...,
  - Kundenboni,
  - Kosten des Jahresabschlusses.
- **Drohende Verluste aus schwebenden Geschäften** (jedoch: steuerliches Ansatzverbot gem. § 5 Abs. 4a EStG).
- **Unterlassene Instandhaltungsaufwendungen**, die im folgenden Geschäftsjahr innerhalb von drei Monaten, oder für **Abraumbeseitigung**, die im folgenden Geschäftsjahr nachgeholt werden.
- **Gewährleistungen**, die ohne rechtliche Verpflichtung erbracht werden (»**Kulanzfälle**«).

In der Steuerbilanz dürfen *»Rückstellungen wegen Verletzung fremder Patent-, Urheber- oder ähnlicher Schutzrechte erst gebildet werden, wenn der Rechtsinhaber Ansprüche wegen der Rechtsverletzung geltend gemacht hat oder mit einer Inanspruchnahme wegen der Rechtsverletzung ernsthaft zu rechnen ist«* (§ 5 Abs. 3 EStG). Ferner gelten Einschränkungen für Rückstellungen für die Verpflichtung zu einer Zuwendung anlässlich eines Dienstjubiläums (§ 5 Abs. 4 EstG).

2.2.2.1.13 Verbindlichkeiten

Nachfolgend sollen einige der Positionen, die § 266 Abs. 3 C. HGB als Verbindlichkeiten auflistet, erläutert werden, soweit die darin enthaltenen Begriffe nicht schon zuvor erklärt wurden.

Anleihen sind schuldrechtliche Wertpapiere, die auf einen festen Nennbetrag lauten und Unternehmen zur Beschaffung von – meist langfristigem – Fremdkapital am Kapitalmarkt dienen. Andere Bezeichnungen sind Schuldverschreibungen oder Obligationen. Konvertible Anleihen können nach bestimmten Regeln in Eigenkapitalanteile umgewandelt werden.

Verbindlichkeiten aus der Annahme gezogener Wechsel sind Zahlungsverpflichtungen aus Wechseln, bei denen das Unternehmen selbst Bezogener ist. Ein gezogener Wechsel ist die Anweisung eines Wechselausstellers an einen Schuldner (den »Bezogenen«), einen bestimmten Geldbetrag zu einem bestimmten Zeitpunkt an denjenigen zu zahlen, der durch die Wechselurkunde zum Empfang berechtigt ist.

Verbindlichkeiten aus der Ausstellung eigener Wechsel: Nicht ein Dritter (etwa ein Lieferant als Aussteller), sondern das Unternehmen selbst hat ein Zahlungsversprechen abgegeben. Die hieraus resultierende Verpflichtung ist zu passivieren.

2.2.2.1.14 Sonstige Positionen der Passivseite

Auf die **Rechnungsabgrenzungsposten der Passivseite** sowie auf **passive latente Steuern** soll hier nicht mehr eingegangen werden, da eine grundsätzliche Erörterung dieser Positionen bereits in den Abschnitten zur Aktivseite erfolgt ist.

2.2.2.2 Bestandskonten und Erfolgskonten

2.2.2.2.1 Bestandskonten

Die den Bilanzpositionen entsprechenden Konten heißen – entsprechend den beiden Bilanzseiten, die als Aktivseite und Passivseite bezeichnet werden – Aktivkonten und Passivkonten. Gemeinsam werden sie als Bestandskonten bezeichnet. Sie verzeichnen den Anfangsbestand jeweils auf derjenigen Kontenseite, die der Zuordnung der Position in der Bilanz entspricht:

- **Aktivkonten** nehmen den Anfangsbestand und die Zugänge des laufenden Jahres auf der linken Seite auf und stellen diesen die Abgänge auf der Habenseite gegenüber.
- **Passivkonten** enthalten den Anfangsbestand und die Zugänge im Haben, die Abgänge dementsprechend im Soll.

Soll		**[Aktivkonto]**			Haben
01.01.	Anfangsbestand	10.000,00	06.01.	Abgang	2.500,00
04.01.	Zugang	500,00	31.12.	Schlussbestand	8.000,00
		10.500,00			10.500,00

Soll	**[Passivkonto]**		Haben
Abgang 12.02	2.000,00	Anfangsbestand 01.01.	8.500,00
Abgang 05.03	3.500,00	Zugang 10.04.	500,00
Schlussbestand 31.12.	3.500,00		
	9.000,00		9.000,00

Aufbau von T-Konten

Die folgende Abbildung zeigt den Zusammenhang zwischen Teilen einer Eröffnungsbilanz und den entsprechenden Bestandskonten.

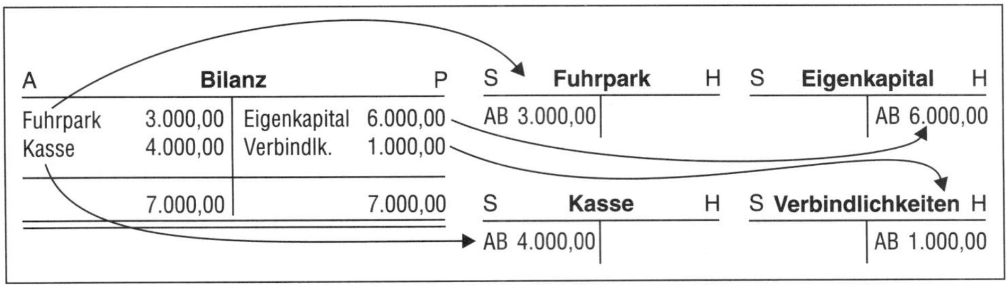

Zusammenhang zwischen Eröffnungsbilanz und Bestandskonten

Wie bereits erwähnt, wird in der tatsächlichen Buchführung ein Eröffnungsbilanzkonto zwischengeschaltet, weil die Bilanz selbst nicht Bestandteil der Buchführung ist.

Jeder Geschäftsvorfall berührt und verändert mindestens zwei Posten der Bilanz:

Entweder geschieht dies auf derselben Bilanzseite als

- **Aktivtausch** oder
- **Passivtausch**,

wobei die Bilanzsumme jeweils unverändert bleibt;

oder auf verschiedenen Bilanzseiten als

- **Aktiv-Passiv-Mehrung** (dabei wird die Bilanz »verlängert«) oder
- **Aktiv-Passiv-Minderung** (dabei wird die Bilanz »verkürzt«).

Bilanzverlängerung bedeutet eine steigende, **Bilanzverkürzung** eine abnehmende Bilanzsumme. Die Veränderung der Bilanzsumme allein ist aber kein Indiz für Erfolg oder Misserfolg: Z. B. steigt die Bilanzsumme durch Aufnahme eines Darlehens, dessen Bereitstellung auf einem Bankkonto erfolgt – hierdurch wird man aber keineswegs »reicher« – ebenso wenig, wie sie durch eine Darlehenstilgung, die eine Abnahme auf dem Bank- und zugleich auf dem Darlehenskonto bewirkt, »ärmer« macht!

Aktivtausch

Ausgangssituation: Ein nicht mehr benötigtes Fahrzeug wurde für 2.000 € bar verkauft.

vorher:

A	Bilanz		P
Fuhrpark	5.000,00	Eigenkapital	6.000,00
Kasse	2.000,00	Verbindlk.	1.000,00
	7.000,00		7.000,00

nachher:

A	Bilanz		P
Fuhrpark	3.000,00	Eigenkapital	6.000,00
Kasse	4.000,00	Verbindlk.	1.000,00
	7.000,00		7.000,00

Die Bilanzsumme wurde **nicht** verändert.

Aktivtausch

Aktiv-Passiv-Mehrung

Ausgangssituation: Ein neues Spezialfahrzeug für 20.000 €
wird durch Darlehen finanziert.

vorher:

A	Bilanz		P
Fuhrpark	3.000,00	Eigenkapital	6.000,00
Kasse	4.000,00	Verbindlk.	1.000,00
	7.000,00		7.000,00

nachher:

A	Bilanz		P
Fuhrpark	23.000,00	Eigenkapital	6.000,00
Kasse	4.000,00	Darlehen	20.000,00
		Verbindlk.	1.000,00
	27.000,00		27.000,00

Die Bilanzsumme ist auf beiden Seiten um denselben Betrag gestiegen
(die Bilanz wurde »**verlängert**«).

Aktiv-Passiv-Mehrung

2.2.2.2.2 Erfolgskonten

Erträge und Aufwendungen werden in sachlich getrennten Konten verzeichnet, die während des laufenden Jahres eingerichtet und bebucht werden, sobald sich hierfür ein Bedarf ergibt. Ihr Buchungsgegenkonto ist immer ein Bestandskonto!

Die gemeinsame Bezeichnung für Ertrags- und Aufwandskonten heißt **Erfolgskonten**. Erfolgskonten sind Unterkonten des **Eigenkapitals**, da jede auf ihnen verzeichnete Bewegung eine positive oder negative Auswirkung auf den Stand des Eigenkapitals zeitigt. Wegen dieses Zusammenhangs werden Erträge im Haben (als Eigenkapitalmehrungen) und Aufwendungen im Soll (als Eigenkapitalminderungen) gebucht.

Die Erfolgskonten werden über das »**Gewinn- und Verlustkonto**«, kurz als GuV bezeichnet, abgeschlossen. Auf diesem wiederum ergibt sich durch Saldierung der Jahresüberschuss bzw. Jahresfehlbetrag, der mit demjenigen der Bilanz übereinstimmen muss.

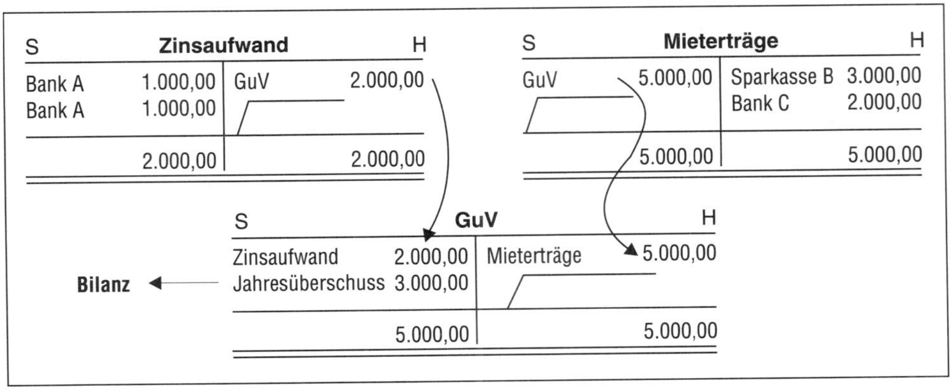

Zusammenhang zwischen Erfolgskonten, GuV und Bilanz

2.2.2.2.3 Kontenabschluss

Zum Jahresende werden die Kontenbestände der Bestandskonten durch Saldierung der während des laufenden Jahres angefallenen Buchungen ermittelt. Die Kontensalden lassen sich zum jeweiligen Bilanzposten zusammenfassen und in ein **Schlussbilanzkonto** übertragen.

Analog zum Kontenabschluss wird die **Schlussbilanz** aufgestellt. Diese entsteht außerhalb der Buchführung und basiert auf den Ergebnissen der Inventur, muss aber wertmäßig mit dem Schlussbilanzkonto übereinstimmen. **Maßgeblich ist die Inventur**, d. h. bei Abweichungen sind die Buchbestände durch entsprechende Buchungen anzupassen.

Beispiel:

Lt. Buchführung müssten 2.700,00 € als Barbestand in der Kasse vorhanden sein. Beim Nachzählen sind aber nur 2.650,00 € vorhanden. Der Fehlbetrag von 50,00 € muss als Aufwand gebucht werden (z. B. »sonstige Aufwendungen« an »Kasse«).

Zieht man von der Summe aller durch Inventur ermittelten aktiven Vermögensposten die Summe aller ebenso ermittelten passiven Schuldposten ab, erhält man das Reinvermögen, also das Eigenkapital. Vergleicht man das so ermittelte und um die Einlagen und Entnahmen bereinigte Eigenkapital am Ende des Geschäftsjahres mit dem Stand zu Beginn, lässt sich aus der Veränderung der erzielte Gewinn oder der eingetretene Verlust ableiten. Dieser wiederum muss dem Saldo des GuV-Kontos entsprechen.

2.2.2.3 Gewinn- und Verlustrechnung

Während die Bilanz dem Einblick in die Vermögenslage dient, ermöglicht die Gewinn- und Verlustrechnung (GuV) den Einblick in die Ertragslage des Unternehmens. Die Gewinn- und Verlustrechnung stellt die Erträge und Aufwendungen der Periode einander gegenüber (§ 242 Abs. 2 HGB). Für Kapitalgesellschaften ist eine Gliederung entweder nach dem **Gesamtkostenverfahren** oder dem **Umsatzkostenverfahren** vorzunehmen (§ 275 HGB) erfolgen. Die folgende Übersicht zeigt die Ermittlung des Jahresüberschusses bzw. -fehlbetrags für **beide** Verfahren:

Gesamtkostenverfahren

1. Umsatzerlöse
2. Erhöhung oder Verminderung des Bestands an fertigen und unfertigen Erzeugnissen
3. andere aktivierte Eigenleistungen
4. sonstige betriebliche Erträge
5. Materialaufwand
   a) Aufwendungen für Roh-, Hilfs- und Betriebsstoffe und für bezogene Waren
   b) Aufwendungen für bezogene Leistungen
6. Personalaufwand
   a) Löhne und Gehälter
   b) soziale Abgaben und Aufwendungen, davon für Altersversorgung
7. Abschreibungen
   a) auf immaterielle Vermögensgegenstände des Anlagevermögens und Sachanlagen
   b) auf Vermögensgegenstände des Umlaufvermögens, soweit diese die in der Kapitalgesellschaft üblichen Abschreibungen überschreiten
8. sonstige betriebliche Aufwendungen
9. Erträge aus Beteiligungen, davon aus verbundenen Unternehmen
10. Erträge aus anderen Wertpapieren und Ausleihungen des Finanzanlagevermögens
11. sonstige Zinsen und ähnliche Erträge, davon aus verbundenen Unternehmen
12. Abschreibungen auf Finanzanlagen und Wertpapiere des Umlaufvermögens
13. Zinsen und ähnliche Aufwendungen, davon an verbundene Unternehmen

14. Steuern vom Einkommen und vom Ertrag

15. Ergebnis nach Steuern
16. sonstige Steuern

17. Jahresüberschuss/Jahresfehlbetrag

Umsatzkostenverfahren

1. Umsatzerlöse
2. Herstellungskosten der zur Erzielung der Umsatzerlöse erbrachten Leistungen
3. Bruttoergebnis vom Umsatz
4. Vertriebskosten
5. allgemeine Verwaltungskosten
6. sonstige betriebliche Erträge
7. sonstige betriebliche Aufwendungen
8. Erträge aus Beteiligungen, davon aus verbundenen Unternehmen
9. Erträge aus anderen Wertpapieren und Ausleihungen des Finanzanlagevermögens, davon aus verbundenen Unternehmen
10. sonstige Zinsen und ähnliche Erträge, davon aus verbundenen Unternehmen
11. Abschreibungen auf Finanzanlagen und auf Wertpapiere des Umlaufvermögens
12. Zinsen und ähnliche Aufwendungen, davon an verbundene Unternehmen

13. Steuern vom Einkommen und vom Ertrag

14. Ergebnis nach Steuern
15. sonstige Steuern

16. Jahresüberschuss/Jahresfehlbetrag

Letztlich führen beide Verfahren zum selben Ergebnis. Gemeinsam ist beiden Verfahren, dass auf der Ertragsseite nur die Umsatzerlöse der tatsächlich verkauften Stücke gebucht werden. Der Unterschied besteht darin, dass beim Gesamtkostenverfahren die Aufwendungen erfasst werden, die sich auf die gesamte produzierte Menge beziehen, unabhängig davon, ob diese auch verkauft worden ist und zum Umsatzerlös beigetragen hat, während das Umsatzkostenverfahren nur diejenigen Herstellkosten erfasst, die tatsächlich auf die zur Erzielung der Umsatzerlöse erbrachten Leistungen entfallen sind. Dementsprechend erfordert das Gesamtkostenverfahren diverse Kürzungen und Hinzurechnungen, um zum Betriebsergebnis zu gelangen.

Zur Erklärung: Für Industriebetriebe typisch ist, dass die in einer Periode produzierte Menge und die in derselben Periode verkaufte Menge nicht übereinstimmen: Bereits zu Beginn der Periode waren sehr wahrscheinlich Anfangsbestände vorhanden, die zwar in der laufenden Periode keine Herstellungskosten verursacht haben, aber möglicherweise verkauft wurden und zu den Umsatzerlösen beigetragen haben. Während der Periode wurden neue Erzeugnisse produziert, aber möglicherweise nicht vollständig abgesetzt, sodass sich auch am Ende der Periode wieder unfertige Erzeugnisse in der Produktion und fertige Erzeugnisse am Lager befinden. Diese Bestände haben Herstellungskosten verursacht, aber nicht zu den Umsatzerlösen beigetragen. Um nun zu den Herstellungskosten zu gelangen, die auf die tatsächlich abgesetzte Menge entfallen, muss durch Gegenüberstellung der Anfangs- und Endbestände bei den unfertigen und fertigen Erzeugnissen deren jeweilige Bestandsveränderung ermittelt werden. Danach wird – jeweils mit den Herstellungskosten –

- der Wert eines eventuellen Mehrbestands **als Ertrag**,
- der Wert eines eventuellen Minderbestands **als Aufwand**

berücksichtigt.

Auf diese Weise werden jeder Periode nur die tatsächlich auf ihre Leistungserstellung entfallenden Kosten und Erträge zugerechnet.

2.2.2.4 Anhang und Lagebericht

2.2.2.4.1 Anhang

Die Pflicht, den Jahresabschluss um einen Anhang zu erweitern, ist nach § 264 Abs. 1 HGB auf Kapitalgesellschaften beschränkt. Mittels des Anhangs sollen die Positionen der Bilanz und der Gewinn- und Verlustrechnung näher erläutert und zusätzliche Informationen geliefert werden, wobei sich die Inhalte des Anhangs im Einzelnen aus § 284 HGB ergeben.

Zu erläutern sind z. B. die bei der Bewertung und Abschreibung angewendeten Methoden, die Darstellung der Beteiligungen an anderen Unternehmen, die langfristigen Verbindlichkeiten, die Zahl der Beschäftigten, die Bezüge von Geschäftsführung, Vorstand und Aufsichtsrat usw., wobei das Gesetz Pflichtangaben im Anhang, Wahlpflichtangaben im Anhang oder Jahresabschluss und freiwillige Angaben unterscheidet.

Kapitalmarktorientierte Kapitalgesellschaften müssen ihren Jahresabschluss um eine **Kapitalflussrechnung** und einen **Eigenkapitalspiegel** erweitern (§ 264 Abs. 1 S. 2 HGB).

2.2.2.4.2 Lagebericht

Im Lagebericht, der nicht Teil des Jahresabschlusses und nur für Kapitalgesellschaften vorgeschrieben ist, sollen nach § 289 HGB der Geschäftsverlauf und die Lage des Unternehmens dargestellt werden. Die Darstellung des Geschäftsverlaufs beschränkt sich dabei auf die für die wirtschaftliche Situation der Gesellschaft und für das Ergebnis des abgelaufenen Geschäftsjahres entscheidenden Vorgänge, die erläutert, bewertet und beurteilt werden.

Die Darstellung der Lage der Gesellschaft soll Angaben liefern, die nach vernünftiger kaufmännischer Beurteilung geeignet sind, die **Gesamtsituation** des Unternehmens **in wirtschaftlicher Hinsicht** zutreffend darzustellen.

Besondere Inhalte des Lageberichts sind der Nachtragsbericht, die Entwicklungsprognose und Angaben zum Bereich Forschung und Entwicklung.

Nach § 289 Abs. 2 HGB soll der Lagebericht auch eingehen auf

- Vorgänge von besonderer Bedeutung, die nach dem Schluss des Geschäftsjahrs eingetreten sind,
- das Risikomanagement und die voraussichtliche Entwicklung der Kapitalgesellschaft,
- den Bereich Forschung und Entwicklung,
- bestehende Zweigniederlassungen der Gesellschaft.
- die Grundzüge des Vergütungssystems börsennotierter Aktiengesellschaften bzgl. der Geschäftsführungsorgane, des Aufsichtsrats und ggf. Beirats sowie der Mitglieder ähnlicher Einrichtungen.

2.3 Kosten- und Leistungsrechnung

2.3.1 Einführung in die Kosten- und Leistungsrechnung

2.3.1.1 Ausrichtung der Kosten- und Leistungsrechnung

Im Gegensatz zur Finanzbuchhaltung, deren externe Ausrichtung in den vorangegangenen Abschnitten verdeutlicht wurde, ist die Kostenrechnung vollständig **intern ausgerichtet**. Als internes Rechnungswesen – auch: Betriebsbuchhaltung – unterliegt sie keinen gesetzlichen Vorschriften. Damit kann sie (anders als die Finanzbuchhaltung, auf deren Daten sie – unter anderem – zurückgreift) das tatsächliche betriebliche Geschehen unabhängig von Zahlungsflüssen, Bewertungsgrenzen und Ansatzvorschriften abbilden und **transparent** machen, wer und was mit welchem Anteil zum betrieblichen Erfolg beigetragen hat.

Die im Betrieb angefallenen Kosten werden nicht nur erfasst, sondern aussagekräftig aufbereitet. Die von der Kosten- und Leistungsrechnung bereitgestellten Daten werden sowohl zur **zeitraumbezogenen Erfolgsbeurteilung**, zur **Kalkulation** in verschiedenen betrieblichen Situationen und zur Steuerung des betrieblichen Geschehens herangezogen.

Damit erfüllt die Kosten- und Leistungsrechnung (abgekürzt KLR) eine **Informations- und Abbildungsfunktion**, aber auch eine **Lenkungsfunktion**, wobei die Grenzen zum **Controlling** verschwimmen.

2.3.1.2 Bereiche der Kosten- und Leistungsrechnung

2.3.1.2.1 Überblick: Kostenarten-, Kostenstellen-, Kostenträgerrechnung

Die Kernbereiche der Kosten- und Leistungsrechnung sind

- **Erfassung** von Kosten (**welche Kosten** sind in welcher Höhe angefallen?)
- **Verteilung** auf die verursachenden Stellen (**wo** sind die Kosten angefallen?)
- **Verrechnung** auf einzelne Produkte bzw. Produktbereiche (**wofür** sind die Kosten angefallen?)

  und letztlich
- die Verrechnung mit den **Leistungen**.

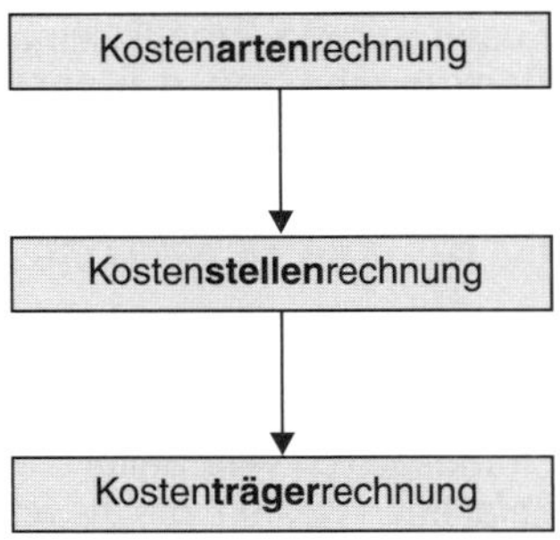

2.3.1.2.2 Überblick: Vollkosten- und Teilkostenrechnung

Kostenrechnungssysteme können danach unterschieden werden, ob sie die angefallenen Kosten **vollständig** oder nur **teilweise** auf die Kostenträger weiterverrechnen. Dementsprechend wird in Voll- und Teilkostenrechnungssysteme unterteilt.

Grundgedanke der Vollkostenrechnung

Ziel der Vollkostenrechnung ist es, für jedes Produkt einen Preis zu ermitteln, dessen Erzielung die Abdeckung sämtlicher im Betrieb angefallenen Kosten sicherstellt. Hierzu werden alle Kosten zunächst in **Einzelkosten** und **Gemeinkosten** unterschieden. Die Einzelkosten werden direkt auf die Kostenträger (= die einzelnen Produkte) übertragen, während die Gemeinkosten nur unter Anwendung der in einer **Kostenstellenrechnung** ermittelten **Verrechnungssätze** auf die **Kostenträger** weiterverrechnet werden können.

Selbstverständlich ist es auf Dauer für das Überleben des Unternehmens unverzichtbar, dass alle angefallenen Kosten – also auch die der Verwaltung, der Leitung usw., die einem Produkt nicht direkt zugerechnet werden können – über die Umsatzerlöse zurückverdient werden. Für kurzfristige Entscheidungen taugen **Vollkosten** jedoch nur sehr bedingt als Grundlage, wie das folgende Beispiel verdeutlichen soll.

Beispiel:

Eine Werkstatt, deren Kapazitäten zur Zeit nicht ausgelastet sind, könnte einen Auftrag übernehmen, der mit 110 € je Stunde bezahlt würde. Der verantwortliche Meister lehnt ab: Die Vollkostenrechnung hätte einen Kostensatz von 125 € je Stunde ergeben, und deswegen sei die Auftragsübernahme ein Verlustgeschäft. Tatsächlich aber beinhaltet der Vollkosten-Stundensatz so genannte Fixkosten (Gehälter, Gebäudemieten usw., Kosten also, die auch anfallen, wenn nicht gearbeitet bzw. kein Erlös erzielt wird) in Höhe von 80 €, während nur 45 € je Stunde an Material- und Fertigungseinzelkosten (so genannten variablen Kosten, die von der Beschäftigung abhängen) anfallen. Folglich könnte jede im Rahmen des Auftrags geleistete Arbeitsstunde mit 65 € (110 € – 45 €) zur Deckung der Fixkosten beitragen. Da alternativ kein anderer, höher dotierter Auftrag in Sicht ist, ist die Annahme des Auftrags also durchaus vernünftig, die Ablehnung dagegen kurzsichtig.

Grundgedanke der Teilkostenrechnung

Im Rahmen der Teilkostenrechnung werden nur diejenigen Kosten auf den **Kostenträger** (= das Produkt) weiterverrechnet, die zu diesem in einer direkten Beziehung stehen (**direkt zurechenbare Kosten**) und nur anfallen, wenn tatsächlich eine Produktion erfolgt (**variable Kosten**). Alle anderen Kosten werden (ggf. in einem gestuften Verfahren) in einem Block erfasst. In der Gegenüberstellung von variablen, direkt zurechenbaren Kosten für ein Produkt einerseits und den Produkterlösen andererseits ergibt sich der **Deckungsbeitrag**, d. h. der Beitrag, der zur Deckung der Fixkosten/Gemeinkosten geleistet wird. Damit wird der zuvor erwähnte und in dem Beispiel verdeutlichte Nachteil der Vollkostenrechnung vermieden.

Für das obige Beispiel beträgt der Deckungsbeitrag 65 €.

2.3.1.2.3 Überblick: Ist-, Normal- und Plankostenrechnung

Grundsätzlich verarbeitet die Kosten- und Leistungsrechnung zunächst die tatsächlich angefallenen Kosten, die als **Istkosten** bezeichnet werden.

Es kann aber – etwa wenn Materialeinkaufspreise schwanken, außerplanmäßige Mehrverbräuche oder Überstunden aufgetreten sind, Lohnerhöhungen oder besondere Tarifeinordnungen einzelner Mitarbeitender das Ergebnis einzelner Kostenstellen beeinflussen und damit die Vergleichbarkeit erschweren – sinnvoll sein, mit »geglätteten« Kosten zu rechnen. Diese werden als **Normalkosten** bezeichnet.

In auf die Zukunft gerichteten Berechnungen – etwa bei Festlegung von Budgets für zukünftige Zeiträume – wird mit **Plankosten** gerechnet.

2.3.1.3 Aufgaben und Ziele der Kosten- und Leistungsrechnung

Auf Basis der aufbereiteten Daten kann die KLR die folgenden Aufgaben erfüllen:

Bereitstellung von Kalkulationsgrundlagen	– Ermittlung von Selbstkosten und kurzfristigen Preisuntergrenzen als Grundlage für die Festlegung von Verkaufspreisen für eigene Erzeugnisse, Dienstleistungen oder Handelswaren – Nachkalkulation von Aufträgen – ebenso: Ermittlung von Preisobergrenzen für den Einkauf – Ermittlung interner Verrechnungspreise in der betriebsinternen Leistungsverrechnung
Bestandsbewertung	– Bewertung der Lagerbestände an fertigen und unfertigen Erzeugnissen – Bewertung selbst erstellter Vermögensgegenstände
Erfolgsermittlung	– Ermittlung des Betriebsergebnisses (kurzfristige Erfolgsrechnung, Kostenträgerzeitrechnung, Deckungsbeitragsrechnung) – Ergebnisermittlung für einzelne Produkte, Kundengruppen usw.
Wirtschaftlichkeitskontrollen	– Soll-Ist-Vergleiche – Zeitvergleiche – Betriebsvergleiche – Entwicklungs- und Abweichungsanalysen jeweils für Gesamtbetrieb, Betriebsteile (Cost Center, Profit Center), Kostenstellen
Entscheidungsvorbereitung durch Datenbereitstellung für...	– Investitionsrechnungen – Verfahrensauswahl – Make or Buy-Entscheidung bei Unterbeschäftigung und Vollauslastung – Entscheidung über Kauf oder Leasing – Entscheidung über die Annahme von Aufträgen – Produktionsprogrammoptimierung im Mehrproduktbetrieb einschließlich der Entscheidung über den Ausstieg aus bestimmten Programmbereichen – Sortimentsplanung – Optimierung des Bestell- und Lagerwesens bzgl. Bestellmengen/Losgrößen, Bestellzeitrhythmen, Sicherheitsbeständen usw. – Break-Even-Analysen / Gewinnschwellenrechnungen – Unterstützung des Zielkostenmanagements (Target Costing)

Die Entscheidungsträger im Betrieb brauchen Unterstützung bei der Wahrnehmung ihrer Aufgaben, die in der Überwachung, Steuerung und Bewertung des betrieblichen Geschehens in ihrem Verantwortungsbereich bestehen. Die Kostenrechnung soll ihnen dazu Instrumente liefern, mit denen die **Wirtschaftlichkeit** ihres Handelns gemessen und beurteilt werden kann. Sie ist durch nicht-monetäre Basisdaten, vor allem Mengendaten, zu ergänzen.

Die KLR dient aber nicht nur dazu, schon eingetretene Kosten und Leistungen zu messen und zu verteilen, sondern ihr kommt auch eine **Prognose- und Vorgabefunktion** zu. Durch Anwendung mathematisch-statistischer Verfahren auf die von der KLR gelieferten Werte wird versucht, zukünftige Kosten mit hohem Verlässlichkeitsgrad vorherzusagen.

Dabei kann eine globale Prognose aller Kosten einer zukünftigen Periode nur auf der Basis detaillierter Prognoserechnungen für die einzelnen betrieblichen Bereiche erstellt werden.

Im Fall konkret anstehender Entscheidungen soll die Kostenrechnung **Informationen** liefern, die die Entscheidung untermauern.

Beispiele:

Die Verkaufsabteilung drängt auf Bewilligung einer zusätzlichen Vollzeitstelle für eine neue Mitarbeiterin oder einen neuen Mitarbeiter. Zur Untermauerung wird die über mehrere Jahre geführte Statistik vorgelegt, nach der die Verkaufszahlen kontinuierlich gestiegen sind. Ohne Kenntnis weiterer Kennzahlen (hat sich nur der Wert der Bestellungen erhöht, oder ist auch ihre absolute Anzahl gestiegen? Ist die Zahl der Kunden konstant geblieben oder ebenfalls gestiegen?) und der Entwicklung der Erlöse und Kosten bleibt diese Statistik aber ohne Aussagewert.

Die Stadtverwaltung will die Gebühr für die öffentliche Beglaubigung der Kopie eines privaten Dokuments erhöhen. Derzeit muss ein Bürger 2,50 € bezahlen. Ob dieser Preis wirklich zu niedrig ist, kann ohne Kenntnis der diesem Vorgang zurechenbaren Kosten aber nicht beurteilt werden.

Die Mitarbeiter der Buchhaltung sollen in einem Seminar in ein neues Computerprogramm eingewiesen werden. Das Seminar soll durch zwei Mitarbeiterinnen des Zweigwerks durchgeführt werden, die zu diesem Zweck für drei Tage anreisen. Vielleicht wäre eine Schulung durch die örtliche Volkshochschule wirtschaftlicher – aber ohne Kenntnis der relevanten Kosten ist diese Vermutung reine Spekulation.

2.3.1.4 Abgrenzungsrechnung von der Finanzbuchhaltung zur Kosten- und Leistungsrechnung

2.3.1.4.1 Unterscheidung von neutralen und betrieblichen Vorgängen

An dieser Stelle ist es zunächst notwendig, die in der Finanzbuchhaltung und in der Kostenrechnung verwendeten **Zahlungs- und Leistungsbegriffe** voneinander abzugrenzen.

Zahlungs- und Leistungsvorgänge

Die **Finanzbuchhaltung** kennt die Begriffepaare »Einzahlungen/Auszahlungen«, »Einnahmen/Ausgaben« und »Ertrag/Aufwand«.

Der Begriff der »Kosten« und der ihm entsprechende positive Begriff der »Leistung« gehört dagegen in die Kosten- und Leistungsrechnung, also die **Betriebsbuchhaltung**.

Wie sich diese unterschiedlichen Begriffe zueinander verhalten bzw. wie sich die eine aus der anderen Größe entwickeln lässt, zeigt die folgende Übersicht am Beispiel der Begriffskette

Auszahlungen – Ausgaben – Aufwand – Kosten:

	Auszahlungen der Periode = tatsächliche Abflüsse liquider Mittel (Kasse, Bankkonto)
+	Geldwert der in dieser Periode empfangenen, aber noch nicht bezahlten Güter
+	Geldwert der in dieser Periode empfangenen, bereits in einer Vorperiode bezahlten Güter
–	Zahlungen in dieser Periode für früher bezogene Güter
–	Anzahlungen, die in dieser Periode für später eingehende Güter geleistet werden
=	**Ausgaben der Periode**
–	nicht erfolgswirksame Ausgaben (z. B. die Gewährung eines Mitarbeiterdarlehens)
–	Investitionsausgaben (weil der Aufwand erst später über Abschreibungen verteilt wird; in dieser Periode wird nur die auf sie entfallende Abschreibung aufwandswirksam)
+	erfolgswirksame Ausgaben früherer Perioden (z. B. Abschreibungen auf in Vorperioden getätigte Investitionen)
+	erfolgswirksame Ausgaben zukünftiger Perioden (z. B. Bildung von Rückstellungen)
=	**Aufwand der Periode**
–	neutraler Aufwand: – betriebsfremder Aufwand (z. B. gezahlte Spenden) – außerordentlicher Aufwand (z. B. Wasser-, Brandschaden) – periodenfremder Aufwand (z. B. Steuernachzahlung für Vorperiode)
+	Zusatzkosten (»Opportunitätskosten«): – kalkulatorische Eigenkapitalzinsen – kalkulatorische Wagnisse – kalkulatorischer Unternehmerlohn – kalkulatorische Eigenmiete
+/–	Anderskosten – kalkulatorische Abschreibungen
=	**Kosten der Periode**

Analog zur gezeigten Abgrenzung sind auch die Begriffe

Einzahlung – Einnahme – Ertrag – Leistung

voneinander abzugrenzen.

Auf die verschiedenen in der Tabelle verwendeten Begriffe, die aus der Finanzbuchhaltung nicht bekannt sind, wird im Zuge der Behandlung der Kostenartenrechnung eingegangen.

2.3.1.4.2 Abgrenzung neutraler Erträge und Aufwendungen in einer Ergebnistabelle

Jede erfolgswirksame Buchung, die in der Finanzbuchhaltung auf einem Aufwands- oder Ertragskonto vorgenommen wird, wird zunächst daraufhin betrachtet, ob sie überhaupt ins **Betriebsergebnis** hineingehört und dementsprechend in der Kostenrechnung zu **erfassen** ist, d. h. ob es sich bei dem gebuchten Aufwand auch um Kosten bzw. bei dem gebuchten Ertrag tatsächlich auch um eine Leistung handelt. Dies ist immer dann der Fall, wenn der Aufwand bzw. Ertrag **nicht neutral** ist. Erster Schritt auf dem Weg zur Erfassung von Kosten und Leistungen ist also die Abgrenzung neutraler Aufwendungen und Erträge.

Neutral ist ein Aufwand dann, wenn er

- **betriebsfremder Aufwand** ist, also nicht im Rahmen der betriebstypischen Tätigkeit anfällt (dies trifft z. B. meistens auf geleistete Spenden zu);

- **außerordentlicher Aufwand** ist, also einmalig anfällt (Aufwendungen in Zusammenhang mit Unfällen und Schäden sind außerordentlich);
- **periodenfremder Aufwand** ist, also wirtschaftlich eine andere als die Buchungsperiode betrifft (dies trifft auf solche Aufwandsbuchungen zu, die in der Vorperiode noch nicht vorgenommen werden konnten, etwa weil eine Abrechnung – z. B. für eine Dienstreise – noch nicht vorlag, und im laufenden Jahr nachgeholt werden).

Ebenso werden neutrale **Erträge** in betriebsfremde, außerordentliche und periodenfremde Erträge gegliedert.

Zweiter Schritt ist die kostenrechnerische Abgrenzung. Für die Aufwendungen und Erträge, die nun noch zur kostenrechnerischen Erfassung verblieben sind, muss geprüft werden, ob sie in gleicher Höhe wie in der Finanzbuchhaltung als Kosten bzw. Leistungen übernommen werden können oder **betragsmäßig korrigiert** werden müssen. Außerdem muss geprüft werden, ob ggf. zusätzliche Kosten und Leistungen aufzunehmen sind, die in der Ergebnisrechnung der Finanzbuchhaltung gar nicht erfasst wurden: Damit sind die kalkulatorischen Kosten und Leistungen angesprochen, die als Zusatzkosten und -leistungen bezeichnet werden.

Die Gegenüberstellung erfolgt in einer **Ergebnistabelle**, die

- in Rechnungskreis I die Ergebnisrechnung der Finanzbuchhaltung beinhaltet,
- in Rechnungskreis II
  - einen Abgrenzungsbereich für die unternehmensbezogenen Abgrenzungen (neutrale Aufwendungen und Erträge) und die kostenrechnerischen Abgrenzungen (Anders- und Zusatzkosten/-leistungen) und
  - den KLR-Bereich mit dem Ausweis der Kosten- und Leistungsarten beinhaltet.

Ein (bewusst einfach gehaltenes) Beispiel aus der Buchhaltung eines Industriebetriebs soll das Vorgehen bei der Ermittlung des Betriebsergebnisses verdeutlichen.

In der betrachteten Periode wurde ein Ertrag aus Umsatzerlösen von 220.000 € in der Finanzbuchhaltung verbucht. Diese stellen eine ***Leistung*** *im Sinne der KLR dar.*

An ***Personalaufwendungen*** *wurden 154.000 € als Aufwendungen gebucht. Darin enthalten ist der Lohn für eine Aushilfskraft in Höhe von 3.200 €, der zu einem Viertel aber Arbeitseinsätze des Vorjahrs betrifft. 800 € stellen also neutralen (weil periodenfremden) Aufwand dar. Kosten sind daher nur in Höhe von 153.200 € in der KLR anzusetzen.*

In der Finanzbuchhaltung wurde eine ***Abschreibung*** *auf ein Fahrzeug in Höhe von 4.000 € vorgenommen. Diese wurde nach den in der FiBu anzuwendenden Abschreibungsregeln berechnet. Da es sich um betrieblichen Aufwand handelt, wird die Abschreibung in den Rechnungskreis der Kostenrechnung übertragen. In der Kosten- und Leistungsrechnung soll die Abschreibung aber auf die – mittlerweile gestiegenen – Wiederbeschaffungswerte vorgenommen werden. Danach sind 4.500 € abzuschreiben. Die KLR übernimmt diesen höheren Betrag.*

Ebenso verhält es sich in Bezug auf das Geschäftsgebäude: Die Abschreibung in der Finanzbuchhaltung beträgt 15.000 €; die KLR setzt auf Basis des Wiederbeschaffungswerts 25.000 € an.

Da in der betrachteten Periode kein Fremdkapital eingesetzt wurde, kamen in der Finanzbuchhaltung keine ***Zinsaufwendungen*** *zum Ansatz. Rechnungskreis 1 weist folglich hierfür keine Position aus. Bei Errichtung des Kostenrechnungssystems wurde aber beschlossen, eine kalkulatorische Verzinsung mit 5 % anzusetzen. Als betriebsnotwendiges Kapital wurden 230.000 € ermittelt. Die kalkulatorischen Zinsen sind demnach mit 11.500 € in die KLR zu übernehmen.*

Die Ergebnistabelle, in die die Zahlenwerte des Beispiels bereits eingearbeitet sind, stellt sich wie folgt dar:

Rechnungskreis I			Rechnungskreis II					
Ergebnisrechnung der FiBu			Abgrenzungsrechnung				KLR-Bereich	
			Unternehmensbezogene Abgrenzungen		Kostenrechnerische Abgrenzungen		Betriebsergebnisrechnung	
Position	Aufwand	Ertrag	neutraler Aufwand	neutraler Ertrag	betriebl. Aufwand	verrechnete Kosten	Kosten	Leistungen
Erlöse		220.000						220.000
Personal	154.000		800		153.200	153.200	153.200	
AfA Fuhrpark	4.000				4.000	4.500	4.500	
Afa Gebäude	15.000				15.000	25.000	25.000	
Zinsen						11.500	11.500	
Summen	173.000	220.000	800	0	172.200	194.200	194.200	220.000
Salden	**47.000**			**–800**	**+22.000**		**25.800**	
Gesamtergebnis = 47.000 =			Neutrales Ergebnis + 21.200 +				Betriebsergebnis 25.800	
Summen	220.000	220.000	800	–800	194.200	194.200	220.000	220.000

Ergebnistabelle

Durch die Gegenüberstellung der Kosten und Leistungen in der Ergebnistabelle kann ein kurzfristiges Betriebsergebnis ausgewiesen werden, das nunmehr untersucht werden kann. **Kernfragen** dabei sind,

- ob das Gesamtergebnis durch die gewöhnliche Geschäftstätigkeit erzielt wurde oder nicht vielmehr weitgehend auf neutrale Einflüsse zurückzuführen ist:

  Im Beispiel macht das Betriebsergebnis 54,9 % – und damit den größeren Anteil – vom Gesamtergebnis aus.

- ob auch die nicht in der Finanzbuchhaltung berücksichtigten kalkulatorischen Kosten durch die Umsatzerlöse verdient wurden:

  Das positive Betriebsergebnis repräsentiert den Überschuss der Umsatzerlöse über die Kosten: Die gesamten Kosten einschließlich der kalkulatorischen Kosten wurden durch die Umsatzerlöse rückverdient.

- in welchem Verhältnis Leistungen und Kosten zueinander stehen:

  Leistungen im Wert von 220.000 € wurden zu Kosten von 194.200 € erbracht.

  *Die aus 220.000 : 194.200 = 1,13 errechnete Wirtschaftlichkeitskennzahl besagt, dass durch Input von 1 € ein Output im Wert von 1,13 € geschaffen wurde. Wirtschaftlichkeit ist also gegeben; ob dieses Ergebnis als gut zu beurteilen ist, kann aber nur durch einen **Zeitvergleich** (mit früheren Perioden desselben Unternehmens) oder einen **Betriebsvergleich** (mit vergleichbaren fremden Unternehmen) eingeschätzt werden.*

2.3.2 Kostenartenrechnung

2.3.2.1 Erfassung der Kosten

2.3.2.1.1 Kostenbegriffe

Die Kosten- und Leistungsrechnung unterscheidet eine Reihe von Kostenbegriffen, von denen die wichtigsten hier erklärt werden sollen.

Grundkosten

Als Grundkosten werden diejenigen Kosten bezeichnet, die in der Kosten- und Leistungsrechnung genauso bewertet werden wie die entsprechenden Aufwendungen in der Finanzbuchhaltung.

Beispiel:

Die an ein befreundetes Unternehmen in dieser Periode zu zahlende Miete für eine von unserem Betrieb genutzte Lagerhalle stellt Aufwand in der Finanzbuchhaltung und – in gleicher Höhe – Kosten in der Kosten- und Leistungsrechnung dar.

Zusatzkosten

Zusatzkosten sind Kosten, die – auch, weil es gar nicht zulässig wäre – in der Finanzbuchhaltung nicht erfasst wurden. Sie führen zu Gewinnaufschlägen in der Preiskalkulation unserer Produkte, die gewissermaßen eine »Entschädigung für entgangene Erlöse« darstellen: Deswegen werden sie auch als »**Opportunitätskosten**« bezeichnet.

Im Einzelnen handelt es sich um folgende Positionen:

- **Kalkulatorische Zinsen:** Die Finanzbuchhaltung erfasst nur solche Zinsen, die auf in Anspruch genommenes Fremdkapital gezahlt werden, nicht dagegen Zinsen auf das Eigenkapital. Natürlich soll sich aber auch das Eigenkapital im Unternehmen verzinsen, und zwar in Form von Gewinn: Betriebswirtschaftlich wird der erzielte Periodengewinn als Verzinsung des Eigenkapitals aufgefasst. Damit diese Verzinsung auch stattfindet, muss aber in die Kalkulation der Preise für Güter und Dienstleistungen ein bestimmter Zinsbetrag eingerechnet werden. Der Berechnung dieses Betrags muss mindestens der Zinssatz zugrunde gelegt werden, den der Eigenkapitalgeber bei einer anderweitigen Geldanlage erzielen würde.

  Für Zwecke der Kosten- und Leistungsrechnung wird nicht nach Fremd- und Eigenkapital unterschieden, sondern das **betriebsnotwendige Kapital** zugrunde gelegt, das sich wie folgt errechnet:

  Betriebsnotwendiges (dauernd dem Betriebszweck dienendes) Anlagevermögen
  \+ Betriebsnotwendiges Umlaufvermögen (Mittelwerte; ohne Wertpapiere)

  = Betriebsnotwendiges Vermögen
  – ggf. Abzugskapital (zinsfrei zur Verfügung gestelltes Kapital, z. B. Lieferantenkredite, Kundenanzahlungen, Rückstellungen)

  = Betriebsnotwendiges Kapital

- **Kalkulatorische Wagnisse:** Die Finanzbuchhaltung darf Risiken nur erfassen, wenn sich in der laufenden Periode konkrete Anlässe für ihr Eintreffen ergeben haben. Beispiele sind Gerichts- und sonstige Kosten in Zusammenhang mit einem schon angestrengten Gerichtsverfahren oder konkrete Reparaturnotwendigkeiten mit noch nicht konkret bezifferbaren Kosten. Allgemeine Risikoeinschätzungen dürfen dagegen in der Finanzbuchhaltung nicht berücksichtigt werden. In der Kostenrechnung hingegen kann hierfür der Ansatz von Wagniskosten für unversicherte Risiken vorgenommen werden. Welche Risiken dies sind und auf welcher Basis mit welcher – durch angesetzte Prozentwerte ausgedrückte – Risikointensität ein Ansatz erfolgt, hängt auch vom Gegenstand der unternehmerischen Tätigkeit und Erfahrungswerten ab.

  Häufig berücksichtigte **Einzelwagnisse**:

  - **Anlagewagnis** (auch: Anlagenwagnis) = Risiko von Maschinenausfällen und sonstigen Schadensfällen im Anlagevermögen. Bewertungsgrundlage sind die historischen Anschaffungskosten.

- **Arbeitswagnis** = Wagnis von z. B. krankheitsbedingten Personalausfällen. Bewertungsgrundlage ist die Lohnsumme.
- **Beständewagnis** = Tatsächliche Abgänge (Schwund, Diebstahl, Verderb) oder Wertverluste (Preisverfall, Veraltung) im Vorratsvermögen. Bewertungsgrundlage sind die Bezugspreise.
- **Forschungs- und Entwicklungswagnis** = Risiko des Fehlschlagens von Forschungen und Entwicklungen. Basis sind die aufgewendeten Entwicklungskosten.
- **Gewährleistungswagnis (Garantiewagnis)** = Risiko des Eintretens von Gewährleistungsfällen. Bewertungsgrundlage ist der Umsatz zu Selbstkosten.
- **Produktionswagnis (Fertigungswagnis)** = Risiko von Ausschussproduktion und Nachbearbeitungskosten; kann das Gewährleistungswagnis beinhalten. Bewertungsgrundlage sind die Herstellkosten.
- **Vertriebswagnis (Forderungswagnis)** = Risiko von Forderungsausfällen; ggf. von Währungsverlusten. Bewertungsgrundlage ist der Umsatz zu Selbstkosten.

Das **allgemeine Unternehmerwagnis** wird durch den Betriebsgewinn abgegolten.

- **Kalkulatorischer Unternehmerlohn:** Diese Position hat in der Kalkulation unserer Verkaufspreise die Funktion eines Gewinnaufschlags für eine entgangene Unternehmervergütung: Schließlich könnte der Unternehmer als nichtselbstständig beschäftigter Geschäftsführer eines anderen Unternehmens ein sicheres Einkommen erzielen.
- **Kalkulatorische Miete:** Die eigenen Räume, in denen wir unser Geschäft betreiben, könnten auch entgeltlich an Dritte vermietet werden. Uns entgeht also eine Mieteinnahme, die als Gewinnaufschlag kalkuliert werden kann. Allerdings wird auf diesen Ansatz häufig zugunsten des Ansatzes der tatsächlichen Gebäudeaufwendungen verzichtet; außerdem fließt der Wert der Betriebsgebäude in die Berechnung sowohl der kalkulatorischen Abschreibungen als auch der kalkulatorische Zinsen ein. Ausnahme sind betrieblich genutzte Privaträume des Unternehmers: Für diese sollte eine kalkulatorische Miete angesetzt werden.

Anderskosten

Bei den Anderskosten handelt es sich um Positionen, die in der Finanzbuchhaltung zwar ebenfalls als Aufwand erfasst wurden, die aber in die Kostenrechnung mit einem anderen Betrag einfließen sollen. Praktisch einziges Beispiel für Anderskosten sind die **kalkulatorischen Abschreibungen**.

In der Finanzbuchhaltung müssen sich Abschreibungen aufgrund gesetzlicher Vorgaben an den historischen Anschaffungs- bzw. Herstellungskosten orientieren. Wird aber tatsächlich eine Wiederbeschaffung notwendig, sind die Kosten meist abweichend – oft höher. Die Kostenrechnung berücksichtigt dies, indem sie die Abschreibungen meist an Wiederbeschaffungswerten orientiert. Hieraus resultieren durchweg abweichende Beträge in der Finanz- und der Betriebsbuchhaltung.

Einzel- und Gemeinkosten

Nach ihrer Zurechenbarkeit auf einzelne Kosten**verursacher** können Kosten in Einzelkosten und Gemeinkosten unterschieden werden.

- **Einzelkosten** können einem bestimmten Produkt zugerechnet werden.

  Beispiel:

  Für die Herstellung einer Maschine für den Eigengebrauch wird ein Motor fremdbezogen. Die Anschaffungskosten des Motors sind den Herstellungskosten der Maschine eindeutig zurechenbar.

– **Gemeinkosten** können keinem bestimmten Produkt zugerechnet werden und müssen nach einem »Schlüssel« verteilt werden.

Die Gehälter der Mitarbeiter in der allgemeinen Verwaltung, zu der unter anderem die Buchhaltung und die Personalabteilung gehören, können keinem Produktionsbereich und keinem Produkt direkt zugerechnet werden. Man hat sich daher entschieden, die Verteilung dieser Kosten nach dem Verhältnis der in den verschiedenen Produktionsbereichen angefallenen Einzelkosten vorzunehmen.

Fixe und variable Kosten

– **Fixe Kosten** fallen nicht in Abhängigkeit von einer Ausbringungsmenge, sondern in jedem Falle an – auch dann, wenn gar nicht produziert oder keine Leistung abgerufen wird. Sie werden daher nicht stückbezogen, sondern als Fixkostenblock K_f betrachtet.

*Für ein Firmenfahrzeug fällt Kraftfahrzeugsteuer an, unabhängig davon, ob, wie oft und über wie viele Kilometer das Fahrzeug bewegt wird. Der Kostenverlauf ist **konstant**.*

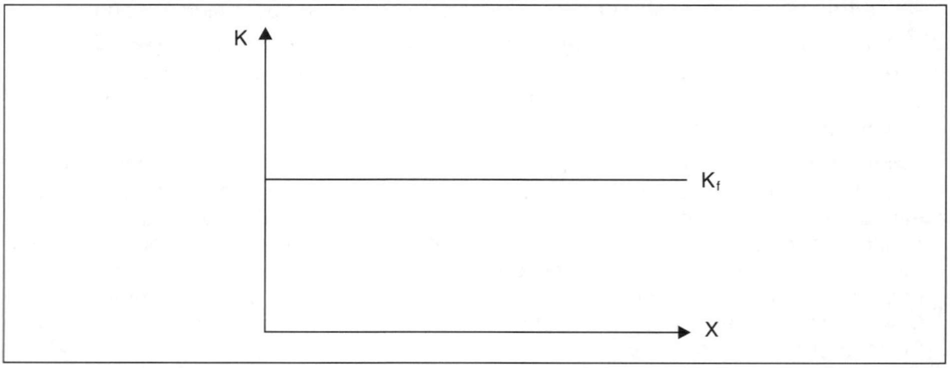

Konstante Fixkosten – für alle Mengen ab 0 immer gleich hoch

– **Variable Kosten** K_v verändern sich mit der Ausbringungsmenge.

*Die Ausgaben für Benzin sind umso höher, je mehr mit dem Fahrzeug gefahren wird. Unter der Annahme immer gleicher Bedingungen (»cet. par.« = »ceteris paribus« = »alles andere bleibt gleich«; was hier bedeutet: Fahrstil, Klima, Tempo usw. spielen keine Rolle) entwickeln sich die Kosten **proportional** zur Anzahl der gefahrenen Kilometer (X), d. h. für jeden einzelnen Kilometer wird dieselbe Menge an Sprit verbraucht.*

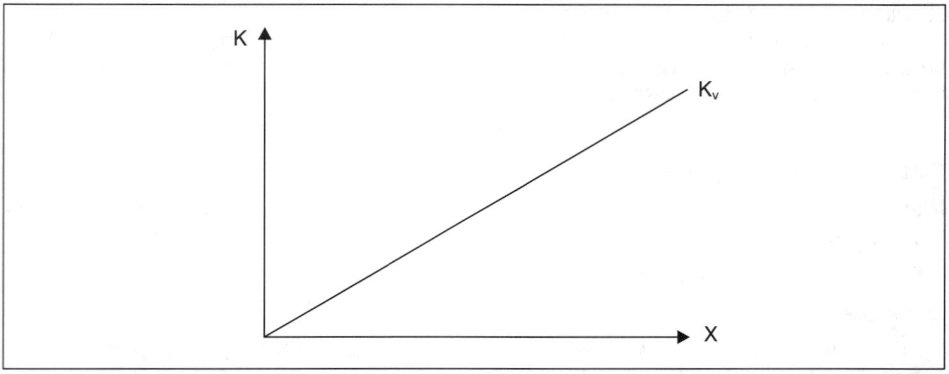

Variable Kosten bei proportionalem (linearem) Kostenverlauf

Variable Kosten verlaufen nur dann linear, wenn sie, unabhängig von der Menge, für jedes Stück gleich hoch sind. Dies ist aber nicht immer der Fall:

- Überstunden sind teurer als reguläre Arbeitsstunden. Ab einer gewissen Arbeitsmenge werden die Kosten pro Arbeitsstunde steigen; ihr Verlauf ist **progressiv** (= überproportional zur Menge).
- Bei Abnahme großer Materialmengen können – oft gestaffelte – Mengenrabatte zu sinkenden Stückkosten führen: Die variablen Kosten verlaufen **degressiv** (= unterproportional zur Menge).
- Es gibt sogar Fälle, bei denen die Kosten absolut sinken, wenn die Beschäftigung steigt. Beliebtes Beispiel sind die Heizkosten, die ein Kino pro Besucher aufbringen muss: Je voller der Saal, desto weniger muss geheizt werden. Die Kosten verlaufen **regressiv**.

Üblicherweise fallen in einer Produktion sowohl Fixkosten als auch variable Kosten an. Die gesamten Kosten K setzen sich daher zusammen aus den gesamten Fixkosten K_f und den gesamten variablen Kosten K_v:

$$K = K_f + K_v$$

Die Höhe der gesamten variablen Kosten Kv ergeben sich wiederum durch Multiplikation der variablen Stückkosten k_v mit der Anzahl der Stücke x, auf die sich diese Kosten beziehen:

$$K = K_f + k_v \cdot x$$

Gesamtkosten werden mit Großbuchstaben (K), Stückkosten mit Kleinbuchstaben (k) bezeichnet.

2.3.2.1.2 Mengen- und Kostendaten, direkt zurechenbare und nicht zurechenbare Kosten

Durch Kosten wird der Verbrauch von Produktionsfaktoren – also Material, Arbeitskraft, Abnutzung von Anlagen durch ihren Einsatz in der Produktion – bewertet. Daher ist zunächst das zugrundeliegende **Mengengerüst** zu erfassen, auf dessen Basis das **Kostengerüst** der KLR erstellt werden kann.

Daten mit Relevanz für die Kosten- und Leistungsrechnung laufen nicht allein in der Finanzbuchhaltung auf: Auch Verbrauchsbelege wie Materialentnahmescheine und Lohnzettel dienen der KLR als Buchungsbelege.

Auf allen Verbrauchsbelegen muss genau angegeben werden, wodurch die mit dem Verbrauch entstandenen Kosten verursacht sind oder – anders ausgedrückt – wofür das Material, die Arbeitszeit usw. verbraucht wurde. Dies geschieht durch »**Kontierung**« auf den Belegen, die auch deswegen sorgfältig vorgenommen werden muss, weil es sich häufig nicht von selbst versteht, ob es sich bei den verursachten Kosten um Einzelkosten eines bestimmten Auftrags oder um Gemeinkosten einer Kostenstelle handelt:

- Geht es sich um einen Verbrauch, der einem **konkreten Fertigungsauftrag** (Kundenauftrag, Lagerauftrag oder Innenauftrag für Eigenbedarf der Unternehmung) zugeordnet werden kann, wird neben der Kostenart auch die Nummer des Auftrags in das für die Kontierung vorgesehene Feld eingetragen. Damit sind diese Kosten dieses Verbrauchs diesem bestimmten Auftrag, dieser bestimmten Produktionscharge usw. **direkt zurechenbar**.
- Kann der Verbrauch dagegen **keinem bestimmten Auftrag** zugeordnet werden, ist er als **Gemeinkosten**bedarf für die Kostenstelle zu behandeln, die den Werteverzehr vornimmt. In diesem Fall muss der Veranlassende die Kostenstellennummer der verbrauchenden Kostenstelle und die zutreffende Kostenart, die er dem Kostenartenplan entnommen hat, auf dem Beleg eintragen.

Der Beleg (bzw. bei computergestützter Verarbeitung: der entsprechende Datensatz) ist die Grundlage der Kostenzurechnung. Der Grundsatz: »Keine Buchung ohne Beleg!« erweitert sich aus der Sicht des Werkstattmeisters zum Grundsatz: »Keine Arbeit ohne Auftrag!« – denn ohne Auftragsnummer gehen alle Kosten zu Lasten der Gemeinkosten der eigenen Kostenstelle.

Ein **Materialentnahmeschein** sollte die folgenden Angaben enthalten:

- Materialart,
- Materialmenge,
- Kontierung je nach dem Grund des Verbrauchs,
- Entnahmedatum,
- Kostenstellennummer,
- Unterschrift des Veranlassenden.

Auf **Lohnzetteln** im Industriebetrieb muss auch dann die Kostenstellennummer der leistenden Stelle vermerkt werden, wenn Fertigungslohn (der **Einzelkosten** für einen Fertigungsauftrag darstellt) vorliegt; denn der Fertigungslohn ist eine wichtige statistische Bezugsbasis für die Weiterverrechnung der Gemeinkosten der leistenden Kostenstellen.

Alle Belege werden in der Geschäftsbuchführung verbucht, wobei die Einzelkosten getrennt nach Fertigungsmaterial und Fertigungslöhnen erfasst werden. Die Kontierung der Buchungsbelege ermöglicht der **Betriebsabrechnung** die statistische Zuordnung zu den Fertigungsaufträgen, sodass es monatlich oder bei Bedarf möglich ist, durch eine Zwischenaddition die aufgelaufenen Einzelkosten auftragsweise festzustellen.

Die übrigen Kosten finden als **Gemeinkosten** ihren Niederschlag auf Kostenartenkonten entsprechend dem Kostenartenverzeichnis des Betriebes.

2.3.2.2 Gliederung der Kosten

2.3.2.2.1 Gliederungskriterien

Bei der Darstellung der Kostenbegriffe wurden bereits wesentliche Gliederungskriterien vorgestellt. Dabei wurde

- nach **Art der Kostenverrechnung** und **Zurechenbarkeit** in Einzel- und Gemeinkosten,
- nach **Art der Kostenerfassung** in Grund-, Anders- und Zusatzkosten,
- nach **Art der Beschäftigungsabhängigkeit** in fixe und variable Kosten

unterschieden. Daneben sind weitere Gliederungen möglich, nämlich

- nach **betrieblichen Funktionen** z. B. in Beschaffungskosten, Verwaltungskosten...,
- nach den verbrauchten **Produktionsfaktoren** z. B. in Materialkosten, Kapitalkosten, Personalkosten, Abschreibungen... (diese letzte Gliederungsart wird nachfolgend aufgegriffen),
- nach dem **Zeitbezug** in Ist- und Nomalkosten einerseits und Plankosten andererseits.

2.3.2.2.2 Kostenartenplan

In jedem Falle beginnt die Kostenrechnung beginnt damit, dass alle Kosten getrennt nach Kostenarten erfasst werden. Ziel ist, die angefallenen Kosten zu erfassen:

- Vollständig,
- überschneidungsfrei,
- eindeutig und
- periodengerecht.

Die Kostenarten werden in einem Kostenartenplan oder -verzeichnis zusammengestellt, der zweckmäßigerweise einheitlich für den gesamten Betrieb gilt. Die Kostenartenrechnung selbst kann separat in den einzelnen betrieblichen Bereichen erfolgen. Fällt eine Kostenart in einem Bereich nicht an, bleibt die entsprechende Stelle im produktspezifischen Kostenartenplan unausgefüllt.

In der Praxis greift der Kostenartenplan in der Regel die Gliederung der ordentlichen Aufwendungen in der Gewinn- und Verlustrechnung auf und gliedert diese wiederum entsprechend den Sachkonten der Finanzbuchhaltung weiter auf. Es folgt der typische Kostenartenplan für einen Industriebetrieb.

1. Schritt: Untergliederung der Kostenarten in Hauptgruppen

Kostenarten – Hauptgruppen

0 Löhne
1 Gehälter — Arbeitskosten
2 Sozialkosten zu 0 und 1
3 Materialkosten
4 Kapitalkosten
5 Fremdleistungskosten
6 Steuern und Abgaben für allgemeine Zwecke
7 frei
8 frei
9 frei

2. Schritt: Untergliederung der Hauptgruppen in Kostenartengruppen

Jede dieser Hauptgruppen wird weiter in Kostenartengruppen unterteilt. Dabei steht die vordere Ziffer für die Hauptgruppe. Exemplarisch werden hier die Kostenartengruppen 0, 2 und 3 ausführlicher dargestellt.

Kostenartenhauptgruppe 0, Löhne

Kostenartengruppen:
00 Fertigungslöhne
01 Gemeinkostenlöhne für Arbeit
02 Übrige Gemeinkostenlöhne
03 Freiwillige Zuwendungen
04 Prämien für Verbesserungsvorschläge
05 Sachbezüge
06 Vergütungen an gewerbliche Auszubildende
07 – 09 frei

Kostenartenhauptgruppe 1, Gehälter

Kostenartengruppen 10 – 19 entsprechend Hauptgruppe 0

Kostenartenhauptgruppe 2, Sozialkosten zu Löhnen und Gehältern

Kostenartengruppen:
20 Arbeitgeberanteile zur Sozialversicherung (Lohnbereich)
21 Arbeitgeberanteile zur Sozialversicherung (Gehaltsbereich)
22 Beiträge zur Berufsgenossenschaft
23 Sonstige gesetzliche Sozialkosten
24 Kosten der freiwilligen Altersversorgung und Unterstützung
25 Sonstige freiwillige Sozialkosten
26 – 29 frei

Kostenartenhauptgruppe 3, Materialkosten

Kostenartengruppen:
30 Rohstoffe (= Hauptbestandteile der Erzeugnisse)
31 Vorproduktion von Fremdfirmen (»verlängerte Werkbank«)
32 Hilfsstoffe (= untergeordnete Bestandteile der Erzeugnisse, z. B. Schrauben, Leim)
33 Betriebsstoffe (= Brennstoffe, Schmiermittel, Kühlmittel, Büromaterial, Putzmittel u. a.)
34 Verschleißwerkzeuge
35 Energie
36 Handelswaren
37 Verpackungsmaterial
38 Reparaturmaterial
39 Sonderabschreibungen auf Stoffe und Handelswaren

In **Kostenartenhauptgruppe 4, Kapitalkosten**, wären als Kostenartengruppen die kalkulatorischen Kostenarten Zinsen, Abschreibungen und Wagnisse einzuordnen.

In **Kostenartenhauptgruppe 5, Fremdleistungskosten**, gehören als Kostenartengruppen die Leistungen fremder Betriebe: Fremde Instandhaltung, Mieten, Werbekosten, Postkosten, Frachten, Beratungskosten, Schornsteinfeger-, Straßenreinigungs-, Müllabfuhrgebühren, Beiträge an Verbände usw.

In **Kostenartenhauptgruppe 6, Steuern und Abgaben**, wären als Kostenartengruppen die Gewerbe-, Vermögen-, Grund-, Kraftfahrzeug-, Gesellschaftsteuer, Ausfuhrzölle, Verbrauchsteuern und andere Abgaben ohne spezielle Gegenleistung aufzunehmen.

3. Schritt: Untergliederung der Kostenartengruppen in einzelne Kostenarten

Von den zweistellig nummerierten Kostenartengruppen aus erfolgt die Untergliederung in Kostenarten, was an der Kostenartengruppe 02 »Übrige Gemeinkostenlöhne« verdeutlicht werden soll.

Kostenartengruppe 02, Übrige Gemeinkostenlöhne

Kostenarten:
020 Lohnfortzahlung
021 Urlaubslohn
022 Feiertagslohn
023 Betriebsratssitzung
024 Betriebsversammlung
025 Wartezeiten
026 Ausfallzeiten
027 Arzt- und Behördenbesuche
028 Einstellung/Entlassung
029 Sonstige GK-Löhne ...

2.3.2.3 Weiterverarbeitung der Ergebnisse der Kostenartenrechnung

Mit der vollständigen und trennscharfen Erfassung aller Kosten ist der Zweck der Kostenartenrechnung erfüllt. Auf dieser Basis können nun verschiedene Auswertungen vorgenommen werden:

- Aus der Zusammenfassung der Kosten nach den verbrauchten Produktionsfaktoren kann abgelesen werden, in welchen Bereichen Einsparungen besonders wirksam oder aber – weil die Kosten nur wenig ins Gewicht fallen – ohne großen Einfluss auf die Gesamtkosten wären.

- Aus der Zusammenfassung von beschäftigungsabhängigen (= variablen) und beschäftigungsunabhängigen (= fixen) Kosten können die Auswirkungen von Beschäftigungsveränderungen, etwa von nachlassender Nachfrage am Markt, abgeschätzt werden.
- Durch die Zurechnung der Kosten zu bestimmten Kostenträgern können deren Selbstkosten ermittelt und Verkaufspreise kalkuliert werden.

Zurechnung der Kosten auf Kostenträger

Nachdem nunmehr festgestellt und in der Ergebnistabelle festgehalten ist, **welche** Kosten in welcher Höhe angefallen sind, stellt sich das Problem, **wie** diese verursachungsgerecht auf die Kostenträger verteilt werden können.

Kostenträger sind identisch mit Leistungseinheiten: Im Industriebetrieb kann ein einzelnes Erzeugnis, eine Charge oder Serie oder auch ein einzelner Auftrag als Kostenträger angesehen werden – wie man sich entscheidet, hängt wesentlich vom Fertigungsverfahren ab. Während bei Einzelfertigung das einzelne Stück, bei Auftragsfertigung der einzelne Auftrag und bei Serienfertigung die Serie zum Kostenträger erklärt wird, kann bei kontinuierlicher Massenfertigung die in einem bestimmten Zeitraum (z. B. Fabriktag, Schicht) hergestellte Menge als Kostenträger aufgefasst werden.

Vom Fertigungsverfahren hängt maßgeblich auch die weitere Verrechnung der Kosten ab; denn diese bedarf nicht notwendigerweise und in Gänze einer Kostenstellenrechnung. Mit den Ergebnissen aus der Kostenartenrechnung kann wie folgt verfahren werden:

- Bei **sukzessiver Einzelfertigung** (d. h. bei Produktion jeweils nur eines Stückes oder bei Bearbeitung nur eines Projekts zur Zeit) stellen alle angefallenen Kosten mit Ausnahme der Verwaltungskosten direkt zurechenbare Kosten dar. Sie können ohne Umweg – also ohne den Zwischenschritt einer Kostenstellenrechnung – direkt auf das Produkt/Projekt – also auf den Kostenträger – verrechnet werden.
- Bei **Serien- und simultaner Mehrproduktfertigung** müssen die angefallenen Kosten in **direkt zurechenbaren Kosten (Einzelkosten)** und **Gemeinkosten** unterschieden werden. Einzelkosten können direkt auf die Kostenträger verrechnet werden, aber zur Verrechnung der Gemeinkosten bedarf es einer Kostenstellenrechnung. Diese verteilt die Gemeinkosten zunächst mittels eines Betriebsabrechnungsbogens auf die Orte ihrer Entstehung (die Kostenstellen) und ermittelt anschließend jeweils Zuschlagssätze, indem die einer Kostenstelle zugeordneten Gemeinkosten ins Verhältnis zu bestimmten Einzelkosten gesetzt werden. Anschließend können die den Kostenträgern bereits zugewiesenen Einzelkosten entsprechend beaufschlagt werden, wodurch letztlich alle Gemeinkosten auf die Kostenträger verteilt werden. Dieses Verfahren wird nachfolgend ausführlich dargestellt.
- Bei **Massenfertigung im Einproduktbetrieb** können aufwändige Kostenaufschlüsselungen unterbleiben; Kostenverteilungsmethode der Wahl ist in diesem Falle die an späterer Stelle behandelte Divisionskalkulation.

2.3.3 Kostenstellenrechnung

2.3.3.1 Kostenzurechnung auf die Kostenstellen im Betriebsabrechnungsbogen

2.3.3.1.1 Funktionsbereiche als Kostenstellen

Die Kostenstellenrechnung rechnet Kosten den »Stellen« zu, an denen sie angefallen sind. Dazu ist es notwendig, Kostenstellen zu bilden.

Dies kann nach unterschiedlichen Kriterien erfolgen, etwa

- nach Funktionsbereichen (siehe unten),
- nach Verantwortungsbereichen,
- nach räumlichem Zusammenhang,
- nach organisatorischen Kriterien,
- nach verrechnungstechnischen Überlegungen

Im Industriebetrieb kommen z. B. die folgenden Funktionsbereiche in Betracht, denen die Kosten der in den folgenden Kurzbeschreibungen aufgeführten Betriebsteile und Tätigkeiten zugeordnet werden:

- **Allgemeiner Bereich**
  Dieser stellt seine Leistungen allen anderen Kostenstellen zur Verfügung (Grundstücks- und Gebäudeverwaltung, Wasser-, Strom-, Gas-, Dampfversorgung, Heizung, Werkschutz, Sozialeinrichtungen u. a.).
- **Materialbereich**
  Der Materialbereich beschafft und verwaltet das zur Leistungserstellung erforderliche Material (Einkauf, Warenannahme und -prüfung sowie Materialverwaltung, -lager und -ausgabe).
- **Fertigungsbereich**
  Hier erfolgt die Leistungserstellung, teils durch Fertigungshilfsstellen (unmittelbare Fertigungsvorbereitung und -einleitung, evtl. Zwischenlager für Material und Werkzeuge), vor allem aber durch die Fertigungshauptstellen (Werkstätten).
- **Forschungs- und Entwicklungsbereich**
  In Großbetrieben ist »F&E« oft ein selbstständiger Bereich mit der Aufgabe der ständigen Aktualisierung der technischen Leistungsfähigkeit (Forschungs- und Entwicklungslabors, Konstruktionsbüros, Musterbau, Prüffelder).
- **Verwaltungsbereich**
  Oft auch »kaufmännischer Bereich« genannt: er umfasst vielfältige Verwaltungsaufgaben (kaufmännische Leitung, Rechnungswesen, Personalverwaltung, Organisation, Rechtsabteilung, Steuerabteilung, Übersetzerbüro, Büromateriallager u. a.).
- **Vertriebsbereich**
  Dem Vertrieb obliegt der Absatz der erstellten Leistungen (Marktforschung, Werbung, Verkauf, Rechnungs- und Dokumentenerstellung, Verwaltung der Fertigfabrikatelager, Versand, Kundendienst).

2.3.3.1.2 Kostenstellenplan

Ein Kostenstellenplan **(Kostenstellenverzeichnis)** im Industriebetrieb kann wie folgt aussehen:

0 Allgemeiner Bereich
000 Kostenstelle Grundstücke und Gebäude
001 Kostenstelle Wasser
002 Kostenstelle Dampferzeugung
003 Kostenstelle Stromerzeugung
004 Sozialeinrichtungen
005 Werkschutz

1 Materialbereich
100 Einkaufsabteilung
101 Materialannahme und -prüfung
103 Materiallager

2 Fertigungsbereich
20 Fertigungshilfsstellen
200 Technische Leitung
201 Konstruktionsbüro (Fertigungsbereich, da hier kein F&E-Bereich existiert)
202 Fertigungsplanung
203 Arbeitsvorbereitung
203 Revision
204 Maschinenwartung
21 Fertigungshauptstellen
210 Stanzerei
211 Blechnerei
212 Dreherei,
213 Fräserei
214 Bohrerei
215 Gestellbau
216 Leitungsbau
...
299 Endmontage

3 Verwaltungsbereich
300 Kaufmännische Leitung
301 Auswertung und Berichtswesen
302 Planungsrechnung
303 Geschäftsbuchhaltung
304 Betriebsbuchhaltung
305 Kalkulation
306 Personalbüro
307 Telefonzentrale
308 Fahrdienst

4 Vertriebsbereich
400 Fertigfabrikatelager
401 Verkaufsbüro
402 Versandbüro
403 Expedition

Instrument zur Durchführung der Kostenstellenrechnung ist der Betriebsabrechnungsbogen.

2.3.3.1.3 Der Betriebsabrechnungsbogen (BAB) als Instrument der Vollkosten- und der Teilkostenrechnung

Vornehmliche Aufgabe der Kostenstellenrechnung in einer **Vollkostenrechnung** ist die Erfassung der Gemeinkosten, also derjenigen Kosten, die einzelnen Kostenträgern nicht direkt zugerechnet werden können, und ihre möglichst verursachungsgerechte Weiterverrechnung auf die Kostenträger.

Im Rahmen einer **Teilkostenrechnung**, die auf die Weiterverrechnung von Gemeinkosten verzichtet, dient die Kostenstellenrechnung vorrangig der Kontrolle der Kosten, die in organisatorischen Teilbereichen verursacht werden, und als Voraussetzung für deren wirtschaftliche Steuerung. Voraussetzung hierfür ist, dass die gebildeten Kostenstellen mit selbständigen Verantwortungsbereichen oder teilbereichen übereinstimmen.

Im Folgenden wird eine Vollkostenrechnung unterstellt. Die dabei notwendige Gemeinkostenverrechnung kann in einem einstufigen oder mehrstufigen Prozess geschehen, in dem die Gemeinkosten unter Anwendung von (gleichfalls aus der Kostenstellenrechnung zu bestimmenden) **Umlageschlüsseln** auf Bereichskostenstellen verteilt und schließlich auf die Kostenträger weiterverrechnet werden.

Einstufiger Betriebsabrechnungsbogen

Dieser einfachste Anwendungsfall eines Betriebsabrechnungsbogens geht davon aus, dass alle Gemeinkosten auf wenige Kostenbereiche verteilt werden können, die als so genannte **Hauptkostenstellen** eingerichtet werden.

Für jede Kostenart wird festgelegt, auf welcher Grundlage die Kostenverteilung erfolgt. Anschließend werden die Gemeinkosten vollständig auf die Hauptkostenstellen weiterverrechnet. Aus der Gegenüberstellung der Einzel- und Gemeinkosten der Kostenbereiche können Kalkulationszuschlagssätze gewonnen werden.

Das folgende Beispiel zeigt einen solchen einstufigen BAB. Die Ermittlung von Zuschlagssätzen erfolgt analog zur Darstellung zum mehrstufigen BAB und wird dort ausführlich behandelt, weswegen hier noch keine Darstellung erfolgt.

Kostenart	Summen		Hauptkostenstellen			
	aus der Betriebsergebnisrechnung	Verteilungsbasis	Materialkostenstelle	Fertigungsstelle	Verwaltung	Vertrieb
Aufwendg. Hilfsstoffe	194.000	Entnahmescheine	160.000	34.000	0	0
Aufwendg. Betriebsstoffe	86.700	Entnahmescheine	70.000	16.700	0	0
Kalk. Abschreibungen	84.300	Anlagenkartei	12.000	65.300	3.000	4.000
Kalk. Zinsen	40.400	Betriebsvermögen	9.700	10.800	11.200	8.700
Kalk. Unternehmerlohn	120.000	Schätzung	30.000	30.000	30.000	30.000
AG-Anteile Sozialvers.	57.400	Gehaltslisten	16.800	12.900	17.900	9.800
Gehälter	455.000	Gehaltslisten	105.000	130.000	144.000	76.000
Bürobedarf	3.300	Rechnungen	500	600	1.800	400
Summe	1.041.100		404.000	300.300	207.900	128.900
			Materialgemeinkosten	Fertigungsgemeinkosten	Verwaltungsgemeinkosten	Vertriebsgemeinkosten

Einstufiger Betriebsabrechnungsbogen

2.3.3.2 Ermittlung der Zuschlagssätze im mehrstufigen BAB

2.3.3.2.1 Primär- und Sekundärkostenverrechnung im mehrstufigen BAB

Primäre Kostenverrechnung auf Kostenstellen

Im mehrstufigen Betriebsabrechnungsbogen wird dem Umstand Rechnung getragen, dass in vielen Betrieben Gemeinkosten anfallen, die nicht unmittelbar auf die Hauptkostenstellen verrechnet werden können, sondern als Vorleistungen (»Overhead-Leistungen«) für die Hauptkostenbereiche anzusehen sind. Beispiele im Industriebetrieb sind die Kosten der Verwaltung (von Räumen, Personal, Finanzwesen, Fuhrpark) und die Kosten der Geschäftsleitung, die zunächst auf Vorkostenstellen erfasst werden.

Eine derart aufgebaute Kostenstellenrechnung unterscheidet zwischen

- **Endkostenstellen**, deren Kosten direkt auf Kostenträger weiterverrechnet werden können, weil sie sich als direkt zurechenbare Einzelkosten auf eine (bestimmte, einzige) Leistungserstellung beziehen. Endkostenstellen können weiter unterschieden werden in
  - **Hauptkostenstellen**, die wesentliche Leistungen im Sinne der Aufgabenstellung (des öffentlichen Auftrags) des Produktbereichs erbringen (und z. B. als »Fertigungshauptstelle 1, 2 usw. bezeichnet werden können), und

  - **Nebenkostenstellen**, die Leistungen erbringen, die nicht als Kernaufgaben des Produktbereichs angesehen werden.

  Häufig ist diese Aufteilung aber nicht erforderlich, weswegen Endkostenstellen dann sämtlich als Hauptkostenstellen bezeichnet werden.

- **Vorkostenstellen**, deren Kosten nicht direkt zurechenbare Gemeinkosten darstellen, sondern die nach einem festzulegenden Schlüssel auf andere Kostenstellen umgelegt werden müssen. Die hier erfassten Leistungen stellen Vorleistungen dar, die innerhalb des Betriebs für andere Betriebsteile erbracht werden. Es handelt sich also um Leistungen für den eigenen Bedarf. Unterschieden werden dabei

  - **allgemeine Kostenstellen**, die Leistungen für alle (oder nahezu alle) anderen Kostenstellen erbringen, und
  - **Hilfskostenstellen** für solche Stellen, die Leistungen für mehrere andere Kostenstellen erbringen.

  Beispiele für Vorkostenstellen:

  - *Das Gebäudemanagement arbeitet sowohl der Leitung als auch allen anderen Kostenbereichen zu. Seine Kosten – in der Hauptsache Personalkosten – werden daher in einer allgemeinen Kostenstelle »Gebäudemanagement« erfasst.*
  - *Die Arbeitsvorbereitung arbeitet allen Fertigungshauptstellen zu, nicht jedoch der Verwaltung, dem Materialbereich, dem Fuhrpark usw. Ihre Kosten werden daher in einer Hilfskostenstelle erfasst.*
  - *Das betriebseigene Kraftwerk liefert Energie an mehrere Produktionsbereiche, nicht jedoch an den Verwaltungsbereich. Deswegen stellt das Kraftwerk eine Hilfskostenstelle dar.*

Diese Kostenstellenrechnung wird in einem **mehrstufigen Betriebsabrechnungsbogen** durchgeführt.

Die Mehrstufigkeit der Verrechnung schlägt sich folgendermaßen nieder:

1. Stufe: In der so genannten **Primärkostenverrechnung** werden die nach Kostenarten getrennt aufgeführten Kosten auf die Kostenstellen verteilt. Direkt zurechenbare Kosten (»**Kostenstelleneinzelkosten**«) werden den betreffenden Endkostenstellen direkt zugerechnet, während nicht zurechenbare Kosten (»**Kostenstellengemeinkosten**«) auf Vorkostenstellen erfasst werden.

2. Stufe: In der so genannten **Sekundärkostenverrechnung** werden die auf den Vorkostenstellen erfassten Gemeinkosten auf die Endkostenstellen weiterverrechnet. Hierbei kommen Verrechnungsschlüssel (Zuschlagssätze, Verrechnungssätze) zur Anwendung, die sich aus dem BAB ergeben.

In einem Betriebsabrechnungsbogen werden im Allgemeinen nur Gemeinkosten erfasst, da die Einzelkosten ohne Umweg direkt über die Einzelkostenstelle auf die entsprechenden Kostenträger weiterverrechnet werden können. Enthält ein BAB dennoch Einzelkosten, dann nur, wenn ihre Angabe für die Anwendung von Verrechnungsschlüsseln notwendig ist.

Das folgende **Beispiel** ⓐ (siehe die nächste Abbildung) zeigt einen Betriebsabrechnungsbogen **nach der Primärkostenverrechnung**. Darin ist die Verrechnung der Kosten aus den Vorkostenstellen auf die Hauptkostenstellen noch nicht erfolgt.

Die Unterscheidung der Vorkostenstellen in allgemeine Kostenstellen und Hilfskostenstellen wurde vorgenommen, weil in diesem Beispiel die allgemeinen Kostenstellen Leistungen an die meisten anderen Kostenstellen und damit auch an andere Vorkostenstellen abgeben, während die Hilfskostenstellen ihre Leistungen nur an einige Kostenstellen – und zwar im Beispiel ausschließlich an Endkostenstellen – abgeben.

Kostenart	Summe	Vorkostenstellen					Endkostenstellen					
(a)		Allgemeine Kosten-stelle 1	Allgemeine Kosten-stelle 2	Allgemeine Kosten-stelle 3	Hilfskosten-stelle 1	Hilfskosten-stelle 2	Material-kosten-stelle	Fertigungs-hauptstelle 1	Fertigungs-hauptstelle 2	Fertigungs-hauptstelle 3	Verwal-tungstelle	Vertriebs-stelle
Kostenart 1	169.800	17.000	12.000	11.000	300	1.500	18.000	19.000	21.000	23.000	23.000	24.000
Kostenart 2	32.800	4.000	0	0	300	600	7.000	3.000	4.000	5.000	7.000	1.900
Kostenart 3	47.700	6.000	12.000	13.000	2.000	3.000	2.000	2.500	1.500	1.000	2.900	1.800
Kostenart 4	24.800	6.000	1.000	1.000	500	500	3.000	4.500	2.300	1.200	2.300	2.500
Kostenart 5	23.000	0	2.000	2.000	0	0	3.000	3.000	3.000	4.000	3.000	3.000
Kostenart 6	18.000	500	1.000	200	500	500	4.000	3.000	3.000	2.000	2.000	1.300
Kostenart 7	14.000	200	200	300	100	100	1.500	1.600	1.800	2.200	3.100	2.900
Kostenart 8	8.400	500	300	300	200	0	1.000	1.200	1.100	1.200	1.300	1.300
Summe	338.500	34.200	28.500	27.800	3.900	6.200	39.500	37.800	37.700	39.600	44.600	38.700

Kostenart	Summe	Vorkostenstellen					Endkostenstellen					
(b)		Allgemeine Kosten-stelle 1	Allgemeine Kosten-stelle 2	Allgemeine Kosten-stelle 3	Hilfskosten-stelle 1	Hilfskosten-stelle 2	Material-kosten-stelle	Fertigungs-hauptstelle 1	Fertigungs-hauptstelle 2	Fertigungs-hauptstelle 3	Verwal-tungstelle	Vertriebs-stelle
Kostenart 1	169.800	17.000	12.000	11.000	300	1.500	18.000	19.000	21.000	23.000	23.000	24.000
Kostenart 2	32.800	4.000	0	0	300	600	7.000	3.000	4.000	5.000	7.000	1.900
Kostenart 3	47.700	6.000	12.000	13.000	2.000	3.000	2.000	2.500	1.500	1.000	2.900	1.800
Kostenart 4	24.800	6.000	1.000	1.000	500	500	3.000	4.500	2.300	1.200	2.300	2.500
Kostenart 5	23.000	0	2.000	2.000	0	0	3.000	3.000	3.000	4.000	3.000	3.000
Kostenart 6	18.000	500	1.000	200	500	500	4.000	3.000	3.000	2.000	2.000	1.300
Kostenart 7	14.000	200	200	300	100	100	1.500	1.600	1.800	2.200	3.100	2.900
Kostenart 8	8.400	500	300	300	200	0	1.000	1.200	1.100	1.200	1.300	1.300
Summe	338.500	34.200	28.500	27.800	3.900	6.200	39.500	37.800	37.700	39.600	44.600	38.700
Umlage allg. Kostenstelle 1		-34.200	3.420	1.710	0	0	6.840	6.840	5.130	1.710	5.130	3.420
Umlage allg. Kostenstelle 2			-31.920	1.920	1.000	1.000	4.000	3.000	4.000	5.000	4.000	8.000
Umlage allg. Kostenstelle 3				-31.430	0	1.430	5.000	5.000	5.000	5.000	5.000	5.000
Zwischensumme					4.900	8.630	55.340	52.640	51.830	51.310	58.730	55.120
Umlagen Hilfskostenstellen	**HKS 1**				-4900	0	900	1.000	2.000	1.000	0	
	HKS 2					-8630	0	4315	0	0		4.315
Stellengemeinkosten	338.500	0	0	0	0	0	56.240	57.955	53.830	52.310	58.730	59.435

Kostenumlage im BAB: Sekundärkostenverrechnung

Mit der Verteilung der Gemeinkosten auf die Endkostenstellen wird eine **verursachungsgerechte Kostenerfassung** angestrebt. Für die Weiterverrechnung der auf den Vorkostenstellen erfassten Kosten (innerbetriebliche Leistungsverrechnung) ist ein Verfahren zu wählen, das diesem Anspruch hinreichend gerecht wird. Übliche Verfahren sind

- das **Anbauverfahren**: Dieses in der industriellen Kostenrechnung häufig beschriebene Verfahren verteilt die Kosten der Vorkostenstellen ausschließlich auf Endkostenstellen. Damit wird die Verrechnung vereinfacht, aber oft auch verfälscht, weil nicht berücksichtigt wird, dass in der Praxis die Vorkostenstellen nicht nur für die Endkostenstellen, sondern auch füreinander – teils wechselseitige – Leistungen erbringen.
- das **Stufenleiterverfahren**: Dabei werden die Vorkostenstellen derart hintereinander angeordnet, dass sie von links nach rechts »geleert« werden können. Leistungsbeziehungen zwischen den Vorkostenstellen können damit nur in eine Richtung berücksichtigt werden, was die Verrechnung wiederum zwar vereinfacht, aber auch verfälscht.
- das **Gleichungsverfahren**: Die wechselseitigen Beziehungen der Vorkostenstellen untereinander werden in einem System von Gleichungen abgebildet. Damit kann die innerbetriebliche Leistungsverrechnung die tatsächlichen Gegebenheiten abbilden; allerdings erfordert dieses mathematische Verfahren einen erheblich höheren (EDV-gestützten) Rechenaufwand als die vorgenannten Verfahren.

Die Fortführung des Beispiels ⓑ zeigt die Anwendung des **Stufenleiterverfahrens**, d. h. die Vorkostenstellen wurden so angeordnet, dass jede Stelle (= Tabellenspalte) nur Leistungen an nachgelagerte (= weiter rechts angeordnete) Kostenstellen abgibt. Deswegen kann die **Weiterverteilung der Kosten** nun wie folgt vorgenommen werden:

- Die in der allgemeinen Kostenstelle 1 erfassten Kosten werden auf die nachgelagerten Stellen – sowohl Vor- als auch Endkostenstellen – verteilt. Anschließend werden neue Spaltensummen errechnet.
- Die in der allgemeinen Kostenstelle 2 erfassten Kosten werden in gleicher Weise weiterverrechnet, usw.
- Die auf den Hilfskostenstellen erfassten Kosten werden auf die Endkostenstellen weiterverrechnet. Danach sind alle Vor- und Hilfskostenspalten vollständig geleert, sodass Spaltensummen nur noch für die Hauptkostenstellen zu errechnen sind.

Bei der Verteilung wurde im Beispiel konkret wie folgt vorgegangen:

- Die **allgemeinen Kostenstellen** leisten Dienste für nahezu alle anderen nachgelagerten Kostenstellen. Die Verteilung erfolgte nach zuvor festgelegten Verteilungsschlüsseln, die auf Schätzungen beruhen oder an andere maßgebliche Größenordnungen anknüpfen (so bietet es sich an, die Verteilung von Raumkosten nach Flächen in qm zu verteilen). Beispielsweise wurde für die Verteilung der auf der Allgemeinen Kostenstelle 1 aufgelaufenen Kosten auf die nachfolgenden Kostenstellen des BAB der Verteilungsschlüssel 2 : 1 : 0 : 0 : 4 : 4 : 3 : 1 : 3 : 2 vereinbart.
- Die Kosten der **Hilfskostenstellen** 1 und 2 werden ebenfalls nach zuvor ermittelten Schlüsseln auf die Endkostenstellen verteilt; z. B. erfolgt für die in Hilfskostenstelle 2 erfassten Kosten eine Verteilung zu gleichen Teilen auf die Fertigungshauptstelle 1 und die Vertriebsstelle.
- Jetzt sind die Allgemeine Kostenstelle und die Hilfskostenstellen entleert. Der »verbleibende« Betriebsabrechnungsbogen zeigt nunmehr das Aussehen wie in **Beispiel** ⓑ (siehe die vorherige Abbildung).

Die Summe der auf die Endkostenstellen verrechneten Gemeinkosten (»Stellengemeinkosten«) muss der Summe der Kostenarten in Spalte 2 entsprechen: Mit dieser Kontrolle ist sichergestellt, dass die Gemeinkosten vollständig auf Endkostenstellen übertragen wurden.

2.3.3.2.2 Ermittlung von Zuschlagssätzen (Verrechnungssätzen)

Der Betriebsabrechnungsbogen verrechnet nur Gemeinkosten. Als Ergebnis liefert er Stellengemeinkosten für die End- oder Hauptkostenstellen, denen ihre Einzelkosten (Material-, Fertigungseinzelkosten; Sondereinzelkosten) im Vorwege direkt, d. h. ohne Umweg über eine Kostenstellenrechnung und den BAB, zugerechnet werden konnten. Aus dem Verhältnis zwischen diesen Einzelkosten und den ermittelten Gemeinkosten können nun Zuschlagssätze ermittelt werden. Diese Zuschlagssätze können in Kalkulationen verwendet und zu Vergleichszwecken – etwa zur Kostenkontrolle im Periodenvergleich – herangezogen werden.

Fortführung des Beispiels ⓐ, ⓑ:

Aus dem Rechnungswesen sind die folgenden Werte (in €) bekannt:

Fertigungsmaterial	281.200
Fertigungslöhne Werkstatt A	57.955
Fertigungslöhne Werkstatt B	43.064
Fertigungslöhne Werkstatt C	62.772
Herstellkosten des Umsatzes	605.326

Die folgende Tabelle zeigt die entsprechende Fortentwicklung des BAB, Beispiel ⓑ :

Stellengemeinkosten	338.500	0	0	0	0	0	56.240	57.955	53.830	52.310	58.730	59.435
Zuschlagsbasis:												
Fertigungsmaterial							281.200					
Fertigungslöhne								57.955	43.064	62.772		
Herstellkosten des Umsatzes											605.326	
Zuschlagssätze in %:							20,0	100,0	125,0	83,3	9,7	9,8

Die Zuschlagssätze können im Rahmen der Zuschlagskalkulation weiterverarbeitet werden.

2.3.4 Kostenträgerzeit- und Kostenträgerstückrechnung

Durch die **Kostenträgerrechnung** werden Kosten auf diejenigen Kostenträger verrechnet, die für die Kostenentstehung ursächlich waren: Dies sind im Allgemeinen die Erzeugnisse, die zugleich auch die Leistungseinheiten des Betriebs darstellen. Indem Kosten und Leistungen auf denselben Gegenstand bezogen und einander dort direkt gegenübergestellt werden, ist die letzte Stufe der Kostenrechnung erreicht.

Die Kostenträgerrechnung kann als Zeitrechnung oder als Stückrechnung durchgeführt werden.

- Als **Zeitrechnung** beantwortet sie auf Basis der von der Kostenstellenrechnung gelieferten Werte die Frage, wie viele Kosten in der betreffenden Periode in Zusammenhang mit der Erbringung einer bestimmten Leistung angefallen sind. In einer fortlaufenden Produktion werden dabei auch die in die betreffende Periode fallenden Kosten für noch nicht fertig gestellte Leistungen einbezogen. Die Kostenträgerzeitrechnung ist eine meist **kurzfristige Betriebserfolgsrechnung**.
- Als **Stückrechnung** beantwortet sie die Frage nach der Höhe der Kosten pro einzelnem Kostenträger (= pro produziertem Stück eines bestimmten Produkts, d. h. pro Leistungseinheit). Dabei bedient sie sich verschiedener Kalkulationsverfahren.

2.3.4.1 Kostenträgerzeitrechnung auf Ist- und Normalkostenbasis

Die Kostenträgerzeitrechnung wird auf Basis des Betriebsabrechnungsbogens auf einem Kostenträgerblatt durchgeführt, das häufig auch als **»BAB II«** bezeichnet wird.

Fortführung des Beispiels: Aus dem Rechnungswesen und aus den Produktionsbereichen sind nun zusätzlich die folgenden Werte (in €, wenn nicht anders angegeben) bekannt:

	gesamt	Produkt 1	Produkt 2	Produkt 3	Produkt 4
Fertigungsmaterial	281.200	81.200	68.000	71.000	61.000
Fertigungslöhne Werkstatt A	57.955	12.455	15.000	12.500	18.000
Fertigungslöhne Werkstatt B	43.064	11.530	12.400	8.754	10.380
Fertigungslöhne Werkstatt C	62.772	16.800	9.672	15.600	20.700
Mehrbestand an Fertigerz.	60.000	11.000	14.500	24.000	10.500
Umsatzerlöse	876.300	286.910	153.925	172.650	262.815
Produzierte Menge in Stück	120.000	35.000	28.000	32.000	25.000
Abgesetzte Menge in Stück	113.000	32.000	27.000	31.000	23.000

Diese werden in einem Kostenträgerblatt (BAB II) wie folgt verarbeitet:

Kalkulationsgrößen	gesamt	Kostenträger			
		Produkt 1	Produkt 2	Produkt 3	Produkt 4
Fertigungsmaterial	281.200	81.200	68.000	71.000	61.000
+ Mat.-GK*-Zuschlag 20,0 %	56.240	16.240	13.600	14.200	12.200
Materialkosten	337.440	97.440	81.600	85.200	73.200
Fertigungslöhne Werkstatt A	57.955	12.455	15.000	12.500	18.000
+ Fert.-GK-Zuschlag 100,0 %	57.955	12.455	15.000	12.500	18.000
Fertigungskosten Werkstatt A	115.910	24.910	30.000	25.000	36.000
Fertigungslöhne Werkstatt B	43.064	11.530	12.400	8.754	10.380
+ Fert.-GK-Zuschlag 125,0 %	53.830	14.413	15.500	10.943	12.975
Fertigungskosten Werkstatt B	96.894	25.943	27.900	19.697	23.355
Fertigungslöhne Werkstatt C	62.772	16.800	9.672	15.600	20.700
+ Fert.-GK-Zuschlag 83,333 %	52.310	14.000	8.060	13.000	17.250
Fertigungskosten Werkstatt C	115.082	30.800	17.732	28.600	37.950
= Herstellkosten der Fertigung	665.326	179.092	157.232	158.496	170.505
– Mehrbestand Fertigerzeugn.**	60.000	11.000	14.500	24.000	10.500
= Herstellkosten d. Umsatzes	605.326	168.092	142.732	134.496	160.005
+ Verwaltg.-GK-Zuschlag 9,7 %	58.717**	16.305	13.845	13.046	15.520
+ Vertriebs-GK-Zuschlag 9,8 %	59.322**	16.473	13.988	13.181	15.680
= Selbstkosten des Umsatzes	723.364	200.870	170.565	160.723	191.206
Umsatzerlöse	876.300	286.910	153.925	172.650	262.815
Betriebsergebnis	152.936	86.040	–16.640	11.927	71.609

* GK = Gemeinkosten

** Minderbestände an Fertigerzeugnissen wären den Herstellkosten der Fertigung zwecks Ermittlung der Herstellkosten des Umsatzes hinzuzurechnen.

Mit Hilfe des Kostenträgerblattes kann die Ertragskraft der einzelnen Produkte für die betrachtete Periode (daher Kostenträger**zeit**rechnung) beurteilt werden. Es dient als Instrument der kurzfristigen Erfolgsrechnung, weil nun Betriebserfolg und Wirtschaftlichkeit je Produkt errechnet werden können:

		Produkt 1	Produkt 2	Produkt 3	Produkt 4
Betriebserfolg in %	$\frac{\text{Betriebsergebnis}}{\text{Selbstkosten}}$	42,83	–9,76	7,42	37,45
Wirtschaftlichkeit	$\frac{\text{Umsatzerlöse}}{\text{Selbstkosten}}$	1,43	0,90	1,07	1,37

Offensichtlich erzielten Produkt 1 und Produkt 4 hohe Gewinne, während Produkt 2 sogar einen Verlust zum Ergebnis beisteuert. Hier wird eine nähere Kostenanalyse nötig sein, um die Verlustgründe eingrenzen zu können. Möglicherweise handelt es sich bei dem Produkt 2 um ein neues, am Markt noch nicht durchgesetztes Produkt: In diesem Fall wird der Verlust in Hinblick auf künftige Entwicklungsmöglichkeiten verschmerzt werden können.

Die Zuschlagssätze im gezeigten Beispiel wurden auf der Basis so genannter **Istkosten**, also tatsächlich angefallener, nachträglich festgestellter Kosten ermittelt. Im Vergleich verschiedener aufeinanderfolgender Perioden werden sich hier naturgemäß Abweichungen zeigen. Diese können verschiedene Ursachen haben:

- **Preiserhöhungen** beim Material;
- **Lohnerhöhungen**;
- **Beschäftigungsschwankungen** wegen nachfragebedingter Mehr- oder Minderproduktion, wegen notwendiger Stillstände und entsprechend vor- oder nachgeholter Mehrarbeit mit zusätzlichen Kosten oder anderer Ursachen;
- **Verbrauchsabweichungen**, etwa wegen außerplanmäßiger Mehrarbeit oder außerplanmäßigen Mehrverbrauchs, z. B. durch Ausschuss wegen eines Maschinen- oder Bearbeitungsfehlers oder durch Sonderschichten, weil eine mängelbehaftete Produktionscharge nachbearbeitet werden musste (im Falle von Verbrauchsabweichungen muss der Ursache unbedingt nachgegangen werden!).

In der Vorkalkulation bzw. in einer im Vorhinein zur Abschätzung des voraussichtlichen Betriebserfolgs angefertigten Kostenträgerzeitrechnung ist es daher sinnvoller, mit »geglätteten« Durchschnittssätzen zu kalkulieren. Diese werden als **Normalzuschlagssätze** (im Gegensatz zu den Istzuschlagssätzen) bezeichnet.

Zusätzlich können Schwankungen bei den Material- und Fertigungseinzelkosten ausgeglichen werden, indem auch hier die durchschnittlichen Materialpreise und Lohnsätze (**Normalkosten**) angenommen werden.

2.3.4.2 Zuschlagskalkulation

Wirtschaftlich handeln kann nur, wer seine Kosten kennt. Für jeden Betrieb ist es unterlässlich, genau zu wissen, welche Kosten anfallen, um ein Stück eines bestimmten Produkts oder einer bestimmten Ware am Markt bereitzustellen.

Voraussetzung der **Angebotskalkulation** (Absatzkalkulation) ist eine **Selbstkostenkalkulation**, und diese wiederum erfordert die detaillierte Erfassung aller im Betrieb anfallenden Kosten nach ihrem Wesen (Kostenarten), ihren Entstehungsorten (Kostenstellen) und ihren Kostenverursachern (Kostenträgern), wie sie in den vorangegangenen Abschnitten gezeigt wurden.

Die Kenntnis der – dank einer detaillierten Kostenrechnung relativ präzise ermittelten – Selbstkosten fließt ein in betriebliche Entscheidungen, die regelmäßig getroffen werden müssen. Sie betreffen z. B.

- das **Produktionsprogramm**: Wie viel wovon soll wann produziert werden? Diese Entscheidung kann allerdings nicht allein aufgrund der Kenntnis der Selbstkosten getroffen werden, sondern hat auch die möglichen Erlöse zu berücksichtigen.
- **Konstruktion und Fertigungsverfahren**: In Kenntnis der Kosten einzelner Arbeitsgänge können konstruktions- oder verfahrenstechnische Veränderungen angestoßen werden. Die Frage lautet: Ist es möglich, durch konstruktive Änderungen oder geänderte Verfahren Kosten einzusparen?
- **Lagerhaltung und Vertrieb**: Auch hier ermöglicht die Kenntnis der detaillierten Kosten die Abschätzung des Einsparpotenzials.
- die **Preisfestsetzung**: Ohne Kenntnis der Selbstkosten kann kein Preis festgesetzt werden. Die Selbstkosten sind Ausgangspunkt für die Preiskalkulation.

Die **Kostenträgerstückrechnung** ermöglicht die Errechnung der Selbstkosten für einzelne Kostenträger im Rahmen von **Kalkulationen** mit dem vorrangigen Ziel, Preisuntergrenzen und Angebotspreise zu ermitteln. Übliche Verfahren sind die

- Zuschlagskalkulation,
- Divisionskalkulation und
- Äquivalenzzahlenkalkulation.

Sie können in der Vor-, Zwischen- und Nachkalkulation eingesetzt werden:

In der **Vorkalkulation** werden sinnvollerweise Normalkosten verarbeitet, während die **Zwischenkalkulation** und die **Nachkalkulation** mit den tatsächlich angefallenen Kosten (Istkosten) durchgeführt wird.

Die Zuschlagskalkulation kann durchgeführt werden als

- **einstufige Zuschlagskalkulation** (auch: summarische Zuschlagskalkulation): Dabei werden sämtliche in einem Betrieb anfallenden Gemeinkosten durch einen einzigen Zuschlagssatz berücksichtigt. Diese einfachste Variante, die gänzlich ohne Kostenstellenrechnung auskommt, führt zu einer sehr groben, oft unzutreffenden Belastung von Kostenträgern mit Gemeinkosten und soll hier daher nicht behandelt werden.
- **mehrstufige Zuschlagskalkulation**: Dabei werden Gemeinkostenzuschläge mindestens für die Bereiche Material, Fertigung, Verwaltung und Vertrieb vorgenommen. Innerhalb der Bereiche wird ggf. weiter differenziert, etwa nach unterschiedlichen Fertigungsstellen, und der Kostenträger nur mit den Gemeinkosten derjenigen Stellen belastet, die er auch tatsächlich in Anspruch genommen hat. Nur diese – genauere – Form der Zuschlagskalkulation wird hier vorgestellt.

Das Schema der Zuschlagskalkulation ist angelehnt an den schematischen Aufbau des Kostenträgerblattes (BAB II). Sind die aktuellen Materialkosten und Fertigungslohnkosten, die auf die Herstellung eines Stückes entfallen, bekannt, kann die Zuschlagskalkulation unter Verwendung der Normalzuschlagssätze vorgenommen werden.

Beispiel:

Es wird ein Auftrag vorkalkuliert, der zwei Fertigungsstellen durchläuft. Dabei sind folgende Normalzuschlagssätze zu berücksichtigen:

Normalzuschlagssätze	**%**
Materialgemeinkostenzuschlag	14,5
Fertigungsgemeinkostenzuschlag FHS 1	112,5
Fertigungsgemeinkostenzuschlag FHS 2	95,0
Verwaltungsgemeinkostenzuschlag	11,0
Vertriebsgemeinkostenzuschlag	9,0

Außerdem fallen Gebühren für eine externe technische Prüfung in Höhe von 3.500 € an, die als Einzelkosten der Fertigung einbezogen werden müssen.

Insgesamt ergibt sich die folgende Kalkulation:

Zuschlagskalkulation für Auftrag XYZ		
Fertigungsmaterial	23.500,00	
+ Mat.-GK-Zuschlag 14,5 %	3.407,50	
Materialkosten		26.907,50
Fertigungslöhne FHS 1	7.600,00	
+ Fert.-GK-Zuschlag FHS1 112,5 %	8.550,00	
Fertigungskosten FHS 1		16.150,00
Fertigungslöhne FHS 2	12.550,00	
+ Fert.-GK-Zuschlag 95,0 %	11.922,50	
Fertigungskosten Werkstatt B		24.472,50
Sondereinzelkosten der Fertigung		3.500,00
= Herstellkosten		**71.030,00**
+ Verwaltungs-GK-Zuschlag 11,0 %		7.813,30
+ Vertriebs-GK-Zuschlag 9 %		6.392,70
= Selbstkosten		**85.236,00**

Dem Kunden wird ein Rabatt von 10 % eingeräumt. Außerdem wird ein Skontoabzug von 2 % gewährt. Das Unternehmen kalkuliert generell mit einem Gewinnzuschlag von 15 %. Die Vorkalkulation des Preises sieht – ausgehend von den oben ermittelten Selbstkosten – wie folgt aus:

Selbstkosten	**85.236,00**
+ Gewinnaufschlag 15 %	12.785,40
Barverkaufspreis	**98.021,40**
+ Kundenskonto 2 % auf Basis des Zielverkaufspreises	2.000,44
Zielverkaufspreis	**100.021,84**
+ Kundenrabatt 10 % vom Angebotspreis	11.113,54
Angebotspreis	**111.135,38**

Die Zuschlagskalkulation ist das typische Kalkulationsverfahren für **Betriebe mit Serienfertigung**. Das Kalkulationsschema kann um weitere Positionen, die bei der Endpreisfestlegung berücksichtigt werden müssen (z. B. Vertreterprovisionen), erweitert werden.

2.3.4.3 Zuschlagskalkulation mit Maschinenstundensätzen

In modernen Industriebetrieben mit hohem Automatisierungsgrad hängen die Fertigungsgemeinkosten mehrheitlich nicht mit menschlicher Arbeit zusammen, sondern gehen auf den Einsatz von technischen Anlagen und Maschinen zurück. Die in der zuvor gezeigten Zuschlagskalkulation praktizierte Anknüpfung der Fertigungsgemeinkosten an die Fertigungslöhne ist damit aber nicht mehr gerechtfertigt und hat zur Folge, dass die Gemeinkosten die Einzelkosten häufig um ein Mehrfaches übersteigen. Unsinnig erscheinende Zuschlagssätze von 300 % und mehr sind die Folge. Die **Maschinenstundensatzrechnung**, die auch als **Platzkostenrechnung** bezeichnet wird, löst dieses Dilemma, indem sie die maschinenabhängigen Gemeinkosten auf den Maschineneinsatz bezieht. Dementsprechend unterteilt sie die Gemeinkosten in

- **maschinenabhängige Fertigungsgemeinkosten (MFGK):** Hierzu zählen die kalkulatorischen Abschreibungen und Zinsen, die Raum-, Energie-, Wartungs-, Instandhaltungs-, Betriebsstoffkosten, Versicherungen und weitere Kosten, die vorrangig mit dem Einsatz von Maschinen in Zusammenhang stehen. Zuschlagsgrundlage für diese Gemeinkosten sind die Maschinenstunden:

$$\text{Maschinenstundensatz} = \frac{\text{Maschinenabhängige Fertigungsgemeinkosten}}{\text{Maschinenstunden}} = \text{MSS €/Std.}$$

- **maschinenunabhängige Fertigungsgemeinkosten (Restfertigungsgemeinkosten RFGK)**: Diese mit menschlicher Arbeit und anderen maschinenunabhängigen Ursachen zusammenhängenden Gemeinkosten sind z. B. Gehälter, Sozialkosten, Hilfslöhne, kalkulatorischer Unternehmerlohn, Betriebssteuern, Verwaltungskosten, Hilfsstoffkosten usw. Sie werden weiterhin auf die Fertigungslöhne als Zuschlagsgrundlage bezogen.

Jede Maschine bzw. technische Anlage, deren Kosten zur Maschinenstundensatzrechnung herangezogen werden sollen, wird im BAB als eigenständige Kostenstelle geführt. Dabei werden ihre maschinenabhängigen Fertigungsgemeinkosten in **fixe** und **variable** Kosten aufgeteilt, weil damit die Möglichkeit besteht, den Maschinenstundensatz bei schwankender Beschäftigung jeweils anzupassen.

Im nachfolgenden Beispiel wird zunächst der Maschinenstundensatz anhand einer Reihe von Angaben zur Maschine errechnet. Anschließend wird – unter Verwendung des gefundenen Ergebnisses – eine Kostenträgerkalkulation durchgeführt.

Für ein CNC-gesteuertes Bearbeitungszentrum (BAZ) sind die folgenden Grunddaten bekannt:

Abschreibungsrelevante Daten:	
Anschaffungskosten	215.000,00 €
Wiederbeschaffungskosten: 250.000,00 €	
Restwert am Ende der Nutzungsdauer	25.000,00 €
Nutzungsdauer: – lt. amtlicher AfA-Tabelle – lt. internem Ansatz / erfahrungsgemäß	 13 Jahre 15 Jahre
Daten zur Ermittlung des Betriebsstoffverbrauchs:	
Elektrischer Anschlusswert	16 kW
Durchschnittliche Auslastung der Nennleistung	75 %
Grundgebühr Strom	124,50 €/Jahr
Arbeitspreis Strom	0,165 €/kWh
Sonstiger Betriebsmittelverbrauch (fix)	1.700,00 € /Monat
Maschinenlaufzeit:	
Einsatztage (zu je 16 Std. im 2-Schicht-Betrieb) pro Jahr	320 Tage
Rüst-/Reinigungszeit pro Einsatztag	4,5 Stunden
Platzkosten:	
Standfläche der Anlage	90 qm
Kalkulatorische Gebäudeabschreibung p.a.	190,00 €/qm
Wartung, Instandhaltung, Verschleißteilersatz p.a. (fix)	18.000,00 €
Zinskosten:	
Kalkulatorischer Zinssatz (auf durchschnittlich gebundenes Kapital)	5,0 %

Aus diesen Angaben wird der Maschinenstundensatz wie folgt errechnet:

		€ / Jahr
Kalkulatorische Abschreibung: 250.000 € – 25.000 € / 15 Jahre		15.000,00
Kalkulatorische Zinsen: (250.000 € + 25.000 €) / 2 x 0,05		6.875,00
Platzkosten: 90 qm · 190 € + 18.000		35.100,00
Betriebskosten:		
Maschinenlaufstd. (Planbeschäftigung): 320 Tage · (16 Std. – 4,5 Std.)	3680 Std.	
Stromverbrauch: 0,75 · 16 kWh	12 kWh	
Stromkosten je Stunde: 12 kWh · 0,165 €	1,98 € / Std	
Stromkosten jährlich: 3680 Std. · 1,98 € + 124,50 €		7.410,90
Sonstiger Betriebsmittelverbrauch: 1.700,00 € · 12 Monate		20.400,00
Jährliche Maschinenkosten gesamt		**84.785,90**
Maschinenstundensatz: Maschinenkosten / Planbeschäftigung	**84.785,90 €** / **3680 Std. € / Std.**	**€/Std.** **23,04**

Für einen zu kalkulierenden Auftrag über 2.000 Stück eines Lüftergehäuses liegen folgende Daten vor:

Fertigungsdauer je Stück:	*7 Minuten*
Materialeinzelkosten je Stück:	*4,24 €*
Facharbeiterzeit je Stück:	*2,4 Minuten*
Facharbeiterlohn:	*19,88 €/Std.*

Gemeinkostenzuschläge lt. BAB:

Materialgemeinkostenzuschlag	*35 %*
Restfertigungsgemeinkostenzuschlag	*65 %*
Verwaltungsgemeinkostenzuschlag	*6 %*
Vertriebsgemeinkostenzuschlag	*7 %*

Hieraus ergibt sich die folgende Kalkulation der Selbstkosten:

			€
	Materialeinzelkosten: 4,24 € · 2.000 Stück	8.480,00	
+	Mat.-GK-Zuschlag 35 %	2.968,00	
=	Materialkosten		11.448,00
	Fertigungslöhne: 19,88 € : 60 Min · 2,4 Min · 2000 Stück	1.590,40	
+	Restfert.-GK-Zuschlag 65 %	1.033,76	
+	Maschinenkosten: 23,04 € : 60 Min · 7 Min · 2000 Stück	5.376,00	
=	Fertigungskosten		8.000,16
=	**Herstellkosten der Fertigung**		**19.448,16**
=	**Herstellkosten des Umsatzes**		**19.448,16**
+	Verwaltungs-GK-Zuschlag 6 %		1.166,89
+	Vertriebs-GK-Zuschlag 7 %		1.361,37
=	**Selbstkosten**		**21.976,42**

2.3.4.4 Divisionskalkulation

Einfache Divisionskalkulation

Diese einfachste Form der Divisionskalkulation ermittelt die **Kosten je Kostenträger** (= Stückkosten) durch einfaches Teilen der im Betrieb angefallenen Gesamtkosten durch den mengenmäßigen Output. Sie eignet sich nur für **Einproduktunternehmen**, in denen außerdem keine unfertigen oder halbfertigen Kostenträger vorkommen.

Beispiel:

Das betriebseigene Kraftwerk produziert und vertreibt nichts als Strom. Vor- und Halbfertigprodukte kommen dabei naturgemäß nicht vor. Die Kosten je kWh können daher sehr einfach dadurch angegeben werden, dass die im Kraftwerk während einer Periode angefallenen Gesamtkosten durch die Outputmenge derselben Periode geteilt werden:

$$\textit{Kosten pro kWh} = \frac{\textit{Gesamtkosten}}{\textit{Gesamte Leistungsabgabe (kWh)}}$$

Diese einfache Rechnung, die ohne Kostenstellenrechnung auskommt, wird aber nur in wenigen (gleich gelagerten) Betrieben anwendbar sein.

Mehrstufige Divisionskalkulation

Auch die mehrstufige Divisionskalkulation ist nur für Einproduktbetriebe geeignet. Sie kommt dort zum Einsatz, wo Leistungen nicht zwangsläufig vollständig in derjenigen Periode abgesetzt werden, in der sie erzeugt wurden. Würde man dies nicht berücksichtigen und eine einfache Divisionskalkulation durchführen, würden die Selbstkosten nicht verursachungsgerecht ausgewiesen. Es empfiehlt sich daher eine Trennung der Kosten mindestens in Herstellkosten einerseits und Vertriebskosten andererseits. Die Kalkulation wird dann wie folgt durchgeführt:

$$\text{Selbstkosten je Einheit/Kostenträger} = \frac{\text{Herstellkosten}}{\text{produzierte Menge}} + \frac{\text{Vertriebskosten}}{\text{abgesetzte Menge}}$$

2.3.4.5 Äquivalenzziffernkalkulation

Die Äquivalenzziffernkalkulation ist eine Weiterentwicklung der Divisionskalkulation und anders als diese auch dann anwendbar, wenn nicht nur ein Produkt, sondern verschiedene **Sorten** (d. h. einander ähnliche Produkte) hergestellt werden. Voraussetzung ist aber, dass die Stückkosten der Sorten dauerhaft in einem festen Verhältnis zueinander stehen: In diesem Falle können die Kosten einer Sorte als Bezugsbasis für die anderen Sorten herangezogen werden. Die Basissorte erhält die Äquivalenzziffer 1.

Beispiel:

Eine Schokoladenfabrik stellt eine Tafelschokolade in drei Sorten her, die sich durch ihren unterschiedlich hohen Kakaoanteil unterscheiden. Die Selbstkosten je Stück stehen für die Sorten A, B und C im Verhältnis 0,7 : 1 : 1,5. In der betrachteten Periode wurden folgende Stückzahlen abgesetzt:

Sorte A: 632.000 Stück
Sorte B: 920.000 Stück
Sorte C: 394.000 Stück

Die gesamten Selbstkosten des Umsatzes für die drei Sorten wurden mit 703.224 € festgestellt.

Die Kostenverteilung kann nun in einem mehrschrittigen Verfahren vorgenommen werden:

1. Schritt:

Umrechung der Absatzmengen in Umrecheneinheiten und Ermittlung der Selbstkosten je Umrecheneinheit:

Sorte	Absatzmenge	Äquivalenzziffer	Umrecheneinheiten	Selbstkosten (Sorte) €
A	632.000	0,7	442.400	
B	920.000	1	920.000	
C	394.000	1,5	591.000	
Gesamt			**1.953.400**	**703.224**

Selbstkosten je Recheneinheit = 703.224 € : 1.953.400 = 0,36 €

2. Schritt:

Verteilung der Selbstkosten auf die Sorten:

Sorte	Absatzmenge	Äquivalenzziffer	Umrecheneinheiten	Selbstkosten (Sorte) €
A	632.000	0,7	442.400	442.400 · 0,36 = 159.264
B	920.000	1	920.000	920.000 · 0,36 = 331.200
C	394.000	1,5	591.000	591.000 · 0,36 = 212.760
Gesamt			**1.953.400**	**703.224**

*Zur Errechnung der Stück-Selbstkosten je Sorte ist noch **ein weiterer Rechenschritt** erforderlich:*

Sorte	Selbstkosten €	: Absatzmenge	= Selbstkosten je Stück €
A	159.264	632.000	0,252
B	331.200	920.000	0,360
C	212.760	394.000	0,540
Gesamt	**703.224**		

2.3.4.6 Handelswarenkalkulation

Das Handelskalkulationsschema

In der Handelskalkulation werden die Bezugskosten (Bezugskalkulation), die Selbstkosten (Selbstkostenkalkulation) und die Verkaufspreise (Verkaufskalkulation) ermittelt. Das Kalkulationsschema ist wie folgt aufgebaut:

	Listenpreis des Lieferanten	Einkaufskalkulation
–	Liefererrabatt (in % vom Listenpreis)	
=	**Zieleinkaufspreis**	
–	Lieferantenskonto (in % vom Zieleinkaufspreis)	
=	**Bareinkaufspreis**	
+	Bezugskosten (meist absoluter Betrag)	
=	**Einstandspreis (Bezugspreis)**	
+	Handlungskosten (in % vom Einstandspreis)	Verkaufskalkulation
=	**Selbstkostenpreis**	
+	Gewinn (in % vom Selbstkostenpreis)	
=	**Barverkaufspreis**	
+	Kundenskonto = $\frac{\text{Barverkaufspreis} \cdot \text{Skontosatz}}{100 - \text{Skontosatz}}$	
+	Vertreterprovision = $\frac{\text{Barverkaufspreis} \cdot \text{Provisionssatz}}{100 - \text{Provisionssatz}}$	
=	**Zielverkaufspreis**	
+	Kundenrabatt = $\frac{\text{Zielverkaufspreis} \cdot \text{Rabattsatz}}{100 - \text{Rabattsatz}}$	
=	**Listenverkaufspreis**	
+	Umsatzsteuer = $\frac{\text{Listenverkaufspreis} \cdot \text{USt-Satz}}{100 - \text{USt-Satz}}$	
=	**Bruttoverkaufspreis (Bruttolistenpreis)**	

Das Handelskalkulationsschema

Alle Zwischenwerte bis einschließlich des Selbstkostenpreises stellen 100 % der Rechenbasis für den nachfolgend hinzuzurechnenden oder abzuziehenden Wert dar. Die jeweilige

Errechnung der Beträge für Kundenskonto, Vertreterprovision, Kundenrabatt und ggf. Umsatzsteuer muss dagegen berücksichtigen, dass nicht der voranstehende, sondern der folgende Wert die 100-Prozent-Basis darstellt. Die entsprechenden Rechenformeln sind im Schema angegeben.

Rückwärts- und Differenzkalkulation

Der **Rückwärtskalkulation** liegt das Schema der Handelskalkulation zugrunde. Jedoch ist in diesem Falle nicht der Listenpreis des Lieferanten der Ausgangswert der Kalkulation, sondern der Listenverkaufspreis, und es soll die Frage beantwortet werden, wie hoch der Listeneinkaufspreis maximal sein darf, wenn zu dem als Ausgangspunkt gewählten Listenverkaufspreis angeboten werden soll.

Die **Differenzkalkulation** besitzt ebenfalls kein eigenständiges Kalkulationsschema. Der Begriff bezeichnet eine Kalkulationssituation, bei der sowohl der Einkaufspreis als auch der (Netto-)Verkaufspreis feststeht und durch die Kalkulation ermittelt werden soll, ob die dazwischen liegende Spanne ausreicht, um alle Gemeinkosten zu decken und zusätzlich einen hinreichenden Gewinn zu erzielen.

Kalkulationszuschlag, Kalkulationsfaktor und Handelsspanne

Wenn die Kalkulation insoweit vereinfacht wird, als dass der Listenverkaufspreis ermittelt wird, indem ein globaler prozentualer Aufschlag auf den Einstandspreis vorgenommen wird, handelt es sich um einen **Kalkulationszuschlag** (im Handel auch als Handelsaufschlag bezeichnet). Der aufgeschlagene Prozentwert wird als **Kalkulationsfaktor** bezeichnet. Die Differenz zwischen dem Einstandspreis und dem (Netto-)Listenverkaufspreis, ausgedrückt als Prozentsatz vom Verkaufspreis (seltener als absoluter Betrag), ist die **Handelsspanne**.

2.3.5 Vergleich von Vollkosten- und Teilkostenrechnung

2.3.5.1 Begründung der Teilkostenrechnung

Die bisherigen Ausführungen waren der Vollkostenrechnung gewidmet, also einem Verfahren, bei dem alle im Unternehmen anfallenden Kosten vollständig auf die Kostenträger verrechnet werden. Dieses Verfahren stellt sicher, dass alle Kosten in der Kalkulation berücksichtigt werden; und auf lange Sicht ist es ja auch unerlässlich, dass **alle** Kosten wieder »hereinverdient« werden.

Grenzen der Vollkostenrechnung

Die Vollkostenrechnung vereinfacht und verfälscht allerdings notgedrungen die Zusammenhänge zwischen Einzel- und Gemeinkosten, indem sie die Gemeinkosten unabhängig davon, ob es sich um fixe oder um variable Kosten handelt, über die Ermittlung von Zuschlagssätzen »proportionalisiert« – sie also so behandelt, als würden sie sich proportional zu den Einzelkosten verändern. Tatsächlich ist dies aber für die Fixkosten nicht der Fall, und auch für die variablen Kosten sind andere als lineare Kostenverläufe denkbar. Regelrecht problematisch ist die Vollkostenrechnung aber dann, wenn kurzfristige Entscheidungen zur Verbesserung des Betriebserfolgs in einer aktuellen Unterbeschäftigungssituation anstehen.

Einen geeigneteren Ansatz stellt die **Deckungsbeitragsrechnung** als Ausprägung der **Teilkostenrechnung** dar, die lediglich die variablen Kosten als kurzfristig entscheidungsrelevant betrachtet.

Ein Produkt ist demnach lohnend, wenn

- die damit erzielten Erlöse mindestens die variablen Kosten vollständig abdecken,
- aus den Erlösen ein **Beitrag zur Deckung** der fixen Kosten erbracht wird.

Entscheidungsgrundlage der kurzen Frist: Der Deckungsbeitrag

Das einleitende Beispiel eines Werkstattmeisters, der einen Auftrag ablehnt, weil er die Vollkosten nicht erwirtschaftet, hat bereits sehr deutlich gezeigt, worum es bei der Deckungsbeitragsrechnung geht: Um kurzfristige Entscheidungen über die Annahme oder Ablehnung eines Auftrags treffen zu können, muss man wissen, welche zusätzlichen Kosten durch die Annahme entstehen würden, und aus dieser Kenntnis ableiten, welchen Beitrag der Auftrag zur Deckung der in der Kurzfristbetrachtung unvermeidlichen Fixkosten beiträgt. Die folgenden Betrachtungen knüpfen hieran an.

Generell lässt sich – auch eingedenk des oben erwähnten Beispiels – feststellen:

- **Langfristig müssen die Vollkosten gedeckt sein.** Deswegen ist die Vollkostenrechnung die Grundlage der Ergebnisrechnung und der Kostenkontrolle.
- **Kurzfristig kann die Vollkostenrechnung zu Fehlentscheidungen führen.** Die Teilkostenrechnung liefert geeignetere Entscheidungsgrundlagen in der Frage, ob ein konkreter Auftrag angenommen oder abgelehnt werden soll.
- Für die **Preiskalkulation** bedeutet dies:
  - Ein Preis kann nicht **allein** auf Basis einer Vollkostenrechnung kalkuliert werden; Grundlage für die Kalkulation muss vielmehr der am Markt erzielbare Preis sein.
  - Alle Kosten müssen nach variablen und fixen Kosten **differenziert** werden. Nach Abzug der variablen Kosten ergibt sich der Betrag, der zur Deckung der Fixkosten verbleibt.

Der Überschuss der Erlöse über die variablen Kosten wird als **Deckungsbeitrag I (DB I)** bezeichnet. Dieser Deckungsbeitrag I trägt zur Deckung der fixen Kosten bei, die in der **einstufigen Deckungsbeitragsrechnung** als Fixkostenblock vorliegen.

Eine weitergehende Betrachtung nimmt eine **Aufspaltung** des Fixkostenblocks vor und unterscheidet

- spezifische, dem einzelnen Erzeugnis zurechenbare Fixkosten,
- Fixkosten, die der Erzeugnisgruppe zurechenbar sind, und
- allgemeine Fixkosten (unternehmensfixe Kosten).

Der Deckungsbeitrag, der nach Abzug der spezifischen Fixkosten noch zur Deckung der allgemeinen Fixkosten verbleibt, wird als **Deckungsbeitrag II (DB II)** bezeichnet. Nach Abzug der erzeugnisgruppenfixen Kosten ergibt sich **Deckungsbeitrag III (DB III)**:

Umsatzerlös
– variable Kosten
= Deckungsbeitrag I
– erzeugnisfixe Kosten
Deckungsbeitrag II
– erzeugnisgruppenfixe Kosten
= Deckungsbeitrag III
– unternehmensfixe Kosten
= Betriebsergebnis der Periode

Nachfolgend wird mit **Deckungsbeitrag I** operiert.

2.3.5.2 Absolute einstufige Deckungsbeitragsrechnung

2.3.5.2.1 Deckungsbeitragsrechnung als Stückrechnung

Kennzeichen der einstufigen Deckungsbeitragsrechnung, die auch als **Direct Costing** bezeichnet wird, ist, dass die Fixkosten als Kostenblock betrachtet und nicht weiter aufgespalten werden. Nachfolgend soll zunächst die Situation im Einproduktunternehmen betrachtet werden. Hier stellt sich nicht die Frage, welche Produkte überhaupt in einer Periode hergestellt werden sollen, und auch nicht die nach deren Mengenverhältnis: Wesentlich für die betrieblichen Entscheidungsträger ist vielmehr, zu wissen,

- **welche Menge** mindestens abgesetzt werden muss, um angesichts der bekannten Kosten und eines bekannten Marktpreises einen Gewinn zu erzielen,
- **zu welchen Konditionen** die Annahme eines zusätzlichen Auftrags in unterschiedlichen betrieblichen Situationen vernünftig ist,
- **welche Preise** kurzfristig und auf Dauer mindestens erzielt werden müssen.

Das folgende Beispiel verdeutlicht die Bedeutung des Stückdeckungsbeitrags.

Aus der Kostenrechnung ergeben sich folgende Werte für die abgelaufene Periode, in der 10.000 Stück gefertigt wurden:

Roh-, Hilfs-, Betriebsstoffaufwendungen (RHB)	*570.000,00 €*
Löhne (variabel) inkl. Sozialaufwand	*336.000,00 €*
Gehälter inkl. Sozialaufwand	*217.000,00 €*
Abschreibungen	*88.000,00 €*
Sonstige Fixkosten	*130.000,00 €*
Sonstige variable Kosten	*192.000,00 €*
Durchschnittlicher Umsatzerlös pro Stück	*169,80 €*

Alle variablen Kosten verhalten sich proportional; alle Fixkosten gelten ab Nullproduktion bis zur Maximalkapazität.

Errechnet werden soll der Stückdeckungsbeitrag. Hierzu werden zunächst die Kosten in fixe und variable Kosten aufgeteilt:

Kostenart	Variable Kosten €	Fixe Kosten €
RHB-Aufwendungen	570.000,00	
Löhne/Sozialaufwand	336.000,00	
Gehälter/Sozialaufwand		217.000,00
Abschreibungen		88.000,00
sonstige Fixkosten		130.000,00
sonstige variable Kosten	192.000,00	
gesamt	**1.098.000,00**	**435.000,00**

Die variablen Stückkosten k_v betragen 1.098.000,00 € : 10.000 Stück = 109,80 €

Der Stückdeckungsbetrag errechnet sich wie folgt:

Umsatzerlös pro Stück	*169,80 €*
– variable Stückkosten	*109,80 €*
= Stückdeckungsbeitrag	*60,00 €*

Jedes verkaufte Stück trägt also 60 € zur Deckung der Fixkosten bei und verbessert damit den Betriebserfolg.

2.3.5.2.2 Bestimmung der Gewinnschwelle (Break-Even-Analyse)

Als **Gewinnschwelle (Break-Even-Point)** wird der Punkt bezeichnet, an dem Erlöse und Kosten gleich hoch sind und weder Gewinn noch Verlust erzielt wird. Häufig wird nach der Menge gefragt, die an diesem Punkt abgesetzt wird (d. h. bei deren Absatz die Fixkosten gerade eben abgedeckt sind oder, anders ausgedrückt, für die gerade eben kein Verlust mehr gemacht wird).

Mit jedem Stück, das über die Gewinnschwellenmenge hinaus abgesetzt wird, wird ein Gewinn erzielt. Die Kenntnis dieser Menge ist naheliegenderweise besonders wichtig, weil eine länger anhaltende Unterschreitung der Gewinnschwelle die Existenz des Unternehmens gefährdet.

An der Gewinnschwelle gilt:

$$p \cdot x = K_f + k_v \cdot x$$

mit p = Stückpreis
x = Menge
K_f = Fixkosten
k_v = variable Stückkosten

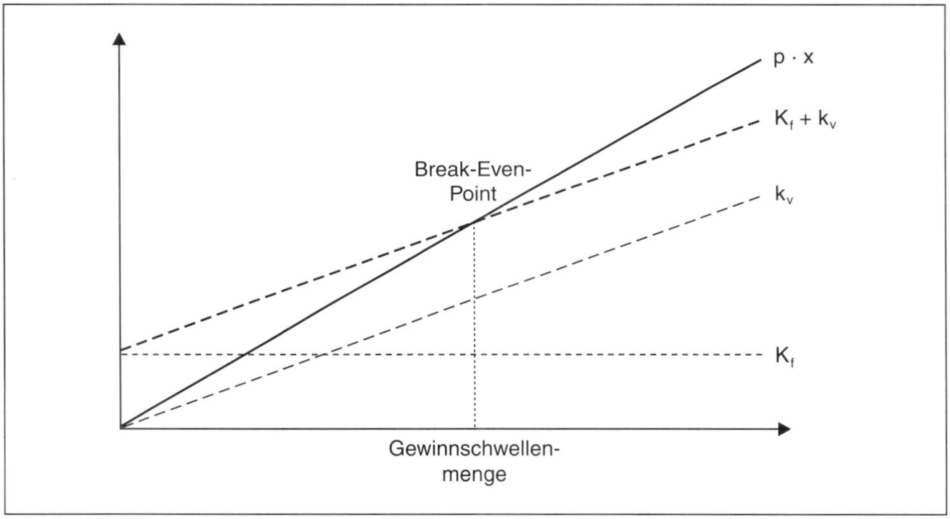

Break-Even-Point

Bei der Bestimmung der Gewinnschwelle gilt: Im Break-Even-Point sind Kosten = Erlöse.

Durch Umstellung lässt sich die Gewinnschwellenmenge bestimmen, wenn alle anderen Größen bekannt sind.

Fortführung des Beispiels:

Die Gewinnschwellenmenge ergibt sich durch Einsetzen der bekannten Werte:

$$169{,}80x = 435.000 + 109{,}80x$$
$$169{,}80x - 109{,}80x = 435.000$$
$$60x = 435.000$$
$$x = 435.000 : 60 = 7.250$$

Letztlich werden also die Fixkosten K_f durch den Stückdeckungsbeitrag geteilt.

Die Gewinnschwelle liegt bei 7.250 Stück. Ab dem 7.251. Stück wird also Gewinn erzielt.

2.3.5.2.3 Deckungsbeitragsrechnung als Periodenrechnung

Der Betriebserfolg einer Periode des Einproduktunternehmens kann ermittelt werden, indem der gesamte in dieser Periode erwirtschaftete Deckungsbeitrag den gesamten fixen Kosten der Periode gegenübergestellt wird.

Fortführung des Beispiels:

In einer späteren Untersuchungsperiode wurden 12.500 Stück gefertigt, von denen 12.000 Stück auch abgesetzt wurden. Aus der Vorperiode waren keine Bestandsüberhänge zu berücksichtigen.

Auch in dieser Periode wurden 169,80 € je verkauftem Stück erlöst. Der Umsatzerlös betrug also

12.000 Stück · 169,80 € = 2.037.600,00 €

*Die variablen Kosten je Stück sind – siehe oben – mit 109,80 € bekannt; Änderungen sind nicht eingetreten. Insgesamt ergeben sich variable Kosten **des Umsatzes** von*

12.000 Stück · 109,80 € = 1.317.600,00 €

*Der **umsatzbezogene** Betriebsgewinn beträgt also 720.000,00 €*

Dieser hätte sich auch aus der Anwendung des zuvor errechneten Deckungsbeitrags auf die abgesetzte Stückzahl ergeben:

12.000 Stück · 60,00 € = 720.000,00 €

2.3.5.2.4 Absolute einstufige Deckungsbeitragsrechnung im Mehrproduktbetrieb

2.3.5.2.4.1 Entscheidung über das optimale Produktionsprogramm bei Absatzorientierung

Das Produktionsprogramm ist dann optimal, wenn es bewirkt, dass die rentabelsten Erzeugnisse produziert werden. Bei der Ermittlung sind folgende Fälle zu unterscheiden:

- Es gibt keine Kapazitätsbeschränkungen. Welche Menge eines Produkts gefertigt wird, hängt allein von den **Absatzmöglichkeiten** ab.
- Die Erzeugnisse müssen eine Fertigungsstelle mit begrenzter Kapazität, einen **Engpass** also, durchlaufen.

Nur im erstgenannten Fall kommt die Berechnung mit absoluten Deckungsbeiträgen aus; im zweiten Falle muss mit relativen Deckungsbeiträgen operiert werden, auf deren Darstellung hier aber verzichtet wird (sie werden in Lehrbuch 3 behandelt).

Absatzorientierung bedeutet, dass sich die Menge, die von einem Produkt gefertigt wird, allein nach den Absatzmöglichkeiten für dieses Produkt richtet. Wenn für mehrere Produkte des Unternehmens eine Nachfrage festgestellt wird, die nicht mehr durch Lagerbestände gedeckt werden kann, muss entschieden werden, welches dieser Produkte bevorzugt gefertigt werden soll. Diese Entscheidung wird anhand der **absoluten Stückdeckungsbeiträge** getroffen.

Beispiel:

In einem Mehrproduktunternehmen wurden die folgenden Stückdeckungsbeiträge für die verschiedenen Produkte ermittelt:

Produktbezeichnung	*Stückdeckungsbeitrag (db) in €*
A	*8,76*
B	*9,00*
C	*– 0,98*
D	*8,12*
E	*9,60*

Die Reihenfolge, in der die Produkte im Produktionsplan berücksichtigt werden, richtet sich nach der absoluten Höhe des Stückdeckungsbeitrages und lautet demnach:

E – B – A – D

Produkt C erbrachte in der betrachteten Periode einen negativen Stückdeckungsbeitrag. Wenn es nicht gelingt, die variablen Kosten für C zu senken oder/und Preiserhöhungen durchzusetzen, muss C aus dem Programm genommen werden.

2.3.5.2.4.2 Entscheidung über die Annahme eines Zusatzauftrags

Wenn über die Annahme oder Ablehnung eines Auftrags entschieden werden soll, ist der Deckungsbeitrag das wesentliche Entscheidungskriterium. Die Entscheidungssituation wird an einem Beispiel verdeutlicht:

Aus der Rasenmäherproduktion eines Betriebes sind folgende Zahlen der letzten Abrechnungsperiode bekannt:

	Modell 1	**Modell 2**	**Modell 3**
Netto-Verkaufspreis p	168,00 €	209,00 €	249,00 €
variable Stückkosten k_v	86,00 €	98,00 €	152,00 €
Absatzmenge x	4.500 Stück	3.500 Stück	2.000 Stück
Kapazität	6.000 Stück	4.000 Stück	3.000 Stück

Die Fixkosten der Periode betrugen 687.000 €. Damit ergibt sich für die abgelaufene Periode das folgende Betriebsergebnis für die Rasenmähersparte:

	Modell 1	**Modell 2**	**Modell 3**
Netto-Verkaufspreis p	168,00 €	209,00 €	249,00 €
– variable Stückkosten k_v	– 86,00 €	– 98,00 €	– 152,00 €
= Stückdeckungsbeitrag db	82,00 €	111,00 €	97,00 €
Deckungsbeitrag DB = db · x	369.000,00 €	388.500,00 €	194.000,00 €

Gesamtdeckungsbeitrag DB = db · x	951.900,00 €
– Fixkosten	– 687.000,00 €
= Betriebsergebnis	264.500,00 €

Da langfristige Abnahmeverträge mit einer Baumarktkette bestehen, wird für die nächste Periode von unveränderten Zahlen ausgegangen. Zusätzlich eröffnet sich für den Betrieb die Möglichkeit, 1.000 Stück von Modell 1 an einen Exporteur zu verkaufen, der allerdings nur 105,00 € je Stück zu zahlen bereit ist. Das Unternehmen prüft

- *die Kapazität: Diese ist vorhanden, denn bisher werden nur 4.500 von 6.000 möglichen Stücken produziert.*
- *den Stückdeckungsbeitrag unter den Konditionen des Zusatzauftrags: Dieser ist mit 105,00 € – 86,00 € = 19,00 € positiv.*

Damit ist die Annahme des Zusatzauftrags geeignet, das Betriebsergebnis zu erhöhen, und zwar um 1.000 · 19,00 € = 19.000 € auf 283.500,00 €. Das Unternehmen akzeptiert also den Zusatzauftrag.

2.3.5.2.4.3 Festlegung der langfristigen und kurzfristigen Preisuntergrenze

Das obige Beispiel hat gezeigt, dass es sich im Falle von Unterbeschäftigung – wenn es also noch unausgeschöpfte Kapazitäten gibt – lohnt, einen Auftrag anzunehmen, dessen Erlös die variablen Kosten übersteigt, der also einen positiven Deckungsbeitrag erbringt. Damit ist aber noch nicht gesagt, dass ein positives Betriebsergebnis erwirtschaftet wird: Dies ist nur dann der Fall, wenn die Summe der Deckungsbeiträge ausreicht, die **gesamten** Fixkosten auch tatsächlich zu decken.

Daher gilt:

- **Kurzfristig** sind die variablen Kosten die Preisuntergrenze, d. h. der Deckungsbeitrag ist genau 0. Die Selbstkosten werden gerade eben »zurückverdient«. Dies ist unternehmerisch auf Dauer unbefriedigend bzw. nur für Ausnahmesituationen tolerabel.
- **Langfristig** müssen alle Kosten zurückverdient werden. Auf lange Sicht stellen daher die Selbstkosten die Preisuntergrenze dar.

2.4 Auswertung der betriebswirtschaftlichen Zahlen

Die Auswertung des Jahresabschlusses ist zwangsläufig vergangenheitsbezogen, und Kennzahlen, die aus Werten der Bilanz und der Gewinn- und Verlustrechnung gebildet werden, sind oft auch hinsichtlich ihrer Aussagekraft und Bedeutung »von gestern«. Trotzdem ist eine Analyse sinnvoll: Zum einen ermöglicht sie Betriebs-, Branchen- und Zeitvergleiche; zum anderen werden Abschlusskennzahlen herangezogen, wenn die Kreditwürdigkeit des Unternehmens im Rahmen eines Unternehmensrating beurteilt werden soll.

Bei entsprechender Aufbereitung kann der Jahresabschluss eines Unternehmens wertvolle Erkenntnisse über dessen die Situation liefern:

- Das In-Beziehung-Setzen bestimmter Werte aus Bilanz und GuV-Rechnung liefert Informationen über die Finanzlage, den Erfolg und die Vermögensstruktur des Unternehmens am Bilanzstichtag. Diese wiederum ermöglichen einen **Soll-Ist-Abgleich** zwischen den angestrebten und den erzielten Ergebnissen – und die Definition von **Zielvorgaben** für zukünftige Perioden.
- Der Vergleich der aktuellen Bilanzwerte mit Werten aus früheren Perioden **(Zeitvergleich)** zeigt Entwicklungen und Tendenzen auf.
- Der Vergleich mit Abschlüssen anderer Betriebe derselben Branche **(Betriebsvergleich)** ermöglicht die realistische Einschätzung der eigenen Leistung.

Unter der Analyse von Jahresabschlüssen wird häufig die Aufbereitung von Bilanzen und GuV-Rechnungen, die Bildung bestimmter Kennzahlen und die Erstellung von Kapitalflussrechnungen verstanden. Dabei handelt es sich um **quantitative Analysen**. Ihre Interpretation wird als **Bilanzkritik** bezeichnet.

Qualitative Analysen untersuchen den Anhang und Lagebericht zum einen auf ihren wörtlich-sprachlichen Gehalt (»semiotische Bilanzanalyse«) und zum anderen daraufhin, wie die bilanzpolitischen Instrumente von den Entscheidungsträgern eingesetzt wurden.

Stützt sich die Analyse allein auf Informationen, die aus externen/öffentlichen Quellen, vor allem dem Handelsregister, zugänglich sind, spricht man von **externer Analyse**. Können dagegen interne Informationen mit in die Analyse einbezogen werden – was meist nur eigenen Mitarbeitern oder Beauftragten des Unternehmens möglich ist –, liegt eine **interne Analyse** vor.

In den folgenden Abschnitten wird die »traditionelle« Form der quantitativen Bilanzanalyse in Bezug auf die Handelsbilanz nach HGB behandelt. Auf Auswertungen von nach internationalen Rechnungslegungssystemen (IAS/IFRS, GAAP) basierenden Abschlüssen soll hier nicht eingegangen werden.

Ein wichtiger Hinweis vorab: Es gibt zwar eine große Anzahl von Kennzahlen, für die die einschlägige Literatur mehr oder weniger zuverlässig einheitliche Begriffe verwendet. Viele dieser Begriffe werden aber außerhalb der Literatur zur Betriebswirtschaftslehre auch »umgangssprachlich« verwendet und, wie durch Internetrecherchen problemlos nachgeprüft werden kann, zur Kennzeichnung der unterschiedlichsten Sachverhalte verwendet. Dies gilt vor allem für Kennzahlen, die auf »-quote« enden: Wann immer z. B. Investitionsausgaben ins Verhältnis zu irgendeiner anderen Größenordnung gesetzt werden, wird das Ergebnis als »Investitionsquote« bezeichnet. Im Folgenden werden nach bestem Wissen nur die in der anerkannten Fachliteratur verbreiteten Definitionen verwendet.

Auch bei der Zusammenfassung von Kennzahlen zu Systemen und Gruppen ist eine Einheitlichkeit im Vorgehen und in den Begrifflichkeiten häufig nicht gegeben. Daraus folgt, dass es »das« Instrumentarium der Jahresabschlussanalyse schlichtweg nicht gibt, auch wenn manche Quellen (und leider auch manche Prüfungsaufgaben!) dies gern suggerieren.

2.4.1 Aufbereitung und Auswertung der Zahlen

2.4.1.1 Ziele und Adressaten der Auswertung

2.4.1.1.1 Analyseziele und -instrumente

Finanzielle Stabilität

Gläubiger (Banken, Lieferanten, aber auch Arbeitnehmer als Gläubiger von Lohnansprüchen) sind an Erkenntnissen über die finanzielle Stabilität des Unternehmens interessiert, die sich darin ausdrückt, dass das Unternehmen in der Lage ist, fällige Zahlungsanforderungen jederzeit zu erfüllen.

Dies setzt voraus, dass zu den Fälligkeitszeitpunkten von Verbindlichkeiten jeweils hinreichende liquide Mittel zur Verfügung stehen – aus vorhandenen und verfügbaren Guthaben, aus spätestens zeitgleich fälligen und beglichenen Forderungen und aus spätestens zeitgleichen Barverkäufen und sonstigen Barzuflüssen.

Die **Bilanzanalyse** kennt und unterscheidet verschiedene Liquiditätskennzahlen, deren Aussagewert aber nur als gering einzuschätzen ist, da sie lediglich Auskunft über den Zustand am Bilanzstichtag geben können. Informationen, die für die Beurteilung der Liquidität wesentlich sind, sind dagegen aus dem Jahresabschluss nicht abzulesen: Nämlich Fälligkeiten von Forderungen und Verbindlichkeiten, fällige sonstige Abflüsse (z. B. Lohn- und Gehaltszahlungen, Steuervorauszahlungen, fällige zu leistende Anzahlungen), Zahlungseingänge aus zugesagten Krediten usw. Eine statische, auf den Stichtag der Bilanzierung fixierte Betrachtung der Liquidität darf daher keinesfalls einziger Kontrollmechanismus der Zahlungsfähigkeit sein:

Eine, die erwarteten Ein- und Auszahlungsströme mit ihren jeweiligen Zu- und Abflusszeitpunkten erfassende **dynamische Finanzplanung** ist unverzichtbar!

Substanzerhaltung

Die Erhaltung der eigenen Substanz ist nicht nur Ziel, sondern Existenzbedingung eines jeden Unternehmens: Bleibt der Erfolg über längere Zeit aus und können laufende Verpflichtungen einschließlich der Lebensunterhaltssicherung des Unternehmers nur aus der Substanz beglichen werden, »verzehrt« sich das Unternehmen selbst und vereitelt damit den eigenen Weiterbestand. Unabdingbares Ziel der Unternehmensführung ist daher die Sicherstellung einer **Mindest-Rentabilität**, die zum einen den Rückgriff auf die Substanz zur Einlösung fälliger Verpflichtungen überflüssig macht und darüber hinaus diejenigen Mittel bereitstellt, die erforderlich sind, um die vorhandene Substanz, insbesondere das abnutzbare Sachvermögen, angemessen zu pflegen, warten und bei Bedarf zu ersetzen. Langfristiges Ziel wird die Erreichung einer möglichst **hohen Eigenkapitalquote** sein:

Je höher diese ist (und je geringer folgerichtig das Fremdkapital), desto größer ist die Unabhängigkeit und Krisenresistenz des Unternehmens.

Ertragskraft

Wie oben gezeigt wurde, ist ein Mindestertrag erforderlich, um den Status Quo der Unternehmung zu erhalten. Dies allein wird aber auf Dauer nicht ausreichen, um den Markterfolg und damit das langfristige Überleben zu sichern: In expandierenden Märkten ist ein mindestens proportionales Wachstum unverzichtbar. Dies ist nur erzielbar, wenn dauerhaft hinreichende Mittel für **Investitionen** – in Sachvermögen ebenso wie in bilanziell nicht erfasste immaterielle und ideelle Werte wie Personalentwicklung und Unternehmenskultur – zur Verfügung stehen.

Darüber hinaus müssen **Renditen** erwirtschaftet werden, die das eingesetzte Kapital gemäß den Erwartungen der Investoren verzinsen: Anderenfalls droht der Entzug der finanziellen Mittel und damit der Existenzbasis.

2.4.1.1.2 Adressaten der Auswertung

In Zusammenhang mit der Finanzbuchhaltung und dem Jahresabschluss wurde zuvor bereits auf die besonderen Interessen verschiedener Gruppen **(Gesellschafter; Lieferanten; sonstige Gläubiger, insbesondere Kreditinstitute; Mitarbeiter; Investoren)** hingewiesen. In Erweiterung des dort angesprochenen Erwartungshorizonts kann davon ausgegangen werden, dass diese und weitere – interne wie externe – Adressaten, die mit dem Unternehmen in irgendeiner (dabei durchaus sehr unterschiedlichen) Weise in Verbindung stehen (Stakeholder) auch an Jahresabschlussanalysen und sonstigen Auswertungen interessiert sind.

Zu erwähnen sind hier auch Mitbewerber, die die Ergebnisse von Jahresabschlussanalysen in **Konkurrenzanalysen** einbeziehen, soweit sie an die hierfür erforderlichen Daten gelangen können: Die finanzielle Stabilität und der wirtschaftliche Erfolg von Mitbewerbern sind zum einen für eigene strategische Entscheidungen, etwa in Hinblick auf die Ausweitung des eigenen Engagements auf neue geografische Regionen und neue Produkte oder auf den Erfolg des Einsatzes bestimmter Marketinginstrumente von Interesse. Zum anderen kann der Vergleich mit Mitbewerbern, die der eigenen Branche angehören und ggf. auch größenmäßig mit dem eigenen Unternehmen vergleichbar sind, der Standortbestimmung dienen und helfen, die eigenen Unternehmenszahlen zu beurteilen.

Strategische Markt- und Wettbewerbsbeobachtung, in deren Rahmen vergleichende Abschlussanalysen, Stärken-Schwächen-Analysen, Portfolios usw. für nahezu alle Branchen in Industrie, Handel und Dienstleistungsgewerbe erstellt werden, ist heute eine Dienstleistung, die von externen Informationsdienstleistern wie Auskunfteien und Beratungsunternehmen angeboten wird. Diese stützen ihre Analysen teils auf veröffentlichungspflichtige Daten, insbesondere aus dem Handelsregister, und teils auf Daten, die von an Vergleichen interessierten Unternehmen im Rahmen eines »**Benchmarking**« freiwillig weitergegeben wurden. Für systematische und legale Sammlungen und Auswertungen von Unternehmens-, Branchen- und Marktdaten hat sich der Begriff der »**Competitive Intelligence (CI)**« etabliert.

2.4.1.2 Betriebs- und Zeitvergleiche

Führungskräfte benötigen laufend Informationen darüber, wie sich der Betrieb entwickelt: Wurden die gesteckten Ziele erreicht bzw. ist der Betrieb auf dem richtigen Weg zur Zielerreichung? Gibt es kritische Entwicklungen, die gegensteuernde Maßnahmen erfordern? Welche zukünftigen Entwicklungen zeichnen sich ab, und welche Maßstäbe sind daraus für neue Zielvorgaben abzuleiten?

Wichtige Informationslieferanten sind **Kennzahlen**. Kennzahlen werden gebildet, indem ausgewählte messbare und quantifizierbare betriebswirtschaftliche Daten in bestimmter Weise zueinander in Beziehung gestellt werden. Quellen für innerbetriebliche Daten sind vor allem Bilanz und GuV, Betriebsbuchhaltung/Kostenrechnung und Erhebungen der verschiedenen Fachabteilungen – vorrangig der Finanzabteilung. Jeder Betrieb entscheidet selbst, welche Kennzahlen für ihn von Wichtigkeit sind, und wird dabei bemüht sein, alle für ihn wesentlichen Faktoren auch zu erfassen. Dabei wird ein Industriebetrieb andere Zahlen bilden als ein Handels- oder ein Dienstleistungsbetrieb. Die Ergebnisse werden zur Kontrolle des Betriebes herangezogen. Diese erfolgt häufig im Rahmen eines Betriebsvergleichs.

Ein Betriebsvergleich ist ein Vergleich betrieblicher Vorgänge und Zustände, entweder innerhalb desselben Betriebes zu verschiedenen Zeitpunkten **(innerbetrieblicher Vergleich; Zeitvergleich)** oder zwischen verschiedenen Betrieben gleicher oder unterschiedlicher Wirtschaftszweige **(zwischenbetrieblicher Vergleich)**. Betriebsvergleiche beziehen neben statistischen Kennzahlen auch Plan- und Normdaten (Soll-Ist-Vergleich) und Verfahren (Produktions-, Lagerhaltungs-, Vertriebs-, Verwaltungsverfahren usw.) ein. Für den ständigen Vergleich des eigenen Unternehmens mit den führenden Unternehmen der jeweiligen Branche und den Prozess der permanenten Weiterentwicklung in Richtung auf die Leistung des Vorbilds innerhalb einer **»Lernenden Organisation«** hat sich der Begriff des **Benchmarking** durchgesetzt.

Kennzahlen finden im innerbetrieblichen Zeitvergleich Niederschlag in Form von Verhältniszahlen, die über mehrere Erhebungsperioden miteinander verglichen werden, im zwischenbetrieblichen Richtzahlenvergleich dagegen in Form von Richtwerten, die Branchendurchschnittswerte darstellen, oder als Verhältniszahlen beim Direktvergleich von Betrieben gleicher oder unterschiedlicher Wirtschaftszweige.

2.4.2 Rentabilitätsrechnungen

Mittels der Rentabilitätsrechnung kann ermittelt werden, in welchem Maße sich der Einsatz von Kapital gelohnt hat.

Unterschieden wird nach

- Rentabilität des Eigenkapitals **(Unternehmerrentabilität)**,
- Rentabilität des Gesamtkapitals **(Unternehmungsrentabilität)**,
- Umsatzrentabilität **(Umsatzverdienstrate)**.

Zur Berechnung der Rentabilitäten wird der »bereinigte Jahresgewinn« benötigt. Dieser ergibt sich durch Herausrechnung des außerordentlichen Ergebnisses aus dem GuV-Jahresüberschuss:

  Jahresüberschuss gem. GuV
– außerordentliche Erträge
+ außerordentliche Aufwendungen

= bereinigter Jahresgewinn

Bei Einzelunternehmen und Personengesellschaften muss der so ermittelte Jahresgewinn außerdem um den Unternehmerlohn für die mitarbeitenden Inhaber gekürzt werden, weil nur so ein Vergleich mit Kapitalgesellschaften möglich ist, die die Gehälter der geschäftsführenden Gesellschafter aufwandswirksam gebucht haben.

Eigenkapital und Gesamtkapital werden nicht als Jahresendwerte, sondern als Durchschnittswerte der jeweiligen Periode berücksichtigt. Hierzu wird das arithmetische Mittel aus Jahresanfangs- und Jahresendbestand gebildet.

Für ein mit dem Kalenderjahr übereinstimmendes Geschäftsjahr gilt:

$$\text{Ø Eigenkapital} = \frac{\text{Eigenkapital am 1.1.} + \text{Eigenkapital am 31.12.}}{2}$$

$$\text{Ø Gesamtkapital} = \frac{\text{Gesamtkapital am 1.1.} + \text{Gesamtkapital am 31.12.}}{2}$$

2.4.2.1 Eigenkapitalrentabilität

Die Eigenkapitalrentabilität r_{EK} (»Return on Equity«, ROE) errechet sich aus

$$r_{EK} = \frac{\text{Gewinn}}{\text{Eigenkapital}} \cdot 100$$

»Gewinn« steht hier für Jahresüberschuss nach Steuern. Die Eigenkapitalrendite gibt an, zu welchem Zinssatz das eingesetzte Eigenkapital verzinst wurde. Das Ergebnis muss mit dem am Kapitalmarkt erzielbaren Zinssatz für langfristige Geldanlagen verglichen werden. Der den Geldanlagezinssatz übersteigende Teil ist die **»Risikoprämie«**, also die besondere Vergütung für das mit dem Verzicht auf eine sichere Anlage eingegangene Unternehmerrisiko.

Die Eigenkapitalrentabilität ist maßgeblich durch das Verhältnis von Eigenkapital zu Fremdkapital beeinflusst:

Wenn nämlich die (unten geschilderte) Gesamtkapitalrentabilität über dem für das Fremdkapital zu zahlenden Zinssatz liegt, bedeutet dies, dass das Fremdkapital durch seinen Einsatz mehr Geld »verdient«, als es selbst kostet. Dieser Mehrverdienst erhöht den Gewinn, und damit steigt die Eigenkapitalrendite. Dieser Effekt ist als **»Leverage –Effekt«** bekannt.

2.4.2.2 Gesamtkapitalrentabilität

Die Gesamtkapitalrentabilität r_{GK} (»Return of Assets«) misst die Verzinsung des gesamten im Unternehmen investieren Kapitals. Das Ergebnis ist allerdings nur sinnvoll, wenn dem Gewinn die im Zuge seiner Ermittlung abgezogenen Fremdkapitalzinsen wieder hinzugerechnet werden, denn diese stellen den Gewinn der Fremdkapitalgeber aus deren Investment dar:

$$r_{GK} = \frac{\text{Gewinn} + \text{Fremdkapitalzinsen}}{\text{Gesamtkapital}} \cdot 100$$

Das Ergebnis ist insofern aussagekräftiger in Hinblick auf die **Effizienz des Gesamtinvestments**, als es – anders als die Eigenkapitalrentabilität – nicht durch den geschilderten Leverage-Effekt verzerrt wird.

2.4.2.3 Umsatzrentabilität

Zur Errechnung der Umsatzrentabilität R_U (»Return on Sales« ROS; auch: »Operating Profit Margin«) ist der Umsatzerlös heranzuziehen:

$$r_U = \frac{\text{Gewinn}}{\text{Umsatz}} \cdot 100$$

Die Umsatzrentabilität gibt an, welcher Anteil einer jeden erlösten Geldeinheit letztlich **als Gewinn** verbleibt.

Die Umsatzrentabilität hängt stark von der Branche ab, ist aber durchweg im einstelligen Prozentbereich angesiedelt. Für einzelne industrielle und (vor allem wissensintensive) dienstleistende Bereiche wurden in den letzten Jahren Umsatzrenditen um 8 % angegeben; für den Groß- und Einzelhandel ist von unter 3 % auszugehen.

2.5 Planungsrechnung

Die gezeigte Jahresabschlussanalyse verarbeitet Vergangenheitswerte. Als Lieferantin aussagefähiger Grundlagen für Planungen **zukünftiger** Zeiträume und Projekte ist sie daher von stark eingeschränktem Wert; hierzu bedarf es weitergehender Methoden.

Der Begriff »Planungsrechnung« steht allerdings für keine Methode und kein Methodenbündel, sondern sehr pauschal für alle in die Zukunft gerichteten betrieblichen Planungen, soweit sie in ein Zahlenwerk gefasst sind.

Nachfolgend wird ein kurzer Einblick in wesentliche Zusammenhänge von Planungsrechnungen gegeben. Auf statistische (Prognose)verfahren sowie auf Verfahren der Plankostenrechnung soll dabei nicht eingegangen werden, beides ist Gegenstand der handlungsspezifischen Qualifikationen in Lehrbuch 3.

2.5.1 Inhalt der Planungsrechnung

2.5.1.1 Betriebliche Planungen im Zusammenhang

Planungen finden in allen betrieblichen Bereichen statt und stehen zueinander in Beziehung:

- Im **Absatzbereich** wird geplant, welche Produkte mit welchen Mengen zu welchen Konditionen in künftigen Zeiträumen abgesetzt werden sollen.
- Der **Produktionsbereich** gleicht diese Planung mit vorhandenen Beständen an Material und halbfertigen Erzeugnissen ab und leitet hieraus die Produktionsplanung einschließlich der Maschinenbelegungs- und Personaleinsatzplanung für Perioden ab, die dem geplanten Absatz gemäß der Durchlaufzeit der Produktion vorangehen.
- Der **Materialbereich** muss seine Beschaffungspolitik an die Planungen des Produktionsbereichs anpassen und in Abstimmung mit vorhandenen Lagerbeständen und bereits vorgenommen Bestellungen Bevorratungen einleiten.
- Der **Finanzbereich** muss die Mittelbereitstellung an die Planungen anpassen.

Das hier skizzierte Vorgehen ist typisch für moderne Marktwirtschaften, die auf vielen Feldern durch Käufermärkte gekennzeichnet sind: Da die Absatzmöglichkeiten nicht unbegrenzt, die Märkte kaum unterversorgt und zugleich hart umkämpft sind, wird nicht produziert, was das Unternehmen am besten kann und so viel es eben kann, sondern das Unternehmen »wird vom Markt her gedacht«.

Diese Philosophie, die den Kundenwunsch zum Ausgangspunkt ihrer Planungen nimmt, kennzeichnet modernes **Marketing**.

Die skizzierte Planung kann für die nähere Zukunft häufig zumindest teilweise auf bereits vorliegende Aufträge zurückgreifen; sie ist um so verlässlicher, je stärker sich die betriebliche Aktivität auf vorab eingeworbene Aufträge beziehen kann und je weniger für einen anonymen Markt produziert werden muss.

Allerdings nimmt diese Planung üblicherweise keinen geradlinigen Verlauf, der geradewegs vom Absatzbereich rückwärts und von den Leitungsstellen entlang der hierarchischen Leitungsstruktur abwärts bis zu den ausführenden Stellen führt, sondern typisch ist ein schrittweises (iteratives) Vorgehen, in dem Informationen und Abstimmungen in einem – im Idealfall systematisch verlaufenden – Prozess stetiger Annäherung und Verfeinerung ausgetauscht und abgestimmt werden.

Denkbare **Planungsrichtungen** sind

- **Top-Down:** Planungen finden an der Spitze der Hierarchie des Unternehmens statt und pflanzen sich schrittweise von oben nach unten fort. Typisch ist dieser Verlauf für den Übergang von strategischer (langfristiger) Planung (siehe unten) zu einer in Richtung der ausführenden Stellen immer konkreteren und dabei zugleich kurzfristigeren Planung.
- **Bottom-Up:** Die dezentralen Planungen der ausführenden Stellen werden auf den jeweils übergeordneten Ebenen auf Übereinstimmung mit den Unternehmensaufgaben und –Zielen und auf Widerspruchsfreiheit überprüft; zudem muss sichergestellt sein, dass alle Aufgaben abgedeckt werden und keine Doppelerfüllungen vorkommen. Dies wird in der Praxis durch detaillierte Stellenbeschreibungen sichergestellt.
- **Gegenstromverfahren:** Planungen erfolgen in einem dialogischen Prozess, in dem sich über- und nachgeordnete Stellen wechselseitig in einem Regelkreis aus Information, Abstimmung und Anpassung auf einen Plan verständigen.

2.5.1.2 Planungsrechnung im Zusammenhang mit Budgetierung

Viele Betriebe und öffentliche Verwaltungen nutzen Budgets als Steuerungsinstrumente im Rahmen ihres Kostenmanagements. **Budgets** sind vorab festgelegte Finanzmittel, über die der für den betreffenden Bereich Verantwortliche im Rahmen vorab getroffener, mehr oder weniger starrer Verabredungen zur Erreichung bestimmter Ziele innerhalb bestimmter Zeiträume eigenverantwortlich verfügen kann.

Budgets werden auf der Basis von Planungen festgelegt. Dies ist nur auf Basis vorab geplanter Finanzgrößen – meist Kosten und Erlöse – möglich. Die Planung von Budgets erfolgt idealerweise in Abstimmung der Bereichsverantwortlichen mit der Geschäftsleitung.

Auch hier sind die oben skizzierten **Planungsrichtungen** möglich:

- **Top-Down:** Budgetvorgaben der Unternehmensleitung werden nach unten weitergegeben. Die nachgeordneten Stellen schätzen den Umfang der mit den gewährten Mitteln möglichen Aktionen ein und geben ggf. Meldungen in die Gegenrichtung ab, wenn abzusehen ist, dass verabredete Ziele mit den zugestandenen Zielen nicht erreicht werden können.
- **Bottom-Up:** Die nachgeordneten Stellen planen ihre Aktionen und beziffern den dafür erforderlichen Finanzmittelbedarf, den sie nach oben melden. Im Falle von Deckelungen der geforderten Mittel muss die Aktionsplanung angepasst werden.
- **Gegenstromverfahren:** Alle beteiligten Ebenen erarbeiten in einer Abfolge von Aktions- und Budgetanpassungen im Dialog eine letztlich einvernehmlich verabschiedete Planung.

Dabei sind folgende **Planungseinflüsse** zu berücksichtigen:

- Alle Budgetanmeldungen zusammengenommen können die finanziellen Möglichkeiten des Gesamtbetriebs übersteigen. Es ist Aufgabe des Managements, die Budgetierung in Abstimmung mit den Bereichsverantwortlichen so aufeinander abzustimmen, dass alle Pflichtaufgaben erfüllt und alle wesentlichen Ziele des Unternehmens erreicht werden können.
- Die Planungen der verschiedenen können zueinander in Konkurrenz stehen. Wenn mehrere Bereiche Mittel für ehrgeizige Projekte einfordern, wird über die Budgetierung zugleich eine **Priorisierung** vorgenommen.

2.5.2 Zeitliche Ausgestaltung

Im Rahmen der »Wirtschaftsbezogenen Qualifikationen« wird im Qualifikationsbereich »Unternehmensführung« ausführlich auf unterschiedliche Planungshorizonte eingegangen werden; daher erfolgt an dieser Stelle hierzu nur ein kurzer Abriss.

Üblich ist eine Unterscheidung zwischen strategischer und operativer Planung. Langfristige Planung wird danach als **strategische Planung**, kurzfristige Planung, die die strategischen Pläne konkretisiert, in Teilplänen ausgestaltet und umsetzt, als **operative Planung** bezeichnet.

Eine aktuelle, sehr plakative Unterscheidung von strategischer und operativer Planung, die im angelsächsischen Raum sehr verbreitet ist, definiert den Unterschied wie folgt:

- Strategische Planung legt fest, **was** zu tun ist;
- operative Planung legt fest, **wie** es zu tun ist.

Dabei ist die Angabe bestimmter Fristen schwierig, weil jede Verallgemeinerung die Unterschiede zwischen den Anforderungen der verschiedenen Branchen und Betriebe vernachlässigt. Die häufig genannten Horizonte von 5 und mehr Jahren für strategische Planung und bis zu einem Jahr für operative Planungen sind daher ausdrücklich nicht allgemeinverbindlich.

Literaturverzeichnis

Baßeler, U., Heinrich, J., Utecht, B.: Grundlagen und Probleme der Volkswirtschaft. 19., bearbeitete Auflage, Köln 2010.

Coenenberg, A.G., Haller, A., Schultze, W.: Jahresabschluss und Jahresabschlussanalyse. Betriebswirtschaftliche, handelsrechtliche, steuerrechtliche und internationale Grundlagen – HGB, IAS/IFRS, US-GAAP, DRS. 22. Auflage, Stuttgart 2012.

Fischer, T.M., Möller, K., Schultze, W.: Controlling. Grundlagen, Instrumente und Entwicklungsperspektiven. Stuttgart 2012.

Degen, H., Lorscheid, P.: Statistik-Lehrbuch mit Wirtschafts- und Bevölkerungsstatistik. Methoden der Statistik im wirtschaftswissenschaftlichen Grundstudium. 2. Auflage, München, Wien 2002.

Gabler Kompakt-Lexikon Wirtschaft. 4.500 Begriffe nachschlagen, verstehen, anwenden. 10. Auflage, Wiesbaden 2010.

Gutenberg, Erich: Grundlagen der Betriebswirtschaftslehre, Band 1: Die Produktion. 24. Auflage, Berlin-Heidelberg 1983.

Haberstock, L, Breithecker, V.: Kostenrechnung I Einführung. Berlin 2004.

Meyer, C.: Bilanzierung nach Handels- und Steuerrecht unter Einschluss der Konzernrechnungslegung und der internationalen Rechnungslegung. 23. Auflage, Herne 2012.

NWB-Textausgabe: Wichtige Gesetze des Wirtschaftsprivatrechts. 13. Auflage, Herne 2012.

NWB-Textausgabe: Wichtige Steuergesetze mit Durchführungsverordnungen. 61. Auflage, Herne 2012.

Plowman, Edward G.: Lectures on elements of business logistics (Stanford transportation series). Stanford University 1964.

Schierenbeck, H., Wöhle, C.B.: Grundzüge der Betriebswirtschaftslehre. 17. Auflage, München 2008.

Statistisches Bundesamt: Volkswirtschaftliche Gesamtrechnungen. Wichtige Zusammenhänge im Überblick. Mai 2004, S. 4.

Statistisches Bundesamt: Internetressourcen, www.destatis.de.

Weinhold, Nicole: Windkraft sorgt für Jobs in Deutschland, online in: Erneuerbare Energien, Ausgabe vom 13.8.2015. www.erneuerbareenergien.de, Abruf 20.5.2016.

Wöhe, G., Döring, U.: Einführung in die allgemeine Betriebswirtschaftslehre, 24. Auflage, München 2010.

Stichwortverzeichnis